中国社会科学院学部委员专题文集
ZHONGGUOSHEHUIKEXUEYUAN XUEBUWEIYUAN ZHUANTI WENJI

清初复明运动

何龄修◎著

中国社会科学出版社

图书在版编目(CIP)数据

清初复明运动/何龄修著. —北京:中国社会科学
出版社,2016.9
(中国社会科学院学部委员专题文集)
ISBN 978-7-5161-9028-9

Ⅰ.①清… Ⅱ.①何… Ⅲ.①中国历史—
清前朝—文集 Ⅳ.①K249.07-53

中国版本图书馆 CIP 数据核字(2016)第 237625 号

出 版 人	赵剑英	
责任编辑	耿晓明	
责任校对	季 静	
责任印制	李寡寡	

出 版	中国社会科学出版社	
社 址	北京鼓楼西大街甲 158 号	
邮 编	100720	
网 址	http://www.csspw.cn	
发 行 部	010 - 84083685	
门 市 部	010 - 84029450	
经 销	新华书店及其他书店	

印刷装订	环球东方(北京)印务有限公司	
版 次	2016 年 9 月第 1 版	
印 次	2016 年 9 月第 1 次印刷	

开 本	710×1000 1/16	
印 张	23.25	
插 页	2	
字 数	361 千字	
定 价	86.00 元	

凡购买中国社会科学出版社图书,如有质量问题请与本社营销中心联系调换
电话:010 - 84083683

前　　言

　　哲学社会科学是人们认识世界、改造世界的重要工具，是推动历史发展和社会进步的重要力量。哲学社会科学的研究能力和成果是综合国力的重要组成部分。在全面建设小康社会、开创中国特色社会主义事业新局面、实现中华民族伟大复兴的历史进程中，哲学社会科学具有不可替代的作用。繁荣发展哲学社会科学事关党和国家事业发展的全局，对建设和形成有中国特色、中国风格、中国气派的哲学社会科学事业，具有重大的现实意义和深远的历史意义。

　　中国社会科学院在贯彻落实党中央《关于进一步繁荣发展哲学社会科学的意见》的进程中，根据党中央关于把中国社会科学院建设成为马克思主义的坚强阵地、中国哲学社会科学最高殿堂、党中央和国务院重要的思想库和智囊团的职能定位，努力推进学术研究制度、科研管理体制的改革和创新，2006 年建立的中国社会科学院学部即是践行"三个定位"、改革创新的产物。

　　中国社会科学院学部是一项学术制度，是在中国社会科学院党组领导下依据《中国社会科学院学部章程》运行的高端学术组织，常设领导机构为学部主席团，设立文哲、历史、经济、国际研究、社会政法、马克思主义研究学部。学部委员是中国社会科学院的最高学术称号，为终生荣誉。2010 年中国社会科学院学部主席团主持进行了学部委员增选、荣誉学部委员增补，现有学部委员 57 名（含已故）、荣誉学部委员 133 名（含已故），均为中国社会科学院学养深厚、贡献突出、成就卓著的学者。编辑出版《中国社会科学院学部委员专题文集》，即是从一个侧面展示这些学者治学之道的重要举措。

　　《中国社会科学院学部委员专题文集》（下称《专题文集》），是中国社会科学院学部主席团主持编辑的学术论著汇集，作者均为中国社会科学院学部委员、荣誉学部委员，内容集中反映学部委员、荣誉学部委员在相关学科、专业方向中的专题性研究成果。《专题文集》体现了著作者在科学研究实践中长期关注的某一专业方向或研究主题，历时动态地展现了著作者在这一专题中不断深化的研究路径和学术心得，从中不难体味治学道路之铢积寸累、循序渐进、与时俱进、未有穷期的孜孜以求，感知学问有道之修养理论、注重实证、坚持真理、服务社会的学者责任。

2011年，中国社会科学院启动了哲学社会科学创新工程，中国社会科学院学部作为实施创新工程的重要学术平台，需要在聚集高端人才、发挥精英才智、推出优质成果、引领学术风尚等方面起到强化创新意识、激发创新动力、推进创新实践的作用。因此，中国社会科学院学部主席团编辑出版这套《专题文集》，不仅在于展示"过去"，更重要的是面对现实和展望未来。

这套《专题文集》列为中国社会科学院创新工程学术出版资助项目，体现了中国社会科学院对学部工作的高度重视和对这套《专题文集》给予的学术评价。在这套《专题文集》付梓之际，我们感谢各位学部委员、荣誉学部委员对《专题文集》征集给予的支持，感谢学部工作局及相关同志为此所做的组织协调工作，特别要感谢中国社会科学出版社为这套《专题文集》的面世做出的努力。

《中国社会科学院学部委员专题文集》编辑委员会

2012年8月

自　序

　　遵照院学部通知，笔者将个人专题论文集《清初复明运动》编成交稿，颇感轻松。这轻松丝毫没有自鸣得意之处，而是因记忆力减退，五官功能萎缩，尤以耳、目最厉害，加上久病以来，萎靡困顿，著作兴奋点丧失，以是一鼓作气完成一件事的锐气也就消失，再鼓而衰，三而竭，凡事拖拉成了积习。笔者动手又迟，进展缓慢。幸而在家人帮助、督促下，终于坚持下来完成交卷。笔者年已八十，还能以自己为主，完成一项任务，不免感到一点儿宽慰。轻松的由来，不过如此。

　　反映清初复明运动这一概念的史实，出现在史学中还不到五十年，仍可以说是个新课题。在这里，它是指在清朝夺取全国统治的过程中，在旧时官绅的支持以至串联、组织、领导下，有时还有南明政权的策动和鼓励下，南明官民掀起的反制行动，大多是地下活动，扩大范围也可以指公开的武装反抗。这是清初政治中最尖锐、最残酷的斗争之一。其激烈的活动时期大约二十五年。起初表现为集团的活动，此时被清朝破获的个案到处出现。清朝布网搜查捕捉，镇压、屠杀，不至净绝根株不止。为了粉饰清朝政权的仁慈，全国上下对此噤若寒蝉，史官束手或作伪。所有的凭证、痕迹，经过人工毁坏，岁月消蚀，碧血化为青磷，档册荡为云烟，历史被埋葬了。将这一时期的武装反抗称为复明运动，是史学家陈寅恪先生爬梳史籍，钩玄索隐，历时悠久，方才作出的学术概括。笔者只是一名追随者，扩大了一点研究范围，在马克思主义理论指导下作了一些粗浅的分析。对于这个专题来说，也许向前挪动了一小步，一切还有赖于高明来哲对此专题所做的扩充和深化。

　　至于笔者个人在这方面工作的质量应作何评价，说什么这是读者（包括专家）的事。如果想了解作者的真实想法，笔者认真、诚恳、负责地说：笔者对自己的科研成果怀有自信。这种自信来自马克思主义理论的指导和长期的方法训练、老学者的辅导、同事的帮助等。可贵的动力、问题的解决办法都源源不绝地从这里提供出来，给笔者启发，化为灵感，产生成果。笔者的太平天国、孔府丛稿，就是这样的产品。笔者努力听从他们的辅导和帮助，学习他们的优长，从而慢慢地成长起来。笔者不能骑一匹蹇驴去参加激烈的赛马呀！也不能尽展出一些不成气候的"科研产品"呀！科研是智慧的活动，以投入智慧换取更大、更高智慧的文化运动。这可不是轻而易举、唾手可得的。

　　笔者的工作明显的缺陷是自觉性较差。伴随着对史料的日益熟悉，作者应该对整个专题有系统的考虑和整体的设计，最重要的是形成整个专题的架构，提出应该研讨的理论问题，明确进一步挖掘史实的方向（以掌握更充分的史料），并且根据对新收史料的研究，随时修正错误，增补缺漏。笔者没有对此专题下这一步功夫，工作就被动。笔者是从研究个案开始的，当完成一篇个案研究的时候，总是由"瓜蔓抄"① 带到史料收集最多的点，停下采掘研究，直到写成论文，又算完成一篇个案研究，如果有三四个点形成不了论文，就觉得这个 题没有多少油水了。这样做出来的工作，其粗浅、疏漏是不易避免的。这一点笔者过去注意不够，此次修改李长祥复明运动的文章，才发现李长祥与吴三桂分手后的去向，笔者是跟着全祖望犯了大错误，全祖望说他东逃常州，并且由此引申，清政府没有追究他与吴三桂合作的罪行，实际上他是南逃广东仁化，躲进三藩卵翼下的山沟沟里，清政府鞭长莫及。全祖望是一个比较粗疏的历史家，过去我们对他的评价太高了。

　　对笔者这些粗浅工作的评价，因笔者不会上网而所知有限。但笔者知道，高翔先生在评介改革开放时期史学研究情况时，曾给予盛赞。高翔先

---

　　① 笔者从事专题研究，首先要花大量时间寻找史料。找史料不能无的放矢，也不要乱箭齐发，这就必要有些依据。查什么书？为什么查？心里多少有点数，掌握点线索，方法有多种。笔者常用的一种，是将已经掌握的简单的知识作为出发点，先查清其中的人和事，然后排比所得的结果，将所得结果中不清楚的人和事作为新的出发点，继续查清。如此类推，直到不需再查为止。这是一站一站破除盲点的方法。这一站一站是由同一线索生发出来，串通起来的。结果范围扩大，事情深入，知识增多，真相可能显现。笔者借用古代一种非刑的名称，戏称为"瓜蔓抄"。抄，抄书也。

生认为整个复明运动研究,是表现明清之际具体历史重大进展的三个方面中的一个。他写道:"何龄修沿陈寅恪开辟之路径,继续探讨,发表了大量研究专论。复明运动研究改变了人们研究抗清斗争只重视农民军和南明政权的传统做法,拓宽了研究视野,开阔了研究思路,大大深化了人们对清初历史的认识。"①笔者很感谢高翔先生对整个专题研究的赞扬,但是笔者的工作还未经读者的严格评判,不宜评价过高。历史要接受历史的检验。笔者的复明运动研究成果尽在于此。欢迎批评指正。是为序。

2013 年 7 月 15 日写定

---

① 陈高华、张彤主编:《20 世纪中国社会科学(历史学卷)》,高翔:第二章第十一节"清史(1840 年以前)研究",广东教育出版社 2006 年版,第 134—135 页。

目　　录

李之椿案与复明运动（兼述后明韩主）

　　笔者在 1988 年春写《〈柳如是别传〉读后》一文时，曾指出《别传》所论述的有关柳如是、钱谦益进行的复明运动，还可以挖掘更多的史实，并举两例简单说明。其中一例是与钱谦益有密切关系的芜湖诸生沈士柱的复明活动。据黄宗羲《思旧录》，沈士柱后来被人讦告，牵连进如皋李大生案，被清政府杀害。当时，笔者顾不上研究李大生案，采取偷懒的办法，简单注上李案详情不明。近代史家似乎还没有人详细研究这一案情。邓之诚先生在《清诗纪事初编》的吴肃公小传中，曾掘吴氏文集指出"岁丁酉（顺治十四年）前太史杨公昌祚、孝廉汤君缵禹坐前吏部李公之椿事被收"。但他没有注意《思旧录》，并追查李大生其人，在为黄宗羲《哭沈昆铜》一诗写的按语中就只能说沈士柱等"十八人同因于故宫，不识何案"[①]。在案情突破前邓先生的研究停住了脚步。柴德赓先生注意到了《思旧录》的记载，但他也没有追查，只说"李大生为何人，不得知"。他又说"昆铜必死于党狱"[②]。柴先生由推论获得这一论断，实际上对案情并不了解。就笔者所知，此外就再没有人研究了。笔者认为，这个问题不应成为悬案；弄清它，将丰富复明运动内容。笔者在本文中试图对案情做一描述。但是这类案件在清初是很敏感的。由于清廷有意抹杀，秉笔者心存畏惧，有关的供状、审讯记录、文移、奏报等或销毁，或丢失，或残破，因而留下的资料只能是支离破碎、隐讳晦涩的。受害的节烈之士大部分凛凛有生气的事迹，甚至不少人的姓名，都被历史的巨涛卷走了。因此笔者对案情、对案件发展过程的描述也不可能完整和透彻，势必挂一漏

---

　　①　邓之诚：《清诗纪事初编》上册，上海古籍出版社 1984 年版，第 127、226 页。

　　②　柴德赓：《史学丛考》，中华书局 1982 年版，第 49 页。

万。这是首先要说明的。

一

先介绍本案的首脑人物李之椿及其活动。

李之椿（1603—1659），字大生，号徂徕，扬州府如皋县人，天启二年（1622）文震孟榜进士。与王思任、倪元璐、黄道周、王铎合称"天崇五才子"①。这些人除王铎外都是著名志节之士。之椿初仕为行人司行人，随选吏部司勋司主事，当时正值魏忠贤柄国，之椿被谪归里。他以仙人自拟，认为"忠孝生来切，奸雄世欲诛"，又赋诗述怀，表示"兰蕙惜幽香，姜桂留至味"。这些诗句充分表现出之椿的高尚品质和倔强性格。这期间他还写了其他诗。他以报国之志与友人互勉："风雨床头剑欲鸣，卧狎青山不容久。男儿作事何不可，七尺之躯三不朽"。他在病中还惦念奸人弄权，旧事艰危，慨叹"塞上几能驱虎旅，朝中谁复抗龙颜？孤忠痛哭因怜贾，壮志驰驱雅慕班。北望浮云犹翳日，何堪民事日多艰！"② 这些声调铿锵的诗句，吐露了一位忧国忧民的忠臣志士的心声，反映出一位有血性的男子对国家命运的廑念和为之赴汤蹈火的战斗豪情。弘光即位后，之椿起为光禄寺丞，历尚宝司丞，往浙直督催光禄寺钱粮，最后升尚宝司卿③。在史可法扬州连章告急，属士英力主遏制上游的关键时刻，之椿与大理寺卿姚思孝等一道坚主抵抗，"合词请备淮扬"④。这些情况说明之椿具有牢固的反清思想基础。

弘光政权溃败，之椿离官归里。这时如皋等地反清起义勃兴。顺治二年（1645）冬，"久聚江海"⑤ 的于锡凡、刘一雄起义军奋起同清军作战。

---

① 马汝舟等：嘉庆《如皋县志》卷16，《列传》1，《忠烈》，《李之椿》。《清世祖实录》不载关于"胜国初亡"的诏谕。

② 马汝舟等：嘉庆《如皋县志》卷21，《艺文》二，《五言古》李之椿：《仙人歌》；陈济生辑：《天启崇祯两朝遗诗》第10卷（续集），如皋李之椿：《李大生诗》，中华书局1958年版，下册，第1687、1688页。

③ 李清：《南渡录》，浙江古籍出版社1988年版，第56、121、126页。

④ 计六奇：《明季南略》卷3，《议御北兵》，中华书局1984年版，第202页。

⑤ 《清史列传》卷79，《贰臣传》乙，《陈之龙》，中华书局标点本，册20，第6610页。

四年（1647）正月，赵云、李七起义，"称都督，指称明废官李之椿为谋主，谋攻通、泰等处"，之椿已同人民结合，投身复明运动。他因此被捕，但凤阳巡抚陈之龙似曾加庇护，"鞫讯之椿未与谋"，仅以"未缴出前明关防遣戍"①（应是囚禁）。九月，盐城诸生厉豫以及张华山等拥戴句容一朱姓，自称中兴义师，在淮安、庙湾、盐城、兴化一带抗清。如皋双店孙盛宇等聚众积极响应②。五年（1648）闰四月，通州（今江苏南通市）王锡周等在如皋起义，"扯旗二面，上书大明中兴四字，捏称故明高皇敕谕，镌靖鲁［虏］将军之印一颗，共立如皋废弁王化龙为都督，纠聚近千"。他们计划先取通州和狼山营，"即抢狼营之船径往舟山，勾连大举"③。这些起义都被镇压，居民惨遭屠杀、迫害④。但起义的复明要求对之椿必然产生深刻影响。六年（1649），之椿根据清廷关于"胜国初亡，人人未免有故主之心，况居官食禄者乎？凡顺治五年以前犯者勿作叛论罪"⑤的诏谕获释。

出狱后，之椿鉴于本土抗清斗争逐渐走向低潮，为联络海上义师和永历政权，就找借口"担篓入武彝山"⑥，远游闽西。后来，他又挈家流寓嘉兴吴佩弦家⑦，移居吴氏姻亲湖州乌山施鹏举家，辗转搬迁施氏好友化石墩沈荣家，以求接近永历、鲁王监国两政权和海上义师。之椿受任永历政权招讨督师阁部，以浙江嘉、湖一带为基地，"党结崇祯太子并河南安昌王子镇国将军及永安王、韩王等，暗通线索，分而党羽于江浙鲁豫梁楚

① 《清世祖实录》卷22，顺治二年十二月癸巳。
② 卫哲治等：乾隆《淮安府志》卷16，《兵戎志》；《清代农民战争史资料选编》第1册下，中国人民大学出版社1984年版，第301—304、307—308页；《明清史料》甲编第3本，第205页。
③ 《清代农民战争史资料选编》第1册下，第312页。（附告）1964年4月10日，长兴县文化馆，写信给中央有关文化单位，附有印模拓印纸。信中说，该县农民掘得印文为"靖虏将军之印"的印信一颗，印背、边刻"永历三年二月""礼字六百二十五号"等字，重四斤四两。信中认为此印与郑成功抗清有关，但不知靖虏将军是谁，请解答。此种问题除非特别留意，很难解答。今李之椿既铸有相同印文的印信，长兴又在他的活动区域内，此印多半是他的原物。
④ 吴昆田等：光绪《淮安府志》卷40，《杂记》引《山阳志》。
⑤ 马汝舟等：嘉庆《如皋县志》卷16，《列传》1，《忠烈》，《李之椿》。《清世祖实录》不载"胜国初亡"诏谕。
⑥ 同上。
⑦ 周学浚等：同治《湖州府志》卷95，《杂缀》3引《湖城大案记》。杨凤苞：《秋室集》卷5，《文》，《书李元旦事》作"寓家嘉兴吴祖锡许"。祖锡字佩远，疑杨凤苞牟混致误。

数省，意图内应外合，轰动封疆"，以推翻清朝，恢复明朝统治。因此，清朝方面称他为"叛魁李之椿"①。

这里特别值得注意的，是永安王、韩王。永安王是楚王宗支。据《明史》，末代永安王容析，万历三十八年（1610）封长孙，既而袭封。顺治年间的永安王是否容析，他隐匿何处②，因资料缺乏，很难得到明确结论。但之椿联络永安王进行复明运动，则应是事实。韩王是太祖第二十子朱松的后代。据《明史》所载末代韩王为朱松十一世孙亶塉，《罪惟录》所载则为本铉，实际上两名俱误，原名待考③。韩王在崇祯十六年（1643）李自成部破平凉时被俘，后乘间逃脱④。逃脱的事可能发生在顺治二年二月阿济格略定三秦、李自成在西北的统治完全崩溃的时候。他径直向东逃到黄河西岸陕西韩城附近。随后山西河津人李企晟"在韩城一带与虞胤同韩昭宣结草作乱，私立伪韩王，行伪永历事"⑤。他得到李企晟、虞胤等拥戴，在韩城等地抗清。后来，虞胤、韩昭宣渡河东进山西作战。顺治五六年，他们响应姜瓖在大同的反正，攻克蒲州（今山西永济蒲州镇）、临晋（今山西临猗临晋镇）、河津等州县，固守运城。韩王显因虞胤等离去使李企晟势孤，便辗转潜入湖广，投奔夔东十三家军。在郝摇旗攻占均州（在今湖北均县迤西）、谷城、房县、南漳等州县后，韩王住房县山中，为十三家军所奉的韩主，年号定武⑥。顺治八年（1651），明秦藩永寿王子镇国将军存梧曾在房县山中"住半年，与韩伪

---

① 《投诚盐运使谢国宝奏本》，载《明清史料》丁编第3本，第227页。

② 《明史》卷101，标点本第9册，第2609—2610页。

③ 依明室规定，韩府直字辈子孙本名第二字应为火字偏旁，不应为土字偏旁的塉字，故《明史》显误；又韩府世系二十字无"本"字，故《罪惟录》亦误。

④ 《明史》说，万历三十四年，韩王朗锜薨，"子孙皆早卒，曾孙亶塉嗣。崇祯十六年，贼陷平凉，被执。"（《明史》卷118，标点本第12册，第3605页。）《罪惟录》说，韩王本铉为韩宪王松之后，"世封平凉。崇祯十六年，李贼自成陷陕，王被执，间脱。"（查继佐：《罪惟录》，《附纪》卷22，浙江古籍出版社1986年版，第1册，第435页。）

⑤ 《清代农民战争史资料选编》第1册上，第160、161页。李企晟拥戴韩王，绝不致太晚。因为参与拥戴的韩昭宣在顺治六年九月运城陷落时已被清军阵斩。参见《明清史料》丙编第8本，第735页。疑确切时间即在顺治三年、六年之间。据下注，据云，"自闻事坏，韩便称尊，改元定武"，以丙戌隆武二年为定武元年，显然是追溯，定武元年还没有称尊建年号。

⑥ 查继佐：《罪惟录》，《附纪》卷22，第1册。

王相处。他是一字王，存梧将关防一颗寄在房县韩伪王处"①。企晟挂总督职衔，也"于顺治十二年十一月内自华山出营"，经潼关南下均州黄家湾，会晤郝永忠即郝摇旗，密商两月②。从此，韩王、企晟等与郝摇旗完全合营。李之椿"党结"永安王、韩王等宗室，使他的运动的复明性质更为突出，也说明从江浙开始的、地下的复明运动与中土最重要的公开武装斗争的深刻联系。

之椿子元旦，仕至鲁王监国政权的御史，"时入中土为间谍"③，常往来于施、沈二家。之椿父子的活动紧锣密鼓地进行，取得显著的成效。

二

卷进李之椿案的重要人物，单单被清政府在刑场杀害的，就达四十八人④，加上监毙、自杀、漏网的，至少五十人。这个人数是仅指本案中参加地下活动人士说的，在公开的武装起义中被害的人士不包括在内。这些地下复明运动的节烈之士，就是由李之椿组织、联络起来，分布在"江浙鲁豫梁楚数省"，即江南，包括浙江、山东、河南、陕西、湖广数省的"党羽"。五十多名党羽的活动，使清朝已经控制的封疆被轰动，形成一种理应彪炳史册的事业。现在笔者尽自己所知介绍本案重要人物的情况。

沈士柱，字昆铜，号惕庵，太平府芜湖县人，御史希韶长子，诸生，为人倜傥明敏，以文章节概雄长坛坫间，有声复社。时人将他和宣城沈寿民（耕岩）并称"江上二沈"。"一时声名之盛，吴中二张与江上二沈相配，二张谓天如、受先，二沈谓昆铜、耕岩，不以名位相甲乙也。"⑤士柱在崇祯年间拒绝征荐，但并没有忘情政治，"在西湖……月夜扼腕时事，

① 《清代农民战争史资料选编》第1册下，第209页。
② 《清代农民战争史资料选编》第1册上，第160、161页。
③ 杨凤苞：《秋室集》卷5，《文》，《书李元旦事》。
④ 周学浚等：据同治《湖州府志》卷95，引杨凤苞《秋室集》。
⑤ 黄宗羲：《南雷集》，《南雷文案》卷8，《征君沈耕岩先生墓志铭》。参见黄宗羲《黄梨洲诗集》卷2，中华书局1959年版，第63页。

骂不绝口"①，与朋友交谈，"议论风发，听者忘倦"②。崇祯十一年
（1638），他与朋友共发《留都防乱公揭》，声讨阉党阮大铖。十七年
（1644）暮春，他与宜兴陈贞慧、卢象观等不期而抵南京讯问局势，"侧
闻怀宗殉国而未悉，惟相与流涕"。马士英等拥立福王后，士柱等"各痛
哭别去"，临行表决心说："吾辈不即死，当图所以不死者"③。弘光元年
（1645）春，阮大铖大兴党狱，士柱应召入左良玉幕下避祸。等他归家时，
弘光政权已经失败。

士柱"常以楚屈原、燕荆高、齐田横、汉田畴自况"④，"流离江
楚"⑤，曾到南昌等地从事复明运动⑥。顺治五年前后⑦，他又回家，借口
"逃名"⑧，迁居宣城南湖（今南漪湖）。他又字寄公，以寓寄居之意，或
寄希望于复明之意。他在南湖慷慨"破家结客，座上言兵者日尝数十
人"⑨，"疏财贿，厚知交，食客不遗屠贩"，"遗民方外奇材剑客，或亡命
失志之徒，至者必造士柱"⑩。顺治六年，遗民方文造访，与他"技泪说

---

① 黄宗羲：《黄梨洲诗集》，《南雷诗历》卷1，第21页。
② 温睿临：《南疆逸史》卷45，中华书局1959年版，下册，第347页。李天根认为沈士柱因西
通李定国被捕在顺治十年，云："癸巳，以通李定国牵连被执，寻得脱。"（李天根：《爝火录》卷29，
浙江古籍出版社1986年版，下册，第941页。）亦有可能。
③ 金天翮：《皖志列传稿》卷1，《沈士柱士尊传（士柱妻方氏妾任氏鲍氏俞氏子铿士尊孙呆
树）》。按，余诞伯即余鹏翔，字诞北，崇祯时仕至驻札芜湖的徽宁池太道。（曾国荃等：光绪《湖南
通志》卷172，《人物》13，《明》8，《余子翼》。）明亡后，他似仍在江南，有顺治九年春在芜湖一带
活动的记载。参见方文《嵞山集》5，《五言律》，《芜阴送钱既白游太湖》《三月二日林玉树招同余诞
北先生俞玄中陈伯玑曹梁父夜集坐有二妓皆吴女也》。
④ 卓尔堪辑：《明末四百家遗民诗》卷15，《沈士柱》。
⑤ 陈春华：嘉庆《芜湖县志》卷21，《艺文志》，《略传》，陆载纪，《沈明经昆铜传略》。
⑥ 方文：《嵞山集》卷4，《五言律》，《舟过芜湖寄怀沈昆铜》有句云："拔宅去章江"。
⑦ 据陆载纪所作士柱传略（参注⑩）所述，"明亡，士柱流离江楚，比三载，归寓南湖。"此
处明亡指南京弘光政权崩溃，即顺治二年五月，比三载，则至顺治五年。
⑧ 方文：《嵞山集》卷5，《五言律》，《借槁木师至沈昆铜庄四首》。方文在本诗末首中明确指
出士柱寓居南湖有政治目的。诗云："君怀经世略，意岂在渔晋。道大防时忌，名高避客称。阁虽藏
众媗，吟实伴孤灯。莫漫愁长夜，东方日渐升。"
⑨ 温睿临：《南疆逸史》卷45，中华书局1959年版，下册，第347页。李天根认为沈士柱因西
通李定国被捕在顺治十年，云："癸巳，以通李定国牵连被执，寻得脱。"（李天根：《爝火录》卷29，
浙江古籍出版社1986年版，下册，第941页。）亦有可能。因为沈士柱被害，其个人别集难以传下来，
可信的生平数据也很少，上述议论难以完全落实。
⑩ 金天翮：《皖志列传稿》卷1，《沈士柱士尊传（士柱妻方氏妾任氏鲍氏俞氏子铿士尊孙呆
树）》。

先朝"①。九年（1652），他与方文、遗民萧云从等聚首，"数人同苦节"，共道"东海南湖消息好"，也就是一起兴奋地谈论海上和内地抗清形势，围漳州，争川楚，下桂林，蹶名王，接连取得重大军事胜利，互勉"岂应垂钓老沧州"②，而应有所作为。十二年（1655），他"以西通李定国牵连被执"③，但证据不足被释。他没有为这次入狱所吓倒，活动更加积极。十三年（1656）初，他寄书信和滇产"连心红"④给正为复明效奔走的钱谦益。谦益答诗有句云"顾子心殷朱粉红"，衷心赞扬士柱对明朝耿耿丹心。诗中又说"滇云万里通勾漏，职贡遥遥向乙鸿"⑤。勾漏山在广西北流县东北，先年李定国军在南宁，东出两粤，自然途经北流，派侦探深入东南沿海和内地。这两句诗暗指士柱与永历政权、李定国军及其侦探有密切联系。同年，士柱与另一复明运动骨干魏耕也研究过复明问题。魏耕慨叹在中国大地上"朔风横地起，猛兽山中行"，劝士柱断然采取行动，认为"生命不常固，天道不常亲。操刀拟不割，无以握丝纶。志士贵决机，盈缩在一人"⑥。十四年（1657）春，方文再访士柱议复明事，谈到士柱被捕问题时，"却怪年来受祸奇，故人相见各兴悲"。方文为抗清形势恶化忧虑说："君当九死一生后，我正千愁万恨时。"士柱朗读谦益答诗，方文以作诗之道暗指复明之道说，"此道应推此老知"⑦。

几年以来，郑成功、张煌言率军在浙闽沿海加强活动。士柱认为，应该攻取南京作为复明的第一步。他几次向永历上疏，"蜡丸数达宸舆侧，

① 方文：《嵞山集》卷5，《五言律》，"偕槁木师至沈昆铜庄四首"。方文在本诗末首中明确指出士柱寓居南湖有政治目的。诗云："君怀经世略，意岂在渔罾。道大防时忌，名高避客称。阁虽藏众婞，吟实伴孤灯。莫漫愁长夜，东方日渐升。"

② 方文：《嵞山集》卷8，《七言律》，《留别萧尺木、沈昆铜、汤玄翼、张东图诸子》。

③ 温睿临：《南疆逸史》卷45，中华书局1959年版，下册，第347页。李天根认为沈士柱因西通李定园被捕在顺治十年，云："癸巳，以通李定国牵连被执，寻得脱。"（李天根：《爝火录》卷29，浙江古籍出版社1986年版，下册，第941页。）亦有可能。

④ 连心红，疑是一种优质红茶。

⑤ 钱谦益：《牧斋有学集》卷6，《秋槐诗别集（起乙未冬尽丙申春）》，《人日得沈昆铜书诒我滇连心红却寄》。

⑥ 魏耕：《雪翁诗集》卷1，浙江古籍出版社1985年版，第11—12页。按，本书分体编排，卷一至三为五古，略依时间次第（亦有不合者）。本卷第十七题《杂诗二首》有句云："磐镞贯丁宁，自卯行及申"，则丙申十三年作。《寄沈士柱二首》为第二十题，亦应为十三年事。

⑦ 方文：《嵞山集》卷9，《七言律》，《芜阴访沈昆铜饮其山阁（限题诗二字）》。

结伴期扶天座倾"。顺治十四年，他又有书一缄致正在郑军中的徐孚远，"正闻齐晋有同盟，相期握手石头城"①。他还积极与故明地方官员接触，"尝访兵备道余诞伯，抵掌谈大义，无所忌讳"②。永历政权因功授予他都督之职。他与李之椿的联系应较密切③。

沈荣，字仁叔，一字尘外，浙江归安（今湖州市）人，本姓严，过继给原南京刑部尚书乌程（今湖州市）沈演为子。沈演家资豪富，白银数百万，由姪沈棨承祧管业，住居东迁。荣分得资产银数万两，住居上林。东迁、上林都在太湖南岸、乌程南浔镇迤西。荣长成后，高才亮节，汲古好学，经常敝衣破帽，垢积腻留，不事修饰、浣濯，对客扪虱而谈，即使涉及史册中的奥僻典故，都能详述始末，令人心折。他的诗文也好，数千言挥毫立就，有古大家风。他参加复社，"颇以匡济自负，著义侠声"。崇祯末，因国势倾危，任事无人，他心赞刘基、于谦、王守仁，作《浙三大功臣诗》以见志。他自以为世臣之家，想倡为勤王之举，于是散财结客，"剑侠奇才，座上常满"。他有别墅在化石墩，因此外号"石墩"。"四方豪杰之士无不知有上林沈石墩者。"④

弘光政权灭亡后，义师蜂起，许多领袖和骨干都是沈荣旧识⑤。顺治二年六月，明职方主事吴易、举人孙兆奎等起义兵于吴江长白荡，明芜湖总兵黄蜚拥兵四五万泊于太湖，将与在洮湖结水寨的吴淞总兵吴志葵部合并抗清。荣往来吴易、黄蜚军中，为他们画策。闰六月，他积极协助复社旧友韩绎祖、诸生费宏玑、举人冯尔翼等，从太湖迎接黄蜚部副将黄光志、沈广生等率军进克湖州，擒杀清知府冯汝缙，竖旗招兵，战守半月。鲁王在绍兴监国，浙东各地纷纷运饷来归，他献银三千两充饷。鲁王遥授以翰林院简讨。他偕姪重熙正准备率众赴绍兴追随鲁王，因清军迅速推进、鲁王遁迹海上而未如愿。但是，他的复明之志并未因一再受挫而稍

①　徐孚远：《钓璜堂存稿》卷7，《七言古诗》三，《闻沈昆铜变感赋》。
②　金天翮：《皖志列传稿》卷1，《沈士柱士尊传（士柱妻方氏妾任氏鲍氏俞氏子铿士尊孙杲树）》。
③　他上永历各疏，应为他与李之椿商定撰写的。
④　杨凤苞：《秋室集》卷4，《文》，《沈简讨传》。
⑤　周学浚等：同治《湖州府志》卷95，《杂缀》3引《湖城大案记》。杨凤苞：《秋室集》卷5，《文》，《书李元旦事》作"寓家嘉兴吴祖锡许"。祖锡字佩远，疑杨凤苞牵混致误。

衰。他的诗句"楚留三户谶，人望五陵霞"，"战争三十载[①]，日月望双悬"，"马宝恨无存宋力，留侯终欲报韩恩"，"谁怜越石宵分舞，长忆闻鸡旧祖生"，"几人独抱君亲泪，六合应为华夏谋"[②]，充满故国之恋、黍离之悲，复明的愿望表现强烈。因而他投入之椿的运动，并把自己的化石墩别墅供给之椿父子进行活动。

沈重熙[③]，号岸山，沈荣弟槃次子，随伯父参加复明运动。鲁王遥授御史。他中顺治八年举人，可能是为政治上掩饰自己的权宜之计。

杨昌祚，字幼麟，宁国府宣城县（今属安徽）人，天启七年（1627）举人，崇祯七年（1634）刘理顺榜探花，官翰林院编修，升左中允。大顺农民军占领京师，昌祚削发，后又到大顺吏政府报名。李自成将他视为"削发奸臣"，"命法司严刑拷问"，"夹二夹"[④]，拘系不释[⑤]。清军进京后，内院大学士范文程两次召见词林官，"杨昌祚、林增志以重伤告假，面许之"[⑥]。昌祚拒绝出仕清朝，离京南归，反映出他对这次鼎祚迁移的基本政治态度。后来他参加李之椿的复明运动。

汤缵禹（或又名斯佑[⑦]），字君漠，宣城县人，崇祯九年（1636）举人。顺治二年闰六月，宣城诸生麻三衡响应御史金声起义，被俘在南京殉节。三衡姐丈吴焕密遣家人去收了尸，但首级还在宁国府城东门示众。吴焕让妻麻氏执状诣清朝军门投诉。缵禹撕碎呈状，制止说："无益予事而徒以速祸，不可"[⑧]。缵禹态度慎重，但复明心情迫切。他有诗道："莫向

---

① "战争三十年"指自万历四十六年戊午努尔哈赤以七大恨告天攻明开始，至顺治五年戊子前后，共约三十年。

② 陈济生辑：《天启崇祯两朝遗诗》第十卷（续集），归安沈荣：《沈仁叔诗》下册，第1681、1682、1603页。

③ 明末清初另有一沈重熙，吴江人，金圣叹婿，金法筵丈夫，不应混淆。

④ 彭孙贻：《流寇志》卷11，浙江人民出版社1983年版，第174页；计六奇：《明季北略》卷22，中华书局1984年版，下册，第584页。

⑤ 杨士聪：《甲申核真略》，浙江古籍出版社1985年版，第31、40页。

⑥ 同上。

⑦ 宣城因李之椿案被捕者除杨昌祚外，还有举人汤缵禹。但徐枋云："故太史杨公昌祚、孝廉汤君斯佑先被收。"（徐枋：《居易堂集》卷13，《志铭》，《奉政大夫分巡登莱道按察司佥事沈公墓志铭》）斯佑应为缵禹另一名。

⑧ 吴肃公：《街南文集》卷17，《行状》，《先姊麻孺人行状》。

兰亭谈往事，今人重感永和年。"①他渴望见到东晋永和年间那种北伐，故投身复明运动。

朱恭㮵，河南周王宗派，太祖十一世孙。曾祖周庄王朝㙊，祖安昌恭惠王在钶，父安昌王肃渣，恭㮵袭封镇国将军②。后来，他避乱抵达福建，曾与都督周鹤芝等极力阻止郑芝龙降清。顺治四年三月，他奉鲁王命东渡日本乞师，失败而归③。他隐匿民间，参加李之椿的运动。

韩四维，字张甫，别字芹城，顺天府昌平州（今北京市昌平县）籍，河南嵩县人，崇祯四年（1631）陈于泰榜进士，由翰林院庶吉士官至右春坊右谕德。四维曾降附李自成，愿输银二万两，求为国子监司业，被降授弘文院修撰。崇祯十七年十二月，他在弘光政权中得复原官。先前他见苏州"山水明秀，乐之，买地数顷、屋一椽，徙家焉"④，于弘光政权灭后在苏州定居，不仕清朝，参加李之椿复明运动；或说他的座主某因到他家避祸借银遭拒绝，大怒说："吾拼一身扳他罢！""因词连四维"⑤，牵累进李之椿案，实际上没有参加这个运动。

根据降清盐运使谢国宝奏报的名单，被捕的还有崇祯太子朱滋［慈］烺、军师舒英、左辅卢法之、右弼张定之、侍郎李樊桐、兵部主事赵龙书、知州李黄美、守备陈图辅，这些人"同盟共议，窝藏崇祯太子朱滋烺、魏翰如，连络山东、河南、亳州、江、浙、徽、池等处"；总兵方君茂、监军道徐介石、都督孙煊、副总兵施子辛，则"永历遣来各处传递上下声息，并连络湖广、徽州、河南、山东等处"；按察司佥事汪慎生、总

---

①　卓尔堪辑：《明末四百家遗民诗》卷14，汤缵禹：《和王元倬年兄南陔诗》。

②　《投诚盐运使谢国宝奏本》，载《明清史料》丁编第3本，第227页。

③　邵廷采：《东南纪事》卷10，《周鹤芝》将赴日乞师的恭㮵冠以安昌王爵号。徐承礼。《小腆纪传补遗》卷1（《小腆纪传》下册，中华书局1959年版，第761页。从之。）黄宗羲：《行朝录》卷8，《黄宗羲全集》第2册，浙江古籍出版社1986年版，第181页，则称"安昌王恭㮵至日本乞师。"李聿求：《鲁之春秋》卷22，浙江古籍出版社1984年版，第206页。从之。（李天根：《爝火录》卷17，下册，第720页，作"安昌王华堞"，成楚王宗支，显误。）恭㮵爵号自以谢国宝奏本为准。谢捕得一郡王，不致贬为镇国将军。因此，乞师事有三种可能，一、恭㮵冒安昌王爵乞师；二、记载恭㮵官爵有误；三、乞师者为安昌王恭㮵，非恭㮵。但恭㮵在记载中不多见，故姑不取。

④　缪荃孙等：光绪《昌平州志》卷14，《列士传》，第一八，《明》，《韩四维》。（为59）缺60清史祖录。

⑤　计六奇：《明季北略》卷22，下册，第603页。

兵王来回、御史王瑞徵、副总兵冯云起、职方司项禹揆、礼部尚书吴哲生、翰林院编修张中节、知府李永思、监纪同知戴初尧、兵粮同知万中暗即万粲、台州知府刘道生、监纪同知谭五周、锦衣卫指挥黄祖圣、国子监祭酒顾子超①、副总兵余公二、推官周世臣、总兵胡吉人、推官张顺恒、副总兵怀素、守备徐希朝，"永历遣来颁送"敕诏翰林江念云，"专管送人下海"守备洪三，"专住宿海船人役线索往来窝主"王仁次等三十五人②。

《清世祖实录》提到"故明废宗朱义盛谋反，并其党……伏诛"者共九人③。"其党"中除已列入谢国宝奏报名单的舒瑛（即舒英）、张定之、李赞美、李勇士（即李永思）、谭武周（即谭五周）、陈国辅、徐介石外，还有未列入名单的魏名观和谋反首脑朱义盛（疑为江西宁藩宗支议字辈人④），与前三十五人合计为三十七人。其中崇祯太子慈烺已在顺治元年冬、弘光元年春先后见于北、南两京。北京所见慈烺是真慈烺，随即被清廷杀害⑤。因而这里的朱滋［慈］烺或是李之椿为复明运动争取人心而伪托，或竟是谢国宝之流为冒功而取一平民混充，总之是假慈烺。这些被捕者的官职，其中军师、左辅、右弼明显不符合明朝职官制度，疑是谢国宝之流为冒功而虚捏的。谢国宝奏本在提到李之椿父子、韩四维、沈仲［重］熙时，用的是他们的本名，在提到沈士柱、沈荣时，则不用名而用字，作沈昆峒［铜］、沈仁叔，可见奏本是名、字混用的。因此，这份被捕者名单中的人物也就不易查清，给进一步考察他们的事迹带来极大的困难。

此外，牵累入案、大难不死的有吴佩弦、施鹏举这两名李之椿窝主。

---

① 卓尔堪辑：《明末四百家遗民诗》卷14，顾超（子超，江南吴县人），应即其人。同书卷15，沈士柱，有七律《次韵答严仍叔见赠兼示子超诸子》中的"子超"，也应指此人。诗有"晚节餐还许菊英"，"江淹赋恨恨难平"，"忠孝多君为发明"等句，亦极合。可见其相互间联系。

② 《投诚盐运使谢国宝奏本》，载《明清史料》丁编第3本，第227页。

③ 《清世祖实录》卷127，顺治十六年七月戊辰。

④ 宁府世系二十字为"磐奠觐宸拱，多谋统议中，总添支庶阔，作哲向亲衷"。（《明史》卷100，标点本，第9册，第2504页。）宁府宗支以罪废者有宁王、临川王、宜春王、瑞昌王，（《明史》卷103，第9册，第2727—2732页。）故废宗亦多。

⑤ 孟森：《明烈皇殉国后纪》，《明清史论著集刊》上册，中华书局1959年版，第29—43页。

还有一位胡潜，字是庵，太平府繁昌县人，南京国子监生，慷慨朴诚，轻财重信，怀大志，嗜读书。清军下江南，"兵火未宁，畸人豪士名流素族流离失次者甚众"。潜家富厚，倾资结纳，"椎牛享客，座常数百人，远近争慕，以为大侠。"他在顺治十五年"岁戊戌，挂名大案"①，应即牵连进李之椿案。但他脱身走江海，幸免落网。

三

　　李之椿是非常重视武装的。他既紧密联系和配合永历明军、郑成功海师、郧西夔东十三家军，也力求掌握近处的抗清武装，活跃在松江泖湖以钱应魁为首的起义军。钱应魁（或作钱魁、钱奎），又名应喜、孝，人称钱大。据说他原是松江的一个"卖菜佣"，"饶膂力，善舞双刀"②。顺治三年底，他投长白荡吴易、周天部为将官。吴易等牺牲后，他潜回松江居住。顺治十年底，他因惧祸，"纠集"唐四、唐二、沈三、殷大等"又下湖去，招集伙党"，"时常在于乡村打饷劫掠，伙盗陆续渐多"③。当时他虽以"出入飘忽，横行湖泖间"著名，但出发点是消极避祸，其活动的政治色彩淡薄，劫盗性质明显，"所掠财派为三股，一献当路，一赂捕人，其一均分之"④。这就是说，他们劫掠所得，大都用于买静求安，没有更高目标。李之椿对这支武装的联络、组织、利用，使情况完全变化。顺治十二年（1655）二月，之椿密差的扬州人到丘戒僧即丘和尚庵中，送总兵职衔白绢札付一张给应魁，"上写钱应喜名字"，另有两张送给丘和尚和应魁又一同伙陈国兴，空札十张供应魁"招得好汉或有出力亲信的填付与他"。应魁"得了札付，招的人越发多了，船就有二三百号，屡次置买弓箭器械"。应魁统率的武装作为一支内湖抗清起义军出现后，得到迅速发展，

　　① 金天翮：《皖志列传稿》卷1，《咎宏祖李懃胡潜传（宏祖妻阮氏弟张祖懃父得春）》。
　　② 董含：《三冈识略》卷3，《泖寇》。并参见熊其英等光绪《青浦县志》卷30，《杂记》下，《遗事》。
　　③ 《明清档案》第32册，台北联经出版事业公司1986年版，A 三二（之二），B18049—18059。
　　④ 董含：《三冈识略》卷3，《泖寇》。并参见熊其英等光绪《青浦县志》卷30，《杂记》下，《遗事》。

"盘踞太湖，招纳亡命，始而剽劫，继而称戈，数年以来，联□聚众，分派头目，备造器械，隐然一水国劲敌矣"。他们对清作战，藉太湖、泖湖"水道曲折，千汊万港"，"兵至兔脱，兵去鸥张"。清朝疆吏惊呼：江浙"两省水乡岌岌，靡有宁字，江南大患，未有剧于此逆者也"①。

四

李之椿的复明运动最终失败了。他从事地下活动八年之久，终被清廷破获。清廷是怎么发现的呢？这件事有不同的记载。

据清初《湖城大案记》和乾、嘉年间杨凤苞《秋室集》，此事是由李元旦的家奴谢庭兰揭发的。谢庭兰与元旦一宠妾通奸，被发觉，元旦毒杀此妾。庭兰惧祸，逃匿京师，卖身进内务府为银工。他制作杯罂等器，镂刻精工。当时清廷正为郑成功所困扰，他乘机讦告说："臣江南人，习知海寇事皆内地人为之响应，四处联络，故猝未能下耳。即臣所知者，扬州有前礼部侍郎李之椿同子元旦，出没海上，赍札敛饷，有某某等皆授伪职。"于是事下督抚，之椿等陆续被捕。之椿在狱中绝食而死。"与元旦同戮者四十八人，皆庭兰所举发也。"②

据清初吴肃公《街南文集》，告变人是谢国宝。吴肃公记述说：顺治十四年"岁丁酉，前太史杨公昌祚、孝廉汤公缵禹等坐前吏部李公之春[椿]事被收。府君往省汤，而告变人谢国宝者拥逻卒至，势横甚，并絷府君系狱"③。现存档案《投诚盐运使谢国宝奏本》证实了此点。谢国宝奏道："臣以一介庸碌，激以义愤，于顺治十四年十月间投诚王廷。荷蒙皇上不加摈掷，复命密孥内叛渠魁。臣遵于本年十一月内驰赴江南，蒙总督郎廷佐、满洲提督哈哈木遣甲喇佟湖图、游击白士元随臣于各省府州县孥获伪招讨督师阁部李之椿、崇祯太子朱滋[慈]炫、河南安昌王子镇国

①　《明清档案》第 32 册，台北联经出版事业公司 1986 年版，A 三二（之二），B18049—18059。
②　周学浚等：同治《湖州府志》卷 95，《杂缀》3 引《湖城大案记》；杨凤苞：《秋室集》卷 5，《文》，《书李元旦事》。
③　吴肃公：《街南文集》卷 17，《行状》，《先考二耕府君行状》。

将军朱恭槺，……伪督师阁部李之椿同谋子李元旦……"共四十二人①。谢国宝在奉旨孥获人犯之前，应有告密本章。因为如非本人告变，需要他做眼线，清廷自然不会任命一个盐运使到处捕获要犯。

在这两种说法中，谢国宝告变说为吴肃公习知，其父身亲，且有存档为证，显系事实。谢国宝、谢庭兰身份不同，告变经过也不同，所以绝非一人异名。但是，谢庭兰告变说出于严肃的记载，因而仍值得重视。与谢国宝投诚告密差不多同时，李元旦家发生暧昧曲折的事情是可能的。因此，谢庭兰告变说不见得是空穴来风。清廷没有起用一个家奴，而起用一名降官去充当鹰犬，对一个竭力维护奴隶制度的政权来说完全是理所当然的。

谢国宝告密前与李之椿复明运动的关系、他的其他事迹有待进一步考察。

李元旦被捕后，"不胜拷掠，足以沈荣、沈重熙、施鹏举、吴佩弦等约数十人尽情供招"。李之椿则表现坚强，视死如归，在总督郎廷佐会审时慨然说道："身为前朝大臣，国亡应死。但儿子元旦不肖，共所言俱不足凭不可信也。"从此他"遂嘿不一语，下狱七日不食死"②。诸人从被捕时开始就被作为死囚对待。沈士柱"意气如平时，一身被九锁"③。他遭受严刑拷问，"李公握椒命已尽，沈子榜掠无完肤"④。他与同案犯十八人关在南京明故宫内，吟咏不辍，作《前后故宫词》二十四首以寄托缱怀故国的深情。其中前词一首云："三百年恩总未酬，宸居何意卧羁囚，先皇制就琉璃瓦，还与孤臣作枕头。"⑤ 这首诗写得感情沉痛而胸怀坦荡，充分表现出一位面对死亡的战士的心态。沈荣也不愧为铁骨铮铮的汉子，在江

---

① 《投诚盐运使谢国宝奏本》，载《明清史料》丁编第3本，第227页。

② 周学浚等：同治《湖州府志》卷95，《杂缀》3引《湖城大案记》；杨凤苞：《秋室集》卷5，《文》，《书李元旦事》。

③ 卓尔堪辑：《明末四百家遗民诗》卷1，汤燕生：《思悲翁（十首）》（之二）。又韩四维"拘至南京下狱，狱卒以九链系其颈"。（参见第6页注⑨）可见被捕者都"一身被九锁"。

④ 徐孚远：《钓璜堂存稿》卷7，《七言古诗》三，《重哭蒙难诸贤》。承好友索介然先生指教，李公握椒命已尽。依蒋骥《山带阁注楚辞》，上海古籍出版社1984年版，第35页解释，"椒、桂皆辛物，喻直节也"，实指李之椿殉节。

⑤ 陈济生辑：《天启崇祯两朝遗诗》卷10（续集），沈士柱：《沈昆铜诗》下册，第1652页。

南官员刑堂上"慷慨对簿"，坦然说："五世相韩之痛，夙所盟心。事皆有之，何必问！"① 顺治十六年三月十四日清明节（1659 年 4 月 5 日），李元旦、沈士柱、沈荣等列四十八人在南京遇害②。沈荣"临刑口授绝命词，神色不变"③。沈重熙、韩四维等人先后死在狱中。他们的家产被查抄，亲属入官，遭到屠杀、流徙、籍没。

李之椿等被捕后不久，钱应魁起义军也归于失败。在此以前，清江南江西总督郎廷佐派督标中军副总兵冯武卿率军入泖湖搜剿。义军灵活异常，出没叵测，向来此剿彼遁，迄无成功。郎廷佐改变策略，"分兵九路，约期并进"，又移会浙江巡抚陈应泰、苏松巡抚张中元调兵"会同协剿"，仍由冯武卿总统，苏松道宫家璧监督，"分头入湖，设法搜剿"，又在"沿湖港汊之处密布严防"，加派苏、松、常三府海防同知进行监督。十五年二月，钱应魁起义军作战失败，向东溃退到黄浦江边蔡家社、汤家浜、太平寺、叶谢等村休整。娄县生员周希靖到清营告密。于是冯武卿等率军赶到各村，"钱应魁手持双刀奋勇迎敌"，"官兵砲矢交加"，义军伤亡惨重，应魁夫妇被俘。在南京刑讯时，应魁供认不讳，说出接受李之椿联络。应魁遇害，"传首湖滨"④。泖湖的战火终于熄灭。

五

余论：

第一，清初国内民族斗争的恩怨，经过三百多年，在历史洪流的冲刷下淡薄了，泯灭了。中华民族的团结，随着种种历史事态的发展、变

---

① 杨凤苞：《秋室集》卷 4，《文》，《沈简讨传》。

② 李天根：《爝火录》卷 29，下册，第 941 页，作八月初八日丙申大清杀沈士柱，显误。《湖城大案记》记己亥三月沈荣等四十八人死西市。（参见周学浚等同治《湖州府志》卷 95，《杂缀》3 引《湖城大案记》。）陆载纪作沈士柱传略谓士柱"己亥清明日溅颈血死"。（陈春华：嘉庆《芜湖县志》卷 21，《艺文志》，《略传》，陆载纪，《沈明经昆铜传略》。）奚自诗云："最是年年寒食日，杜鹃声里不胜哀。"（陈春华：嘉庆《芜湖县志》卷 23，《艺文志》，《诗》，《七言律》，奚自：《会葬沈门三节妇诗以纪之》。）同。谢国宝奏本上于顺治十六年七月，明说"其李之椿等蒙部覆，奉旨于今三月十四日正法讫"。三月十四日正是当年清明日。

③ 杨凤苞：《秋室集》卷 4，《文》，《沈简讨传》。

④ 《明清档案》第 32 册，台北联经出版事业公司 1986 年版，A 三二（之二），B18049—18059。

化，逐渐占据了国内民族关系的主要位置。但是，历史问题的是非是不会消失的。复明运动是基于清朝统治的扩展，以及圈田、缉逃、剃发、屠城等民族压迫措施的推行而发生的。它的政治性质是明确的。它与李自成、张献忠及其余部的抗清战争，南北各地其他农民军的抗清斗争，东南沿海城市人民的武装反抗，郑成功等的海上起义，历次南明政权对清朝的抗争共同构成清初民族抵抗运动的整体，是清初整个民族斗争的一部分。仔细分析，参加这一斗争的各个阶级、阶层、政治集团的目的是不同的，即使同一农民军或同一南明政权内部的集团、个人的目的也不尽相同，那正反映了构成历史前进运动的基础的情形，并不能抹杀他们反抗清朝统治和民族奴役的共同目标，更不能抹杀他们的共同事业的民族斗争性质。

关于清兵入关后清政府在全国范围内进行的战争的性质，各有不同意见。从长远看，清政府最终取得了全国统治权，而在统治全国的长期过程中，对国家的发展、国内各民族相互间的接近，起过明显的促进作用。这是二百余年清朝统治的一个积极的方面。在分析清兵入关和夺取全国统治权的战争时，不能不结合清朝统治的后果加以适当的考虑。但是，清朝统治不是确定清初战争性质、对清朝进行的这场战争做出评价的主要因素。战争的性质和历史评价，是由促成战争发生的社会矛盾决定的，不因战争结束后清朝的长期统治而改变，既不因清朝统治有过积极方面而说成一个样，也不因清末的丧权辱国而说成完全相反的另一个样。

清兵入关后清政府在全国范围内进行的战争，不是统一战争。统一以分裂为前提；这个简单的道理只要看看秦、西晋、隋、北宋、元等历次统一的历史就不难明白。在阶级社会中，各种大规模斗争经常发生，需要加以分析，并不都构成统一战争的背景和条件。明末清初就不存在这种背景和条件。清兵入关前，社会阶级矛盾异常尖锐，导致明朝统治被推翻，但国家并没有分裂。因此，清兵入关后进行的战争，就是镇压各地农民起义和人民抗清斗争，大规模推行民族奴役措施，夺取全国统治权。民族矛盾迅速激化，引起南北各地原来反抗明朝统治的农民起义全部转到联明抗清的轨道上，南明地主阶级与农民军转到联合和协同作战的轨道上，反对清朝统治。他们并没有搞分裂，也不反对统一。复明运动不是反对统一战争的运动。

第二，复明运动有明显的特点。复明运动的基本的活动方式是地下活动。这是它的第一个特点。当清军南下时，双方争夺激烈，斗争反反复复，战争是斗争的基本形式。在那种时刻，群众的战争热情高涨。许多性喜谈兵的士绅，义旗一倡，很容易就聚成一军。那些不懂军事的士绅，则因传统的社会地位和明确的政治态度而很容易被形势推动，成为军事首脑，走上战争舞台。因此，汉族士绅举义抗清时都建成军队。阎应元、侯峒曾、金声、吴易、王翊、李长祥等都是如此。在清朝严酷统治下，条件变了，聚成一军不容易，坚持下去更困难。于是，复明运动大部被迫采取地下活动方式，积聚力量，准备最后一搏。柳如是、钱谦益主要是去山东德州、江南苏州、松江、南京等地串联，在家乡接待肩负特殊使命的来客，往浙江金华、江南松江策反，联系南明政权，帮助海上义师等，都属于地下活动。李之椿父子是在更广泛的地区进行组织、串联，当间谍刺探情报，同样是典型的地下活动。

一般来说，以恢复政权为目的的斗争都不能不使用武装。地下活动不过是为最终进行战争做准备，战争是实现复明目的的最后手段。因此，复明运动与武装斗争最终结合起来，地下活动与战争最终结合起来，是复明运动的第二个特点。这是由国内民族斗争的形势、复明运动的任务决定的。当时，清朝的军事力量非常强大。八旗兵约二十万人，绿营兵约八十万人，组成百万大军[1]。清初八旗、绿营作战的表现证明，这百万雄师几乎是一支无坚不摧的力量。面对这样强大的斗争对象，复明运动的组织者既要深入绿营内部进行策反，也要拥有坚强的武装，准备战争。他们既然难以自己建成一军，便依靠同一战线上的现成军队。因此，各地复明运动的组织者柳如是、钱谦益、魏耕、吴祖锡以及李之椿等人，都要与郑成功张煌言义师、李定国军、郧西夔东十三家军、太湖起义军等联络和结合。他们为起义军和南明武装刺探情报、招兵买马、捐资助饷、献计献策、指

---

[1] 李新达：《入关前的八旗兵数问题》（见《清史论丛》第 3 辑，中华书局 1982 年版，第 163 页）估算入关前夕八旗"总兵力可达二十万人之多"。罗尔纲：《绿营兵志》（中华书局 1984 年版，第 1—2、61 页）估算八旗初入关时兵力合共十八万六千余人，绿营兵八十万人左右。

路带路等，对起义军、南明武装的发展和活动起了重要作用。尤其是在这些军队征进到清朝统治地区时，这些人更成了重要耳目。说到捐资助饷，柳如是、钱谦益资助姚志卓建军，沈荣向监国鲁王军队捐饷，几乎都为此倾家。李之椿表现更为突出，"之椿忠谊慷慨，家产二十万，悉变以募军，已而困厄矣"①。

复明运动有广泛的阶级和阶层参加，这是它的第三个特点。明朝宗室、官员、将校、绅富等要维护既得利益，特别是政治、经济势力强大的江浙地主，在明末农民起义中基本上没有遭受冲击，更觉得还有力量同清朝做殊死的争夺。但是在度过顺治初最动荡的几年后，清朝对江浙的统治渐趋稳定，汉族地主的分化也日益严重。一些士子陆续出来应考清朝的科举，标志着他们政治态度的变化；那些坚持抗清立场的士绅，则或继续采取同清朝不合作的态度，或索性参加复明运动。复明运动参加者对清朝的斗争，仍是顺治初明清战争的继续，只是斗争形式随着条件变化而发生了变化。至于农民、奴仆、商贩等社会基层群众，也是复明运动的积极参加者。明末，南方阶级斗争非常尖锐，汉族社会基层群众曾利用清军南下造成的动荡局势，起而反对士绅地主阶级，奴变和佃农斗争一时都很频繁、激烈。又"传说清朝八政，一曰求贤，二曰薄税，三曰定刑，四曰除奸，五曰销兵，六曰随俗，七曰逐僧，八曰均田"②；这些都是得民心的。汉族社会基层群众在激烈反对地主阶级的同时，因而一度对清朝统治采取欢迎和合作的态度。溧阳削鼻党领袖潘茂曾赍捧溧阳户口册籍投降清朝，导引清兵搜剿当地士绅抗清武装，得受清朝的参将札付。黟县奴变领袖朱太也担任清朝都司。但清政府很快就表现出它的地主阶级本质，出面镇压奴变和佃变，又推行剃发结辫等民族奴役措施，使基层群众对清朝的幻想迅速消失。清朝"下令剃发，乡民皆惊，而胥吏乘势鱼肉民，民汹汹思乱"③。溧阳潘茂等被清朝杀害后，削鼻党起义奴仆继续结伙抗清，"兵到则散"，"掳掠如故"④。顺治

---

①　朱溶：《忠义录》卷3，《李之椿传》，中国国家图书馆《明清遗书五种》本，第555页。

②　佚名：《江南闻见录》，载《东南纪事》，中国历史研究资料丛书本，第327页。

③　温睿临：《南疆逸史》卷36，下册，第254页。

④　《明清史料》丙编第6本，第518页。

三年三月初，朱太等奴仆数千人包围清朝统治的黟县城，对清徽宁池太提督张天禄、总兵卜从善援兵作战。失败后他们又"窜伏山林，时出剽掠"①。顺治五年，浙江萧山商贩沈某、锯匠张某"椎牛酾酒，集里中少年数百人，祭旗起义"，英勇抗击清军。清军惊叹："自入关来，未曾见此好蛮子，若再得十数人，江东非吾有矣！"②在泖湖起义军中，除卖菜佣钱应魁外，多人有姓无名，应是基层群众无疑。这些事例说明基层群众参抗清的广泛。他们中有些人的复明思想很明确。"雇工人沈八起义被执"，清浙闽总督张存仁问他："汝欲何为？"沈八斩钉截铁答道："吾欲中兴。"③复明运动有各阶级、阶层的广泛参加，正表现了这个运动的民族性。

复明运动的分散性，是它的第四个特点。同是从江浙兴起的运动，即有阎尔梅叶廷秀、柳如是钱谦益、平一统贺王盛、李之椿父子、魏耕、吴祖锡等多股并起。江浙以外地方的运动更不必论。他们一致拥戴南明，也没有根本不同的利益和主张，但始终只各自与永历政权、郑成功、张煌言建立单线联系，独立活动，从未试图合并为统一的运动。他们也不是毫无联系，例如钱谦益与阎尔梅、钱谦益与魏耕、魏耕与沈士柱、沈士柱与钱谦益、魏耕与吴祖锡等都有接触和交往，但似只限于相互磋商、鼓励，不是统一组织、部署、领导、指挥。他们之间关系的松散性和分散性是很显然的。分散的个体小生产基础上产生的政治运动，缺少群体的团结的统一的意识，是造成这种状况的根本原因。地下活动环境的严酷条件，对分散性也有重大影响。参加者人数过众，运动规模庞大，不利于隐蔽，是很明显的。这是生死存亡的大计，复明运动各组织者不能不注意这一点。分散性虽有助于复明运动在一段时间里的存在，却削弱了运动的力量，以致最终被清政府各个击破和消灭。

在各起复明运动内部，也缺乏严密的组织和领导。复明运动组织者各自串联起来的一伙人，实际上只不过是一个志同道合的团伙，而没有成为

---

① 吴旬华等：嘉庆《黟县志》卷15，《艺文志》，《国朝文》，程功：《乙酉纪事》。
② 张岱：《石匮书后集》卷57，中华书局1959年版，第320—322页。
③ 钱肃润：《南忠纪》，中华书局1959年版，第142页。

用严格的组织系统和严肃的条规纪律结合起来的群体，也就是说没有形成一个真正的组织。他们结合起来的方法，除共同实现复明的目标，只有串联、结拜，特别是分授南明的空衔官职，还有被清朝捕杀的威胁也加强了他们的向心力，而从来没有建立上下相维的系统的组织结构，没有形成有威信的行使权力的领导集团。在政治上，他们是一些明确的复明主义者，此外没有其他的政治纲领、口号，没有动员、团结群众的更实际的政治思想武器。这是复明运动的第五个特点。

因此，他们内部的关系也是相对松散的。这里表现了封建时代的政治运动的幼稚性。这样幼稚的政治运动的潜流是不难遏制的。作为民族抵抗运动的一部分、一种有形的运动，复明运动缺少明显的成就，也没有存在很长时间。许多组织者、领袖和骨干不是被捕杀，就是变节改图，或在失望中悒郁而死。其后天地会虽接过复明口号，但斗争性质实际上有所变化，民族斗争的色彩褪落下去，阶级斗争的旗帜更加鲜明起来。

第三，复明运动没有实现它的目标，最终陷于失败。它的失败有其必然性。复明运动自有重大弱点，但这不是它失败的根本原因。复明运动是民族矛盾激化的产物，因此一旦民族矛盾相对缓和以后，它就失去了存在的依据。而它不能在民族矛盾仍然激烈的时候实现自己的目标，则最主要的是明清力量对比对明朝一方不利。复明运动所拥戴和依靠的南明，是孱弱而又充满内争的分裂的力量。弘光政权灭亡后，潞王首倡降清，接着就发生唐、鲁交恶，桂、唐交恶，招致一连串失败。永历政权虽在播迁，内部仍不团结。朝臣弄权，互相倾轧。高、李连遭排陷，失望北走，自我封闭在郧西夔东的万山丛中。郑、张与永历政权在地理上并不连接，基本上是独立作战。后来作为永历政权主要军事支柱的孙、李交恶，终致兵戎相见，结果孙可望降清，李定国孤军奋战。大厦将倾，一木难扶。这样的力量不能复兴，不能赖以复兴，是显然的。反观清朝一方，军事力量强悍，政治上满族亲贵内部虽有矛盾，但基本上没有妨碍他们有效地行使统治权力，对汉族地主采取较成功的政策和策略，较快纠正或中止不得人心的政治、经济、军事措施，清朝统治因而日益稳定和扩大，民族矛盾趋向缓和。在郑成功去台和永历政权、十三家军灭亡后，复明运动失去依托和希望，即使不遭清朝破坏，也自然萎缩下去。

　　复明运动是一种复杂的长期被掩盖的历史现象。李之椿案、平一统贺王盛案等大案，至今没有发现什么完整记载，可见需要下大量彰幽发潜的功夫。希望有许多切实的研究，以便使南明历史上这些生动的画面重新活跃起来。

关于抗清复明斗争和郑成功研究问题的几点看法

郑成功收复台湾，已是340周年了。这是值得中国人隆重纪念的。笔者的专业是中国史，主要是清史。个人对研究明末清初的历史，怀有比较浓厚的兴趣。现在笔者把有关抗清复明斗争问题和郑成功问题的几点看法写出来，作为对郑成功伟大历史功绩的纪念。

第一，什么是中国史？中国史就是以现在中国国界为范围，生活在这个范围内的土地上的人类社会发展的历史。中国现在的国界，是经过长期历史演化和变迁后形成的。疆界的演变是历史发展的一部分，古今疆土国界不同，祖先活动不会想到后来的国界。古代某个时候中国的疆土，可能在现在的国界以外；相反的情况无疑也存在。这种历史变迁对后来、对今天做历史论断，都有重大的影响。这是应该重视的。

第二，在中国漫长的历史进程中，易代的现象很频繁。禅让也是易代，在传说中被美化，实际上不过是原始社会部落联盟推选领袖的制度的反映而已。秦汉易代通过战争，汉魏晋相继易代通过逼宫也杀了人，后周宋易代通过阴谋，大多数易代斗争激烈、残酷，但毕竟平淡过去。只有北宋金、南宋元、明清易代，在当时和后世都激起巨大的感情波澜，以致在史学中发生许多的史实问题和理论问题。其复杂性就在于：一方面这几次易代斗争与民族斗争结合在一起，几个新建皇朝的统治民族本不住在他们后来统治的那么广大的地区，他们的胜利意味着征服，带给广大地区人民复杂的感情，感到天崩地裂，神州陆沉，激起持续猛烈的反抗；另一方面代表金、元、清的统治民族最终全部（金、清）或大部分（元）成为中华民族的一部分，与汉族、其他兄弟民族生活在一起。

重要的是，这种易代的历史究竟应该怎么看？特别是明清易代的历史应该如何论定？有一些有代表性的观点。

第三，一种观点认为，在现在国界范围内，古代任何民族都可以"轮流坐庄"统治全国，开创皇朝当皇帝。这种观点认为，明朝统治腐朽了，清兵入关夺取全国是顺应潮流的，吴三桂引清兵入关说明他是识时务的俊杰，反清复明是垂死挣扎。

在分析任何社会问题时，有一项根本的理论原则，理论上的绝对要求，就是要把问题提到一定的历史范围之内。遵循这一项原则和要求，考察宋金、宋元、明清三次易代斗争，就会发现两种不同的情形：金灭北宋，元灭南宋时，金和蒙古都是另一个国家、另一个民族，这两次易代斗争不仅与民族斗争，甚至与国家间的战争连接在一起；明清间的情况不同，在明清关系、满汉关系中虽存在不同民族的差别，却在一个国家范围以内，满（女真）族首领人物长期受命为明朝边疆武职，满族生活区域属于明朝督抚都司卫所管辖、镇守的地域，所以明清易代斗争是与国内民族斗争连接在一起的，不幸的是自努尔哈赤以来清（后金）方领袖人物采取了一种不正确的政策，否认历史事实，标榜为另一个国家，使问题复杂化，性质朝不同方向发展、变化。努尔哈赤首先以"禁边"为界，与"大明"隔绝开来，宣称"大明与满洲皆勿越禁边，敢有越者，见之即杀，若见而不杀，殃及于不杀之人"①。入关后，多尔衮致史可法书，称明朝为"中国"，自称为"我国家"②。入关已逾十年，顺治还说：满洲与明，"自[清]太祖、太宗以来，本为敌国"③。清人自己就不承认与明国同属一国。汉人也不认同满族是明朝子民的事实，蔑称为"虏"。浙江鄞县人华夏通海被捕，在清浙江福建总督张存仁向他劝降时，拿自己的姓名调侃张存仁道："也要顾名思义，当时老父命名，就与贵国无缘了。"浙江会稽起义志士章钦臣妻金氏对丈夫说："华夏之辨，断不可苟。"④敌对的明清双方的真实观念如此，认对方为外族、外国，界限分明、严格。

---

① 《清太祖武皇帝努尔哈奇实录》卷2，天命三年四月十三日。
② 《清世祖实录》卷6，顺治元年七月壬子。
③ 《清世祖实录》卷16，顺治十一年九月己丑。
④ 钱肃润：《南忠记》，中华书局1959年版，第136、143页。

　　这就是应据以分析和论定当时社会问题的全部历史环境。现代人不应责怪古人缺乏"国内多民族团结"的美好意识，不具备兄弟民族"轮流坐庄"的理想观念。社会存在决定社会意识，这类美好意识、理想观念是历史发展的结果，是近代以来才逐渐明确起来的。古人无法超越时代，超前地按他们不可能见到的存在，按今人的愿望，想今人头脑之所想。这是古人的历史局限性的表现，是不以今人意志为转移的。现代人不能将自己的思想粗暴地强加给对立双方的古人，蛮横地给他们洗脑。

　　了解这一点，就能懂得一个浅显的道理：在面对民族征服，遭受掳掠、屠城、剃发、易服、圈地、缉逃等民族压迫、民族屠杀的威胁时，起而反抗，誓死不屈，是英勇而正义的。李纲、宗泽、岳飞、韩世忠、文天祥、张世杰和陆秀夫等是千古传颂的民族英雄。史可法、郑成功、张煌言、李之椿、华夏、李定国、李来亨等在国家民族危急存亡的关头挺身而出，前赴后继地进行斗争，亦不愧为中华民族的钢铁脊梁。

　　中国古代某个皇朝统治腐朽，不是应由另一国越俎代庖，推翻、取代的理由。清初，汉人全民族起义反清，持久、激烈，有力地说明古人反对自称敌国的人的统治，茫然不解现代人设计的"轮流坐庄"的解决办法。有一种所谓的"愚忠说"，断言明朝士绅反清，是向明朝腐朽统治"效愚忠"。"愚忠说"宣扬者曾否注意，抗清牺牲的烈士傅鼎铨、施凤仪、吴尔壎、贺王盛、杨昌祚、耿章光、张家玉等，反清志士、遗民杨士聪、杨廷鉴、史可程、李长祥、黄国琦、方以智等大体上能接受大顺李自成，却坚决反对清人，足以证明"愚忠说"过甚其词，民族斗争决定了这些人在全部易代斗争过程中的政治态度。

　　可见，抛弃历史主义原则，一律以现代的国界为范围上溯，以分别内外，无视疆土的变迁、发展，分析、解释历史问题，必然到处碰壁，辨别不清历史是非。不能用现在改造和否定过去，就像不能用将来改造和否定现在，是一样的。"将来实现了共产主义，世界大同了，也不能说今天争取民族独立、国家独立是错误的呀！"① 将来当国家被送进历史博物馆时，

---

　　① 李新：《无限的哀思》引述邓恭三（广铭）师语，载《仰止集——纪念邓广铭先生》，河北教育出版社 1999 年版，第 56 页。

能说汪精卫、贝当之流是大同世界的先知先行者吗？答案只能是坚决否定的。

第四，一种观点认为，这几次易代斗争是国家间的斗争，金、元、清的南下是异族侵略。

这种观点有两个问题值得注意。一是没有区别金和蒙古另外立国，而清人是大明臣民的事实（虽然清人否认这一事实，严重损害了其政治意义）；二是作为现代中国人，多少忽视了宋金战争以来历史的发展、变化，当年另一个国家的民族、国内另一个民族已经全部或大部分融入中华民族，他们当年征服中国，结果自己也成了中国人，原来居住的地区成了中国的一部分（清人居住区本是中国的一部分，蒙古人居住区一部分后来又独立出去了，在此不细论），这与荷、英、俄、日、美等外来侵略者明显不同，这段历史也是不能割断的。因此，"异族侵略"的说法是不妥当的。这几次易代斗争都是中国历史进程的一部分，必须叙述和解释，历史感和是非感必须坚持，不能歪曲历史，模糊是非，更不能伪造历史，颠倒是非，但出发点不是算老账，而是冷静地评述今天的兄弟民族间当年的曲直，科学地解释历史，总结教训，注意正确处理相互关系，避免错误的、不当的行为，充分发扬民族精神，树立强烈的民族自豪感和自信心，与世界民族一道昂首前进。

第五，研究历史是很复杂的工作，必须多方面考虑其中史实与理论相结合的问题，从而做出比较切实可信的判断。明清易代斗争的论定尤其不能简单化。

清兵入关后，民族矛盾成为一个时期里社会主要矛盾，是个事实问题。南北所有的农民军反明起义，包括奴变在内，都转到拥明反清的轨道上，大顺、大西农民军实现联明抗清的战略转变，不少曾接受大顺官职的明朝官绅誓言不降清，甚至为明朝殉节，这些情况当然是民族矛盾占据社会主要矛盾地位的反映，不然就无法解释。南明各阶层人民都参加起义，弘光元年（1654）"闰六月初旬，剃发令至，郡民汹汹不服"，"于是士民揭竿起"①。常州裱褙匠欧敬竹誓言"宁为大明死，不为大清生"，与换钱

① 钱肃润：《南忠记》，《陈公》，第141、142页。

人石士凤都拒绝剃发而自杀。如皋布衣许元博"臂刺生为明人，没为明鬼八字"[1]。"雇工人沈八起义被执，张存仁问曰汝欲何为？曰吾欲中兴。"[2]至于平民、乞丐、僧道等为明朝尽节的，也史不绝书。这里明显地具有全民族总动员的意义。降清的明朝文武，复归或动摇者频频，钱凤览、赵开心等力主承认崇祯太子，陈名夏等主张复汉族衣冠，胡茂祯、曹溶等首鼠两端，金声桓、王得仁、李成栋、姜壤、韩昭宣、高谦等起义反正，钱谦益、韩四维等参加复明运动，都是民族矛盾成为社会主要矛盾在清朝内部的反映。

清兵入关后清政府在全国范围内进行的战争，不是统一战争。统一以分裂为前提，统一战争是分裂成为社会发展的严重障碍、矛盾尖锐化引起的战争。这个简单的道理，只要看看秦、西晋、隋、北宋、元等历次统一的历史就不难明白。战争在阶级社会中是常见的现象。凡发生战争，必存在矛盾对立的双方或多方，存在短暂的"分裂"，其中任何一方无不想消灭对方和其他各方。如果这可以定为统一战争，则国内任何战争都是"统一战争"，这岂不滑稽？明末社会阶级矛盾很尖锐，导致明朝统治被推翻，出现易代的形势，但国家并没有分裂。一定要说有分裂，就是清人自称建国。然后，清人又来进行"统一战争"，实现武力"统一"。这样弯弯绕式的解释，有点嘲弄清朝建立的历史，并不可取。清兵入关后进行的战争，是明末以来明清战争的继续，是明清易代斗争全过程的后一部分，是镇压抗清起义和复明运动，大规模推行民族压迫、奴役措施，夺取全国统治权的战争。

一切民族压迫、民族奴役、民族征服势必引起激烈的反抗，而这种反抗代表了被压迫、被奴役、被征服者的民族精神。中华民族要自立于世界民族之林，必须弘扬民族精神，不要毁坏祖先用鲜血换来留给后人的民族精神。

但是，世间的事物是复杂的，清兵入关有其积极面。最重要的是：甲，清兵入关后，满族才真正开始融入中华民族的历史进程，加快从政治

---

① 钱肃润：《南忠记》，《二烈士欧公石公》《布衣许公》，第121、152页。

② 钱肃润：《南忠记》，《雇工人沈八》，第142页。

上、经济上、文化上大发展的步伐，使其民族性中蕴藏的能量在新环境中释放出来，变为提高民族素质的利器；乙，清兵入关，最终夺取了全国统治权，清朝政府在最初近两百年中积极维护国家领土完整，对国家的发展、国内各民族间的相互接近，起过明显的促进作用，使统一的多民族国家最后完成。这都是影响中华民族发展的大事，不可小视。或以为清初统治者进行了残酷的空前大破坏，企图以军事政治权力把中国社会倒拖回去①。事实是，破坏、屠杀虽然是严重的，但康熙中叶以后由于采取一些适当的政策，恢复、发展也很快。② 在分析清兵入关和夺取全国统治权的战争时，不能不结合其后历史的发展加以考虑。可见，积极面的存在，说明采取全面、客观、冷静分析态度的必要性。

　　第六，需要补充指出：中华民族是具有伟大包容性的民族。汉族本身是融合了多族血液的民族。以汉族为主，结合其他多民族，又构成伟大的中华民族。她的包容性首先表现在能与其他国家、其他民族和平相处，基本上没有大的对外侵略，相反，中国从鸦片战争以来丧失很多土地。又表现在不排斥外来的善意的民族。中国有多个民族是外来的；中国从宋代以来就接纳犹太人定居而无排犹运动；蒙古西征掳掠的和清初作战俘获的俄罗斯人在中国定居而融入中华民族；郑成功接受荷兰人的黑奴并肩作战。这些都是很突出的。还表现在中华民族拥有深厚、悠久的文明，能够吸收、消化任何外来的优秀文化。最后，表现在中华民族内部各族人民共同劳动、生存、发展，千百年来，汉人基本上没有强行改变一个民族的生活习俗，"华夷之辨"首先是自卫性的。"微管仲，吾其被发左衽矣"③，反映出对征服和强制同化的拒绝。举出这些实例，并不是要美化自古以来的统治阶级，否认民族压迫，只是说明比较起来中国人是做得最好的。这样的民族，在遇到外族的征服，凌辱其尊严，危害其生存时，是必然奋起反抗的。

---

　　① 《尚钺史学论文选集》，《〈明清社会经济形态的研究〉序言》，人民出版社 1984 年版，第 390 页。

　　② 商鸿逵：《明清史论著合集》，《略论清初经济恢复和巩固的过程及其成就》，北京大学出版社 1988 年版，第 78—106 页。

　　③ 《论语》，《宪问》篇，第十四。

　　第七，附带说一点有关遗民的问题。遗民的祖师爷是伯夷、叔齐，其特点是易代之际在政治上拒绝与新朝合作。明末清初，遗民现象最为突出，"节义之在天壤，不独杀戮之所不能禁，而玺书征辟，或至再三，不能回入山蹈海之心。"① 遗民具有这样崇高的政治价值和道德价值，"故遗民者，天地之元气也。"②

　　有的作者找到了不具有政治意义的遗民，认为有可能揭示被掩盖了的"个案"的丰富性。易代之际的"遗"未见得全由时势所迫成，也有可能基于其人的政治经历与士人传统的生存哲学。有实例为证，孙奇逢、傅山明亡前已无意出仕，似乎清初之为遗民不过是这种态度的继续而已。事实是，傅山在明朝无意仕进，但是不反明，在清朝不仕进，却是反清的。傅山卷入山西阳城基地的虞胤起义，宋谦是使他与起义建立联系的关键人物，于顺治九年（1652）开始与他接触。③ 从表面看，傅山在明末和清初都一样不仕进，实际上出发点和意义完全不同。在这里，政治态度反映事物的本质。这种"个案"的"丰富性"掩盖了本质，研究者不能不注意。

　　还有一种观点，认为：隐逸之为传统，大大扩展了士的生存空间，从而也使得士与当道的关系、士在王朝政治格局中的角色地位复杂化了。这种论点很新也很怪。士人读书都为做官，"读书个个望公卿"，光宗耀祖，发财致富。读书而不做官的，当然不排除有生性闲散恬淡、不愿为官的人，绝大部分却是出于被逼无奈，官职有限，粥少僧多，没有门路，"几人能向金阶跑？"④ 或者由时势所迫成，易代之际，眷念故国，不欲为异姓之臣，如此等等。清初的遗民，有的有饭吃，甚至生活富裕，如冒襄、张岱、查继佐等，可不论。但不少人度日艰难。如杜濬写自己的穷困说："昔日之贫以不举火为奇，今日之贫以举火为奇，此其别耳。"⑤ 看来，有一餐，没一餐，以至几乎断炊。杨卓然被清政府抄家时，只有永历钱四十

---

① 王猷定：《四照堂文集》卷2，《序》，《宋遗民广录序（代）》。
② 黄宗羲：《南雷诗文集》上，《碑志类》，《谢时符先生墓志铭》，《黄宗羲全集》第10册，浙江古籍出版社1993年版，第411页。
③ 详见本书《虞胤、韩昭宣起义与傅山》，第50—66页。
④ 冯梦龙：《醒世恒言》第17卷，《张孝基陈留认舅》。
⑤ 戴延年：《秋灯丛话》，《杜于皇》。

八文、破席一床。① 郑郏本是封疆大吏之后，理应生活富裕，当遗民后却"数绝粮"，"儿女饥呼饭"，甚至"岁暮矣，瓮无粒米"，"鹑衣……百结"，"量腹餐松术，度形衣薜萝。"② 李确，崇祯六年（1633）举人，"甲申后遁迹龙湫，往往绝粮"。他的老友郑婴垣更惨，"贫居傲性不干人"，"无妻无子""一遗民"，"无食"，竟"冻死雪中"。③ 刘永锡同样悲惨，堂堂明举人、教谕署知县，最后饿死在苏州相城。④ 这些人为民族尊严做了巨大的牺牲，而有人居然说隐逸大大扩展了士的生存空间，不仅滑稽，而且可悲。

第八，在郑成功评价问题上，出现一种倾向，肯定、歌颂他逐荷复台的业绩，而贬低、否定他抗清复明的斗争。这样的看法，是把郑成功一生做的两件大事分割开来，对立起来。实际上，这两件大事事同一体，不可分开，更不能对立。郑成功本是一介儒生，因为抗清复明，才受命提督禁旅，躬亲军务。到隆武政权溃败后，他才起义成为统帅，主持抗清复明的大事业。可以说，没有他的抗清复明斗争，就没有他逐荷复台的力量，没有他逐荷复台的成功。逐荷复台不是孤立的事件，也不是转向的事件（放弃抗清复明，转向逐荷复台）。当时，抗清民族英雄张煌言曾有此误解，认为郑成功逐荷复台是不顾根底，效虬髯客走海外扶余为王，箕子去朝鲜开基立业，改变斗争方向，"寻徐福之行踪，思卢敖之故迹，纵偷安一时，必贻讥千古。"⑤ 但这不是郑成功的意思。郑成功逐荷复台，是因"天未厌乱，闰位犹在"，抗清复明斗争是长期的，"南北征驰，眷属未免劳顿"，必须收复失土，"平克台湾，以为根本之地，安顿将领家眷，然后东征西讨，无内顾之忧，并可生聚教训也。"⑥ 郑成功部将建威伯马信也说，

---

① 张岱：《石匮书后集》卷23，《乡绅死义列传》，《杨卓然》，中华书局1959年版，第160页。
② 郑郏：《郑皆山诗集》，《射部》，《绝粮》《鹑衣》《岁暮矣》；《数部》，《春来连雨七十日》。本《诗集》承同事罗炤、陈祖武先生见示，附识于此，表示感谢。
③ 徐世昌：《晚晴簃诗汇》卷13，《李确》。
④ 孙静庵：《明遗民录》卷29，《刘永锡》，浙江古籍出版社1985年版，第222页。
⑤ 张煌言：《张苍水集》第一编，《冰槎集》，《上延平王书》，上海古籍出版社1985年新一版，第20页。
⑥ 杨英：《先王实录》，十五年辛丑正月，陈碧笙校注本，福建人民出版社1981年版，第243、244页。

郑成功"所急者",金、厦"诸岛难以久拒清朝,欲先固其根本,而后壮其枝叶,此乃终始万全之计"。于是马信提出相机而动,收复台湾的建议①。所以郑成功逐荷复台,是为了建为根本,以便更有保障、更能一往无前地西征北伐,成就抗清复明的事业。这是远见卓识。在郑成功那里,逐荷复台与抗清复明紧密联系,逐荷复台是他抗清复明斗争的一个战略步骤。显然,在他眼里,抗清复明是更重要的矛盾,是更具全局性的主要矛盾。这是由当时的全部斗争形势决定的。这一点丝毫不损害郑成功逐荷复台事业的伟大意义。因为历史评价从来都是依事物对客观历史进程的作用作出的。只是郑成功逐荷复台后没有来得及再次进行北伐就去世了,而他的抗清复明事业仍由儿子郑经继承下来。如果将逐荷复台、抗清复明两件事加以分开、对立,做出不同的以至相反的评价,其出发点之一显然是将前者作为国际斗争,而后者作为国内民族问题处理。但当事人并不将自己面对的敌人做这样截然不同的区分,而是相提并论,蔑称为"丑夷"和"贼虏"②。可见,将郑成功两件大事分开和对立的做法,与历史相去甚远。

第九,郑成功在明遗民和其他抗清复明人士中的观感并不是完全一样的。其逐荷复台壮举也曾被人毁骂。东渡日本的湖广钟祥生员张殿秦辱骂郑成功说:"郑氏非明臣,乃明贼耳。因不降清,假托奉明,谬拥一王,以感[惑]人心耳,不足问也。""郑芝龙父子明末以海贼出身,后归顺。至清自僭王号……山精水魅,世间常有,郑贼直等此耳。况潜踪海岛无用之地,英雄辈以度外置之。"③

张殿秦的言论,首先是一些重要地方违背事实。郑成功受永历朝廷先后册封为延平王、潮王,虽然封授时间在记载上有出入,但封王事实则一,记载很多,来源不同,见于《台湾外纪》《海上见闻录(定本)》《王忠孝公集》《罪惟录》等诸书,显然不是自僭王号。郑成功于天启四年(1624)在日本平户出生,崇祯元年(1628)其父郑芝龙已降明受武职,

---

① 江日昇:《台湾外纪》卷5,顺治庚子至康熙壬寅,福建人民出版社1983年版,第157页。
② 张煌言:《张苍水集》第一编,《冰槎集》,《祭延平王文(壬寅)》,第30页。
③ 《沈张蒋诗文笔语》,日本德川昭武原藏,日本政府图书,同事好友陈智超先生印赠。

崇祯三年（1630）郑成功年方童稚即回国读书，怎么能说他是"以海贼出身"呢？当然不能说。"因不降清，假托奉明，谬拥一王"一说，需要分析。郑成功对隆武帝忠心耿耿，毋庸置疑。他毅然背弃父亲的政治转向意愿，在艰危困窘中举义抗清，最明确地说明了这一点。其拥戴永历，情势复杂，颇有不同。郑成功对永历政权确实抱着三心二意的态度，既拥戴永历，又不能全力奉调遣，进行配合①。郑氏集团与永历政权分处东西，中间隔绝，造成客观的分离，东南沿海是他的根本利益所在，不能离弃，这是最重要的原因；永历朝廷党争激烈，李自成余部合并进去，备受排挤，不得不再退出，孙可望、李定国也不能坚持合作，郑成功显然不能不三思行事。如果也从永历政权方面考察，这个因素恐怕不能说没有影响。但这是稍后的情势。自永历二年（1648）郑成功拥戴永历后几年中，他的拥戴是真诚的。他当时比较重视南征。永历五年（1651）正月他在南征抵达广东潮阳时，曾奉旨勤王，部将陈豹请他顾及"中左根本"，他认为"我家世受先帝厚恩，捐躯难报，今有旨吊师，虽越山逾海，义当趋赴，岂暇谋及身家？""中左有急，驰赴援防可也。"② 他从南澳率军西进，直抵归善沿海。三月，郑军攻下该县所管大星所（今广东惠东大星山）。中左被清军袭陷，根本丧失，消息传来，迫使他匆忙回师。这次中左失陷，给了郑成功以重创，使他不能不顾全军后勤贮备，重视保障根本。因此，永历五年中左一度失陷是个转折点，影响和削弱他与永历政权的关系。即使如此，郑成功的基本政治态度仍然是"奉明"，而不是"假托"，这是事实。

大多数中国人的海洋、海疆意识很薄弱，张殿秦生长于内地，也不例外。收复大片美丽、富饶的海岛领土，被他说成"潜踪海岛无用之地"，典型地暴露出他的见识短浅。这种认识上的缺陷，是他歪曲郑成功伟大事业的重要思想根源。张煌言犯过同样的错误，对郑成功逐荷复台不能正确对待。看来，对抗清复明斗争急不暇待的人易生偏激。这是又一种思想根

---

① 参见顾诚《从会师广东之役看郑成功同永历朝廷的关系》，载《郑成功研究国际学术会议论文集》，江西人民出版社 1989 年版，第 132—145 页。

② 杨英：《先王实录》五年辛卯正月初四日，校注本，第 25 页。

源。但张煌言身亲行阵，备历艰辛，毕竟能从实战中体认复台的重要性，终于转变看法，称颂复台是"肇基东鄙，拓地南荒"①。而张殿秦一介书生，身在局外，就不易有真切的体会，更新观念，采取正确立场了。

但张殿秦恨郑氏入骨，咒骂为"贼"，为"山精水魅"，仍然是使人奇怪的。纵以为郑氏做法不对，何至诋毁如此之甚！这种仇恨，似乎还是因郑克塽、刘国轩辈降清引起，子孙"势穷力迫，延头［颈］而归顺"②，就并迁怒其祖先郑芝龙、成功父子所作所为，也加以否定，痛诋之以解余恨。除此之外，还真不好解释。但张殿秦这样说，实在太过分了。

以上是笔者关于抗清复明斗争和郑成功问题的几点看法，是从研究中得到的认识。这几点依次条列，但不是系统的论述，更不是深入的概括，文字不太简练，许多问题没有涉及，称为论文是不够格的，作为一次简单的发言，参加有关的讨论吧。

原载杨国桢主编《长共海涛论延平——纪念郑成功驱荷复台 340 年学术研讨会论文集》（上海古籍出版社 2003 年版），载于泉州市政协、南安市政协主编《郑成功与台湾》（厦门大学出版社 2003 年版）

---

① 张煌言：《张苍水集》第一编，《冰槎集》，《祭延平王文》，第 30 页，并参见《答延平王世子经书（略）壬寅（略）》，第 31 页。
② 《沈张蒋诗文笔语》，日本德川昭武原藏，日本政府图书，陈智超先生印赠。

平一统贺王盛复明案始末

　　清朝实现对全国的统治，经历了一个较长期的艰难过程。抗清起义的战火连天，复明运动潜流又激荡。几十年间，复明大案迭起，斗争前仆后继，流淌殷红的热血，洋溢民族的正气，存留多少不屈不挠的精神，而又包含多少可歌可泣的事迹！可惜的是，这类大案在清初政治上的敏感性，使得它们在公私史籍中都得不到完整的记录，甚至还被有意加以抹杀。因此，世人对这些大案绝少了解，近代史家也罕予涉及，这对史学无疑是一种损失。关于历史发展的多样性和生动性的了解、描述，历史著作的科学性和思想性，都将因此而多少遭到削弱。史学工作者有责任尽力发掘、钩稽、排比史实，加以论列，以减少和弥补损失。现根据自己收集的史料，特别是利用现存的历史档案，略述其中的平一统、贺王盛案的始末，自然不能详尽，只不过为多姿多彩的南明历史画廊，添一粗笔谈墨的小幅而已。

　　平一统、贺王盛复明案发生在顺治十一年（1654）正月，首脑人物的复明活动则于顺治初年就已开始。其中，平一统其人来历不详。黄文烨在供词中谈到"他是好汉，原在榆园，同李心做过总兵。"① 据此，平一统原是活跃在山东濮州（今河南范县濮城镇）、范县（今河南范县东）一带的榆园军的绿林好汉、头目，可能是在清军进入山东时投向明朝的。所说的做过总兵，也不是循例升迁的结果，且不见得实有标兵，只是南明政权的需要，而授给他的一个虚职。他进行复明运动时的最高职衔，是讨虏前

---

　　① 《刑部残题本》，载《明清史料》己编第2本，第184—186页。按，据本件载被害各人"妻妾子女给付功臣之家为奴"。但据陈璧《送贺无党太仆二子出戍二子平日有嫡庶之嫌故以示规》七律（《陈璧诗文残稿笺证》，上海古籍出版社1984年版，第176页），贺王盛二子系遣戍而非没为奴。究为改判，抑系陈璧没有了解清楚？待考。

将军。这是一个叫吴永功的"在永历处带敕来"叫他做的。[①] 他活跃在南京附近，主要在长江以南，广泛串联，收聚从事复明运动的人员，并为南明军队敛取军饷。可见到的记载是，最早在顺治四年（1647），他曾招揽江之龙参加复明运动，给江之龙填发过都司札副。顺治六年，平一统在丹阳，陆一光、史道人邀黄文烨去会见他。他转住到黄家，派史道人外出活动，又"取出札副几张"交黄文烨，"凡要做官的人散给，取银助饷。"[②]十月，江之龙领平一统到吕之选家，一住五个月，三人结拜兄弟，一道哭祭崇祯。平一统许给吕之选总兵札副。江之龙还纠合饶经到吕家会晤平一统。饶经家在清军南征时被破，亲属四人被害，对清朝怀着深仇大恨，后迁居无锡行医，与平一统一拍即合。七年（1650），平一统与吴君甫见面，发给参将札副，又给饶经总兵官札副。次年，他给江之龙推官委牌。九年，平一统与君甫给黄文烨黄绢敕一道。十月，平一统、江之龙、吴明（名）烈与吴逵结拜兄弟，给吴逵总兵敕书。十年三月，平一统在无锡青山庵授给陆一光监军道敕书，又在饶经家授给董焕奎监纪推官委牌并空头札副八张。此外，平一统还多次封官，如秦澥为监军道、吴明烈为道台、陈怀忠为总兵、黄三为监纪同知。王来聘为游击、平心为推官等，分授札副为凭。他的同谋还有李五、杨大、冷应祥等人。

　　本案的另一首脑人物是贺王盛。贺王盛，字周兼，号无党，镇江府丹阳县（今江苏丹阳市）人，崇祯中天津巡抚贺世寿子，天启元年（1621）举人，崇祯元年（1628）进士，历官山东诸城知县、兵部职方主事、大理寺副使、太仆寺丞、太仆寺右少卿，"尝抗疏论阁臣温体仁、阉臣王坤，直声震天下。"[③] 李自成克京师，贺王盛迎降，任验马寺丞，后逃归。弘光政权刑部更定投降农民军"诸臣六等罪案"，将他列入"第二等首先降附宜斩"之人。[④] 入清以后，贺王盛拒绝出仕，暗中从事复明活动。

　　平一统与贺王盛合作，使他们同罹一案，其时间没有明确记载。平

　　① 《刑部残题本》，载《明清史料》已编第 2 本，第 177—178 页。
　　② 同上书，第 184—186 页。
　　③ 徐锡麟等：光绪《丹阳县志》卷 21，《忠节》，《贺王盛》。
　　④ 彭孙贻：《流寇志》卷 13，浙江人民出版社 1983 年版，第 215 页。

一统供认："同谋有贺王盛、眭本……"① 在他们两人之间的牵线人物似为冷应祥。冷应祥说："身原与平一统同伙。我看平一统成不得大事的人，遂与贺王盛同伙商议谋叛是实。"② 冷应祥所具有的特殊关系，使他完全可能把两人串联在一起。顺治十年三月，当平一统在无锡活动时，贺王盛在丹阳也采取了重要步骤。其行动的背景，是明定西侯张名振的北伐。当时，张名振率郑成功部海师两万直抵长江，驻军崇明，清朝震动，使复明运动同情者、参加者深受鼓舞。贺王盛在丹阳，力图联络永历政权进行配合。由于孙可望已于头年完全控制贵州，将永历安置在安龙（今贵州安龙布依族苗族自治县），自己在贵阳建立政府，"设立文武百官"，"以吏部侍郎雷跃龙为宰相"，③ 而雷跃龙原是贺王盛房师，所以贺王盛认为应该经由雷跃龙这一渠道沟通与永历政权的直接联系。他派社友眭本借"往云贵请讨伊父卹典"，④ 带书给雷跃龙，研究紧迫的政治问题。

值得注意的是，与眭本一道去完成这项重要联络任务的，有著名义军领袖姚志卓（倬）。史籍中有关姚志卓的传记都很简略，没有记载这一史实，但这一史实却反映出武装起义抗清领袖与复明运动人士之间的重要联系和合作。姚志卓，字子求，浙江长兴人。顺治二年闰六月，姚志卓与明参将方元章起兵，攻克余杭（今浙江余杭县余杭镇），不守。七月，姚志卓奉监国鲁王命，镇守分水（今浙江桐庐县分水镇）。当姚志卓初起时，昌化（今浙江临安县昌化镇）爆发帅应璧起义，据城杀官，并联络姚志卓，暗通驻守江东的明镇东侯方国安，"声势相倚"。⑤ 十二月，分水失守，姚志卓率军北走于潜（今浙江临安县于潜镇）。清军攻陷于

---

① 《江南总督马国柱残题本》，载《明清史料》己编第2本，第186—188页。按，眭本父眭明永，字嵩年，谒选松江府华亭县教谕。顺治二年八月初三日，松江城破，明永题明伦堂道："明命其永，嵩祝何年，生忝祖父，死依圣贤。"自缢不死，出投泮水，被执不屈遇害（陈济生辑：《天启崇祯两朝遗诗》，《小传》，《眭教谕（附子本）》，中华书局1958年影印本，下册，第2007页）。眭本为父讨卹典以此。

② 《刑部残题本》，载《明清史料》己编第2本，第184—186页。

③ 计六奇：《明季南略》卷12，《孙可望胁封谋禅本末》，中华书局1984年版，第417页。

④ 《江南总督马国柱残题本》，载《明清史料》己编第2本，第186—188页。

⑤ 顺治三年二月二十八日萧启元揭帖《昌化县姚志卓等踞城起义抗清及失守情形》，载《清代农民战争史资料选编》第1册下，中国人民大学出版社1984年版，第315页。

潜，方元章战死，姚志卓率残部与昌化义军合并。三年二月，清副将张杰、张国勋等率军进攻昌化，义军虽"据山设寨，挑濠堵御"，但寡不敌众，昌化陷落，"姚志卓一闻烽传，先已扒山逃去。"① 十月，他率军与清军在浙西南的江山作战失败，自仙霞岭逃进处州山中。十一月，他又出江西玉山，清军闻讯，迅速出动，将他包围起来。其兄姚志元冒充姚志卓出降，牺牲自己，掩护姚志卓逃脱。当时，隆武政权兵部尚书、江西永丰（今广丰）人詹兆恒正聚众数千，结寨怀玉山。姚志卓与詹兆恒合作，攻下永丰，结果仍然失守。他"其后迁徙无常"，② 到处匿藏避祸，无力再发动重要攻势，但他仍保有少量部众。当张名振军到达长江口时，"平原将军姚志倬……以众来依。"③ 他把部众交给张名振后，就与眭本一道动身去云贵。不料"本行至湖广湘潭县，因病不能前进。姚志卓自己去了，后回来带得永历三年伪敕并孙可望札檄、雷跃龙回书五件，十一月交付与王盛"。在五件文书中还有孙可望寄给贺王盛的"兵部侍郎敕谕一道"。④ 姚志卓此行成功，标志着贺王盛与永历政权之间直接联系的建立。姚志卓为挽救这次几乎夭折的行动，尽了最大的力量，因附述他一生事迹于此。

本案中还插进阚名世、杨声远的活动。阚氏为江东氏姓，阚名世应为当地人。杨声远原姓黄，名表，为永历政权阁部，显系受永历政权委派到江南从事复明运动。杨声远先授给杨名世威远将军衔，在阚名世下设吴鼎、万尔顺等副将。顺治七年，阚、杨与已革明末水营副将、后改行经商的赵成甫在元通庵相会，拉赵成甫入伙。八年，阚、杨又到赵成甫店中，填给赵成甫黄绢札付。由于赵成甫与平一统建立联系，阚、杨也成为平一统、贺王盛一案的伙党。

在平一统、贺王盛之间还有一个重要人物，即茅山道士张充甫。据

---

① 顺治三年二月二十八日萧启元揭帖《昌化县姚志卓等踞城起义抗清及失守情形》，载《清代农民战争史资料选编》第 1 册下，中国人民大学出版社 1984 年版，第 315 页。

② 温睿临：《南疆逸史》卷 36，《列传》第 32，《死事》，《姚志卓》，中华书局 1959 年版，下册，第 271 页。

③ 徐鼒：《小腆纪年附考》卷 18，中华书局 1957 年版，下册，第 691 页。

④ 《江南总督马国柱残题本》，载《明清史料》已编第 2 本，第 186—188 页。

平一统供称："有茅山道士张充甫，系海贼张名振的总线索。"① 茅山坐落江南句容、金坛、溧水、溧阳诸县境，南北走向，为道教"第八洞天"，著名宗教圣地。这里临江近海，交通方便。道士云游化缘，又利于掩护政治活动。因此，张名振在茅山道士中安置一个总联络员，对沟通海上义师与内地复明运动之间的联系是很重要的。张充甫"在镇江府丹阳县生员姜子俊家往来"，与贺王盛也有密切的关系，曾"在贺王盛家吃饭"。② 可以设想，张充甫一定在张名振与平一统、贺王盛之间起着秘密联络的作用。此外，平一统既称张充甫为"总线索"，则自然还有分支线索。这就意味着海上义师在内地建立有完善的或不完善的秘密联络系统。这一点，无论是对海上义师的活动来说，还是对复明运动来说，都具有重大的意义。

随着平一统、贺王盛发展伙党日益增多，秘密性就日益削弱，被清朝破获的可能性也日益增大。复明运动不像郑成功、张煌言海师、西南永历政权、郧西夔东农民起义军，秘密性是它唯一的自卫手段，而这是非常脆弱的手段。秘密性削弱或丧失，它就注定要被清朝发现而遭破坏，注定要失败。复明运动有许多壮烈的牺牲，演出许多人间惨剧，而在实现任务方面绝少直接的显著的成就，其原因主要在此。顺治十一年正月，阚名世部下副将吴鼎到镇江，拿着督师阁部的委牌去找程龙、叶方，被徽州府休宁县（今属安徽）生员程扬察觉。程扬到清镇江副将张诚处告发，吴鼎被捕，这是最先打开的缺口，全案由此而被清朝破获。

除杨声远、张充甫、姚志卓等逃脱外，案内绝大多数人被捕，关押在南京明故宫内。清两江总督马国柱等进行了残酷刑讯，并于四月前后，将吴鼎、阚名世、万尔顺、吴明烈、黄三、平一统、平心、杨大、王来聘、陈怀忠十人处斩。眭本"被系不屈，触阶死。"死前留有《绝命词》云："父既死忠，子当死孝。千载一门，不愧名教。"③ 陆一光、黄文烨大约也

---

① 《刑部残题本》，载《明清史料》已编第 2 本，第 184—186 页。

② 同上。

③ 陈济生辑：《天启崇祯两朝遗诗》第 10 卷（续集），兴化李沛：《李平庵诗》，《哭眭本》，中华书局 1958 年影印本，下册，第 1593 页。

自杀身亡。① 约八月间②，马国柱等又奉旨在南京将贺王盛、冷应祥二人处斩，赵成甫、江之龙、吕之选、吴遝、秦瀚、董焕奎、吴君甫、顾养冲八人处绞。贺王盛死前，"自题《绝命词》：'悲歌慷慨说天祥，浩气凌虚返帝乡。从此十人离紫禁，相随地下拜高皇。'时同殉者十人也。"③ 李五"杖一百，流三千里"。处死者之"妻妾子女给付功臣之家为奴，财产并入官，父母祖孙兄弟不限籍之同异，皆流二千里安置"。④ 贺王盛等的结果是悲壮的。全案至此结束。

　　平一统、贺王盛复明案，是清初复明运动中的要案之一。复明运动是在清朝的严酷统治下，由一部分明朝遗民和其他汉族地主阶级人士组织的以恢复明朝统治为目标的地下活动，一种持续的、广泛的、有组织的民族抵抗运动，一股具有相当规模的政治运动潜流。它是清朝统治不断扩展，并推行圈地、缉逃、剃发、屠城等民族奴役、民族压迫措施的结果。复明运动参加者都对清朝统治怀着深刻仇恨。魏耕作诗影射说："朔风横地起，猛兽山中行。"⑤ 阎尔梅也作诗攻击说："貘貐蹰中夏"。⑥ 所以复明运动无疑是清初社会民族矛盾激化的产物。它与李自成、张献忠及其余部的抗清战争，南北各地其他农民军的抗清斗争，南方许多城市人民的武装反抗，郑成功等的海上起义，历次南明政权对清朝的抗争等共同构成清初民族抵抗运动的整体，它是其中的一部分，是斗争采取地下活动方式进行的那一部分。

---

　　① 据《江南总督马国柱残题本》（《江南总督马国柱残题本》，载《明清史料》己编第 2 本，第 186—188 页），睦本"在监病故"，而睦本实际上是触阶自杀。据《刑部残题本》（《刑部残题本》，载《明清史料》己编第 2 本，第 184—186 页），陆一光、黄文烨都"在监病故"，因疑都是自杀身死。

　　② 请旨处死贺王盛等十人的《刑部残题本》（《刑部残题本》，载《明清史料》己编第 2 本，第 184—186 页），题本日期已缺。但本中根据刑科抄出江南总督马国柱题本转述，谈到黄"文烨于本年六月二十八日在监病故"。所转述的马国柱题本今存，即《江南总督马国柱残题本》（《江南总督马国柱残题本》，载《明清史料》己编第 2 本，第 186—188 页），亦已残，日期亦缺。但马国柱题本中既谈到六月底事，则题本日期最早也在七月初。刑部据马国柱题本请旨，最早也应在七月中。奉旨处斩就当在约八月间了，稍有延误的话，时间更晚。

　　③ 徐锡麟等：光绪《丹阳县志》卷 21，《忠节》，《贺王盛》。

　　④ 《刑部残题本》，载《明清史料》己编第 2 本，第 184—186 页。

　　⑤ 魏耕：《雷翁诗集》卷 1，《五言古》，《寄沈士柱二首》，浙江古籍出版社 1985 年版，第 11 页。

　　⑥ 阎尔梅：《阎古古全集》卷 2，《白牟山人诗》，《五古》卷 4，《送南游客》。

　　贺王盛的经历，提供了一个研究"复明"意义的典型。他作为明臣，投降李自成起义军，又参加复明运动并因而壮烈牺牲。在李之椿案中，杨昌祚有类似的经历。杨昌祚，字幼麟，宁国府宣城县（今属安徽）人，崇祯七年（1634）探花，由翰林院编修官至左中允。李自成起义军克京师，他先削发僧装，后又到大顺吏政府报名。他虽被李自成视为明朝"削发奸臣"而未录用，但明显变节，所以被弘光政权列入"降贼诸臣"第四等定"杖"罪。① 后来他积极参加复明运动，在李之椿案中遇害。与他们的情况相同的，还有张家玉、傅鼎铨等人。② 贺王盛、杨昌祚、张家玉、傅鼎铨等，面对李自成推翻明朝统治、崇祯帝陈尸长安门外的形势，不仅毫不顾惜，反而北面事仇。可见他们并不是一般地倡言纲常的士大夫、死心塌地忠于一家一姓的官僚、眷恋明朝统治的地主缙绅。但是，在清朝的残酷统治下，他们却为复明而奋斗牺牲，在复明运动中表现得那样勇敢、坚定、慷慨、壮烈，忠于明朝，与在李自成起义军占领北京时的表现截然不同。这是为什么呢？这是因为，他们面对两次关键性的斗争在性质上发生了大变化，斗争性质决定他们所采取的态度。在本民族内部，在大顺农民军与明朝的斗争中，忠于明朝就是忠于朱姓的统治。当斗争性质变化，发展为民族斗争的时候，一些并不那样忠于朱姓统治的人忠于明朝，从事复明运动，反映出他们高度重视民族斗争的利益。复明的侧重点就不是单纯恢复朱姓的统治，而首先在于反对圈地、缉逃、剃发、屠城等民族奴役和民族压迫措施，恢复汉族地主的统治。明朝是汉族地主统治的象征。他们要求维护和恢复汉族的制度、汉族地主的统治权。这是复明的真正含义。

　　由于当时国内民族矛盾的激化普遍存在，复明运动几乎是全国性的。

---

　　① 彭孙贻：《流寇志》卷13，浙江人民出版社1983年版，第215页。

　　② 参见温睿临《南疆逸史》卷25，《列传》第21，《张家玉》及同书卷16，《列传》第12，《傅鼎铨》，中华书局1959年版，上册，第177—179、110页。但温睿临不谈张家玉投降李自成起义军事，可再参见计六奇《明季北略》卷22，《从逆诸臣》，《张家玉》，中华书局1984年版，下册，第617—619页。因李之椿案而死的人中，有翰林韩四维，也曾降附李自成，被降投弘文院修撰，但有记载说他曾投降清朝（《清世祖实录》卷22，顺治二年十二月辛卯），又有异说认为韩四维牵累进李之椿案是被人挟嫌诬蔑（《明季北略》卷22，《从逆诸臣》，《韩四维》下册，第602—603页），实际上并未参加复明运动，故不举他为例。

李之椿一案牵涉的地域就很广，伙党分布"江浙鲁豫梁楚数省"，①即江南、浙江、山东、河南、陕西、湖广等南北数省。但复明活动的重点在江浙，那里发生了许多大案、要案。著名的扬州十日、嘉定三屠，以及江南宜兴、松江、江阴之屠，浙江嘉兴、衢州、定海舟山之屠等，都未能遏制复明运动的发生、发展。这并不奇怪。东晋以来江浙一带持续不断的社会发展，哺育和培植了当地政治上强大、经济上富足、文化上发达的地主阶级。江浙地主阶级在明末农民起义中没有受到冲击，在清军南下屠杀时大多逃躲匿藏，基本上完整地保存了他们中的优秀分子，保持着实力，当然认为可以同清朝一决雌雄。这是这场广泛的地下运动最坚实的基础。

复明运动有明显的特点：它的基本的主要的活动方式是地下活动；复明运动最终要与武装斗争结合，地下活动最终要与战争结合；它有广泛的阶级和阶层参加，它的群众性表现它的民族性；它的分散性；内部缺乏严密的组织和领导。各个从事复明运动的伙党，没有成为用严格的组织系统和严肃的条规纪律结合起来的群体，没有上下相维的系统的组织结构，没有形成有威信的、能行使权力的领导集团，除复明目标外没有其他明确的纲领、口号和动员、团结民众的更切实的政治、思想武器，表现出封建社会政治运动的幼稚性。平一统、贺王盛案既具有这些复明运动的一般特点，又有自己的特点。

平一统、贺王盛领导的复明运动，规模较小。参加人数远少于柳如是、钱谦益复明运动，也不及李之椿复明运动，涉及地区局限于江南的南京附近一隅。因此，它的影响也较小。

在这一运动的参加者中，文化层次较高的人不多。见于记载的仅贺王盛为进士、眭本为诸生；余可考者为商人、武人、医生、道士。看来，这一运动主要在中、下层人士当中展开。由于在柳如是、钱谦益、李之椿等复明运动中，士大夫参加者较多，平一统、贺王盛复明运动是一种有力的补充，证明整个复明运动的民族性。这一点值得重视。

与文化层次较高的人不多的特点相关联，民间流行的结拜习俗成为这一复明运动的一种组织手段。

---

① 《投诚盐运使谢国宝奏本》，载《明清史料》丁编第3本，第227页。

这一复明运动参加者的复明目标很明确。他们哭祭崇祯，他们相随高皇，抱着这样的素志去从事非常危险的活动。从他们的供词看来，只有秦澥说过被"哄诱"，吴鼎说过"要骗"钱，其他大多是自觉的，只计事之"成"否、"济"否，而绝没有否认"同谋""谋叛"。① 因此，他们对破家杀身是有准备的，他们也就能死得慷慨、壮烈。

复明运动作为清初历史上一种重要的政治现象，只存在几十年时间就消失了，当时国内民族斗争的恩怨，经过岁月激流的冲刷后也已归于泯灭。但是，贺王盛等人的殉节，却表现出我们民族反抗压迫、不惜牺牲的传统精神。他们的"三户亡秦之志，九章哀郢之辞"，引起了前辈史学家陈寅恪老先生的重视。陈先生以一个大史学家的宏伟而精微的眼光，从典籍的"残阙毁禁之余，往往窥见其孤怀遗恨"，挖掘出隐藏很深的史实，写出一部大书《柳如是别传》，将他们的精神加以"珍惜引申"。② 笔者认为，陈先生开创的工作应当继续下去，使研究更加广泛、深入，积累更多成果，准备写好南明史中这新的重要的一章。

原载《历史档案》1990 年第 1 期

---

① 《刑部残题本》，载《明清史料》已编第 2 本，第 184—186 页。
② 陈寅恪：《柳如是别传》，上海古籍出版社 1980 年版，上册，第 4 页。

清初复明运动中的德宗和尚

　　明清易代是中国历史上一次非常重大的事件。反清起义和复明运动蓬勃兴起，大体上以清军平定茅芦山为标志，历经二十年，倘若以台湾内附为断，则持续四十年之久。其间征战与反抗，叛变与就义频频发生，四海翻腾，九州鼎沸，刀光剑影，衺弘碧血。明、清双方斗争这样持久、激烈，为中国历史上历次易代斗争所仅见。在这个斗争中，社会各类人物都登场亮相，自我表现。即使和尚、道士号称"方外""世外"，也不能超然于这场世俗的纷争之上，"世变之来，宗门不能独免，虽已毁衣出世，仍刻刻与众生同休戚也。"①

　　僧人申甫早在崇祯二年（1629）抗击后金（清）军进犯京师之战中，就血战牺牲。"申甫者，僧也。好谈兵，方私制战车、火器。"崇祯帝根据庶吉士金声举荐，召见申甫，"授都司金书"，"超擢副总兵，敕募新军，便宜从事。""甫仓猝募数千人"，来不及训练，"所需军装戎器又不时给"，匆忙上阵，"歼戮殆尽，甫亦阵亡。"金声痛心地指出："甫受事日浅，直前冲锋，遗骸矢刃殆遍，非喋血力战不至此。"申甫殉难后，"甫遗将古壁兵百人，及豪杰义从数百人。"② 陈垣先生疑古壁为僧名，其人为僧③。笔者因《明史》这种分开叙述的方法并疑"兵百人"都是僧兵。倘若笔者的怀疑是事实，则和尚赴难的人数实在可观。

　　清兵入关后，许多和尚、道士踊跃加入抗清斗争。弘光元年（1645），江南义师纷起，"释智介字端虚，太仓海宁寺僧，寓［苏州］阊门，隆树字景贤，太仓人，为洞庭山僧，并善饮好勇，乙酉六月，率众起义拒大

---

① 陈垣：《清初僧诤记》，中华书局1962年版，第49页。
② 《明史》卷277，《列传》第165，《金声》，中华书局标点本，册23，第7090页。
③ 陈垣：《明季滇黔佛教考》，中华书局1962年版，第158页。

兵，巷战死。"① 闰六月，阎应元领导江阴城守，"有维新上人者，在围城中与应元晓夜共事"，保存并传出应元守城纪事遗著《和众乘城略》②。江阴战事吃紧时，停驻崇明的明朝宗室义阳王，曾应邀派遣其下"宁其愚率僧兵数百赴援"③。顺治三年（1646）秋，江西九江人金志达起兵抗清，"与僧了悟、会文、悟相等万余人结营鄱阳、彭泽间，出战池州、建德，屡捷"，"十月十八日，俱被杀。"④ 同年八月，福建侯官"贡生齐巽、中书张份、医僧不空等鸠众起义"，"杀清人来挂安民告示者，人心不无震动。"⑤ 顺治五年（1648），江南海州羽山起义军屡次攻打赣榆城，起义军领袖名李二和尚⑥。监国鲁王驻舟山时，有僧湛微曾建议征集三尊旃檀佛和一部藏经，携往日本换取援兵。普陀僧照祥则建议使用万历年间颁赐普陀寺藏经。"鲁王报可，遣照祥、湛微赍经往"，为风浪所阻⑦。事虽不成，说明和尚有为复明献身的决心，甘冒风涛之险。顺治十一年（1654），张名振北伐，也有僧人独往等随征⑧。在各地地下复明运动中，更少不了僧、道的参与和配合。顺治四年（1647），有王道士其人进京，策反降清后被闲置的原明襄卫伯常应俊、督师丁启睿、南京锦衣卫都督冯可宗、总兵李际遇、马儒齐、黄明先、丁启光及副、参、游、都、守等将官多人，"刑牲为盟"，准备由地方起义军先攻下河间，"将以三月十五入犯"，内应外合，夺取京师。后密谋因李际遇的家奴告变而败露，众人被害⑨。在李之椿案中有丘和尚（丘戒僧）、陆和尚；杨鹃空敕案中有德宗、古风和

①　顾震涛：《吴门表隐》卷16《明》引《镇洋志》，江苏古籍出版社1986年版，第234页。

②　韩葵：《江阴城守纪》下《［八月］二十一日江阴城陷》。维新上人或作惟心上人。

③　韩葵：《江阴城守纪》上《［七月］十六日江阴四出乞援》。

④　徐秉义：《明末忠烈纪实》卷16《效死传》，《金志达》，浙江古籍出版社1987年版，第350页。档案安徽巡抚刘应宾启本，反映出了悟的战斗事迹，见谢国桢《清初农民起义资料辑录》引《明清史料（丙编）》第6本，新知识出版社1956年版，第144—145页。

⑤　佚名：《思文大纪》卷8。

⑥　谢国桢：《清初农民起义资料辑录》引嘉庆《海州志》，第126页。

⑦　谈迁：《北游录》《纪闻》下，《藏不入倭》，中华书局1960年版，第410—411页。

⑧　陈智超等编：《旅日高僧隐元中土来往书信集》，独耀性日手禀，全国图书馆文献缩微复制中心1995年版，第97页。

⑨　宋直方：《琐闻别录》《王道士》，参见《清世祖实录》卷32，顺治四年五月辛酉。

尚；魏耕曾广泛串联释弘储、本源、明孟和道士曹珖①。至康熙五年（1666），江南松江有"结党谋叛"大案，"同谋各犯"也有僧六如、豁堂等在内②。这些事例足以说明，方外人士参加抗清斗争是很普遍的。他们与世俗人士一样生养、成长在同一片土地上、同一些人民中，他们同样热爱这片土地、这些人民，其国家、民族观念并无异致，一样牢固；他们的命运与世俗人士、与人民相同，生死荣辱是共同的，都受到清军烧杀抢掠的威胁③，被害、被迫自尽④。因此，他们普遍参加抗清斗争，也是甚至更有力地表明是民族矛盾尖锐化，成为社会主要矛盾的反映。

　　清政府较晚才感到方外人士参加抗清问题的特殊严重性。顺治十八年十二月（1662年2月），清廷降敕道："又闻海逆奸细多为僧道，潜游各处，探听消息。各地方寺庙僧道容留往来，地方各官并无稽察严禁。"⑤可知僧道有方外身份和同道的掩护，拥有进行地下活动的便利条件。

　　方外人士的抗清斗争，焕发着火热的民族精神，应能光昭日月，永垂青史。遗憾的是，有关的原始记载简略、缺失，续后又遭到岁月的洗刷，许多人或仅留法名，或仅有姓氏，甚至姓名俱无，事迹则首尾不具，或完全埋没，使我们的一些民族精英晦而不彰。这是一种历史的隐痛。前面提到的杨鸥空敕案中的僧德宗，在已故南明史学家钱海岳著《南明史稿》中，因被怀疑"迹过离奇"，⑥其人和事被全部删除。钱著《南明史稿》是一部篇幅空前的纪传体南明史。在它由中华书局出版前就笔者读过的一部分看，此书可说是内容详细、取材宏富、梳理明晰、创获颇多的。但对待流血牺牲的僧人的事迹，仍不免存在主观、武断、轻忽之失。这就提醒有志于治南明史的学人，对方外人士的抗清斗争，不能不给以加倍的关

---

　　① 参见何龄修《五库斋清史丛稿》，学苑出版社2004年版，第184—208、220—241、276—302页。

　　② 董含：《三冈识略》卷5《松郡大狱》，辽宁教育出版社2000年版，第108页。《三冈续识略》卷上《狱中诗》，同前书第251页。

　　③ 参见何龄修《读体》，《清代人物传稿》上编第7卷，中华书局1994年版，第308—309页。

　　④ 参见《五库斋清史丛稿》，第750页。

　　⑤ 《（顺治十八年十二月十八日之一）康熙帝敕江南等地沿海各官自康熙元年以后严禁居民通商海逆》，《明清档案》第37册，联经出版事业公司1986年影印本，A37—98（3—2），B21096。

　　⑥ 钱海岳：《南明史稿》《义例》。

注。实际上，德宗殉国惨烈，其事迹确凿，是一位相对说来首尾比较完备的方外抗清人物。今试排比其已知事实如次：

德宗，扬州福缘庵僧，大约曾任住持①。福缘庵为扬州八大刹之一②，坐落扬州南门外官河（古运河）南岸，明末僧明道所建③。或以为"栋建仍梁代，经传是晋年"④，则可能五代时即建有庙宇，释明道扩而新之，成为一座规模弘敞、历史悠久的寺庙。德宗的俗姓名、里贯、出身、生年都不详。清漕运总督恭顺侯吴惟华与他结交，曾听他胡编个人历史。德宗说他在宋朝时是一个"侍儿"，曾去蜀任吏员，抵蜀后遭乱逃进山中，饿极而一度化为狐，窃得异术。到明万历中，他用佛法教诲一妖狐成功，收为弟子，暗中助他卜人吉凶，直到顺治八年（1651）妖狐离开他，占卜才不那么应验⑤。对德宗这类信口雌黄的自述"历史"，不必过于认真。这是方外人士有意散布的一点神秘性，作为他预卜吉凶的挣钱活动的护符，应验时借此渲染灵迹，不验时用以摆脱尴尬。但这满嘴瞎诌也说明，他在万历年间已可收徒，则至少是万历前期（约1600年前）生人。现在有确凿的史料证明，弘光时他已在福缘庵活动。这可以成为他的斑斑可考的历史的起点。

弘光时，德宗广泛结交南明文武官员、士人。他常与史可法、高杰、陆逊之同坐晤谈，"高杰亦折节称弟子。"⑥ 他与大学士王铎等也有往还，王铎诗文集中收有书信《与德宗》⑦。其时他的声望很高，"为时推重"⑧。他的另一项活动，为给人讲说因果报应，预言吉凶祸福，一方面显示道行高深，另一方面借此敛钱。当时每个寺庙是一个独立的经济体，其费用开支靠寺产收益、募化布施和种种其他办法、机会挣钱。清初，浙江余姚人陈祖法曾寓扬州兴教寺，亲历亲见，赋诗记载该寺将僧房当客房出租、斗

---

① 彭士望：《耻躬堂诗钞》《耻躬堂诗集自序》，称"主福缘庵僧德宗"。
② 李斗：《扬州画舫录》卷1《草河录》上，广陵古籍刻印社1984年版，第23页。
③ 五格等：乾隆《江都县志》卷17《寺观》《福国寺》。
④ 吴懋谦：《苎庵二集》卷7《五言排》《游福国寺十二韵》。
⑤ 谈迁：《北游录》《纪闻》下《德宗》，第379页。
⑥ 李清：《南渡纪事》卷上。
⑦ 王铎：《拟山园选集》卷51《书》二。
⑧ 谈迁：《枣林杂俎》仁集《逸典》《郑元勋》，中华书局2006年版，第107页。

鸡挣钱,"僧亦蓄鸡斗钱"①。作为住持,德宗肩上经济压力很大,需要广辟财源。说因果卜吉凶是德宗重要的挣钱手段。一首题为《福缘庵》的诗完全道出了实况:"水边精舍堪游从,将军拜佛兜鍪重,老僧因果颇叨叨,说出黄金大家用(寺僧德宗因以获利,故云)。"② 德宗说因果卜吉凶的活动应是在弘光以前就开始了的。崇祯十二年(1639)正月,清军袭陷济南,许多明朝宗室、官员遇害,济南府推官陆灿等逃走。那时德宗没有转到福缘庵,还被人称为"扬州善庆庵僧"。陆灿的弟弟挂念兄长存殁安危,"往问扬州善庆庵僧德宗。德宗曰:越十二年当还。"③ 这距济南之变后应不会太久,须经长时间才验证。弘光时还有其他挣钱机会,德宗也紧抓不放。崇祯十七年(1644)五月,弘光刚即位,高杰拥兵企图入踞扬州,遭士民抵制。高杰纵兵杀掠,扬州人纷纷避难。德宗收留难民入福缘庵躲藏,"难民避入,剃发坐尺地,须八十金",难民收容者因此发大财,"积资甚腜"④。这些史实,有力地证明一个真实的和尚德宗的存在,他的活动是在情理之中的。

德宗更值得重视的活动,是他在政治上致力于复明运动。最明显的事实是,高杰其人出身李自成部将,桀骜不驯,但后来为督师阁部史可法指挥的复明事业性命相搏,德宗的指点和激励是起了很大作用的。"当是时,兴平[高杰]最强,阁部锐意中原,念非高不足以委任",德宗配合史可法的意图,趁高杰面询"他日弟子得免于祸乎"的问题时,劝杰:"居士起扰攘,今归朝为大将为通侯,此不足为居士重。惟率从史居士,儒家所称圣人,我法所称菩萨,居士与之一心并志,可谓得所归矣,徒以问老僧,无为也。""杰不觉敛容服。"⑤ 结果高杰虽然没有为史可法的复明事业办成什么事,但做到了死而后已,没有辜负德宗的希望。

史可法牺牲后,德宗继续说因果卜吉凶挣钱,也更积极投身复明运动。

---

① 陈祖法:《古处斋诗集》卷5《五言律》《寓维扬兴教寺即事》。
② 张幼学:《双虹堂诗合选》《绝句》《七言》《续扬州十咏》。
③ 谈迁:《枣林杂俎》智集《逸典》《谢秉谦》,第89页。
④ 谈迁:《枣林杂俎》仁集《逸典》《郑元勋》,第107页。
⑤ 李清:《南渡纪事》卷上。

　　顺治初，清江西提督金声桓重兵在握，声威显赫。德宗与他颇有渊源。据说，天启末①，金声桓"少时，尝师事维扬僧德宗"，德宗拍拍他的背说："勉之，二十年后江右福主。世人尽变红头虫，此其侯［候？］已。"当声桓镇守江西后，"僧每劝其改图"，经过德宗一再策反，"声桓心始动"，终于举兵反正②。德宗平日的预卜，有的不验。前述他预言陆灿十二年后回家，到期音信杳然。也有应验者。他曾与曹溶见面，预言"自后当三会，果然"。又答复浙江平湖马绍曾、钱君铨询问，预言他俩将成为同年，绍曾入翰林院，君铨"官终按察司"。后来二人确实并举顺治六年进士，绍曾选馆职，君铨任福建连江知县。君铨因县衙毁坏，寓居公馆，上任三个月即死去。公馆有"按察司"旧额③，原来那里本为明洪武初所建提刑按察分司，几经易制改建，"后遂称公馆、府馆。"④

　　顺治五年，永历政权急于在内地发动反清复明斗争，由参将杨鹍"间走南宁"，奉空敕潜号召三吴两浙之间⑤，"敕存问旧臣"章正宸、余鹍翔、杨卓然、万曰吉、陶履卓、耿章光、朱日升等七人⑥。杨鹍没有见到章正宸、陶履卓，问候了其他五人，把他们发动起来，在南京等处掀起了又一股轰轰烈烈的地下复明运动。顺治十年（1653），清政府侦破杨鹍空敕案⑦。德宗卷入此案。原来他把福缘庵当作复明运动的联络点，"凡淮海旧臣有志兴复者无不与之交。"监国鲁王在舟山时，他曾为鲁王政权的事务到过宁波，"盖亦为行朝而至也。"⑧他"最与金事［万曰吉］善"⑨，显然参加了万曰吉与复明诸人的串联、谋划，才掌握许多内情。最后，杨

---

　　① 据文中所引"二十年后江右福主"语逆推。
　　② 徐鼒：《小腆纪传》卷65《逆臣》二《金声桓》，中华书局1958年版，下册，第739页。按：金声桓，辽东人，在当地从军，如何会师事一个扬州和尚？尚待查考。故加"据说"二字，示有疑问。
　　③ 谈迁：《北游录》《纪邮》上，第87页。
　　④ 邓光瀛：民国《连城县志》卷7《城市志》。
　　⑤ 查继佐：《罪惟录》《附记》卷21《桂主附纪》，浙江古籍出版社1986年版，册1，第431页。
　　⑥ 全祖望：《续甬上耆旧诗》卷32《诸寓公诗》《万金事曰吉》。
　　⑦ 参见何龄修《杨鹍空敕案——清初江南又一起复明运动》，同人《五库斋清史丛稿》，第221—241页。
　　⑧ 高宇泰：《雪交亭正气录》卷8《辛卯纪》。
　　⑨ 全祖望：《续甬上耆旧诗》卷32《诸寓公诗》《万金事曰吉》。

鹗空敕号召、组织的活动，差不多同时从多种渠道泄露，成为血腥的杨鹗空敕案。德宗也因上当而殉难。顺治十年春，清江宁巡按林起宗化装士人访问德宗①，"与谈恢复事。德宗初不与深言，渐见士人情款甚笃，遂稍稍泄。"士人离别不久，德宗就被捕，"乃知为清巡按微服往诱之也。拷掠甚酷，德宗至死不承，决不及同事一人。于是巡抚无所据而发，祸遂解，而德宗毙于杖下。"② 德宗毫无疑问称得上一位钢筋铁骨的烈士，一位圣僧。他用自己的血肉掩护了同党同志。他的死感天地，泣鬼神，重于泰山。可知从历史上删除他的光辉名字和事迹，是何等的不当。

德宗没有死，他活在人民心中。遗民高宇泰、史家全祖望等准确地记载了他的事迹。遗民彭士望用"世外抱孤忠""耿耿恋明王"的诗句如实地歌颂了他的表现③。福缘庵设置了德宗的影堂供人凭吊。康熙初，诗人陈维崧《过广陵福缘庵瞻礼德公遗影》诗道："寺前正有关门水，尽日潺湲到影堂。"④ 缓缓前涌的清流，象征着德宗光辉形象永恒地存在。诗人宋琬《礼德宗和尚影堂……》诗二首道：

> 百亿身难赎，天人痛若何！
> 荒林思荜路，小劫堕修罗。
> 今古悲长夜，乾坤总逝波。
> 松篁多手植，清影自婆娑。
>
> 故物绳床在，残经走壁鱼。
> 古贤多此难，幻梦返于初。
> 灯影照无尽，铃言哀有余。
> 衣珠终不坏，酷吏竟何如！⑤

---

① 史料不指明巡按姓名，其时苏松巡按为李成纪、江宁巡抚为林起宗、浙江巡按为石应泰（见《清世祖实录》卷69，顺治九年十月甲寅、甲子）。扬州应由江宁巡按林起宗管辖，故此巡按访德宗者应为林起宗。

② 高宇泰：《雪交亭正气录》卷8《辛卯纪》。

③ 彭士望：《耻躬堂诗钞》卷16《庚申癸亥》《山居感逝示弟士时士贞婿胡映日令贻稚子厚德戊戌腊廿日》。

④ 陈维崧：《湖海楼全集》，《湖海楼诗集》卷9《七言律》。

⑤ 宋琬：《安雅堂未刻稿》卷3《五言律》《礼德宗和尚影堂遂至塔院因示一公（二首）》。

诗人见到逝者的许多遗物、遗迹，手植成林的乔松修竹、用过的绳床、读过的佛经、穿戴过的僧衣和念珠，睹物怀人，表达了沉重、深切的天人之痛。第二诗的最后两句，诗人用德宗的衣珠象征他的精神，用酷吏代指清政府，嘲笑清政府终究不能毁坏德宗的精神，他活在人民的心中。

原载《邓广铭教授百年诞辰纪念论文集》，中华书局 2008 年版

虞胤、韩昭宣起义与傅山

清初的山西，是民族矛盾和民族斗争最尖锐、最激烈的地区之一。农民抗清斗争、士绅和民众反清起义、复明运动，降清官员反正事件，在那里连续爆发，接踵交错，纷繁复杂。长期以来，对涉及这一段历史的人物和事件虽然有许多研究，但是有些活动的面貌至今仍若明若暗。比如，关于虞胤、韩昭宣等士绅组织的具有相当规模的反清起义，记载就极其简略，韩昭宣的名字在多数记载中被隐瞒，① 著名学者傅山卷入这次起义的事实也未完全显豁，因而他们艰苦卓绝、忠贞壮烈的事迹已近于被埋没。现存几件档案，记述不可能完整，也可能不切实，在确定某一情节，或某一情节中此一环与彼一环的联系时，不能不进行一些选择和推理。即使这样，仍会留下一些空白点。本文在探索这次起义时，首先将注意恢复历史真相。

起义领袖虞胤、韩昭宣和起义的第一、第二阶段

这次起义的领袖是虞胤和韩昭宣。

"陈裔虞即虞胤"，② 就是说，虞胤原名陈裔虞。虞胤是他起义后的化名，用原名末一字"虞"做姓，将头一字"裔"意改为"胤"做名，是

---

① 《清世祖实录》卷 45，顺治六年八月癸巳据陕督孟乔芳疏报只说虞允等作乱。周景柱：乾隆《蒲州府志》卷 23，《事纪》，《兵略》说"虞胤、封汝宦等倡乱"。山西州县志大多类此，不提韩昭宣。这显系韩世琦的关系所致。《清史列传》卷 78，《贰臣传》甲，《孟乔芳》提到"虞胤、韩昭宣等纠众"；（中华书局标点本，册 20，第 6430 页）《清史稿》卷 239，《列传》第 26，《祝世昌》说"是岁平阳盗虞允韩昭宣为乱"。（中华书局标点本，册 32，第 9528 页）这两处是较为少见的例子。

② 《虞胤等在山西屯兵与联络各地抗清人士情形（顺治朝陈应泰题本）》，载《清代农民战争史资料选编》第 1 册下，中国人民大学出版社 1984 年版，第 171、173 页。

为避免牵累亲友而采取的预防措施。清史籍中为避雍正皇帝（胤禛）讳写为"虞允"。虞胤是陕西华州人。① 华州领华阴、蒲城二县。华阴万历进士、户部郎中陈谏，有子嗣虞（官知州）、缵虞（官训导）、继虞（官照磨）、宗虞（官鸿胪寺序班）。② 虞字排行，而嗣、缵、继、宗、裔等字于义相近，所以裔虞（虞胤）无疑是陈谏诸子的兄弟行。由此看来，他实际上是华州华阴人，出身官宦门第，但本人没有出仕。"程禔因先故父在陕西作道官，曾请陈裔虞作西宾教训。"③ 程禔是山西"泽州秀才"；他的父亲是崇祯年间曾任陕西按察使司佥事分巡陇右道的泽州（今晋城市）人程式孟。④ 虞胤应聘训诲其子程禔。

韩昭宣，山西蒲州（今永济）人。⑤ 蒲州韩氏是明清阀阅大族。明末韩爌官至大学士，其兄弟焊官至知州，焕官至同知（清初以曾孙世琦贵赠工部尚书、右副都御史）；爌的子侄辈奎（焕子）官至刑部主事（清初赠官如焕），垍官至知府，陞官至通判，埴（焕子）不仕；孙辈承宣（奎子）官至知县（清初赠官如焕），于宣（陞子）官至知府，威宣官至知州，志宣（奎子）荫官刑部主事，竞宣（焕孙）荫官户部主事。⑥ 昭宣无疑是韩爌孙辈行。崇祯末他任宁远兵备道。估计他是在十七年（1644）三月初吴三桂弃守宁远时随军撤退进关，又身不由己而与吴三桂一道投诚的。当年七月，清廷"以投诚宁远兵备道韩昭宣为山东布政使司参议兼按察使司佥事青州道"。⑦ 但他的感情似仍在明朝方面。顺治三年（1646）

---

① 《郝摇旗等与山西起义军虞胤等联络抗清及活动情形（顺治十二年月日亢得时题本）》，载《清代农民战争史资料选编》第 1 册上，中国人民大学出版社 1984 年版，第 137 页。

② 李天秀：乾隆《华阴县志》卷 8，《人物》，《进士科》《贡生》；卷 9，《人物》，《仕宦》；卷 14，《列传》，《陈嗣虞》。

③ 《虞胤等在山西屯兵与联络各地抗清人士情形（顺治朝陈应泰题本）》，载《清代农民战争史资料选编》第 1 册下，中国人民大学出版社 1984 年版，第 171、173 页。

④ 程禔是泽州秀才，见前引亢得时题本，第 138 页。程式孟名见田嘉谷；雍正《泽州府志》卷 27，《选举志》，《科目》，《举人》。卷 36，《人物志》，《节行》有传，安维峻：光绪《甘肃新通志》卷 50，《职官志》，《职官表》，《分巡陇右道》栏作陈氏孟，误。

⑤ 李图等：道光《青州府志》卷 11 上，《表》4-7 上，《职官表》7 上。孙葆田等：宣统《山东通志》卷 54，《职官志》第四，《国朝职官表》4，作"奉天人"，因由宁远兵备道投诚致误。

⑥ 周景柱：乾隆《蒲州府志》卷 8，《选举》上，《明进士》《明乡科》《国朝乡科》；卷 9，《选举》下，《封荫》，《明》《国朝》《明恩荫》；卷 13，《忠节》，《韩承宣》《王应宠》。

⑦ 《清世祖实录》卷 6，顺治元年七月庚子。

八月，他以执行解送青州府境内故明藩王及主要亲属进京的谕旨不力，故纵宁阳王朱翊铼父子和高唐王、玉田王、平度王、齐东王等部分子弟脱逃的罪名革职逮问。① 但他最后没有受到任何刑事惩处，很快就被释放，无疑得力于他的家庭与官场的深刻联系。

韩昭宣被清朝释放后，显然回了蒲州。蒲州与华阴虽然隔省，实属近邻，韩昭宣与陈裔虞也许早就相识。此时他们会合在一起，举行反清起义。

虞胤、韩昭宣起义分三个阶段。

第一阶段是虞胤、韩昭宣在陕西韩城一带拥立韩王起义的阶段。顺治三年冬，② 他们同到韩城一带，与山西河津人李企晟一道，拥立从陕西平凉府（今宁夏回族自治区同心县以南，其东、南两面邻近甘肃地区）东逃到此的韩王。③ 选择韩城一带发动起义，显然因为那里比华阴或蒲州距清朝在陕西的统治中心西安、军事重镇潼关稍远，并在不利时较易退往陕北。李企晟说："比企晟先在韩城一带与虞胤同韩昭宣结草为乱，私立伪韩王，行伪永历事"。④ 韩王初立时还没有永历，韩王拥戴永历是以后的事情。初起时规模很小，没有引起清朝的震动。

但是，起义的第一阶段仍是有意义的。它采取了重大的步骤，拥立韩王。这是完全由北方地主始建的唯一后明政权（北方还有拥立其他明裔的起义，但不建元；也有些农民军号称建元，但非明裔），是北方地主在艰危中力图竖起的一面复明的旗帜。在清军向全国征进的过程中，北方很快就归附在它的统治下面，没有发生嘉定、江阴式的顽强抵抗。于是就形成一种印象，仿佛北方汉族地主遭到明末农民起义的沉重打击，急于在政治

---

① 《清世祖实录》卷27，顺治三年八月丙戌；《刑科抄出山东青州道韩昭宣革职提问残件》，《明清史料》丙编第6本，第566—567页。

② "自闽事坏，韩便称尊，改元定武。"（查继佐：《罪惟录》，《附纪》卷22，《韩主附纪》，浙江古籍出版社1986年版，册1，第435页。）定武元年即清顺治三年，韩王被拥称尊在是年也。韩昭宣当年八月被捕，释归起义，最早应在冬天。

③ 韩王于崇祯十六年被李自成起义军所执，后乘间逃脱。其本名不详；参见《李之椿案与复明运动》，本书第4页注④。

④ 《陕晋抗清势力与郝摇旗联络及其斗争情形（顺治十三年祖泽远题本）》，载《清代农民战争史资料选编》第1册上，第160页。

上投靠新的统治者以保护自己的利益，因而纷纷投向满族贵族建立的清朝的怀抱。实际上，清初二十年或更长一些时间内，国内民族矛盾占据主要地位，制约着社会生活的各个方面，北方也不例外。地主阶级和人民群众在反抗民族压迫的武装起义中，在复明运动中，其杀身成仁、舍生取义的气概，前仆后继、坚忍顽强的精神，同江南的仁人志士的表现一样是与日月同光的。

韩王定武政权后来与中土最强大的反清起义武装李自成起义军余部结合起来，比永历政权坚持得长久；它迅速拥戴永历为共主，说明它没有南明其他政权所具有的那种褊狭性、那种对内争的热衷。但韩王定武政权和李自成起义军余部与清朝力量对比处于很不利的地位，大大压抑了它们的进取性，使它们长时间封闭在郧西夔东的万山丛中，拥戴永历又限制了它们自身的政权建设，它们的政治影响因此也受到很大的局限。

顺治五年十二月初，清大同总兵姜瓖树旗反正，农民军和前明士绅纷纷起义响应，许多驻防山西地方的清军望风归降。北起三边，南至汾州、平阳，"民如鸟惊兽散，势若土崩瓦解"。① 韩昭宣不失时机地渡河进入山西西南境内作战。他们与山西各地起义一致，使用永历年号。② 虞胤称明内阁大学士兼兵部尚书、六省经略，韩昭宣称总督，③ 号召起义。虞胤、韩昭宣起义转入第二阶段，他们响应姜瓖反正，进入山西境内作战的阶段。至八月，他们已连下蒲州、河津、临晋（今临猗临晋镇）、荣河（今万荣荣河镇）、猗氏（今临猗）、解州（今运城市解州）、稷山等地，"土人从之"，④ "纠众三十万"，⑤ 达到本阶段胜利的顶点。也正在此时，起义发生转折。当月，清陕西三边总督孟乔芳奉敕对虞胤、韩昭宣起义进行镇

---

① 《山西巡按蔡应桂揭帖》，载《明清史料》丙编第8本，第725页。

② 《清世祖实录》卷45，顺治六年八月癸巳。

③ 《虞胤等在山西屯兵与联络各地抗清人士情形（顺治朝陈应泰题本）》，载《清代农民战争史资料选编》第1册下，中国人民大学出版社1984年版，第171、173页。孟乔芳：《孟忠毅公奏疏》卷上，《题为微臣督兵渡河剿灭渠寇恢复州城大获全胜恭报捷仰慰圣怀事》。孟廷弼：《先府君忠毅公行述》。

④ 潘樾等：雍正《猗氏县志》卷6，《祥异》。

⑤ 《清史列传》卷78，《贰臣传》甲，《孟乔芳》册20，第6430页；参见同书卷5，《大臣画一传档正编》二，《根特》册2，第283页。

压。他经潼关进入山西，径趋蒲州。蒲州一役，战斗惨酷，激烈，起义军被杀无算，蒲州失陷。孟乔芳乘胜北进，破临晋、猗氏，杀虞胤部将白璋，俘监军道卫登方。① 虞胤、韩昭宣退保运城，聚众固守。孟乔芳率军掘濠围困，月余不克。自八月底姜瓖在大同遇害，整个形势急转直下。九月二十二日五鼓未明时，清协领根特等率八旗兵，会同督标副将赵光瑞等从运城北面架梯进攻，强行登城。虞胤等"防备甚严，火炮矢石乱下如雨"，但寡不敌众，城破。虞胤等顽强抵抗，战斗持续到正午，晋阳伯韩昭宣等不幸阵亡。② 清军在运城屠城。③ 起义遭受严重的损失。主力失败后，"有屯军卫某者屯于临晋之令狐村，独坚不动。乔芳以铁骑蹂之，八百人皆歼焉"。④ 第二阶段起义结束。

虞胤、韩昭宣起义在第二阶段得到很大的发展。这一阶段是在整个起义过程中进行激烈的浴血奋战的阶段。起义军响应和配合姜瓖反正，沉重打击清朝在山西的统治。韩昭宣等大批复明志士，为此献出宝贵的生命。

起义的第三阶段

虞胤在运城守卫战失败后仓皇逃走。他逃脱后重新积聚力量。起义转入第三阶段，即虞胤坚持斗争的阶段。现存档案援引被俘的虞胤起义军监军道王滉（原名王素元，又名田渭、王四、田四）顺治十二年（1655）供词说："虞胤自六年乱后，于顺治七年逃至贵州安隆所，见今改名安笼府，有明季楚王世子桂王，年号永历，今已八年，在彼居住。"⑤ 似乎虞胤曾在那里同永历会晤。当然，桂王（即永历）并非楚王世子，而且实际上顺治七年初永历在广东肇庆，很快就因清军进逼而逃往广西梧州，驻跸安

---

① 《清史列传》卷78，《贰臣传》甲，《孟乔芳》册20，第6430页；参见同书卷5，《大臣画一传档正编》二，《根特》，册2，第283页。

② 《山西巡按蔡应桂揭帖》，载《明清史料》丙编第8本，第735页；孟乔芳：《孟忠毅公奏疏》卷上，《题为官兵奋勇拔城尽歼贼渠恢复地方事》。

③ 潘樾等：雍正《猗氏县志》卷3，《循绩》，《陈素抱》。

④ 周景柱：乾隆《蒲州府志》卷23，《事纪》，《兵略》。

⑤ 《虞胤等在山西屯兵与联络各地抗清人士情形（顺治朝陈应奏题本）》，载《清代农民战争史资料选编》第1册下，中国人民大学出版社1984年版，第171、173页。

隆是两年后的事，当年虞胤是无法在安隆见到他的。王湜是山西蒲州贡生，永历的行踪他也许扯不清，但关于明朝宗室的知识他总是有的，按理不应把桂王说成楚王的世子；这里可见王湜有信口胡供之处。但是七年秋孙可望从云南到了贵州，①虞胤无疑能会见孙可望，取得对继续斗争的支持。

王湜又说，"至顺治七年十月内，虞胤由陕西回到阳城、沁源山中，带有四千人"。据王湜说，虞胤结连总兵李世伟、高定、段岭山、刘允中、张成，副将苏三杰、徐虎、黑三明、曹君辅，垣曲人杨俊玉、沁源人裴五城、武昌府人宗室李（改姓）乾，还有投降孟乔芳后又乘机反正的康吉廷投书虞胤，"说接〔结〕连陕西黄楼山一带贼兵，或过河或来山西，或山西起兵他来接应"。王湜说，"虞胤等各贼见今在阳城山、浮山、沁源山接连五台山一带山林屯聚，出没无常，人马极多，不知数目。"②

这里有几个问题：

第一，阳城、浮山、沁源、五台，自晋南达于晋北，绵亘不止千里。虞胤的起义军不可能在这么漫长的山区连营结寨。王湜讲的是"虞胤等各贼"，即包括虞胤在内的各股互相联络的起义军分布的情形。正如被俘的另一起义领袖、总督李企晟供词说的，企晟等"各不合存心不轨，敢于伙结党羽，群起谋叛。又有未获巨魁陕西虞胤、太行山牛光天、五台山高鼎……各亦不合彼此相通，招摇为逆"。③虞胤第三阶段起义的基地在山西阳城山中。被俘南明永历朝总兵宋谦的供词说，谦入河南武安县，企图"前往山西阳城县山中聚会，彼处……头目伪阁部虞胤"。④宋谦供词与王湜首举阳城山正相吻合。

第二，阳城是有抗清起义历史的基地之一。王湜在谈到顺治六年"倡

---

① 计六奇：《明季南略》卷14（辛卯至丁酉），《郑之珫传》《钱邗芑祝发记（有口占）》，中华书局1984年版，第446、455页。

② 《虞胤等在山西屯兵与联络各地抗清人士情形（顺治朝陈应泰题本）》，载《清代农民战争史资料选编》第1册下，第171—172页。

③ 《陕晋抗清势力与郝摇旗联络及其斗争情形（顺治十三年祖泽远题本）》，载《清代农民战争史资料选编》第1册上，第160页。

④ 《郝摇旗等与山西起义军虞胤等联络抗清及活动情形（顺治十二年亢得时题本）》，载《清代农民战争史资料选编》第1册上，第137页。

乱地方"的情形时，说："张仁功亦不合投未获贼首张斗光营内作伪副总兵，姬兴周亦不合投张斗光营内作伪中军"①。这个张斗光就是顺治六年阳城抗清斗争领袖。阳城"县人张斗光"，"姜瓖党也，聚众据险筑砦于麻娄"、神泉诸山，"潞安贼乔炳、许守信等往投斗光，与共计事"②，虞胤顺治七年十月到阳城，也与张斗光合伙。③ 阳城临近太行山区与中条山区的交会处，县境西南高峻，渐向东北倾斜。西南山区以析城出为主体，包括千峰岭、辅山、盘亭山、云濛山、麻娄山、小寨山等，山岭巍峨陡峭，林木茂密幽深，而且高地、隘口、天然石洞星罗棋布，易守难攻。层峦叠嶂之间，水源还很充足：如析城山"山顶有汤王池"，"山东有龙洞""水声奔激"；辅山"山半瀑水飞流"；盘亭山铁盆嶂"有泉从乳窦滴流，其下仰承若盆，味甘冽"；云濛山"岩悬乳窦，滴水一泓，可饮数百人"；麻娄山"后有泉，可饮数百人"④，等等。这就更加强了阳城诸山的军事意义。虞胤选择这里做起义基地，并不是偶然的。

第三，虞胤第三阶段起义人数，据王滉说是四千人。但是四千人的口食在山区是个不易解决的难题，⑤ 而虞胤在起义第三阶段没有发动过攻城略地的战事，都说明他的人数较少，恐怕经常远在四千之数以下。宋谦说"彼处有马贼七百、步贼二万"恐更不可信。清河南巡抚亢得时对宋谦等所供人数也持谨慎态度，认为"声势妄诞"，⑥ 对其虚实都不能确定。

---

① 《虞胤等在山西屯兵与联络各地抗清人士情形（顺治朝陈应泰题本）》，载《清代农民战争史资料选编》第 1 册下，第 171、173 页。
② 谭沄等：同治《阳城县志》卷 18，《兵祥》，《兵燹》。
③ 细绎程褆替张仁功、姬兴周写书一段（同前引陈应泰题本，第 173 页）。可看出张斗光、虞胤、刘显宇同在一处，"在山作叛"即在阳城山中，故知虞胤自陕西径至阳城合伙。
④ 谭沄等：同治《阳城县志》卷 3，《方舆》，《山川》。
⑤ 李自成起义军余部分驻夔郧山区，口食成为严重问题，不得不采取多种措施，以求解决：一是招致居民，"俾各就业供租税"。（张仲炎等：宣统《湖北通志》卷 69，《武备志》，《兵事》3，《西山寇》。）一是"屯耕山田，岁收麦粟草绵，供粮食衣履"（王夫之：《永历实录》卷 15，《李来亨列传》，岳麓书社 1982 年版，第 143 页），"分据川湖间耕田自给"（彭遵泗：《蜀碧》卷 4），"屯耕自守"。（刘景伯：《蜀龟鉴》卷 2。）一是劫掠和贸易。仍不足，还需要经常出击，袭取清军粮饷。（嘉庆《大清一统志》卷 342，《安陆府》，《名宦》，《蔚之焕》；卷 345，《荆州府》二，《名宦》，《张占鳌》等。）
⑥ 《郝摇旗等与山西起义军虞胤等联络抗清及活动情形（顺治十二年月日亢得时题本）》，载《清代农民战争史资料选编》第 1 册上，第 137、147 页。

第四，康吉廷结连陕西黄楼山一带起义军，并与虞胤呼应。陕西无黄楼山。此处黄楼山应指黄龙山。山在陕西洛川、白水间，"高五里许，绵亘数十里，盘衍如龙，土色皆黄"。一种更扩大的说法，包括黄龙山在内，"自神道岭迤西，抵于洛水，当统名黄龙山"，"绵亘〔澄城〕东北凡数百余里"。"山雄踞洛水，势接秦山，为冯翊屏蔽，明季伏莽丛兴"，到清初还被指"实为逋逃薮，不独澄之茕独与诸县无告之民趾错蜂屯，并延安之流离晋地不戢之徒攘臂蚁聚"，"黄龙山迤东神道岭系延、鄜、平、庆孔道，南通澄、白、韩、郃等处，北通鄜州、宜、洛等处，四达之通衢，盗贼之巢穴。"① 可见，清初确有抗清义旅在黄龙山集结。康吉廷企图将他们与虞胤起义军联合在一起的计划，似未曾实现。

五，虞胤在顺治七年十月进入阳城后结连的伙党，有"伪伯管理北直山东事、武昌府人、宗室改姓李，名李乾，号李六吉"，② 是一位值得注意的神秘人物。

虞胤在阳城山中隐藏数目不多的义军，没有力量向清朝发起进攻。因此，他在第三阶段实际做的是推进复明运动。他依靠顺治六年就投奔他、被授予监军道的王滉工作。"滉遍处游走，与贼交通信息"。顺治八年十一月，王滉到阳城屯城镇，"假以卖药为名"，建立据点，进行地下活动，与"虞胤等书札往来"。王滉在顺治十年（1653）间联络张斗光旧部张仁功、姬兴周，"会合人马"，张、姬二人又去"约会陵川县人……李青山即李金章，招集贼兵，候东信至山西境外接应"。顺治十一年正月，王滉又串联山西河津人卫嵩年，动员他"投虞军门处做官"。虞胤又利用旧时师生关系，通过张权、王滉，"有书着与程禔"。程禔积极参与联络活动，代张仁功、姬兴周"与张斗光写书一封，又代二人写与虞胤禀帖一封。张仁功因前在潞安曾与太原府人……刘显宇等兄弟相处，知得刘显宇在山作叛"，程禔又替张仁功"写与刘显宇书一封"。程禔重视师生情谊，"亦与虞胤

---

① 刘毓秀：嘉庆《洛川县志》卷4，《山川》；卷20，《艺文》，《拾遗》。又陕西另有黄麓山，在兴平县北（嘉庆《大清一统志》卷227，《西安府》一，《山川》），以及另一黄龙山，在洛南县北（嘉庆《大清一统志》卷246，《商州直隶州》，《山川》），皆疑非是。

② 《虞胤等在山西屯兵与联络各地抗清人士情形（顺治朝陈应泰题本）》，载《清代农民战争史资料选编》第1册下，第171页。

写书一封"。这些书信首先是为张、姬等人谋求重回阳城山寨。王滉还让原潞泽营军王起凤往"各处散送札付",纠合人众,"王起凤说称,有虞胤在山招集人材,有愿去者先与银百五十两"。[1] 后来,王滉、王起凤、张仁功、姬兴周、卫嵩年等人在沁水端氏镇等处陆续被清朝捕获。

虞胤还依靠李乾即宋谦,在山西、河南、陕西、宁夏、畿南(今海河以南,沿南运河西岸的河北省东南部,以及山东德州东部),等更大区域进行复明运动,为阳城山寨招结人马。

顺治十一年(1654)或稍后,虞胤潜至华山。华山自古称天险,又坐落在虞胤家乡,无疑有利于他率众隐藏。虞胤离开张斗光阳城基地,分统部众增建华山基地的原因,显然是阳城形势逐渐恶化,不得不采取扩大回旋余地的步骤。清朝"官军讨斗光,斩之"。[2] 结合档案看,消灭张斗光起义是一场至少历时数年的旷日持久的战事。阳城基地处境日益艰危,迫使起义领袖另谋出路。李企晟招认"陕西有总统虞胤,现隐华山",[3] 其背景就是如此。

当时,南方在桂、楚两蹶名王以后,抗清斗争仍呈发展趋势,北方的斗争浪潮则因陕甘起义、山西反正、直鲁一部分起义相继失败而逐渐低落。在这种情况下,虞胤被迫更进一步采取措施,派出使者去发展与南方襄郧山区李自成起义军余部的联系。顺治十二年十一月,[4] "虞胤先打发[李]企晟到潼关,后打发朱积德、李得福来跟企晟,由河南一带到邓州浙川县,至均州黄家湾","到房县郝永忠贼营,住两月半,见韩王并郝永忠,商议联络内外兵马,会同兴山、巴东各家头目","商议举事"。十三年二月,企晟携带各种印信、关防、永历敕札、韩王龙札、札付、揭帖、

① 《虞胤等在山西屯兵与联络各地抗清人士情形(顺治朝陈应泰题本)》,载《清代农民战争史资料选编》第 1 册下,第 172—174 页。

② 谭沄等:同治《阳城县志》卷 18,《兵祥》《兵燹》。疑顺治十一年宋谦被捕后,清军对阳城基地加强了压力。

③ 《陕晋抗清势力与郝摇旗联络及其斗争情形(顺治十三年祖泽远题本)》,载《清代农民战争史资料选编》第 1 册,第 163 页。

④ 据李企晟在湖广按察司审讯时供词。(《陕晋抗清势力与郝摇旗联络及其斗争情形(顺治十三年祖泽远题本)》或《清代农民战争史资料选编》第 1 册上,第 160 页。)又据同件引李企晟在湖广下荆南道审讯时供词,作十二年正月。(第 162 页)从李企晟行程推算,正月显误。

告示、书札等下山，"仍往山西一带，散给众党陕西虞胤、太行山牛光天、五台山高鼎等"。这个计划如能实现，也许能造成一个反清大起义的新局面，成为导致虞胤起义军走出华山的最后一次机会。可惜的是，李企晟还没有走出湖广西北边境就被清朝查获，①整个举事计划随之化为泡影。

虞胤第三阶段的起义处在一种进退维谷的境地，既无力进取，退守则坐困，困守深山，坐以待毙。力量对比决定了他的处境和方略，也注定了他的失败。此后，虞胤就不知所终。他在华山的部众的结局，同他本人一样，至今没有发现什么记载，最后可能被清军歼灭，也可能自行瓦解，在历史上烟消云散。

宋谦进行的复明运动

宋谦是虞胤在起义第三阶段赖以进行复明运动，并使傅山卷入起义的一个关键人物，需要单独做一介绍。②宋谦，又叫李谦，或作李乾（疑与谦音相近致异）、李三，号李六吉，湖广黄州府蕲州（在今湖北蕲春、阳新间）人，崇祯元年（1628）生。③父宋遇春，曾充永历朝总兵。

他很早就入学为秀才，并参加政治活动。他自供："谦自入学以来，就不合不守本业，专一交结匪类，共谋不轨。"档案证明，顺治元年（1644），他改装道士，化名李三，到了山西，与太原秀才张臣（张锜）"在玄通观打醮处相遇"，当时他"是弘光差的"。他见张臣"只因说起明朝，痛哭流涕"，认为这人可靠，就给张臣"授札督粮通判"。张臣也"管他斋饭"。可见宋谦还是一个十七岁小青年，就已机智、勇敢地闯荡清

---

① 《陕晋抗清势力与郝摇旗联络及其斗争情形（顺治十三年祖泽远题本）》，载《清代农民战争史资料选编》第 1 册上，第 160—164 页。

② 本节宋谦基本情况，均据《郝摇旗等与山西起义军虞胤等联络抗清及活动情形（顺治十二年月日亢得时题本）》，载《清代农民战争史资料选编》第 1 册上，第 136—148 页；《虞胤等在山西屯兵与联络各地抗清人士情形（顺治朝陈应泰题本）》，载同书第 1 册下，第 171—175 页；邓之诚：《骨董琐记全编》，《骨董三记》卷 5，《朱衣道人案》引《刑部尚书任浚等题本（顺治十一年十月七日）》，三联书店 1955 年版，第 587—595 页。凡引自此三文者，不另加注。

③ 王渼说他是武昌府人，显误。宋谦于顺治十一年在河南按察使司审讯时招认"年二十七岁"，据此推算出他的生年。

朝控制相对强固的北方，为复明运动奔走联络。顺治三年，他又出现在广平府曲周（今属河北），联络秀才段斌（段进），亲到"学内会合相处"。

随后，他投奔永历，"与永历做军师"。顺治四年（1647），他又到太原、徐沟（今清徐）等处，会见张臣以及徐沟善友会①萧峰、明朝宗室朱振宇，"说阳城山内有千数兵马"，"今在山西省城打听有达子兵马没有，并访人物"。此时阳城山内千数兵马，应指"邪教高飞、王希尧"、贾国昌等的起义，"聚众千人据腰盆、照壁等龛，将为乱"。②宋谦一定同他们有联络。他动员朱振宇说，"你是宗室，削了发，你不报仇？如今有明主了"。他向萧峰自称"也是善友，姓李"，"我南方有了明主，有个少主"，"教我与他访些贤士辅佐他"。"还说教与他寻些书生结拜兄弟，同他起事。"从这里可以看出，宋谦联络的主要对象是士人（书生）。同声相应，同气相求。在秀才眼中，只有书生是能明大义、共生死的，他们看不到人民群众的力量。宋谦又对萧峰宣传，对清朝说来，"时世不好：今有陕西李秋霜见有兵马要反。说红花开败黑花生，黑花单等白花青。他清朝戴的是红帽子，我们戴的是白帽，就是秋霜一般，专打红花"。"他走时写下三个字䨄霂霳，念是真李元。我有人来，你指与他路。这是暗号。"他在徐沟张华营（在今太原市东南角）萧峰家建立秘密联络点后，说"事紧了，就往平阳过河去了"，显然是进到陕西活动去了。

---

① 善友会当是白莲教系统的一个组织。《清太宗圣训》引崇德元年十月锦州善友会崔应时投书，其中云"天荒地乱亦非轻，古佛牒文下天宫"，"诸佛诸祖下世"，"是弥勒佛出世……掌主世间乾坤"（参见孟森《明清史论著集刊续编》，《清太宗圣训评》，中华书局1986年版，第92—99页）云云，皆是白莲教惯用语。又其中所用隐语"牛八"，亦与白莲教同（参见《清高宗实录》卷1462，乾隆五十九年十月壬戌），皆可证。明末，善友会从山西流传关外。崇德元年十月，多尔衮进军锦州，接得崔应时投书，敦促进取山海关，并约作攻取锦州内应。善友会众因此得到清廷嘉奖、提拔，善友会也渗入八旗活动。崇德七年，善友会以"合群结党，私造印札，惑世诬民，紊乱纲常"的罪名被禁，镶红旗下教首康养民、李国粱等被杀（《清太宗实录》卷60，崇德七年五月戊寅）。顺治初，山西善友会活动很盛（《宣大巡按张鸣骏残题本》，载《明清史料》丙编第5本，第473—474页；《清史列传》卷78，《贰臣传》甲，《李鑑》，中华书局标点本，册20，第6496页）。善友会众自称或被称为善友，不是他们的名字。后文宋谦自称"也是善友"，即是此意。

② 谭沄等：同治《阳城县志》卷18，《兵祥》，《兵燹》。田嘉谷：雍正《泽州府志》卷49，《纪事》，《兵燹》；《清史稿》卷240，《列传》第27，《申朝纪》册32，第9536页。

　　宋谦曾经谒见永历。此事最早应在顺治六年夏。① 他自供说："谦父宋遇春"，"后引谦见永历，赐谦姓朱，起名朱慈焕，② 亦除授伪总兵官，给与伪绢札一张、伪纸札一张，又接受伪督师毛寿登与谦虎纽银方印一颗。"他还受封为"伯、管理北直山东事"，更加强了他在北方的地位和活动。顺治八年（1651）八月，他"从南回来"，在陕西三原路遇启程去南方的王滉，给王滉颁发得自毛寿登的虎纽银印以及黄绫敕旗，升授"总督山陕军务节制河南淮卫等处兼理粮饷兵部左侍郎平胡伯"。此举促进了宋谦与虞胤起义军的关系。他的复明运动围绕巩固虞胤阳城基地加紧展开。他与傅山则从顺治九年（1652）开始接触。

　　顺治十年（1653）二月，他到阳城下佛村（今阳城下伏）神庙圣会赶会，以"在彼卖笔"做掩护进行复明运动。他私向沁水相峪村（今沁水湘峪）人孙如灿（孙六）等"言说南朝散札作官之事"，得到同意后"随将如灿名字记入簿内"。接着他又到广平府邯郸，"与人讲书"，宣传忠孝大节。当年他又回南方，并复返北方。十一月，他在路过山西泽州（今晋城市）时，"访得生员程禔系在城名士，具帖去拜。"二人"谈诗吃酒"，也"曾说兴复明朝"。他动员程禔说："闻的你令尊令祖俱在明朝做官，受过明朝爵禄，今与明朝兴兵，我来约会高士接应。"程禔显然同情而又有顾虑，推说"亦是书生家，不济其事"。宋谦"当在山西曾与虞胤营中胡枣儿商议举事。胡枣儿系山东人，说山西都是步下人不济事，不如到山东招会马上的才好行事。"他"从山西驮银一千两来招兵"，招了一些步兵、马兵。顺治十一年正月，他在邯郸招当地居民孙名望、郭洪盘、郭赞义、秀才郝振清、沙河秀才王建极、魏县秀才王吉和等。二月，他经河南武安（今属河北），想"前往山西阳城县山中聚会"，续招曲周秀才段斌、邯郸秀才张丕泰、曲周响马申化楚、成安武生郝振国等，分别除授

────────

　　① 毛寿登，湖广公安（今属湖北）人，宋谦乡人也，似未尝擢任督师，其由御史升授兵部右侍郎监督勋镇兵马，在永历三年（顺治六年）夏（鲁可藻：《岭表纪年》卷3，浙江古籍出版社1985年版，第95页），或因此误为督师，极有可能。则谦见永历最早应在顺治六年夏毛寿登升授以后。又宋谦供词接说"伪国公郝永忠"，"伪国公刘体纯"给札等事。按郝封益国公、刘封皖国公事皆在永历四年（顺治七年），刘体纯一直活动于豫楚边界地区，未尝南下广西，与永历在一起，故宋谦见郝、刘与见永历非同时事。

　　② 慈焕为崇祯第四皇子名，但当时不甚显，永历或难尽知，赐名重复，极有可能。

总兵、推官、游击、参将等职，还有未授札衔成安人郝腾皋等。

他们中自然有不顾危险、追名逐利的人，或浑浑噩噩、随波逐流的人，也有许多热情奔放的复明主义者。比如，段斌供认"今闻宋谦起义"，就招家人一道参加；刘远知道"今往山西要反"；郝腾皋知道要去"恢复明朝"；张丕泰见宋谦持印札，"称说山西阳城许多兵马，说起义兵"，就招家人跟随；崔山供称，"号头①每人左耳带崇祯小钱一个，同上山西做贼。"郝振国、申化楚、吴国茂、董嗣清、刘希贤等都因深知内情，采取自觉态度。

宋谦当时只是一个二十多岁的青年，经验缺乏，因为联络有成效，就贸然决定组织进攻河南涉县（今属河北）的战役，得手后南下阳城与虞胤起义军会师。宋谦虽曾与虞部胡枣儿商议起事，但是进攻涉县之役并不是成熟的战略计划之一环，仍是一个疏漏而仓促的决定：它在政治上军事上都没有重要意义；从力量对比看，他虽声称有步、马兵百余，却都未到，实际组成的队伍除武生、响马各一人外，只有数十名未经战阵的士人和民人，而涉县邻近畿内，清朝控制较强，清军朝发夕至。因而此役注定要失败。然而他们仍勇敢地认真地进行，其进取精神和牺牲精神是肯定的，不应因失败而埋没。他们先到邯郸北河坡"张丕泰家，会议商说前至武安县地方五汲镇取齐，三月十五日攻涉县"。三月十二日，宋谦、段斌、张丕泰等九人到五汲镇（今午汲），忽视了隐蔽，因"骑有马骡、带有弓矢"而引起武安巡路捕役的怀疑。十三日晨，他们全部落网。

宋谦被捕后的表现是比较复杂的。他没有顶住刑讯，供出本未暴露的张臣、萧峰、朱振宇、傅山、程褆等人，但此外他的招供就集中已暴露的进攻涉县案伙党和阳城起义人员，而他在北方活动十年，联系面绝不止此，显然隐瞒和掩饰了许多的人和情节。

被清朝杀害的人数不详。

---

① 号头为众人确定的识别和联络标志记号。但带崇祯小钱亦有复明意义。号头此词意并见"刘斌家门前竖的四根旗杆，后来一根旗杆，被风刮折，改换一根高粗的新旗杆，为谋叛的号头"。（《镇守江宁等处将军哈哈木残题本》，载《明清史料》已编第6本，第584页。）

傅山的卷入和解脱

傅山，原名鼎臣，字青主，号石道人、朱衣道人，山西阳曲人，太原府学秀才，万历三十五年（1607）生。祖父以上多仕宦，父之谟博学能文，岁贡，不仕。傅山才艺广博，学问精深，擅长诗文、书画、医学，通晓经史、诸子、佛道，具有多方面的卓越成就。

傅山"一生重气节，以圣贤自命"。[1] 崇祯十年（1637），他就曾挺身而出，亲自起草《辨诬公揭》，纠集全省生贡徒步赴京，为提督学道袁继咸讼冤，触怒将继咸"诬诋下狱"的山西巡按御史张孙振。张孙振千方百计搜捕傅山。"山敝衣蓝缕，转徙自匿，百折不回"，挫败张孙振，使继咸冤狱平反。"当是时，山义声闻天下"。[2] 疾风知劲草；傅山的刚烈风骨多少顶示出他在民族斗争中的表现。

清军入关，傅山一度相信"东国有义兵"的传说，[3] 以为清军是来为明朝复君父大仇，帮助镇压农民起义的。局势发展使他及时警悟到事情的真相。他不能接受清朝的统治，做梦也想着去投奔远在南京的弘光："掩泪山城看岁除，春正谁辨有王无？""朝元白兽尊当殿，梦入南天建业都"。[4] 在

---

① 傅山：《霜红龛集》附录一，《传事略祭文》，郭铉：《征君傅先生传》。
② 傅山：《霜红龛集》附录一，《传事略祭文》，稘曾筠：《傅征君传》。
③ 傅山：《霜红龛集》卷8，《五言律》，《前韵怀居实期采菊不至》。
④ 傅山：《霜红龛集》卷10，《七言律》，《甲申守岁》。傅山崇祯十七年（顺治元年）甲申作诗甚多，本卷《风闻叶润苍先生举义》一首，也是这一年的诗。根据此诗说他听说叶廷秀参加山东的榆园军，即写诗赞颂，说明他改变了对农民起义的态度，窃以为不可。因为甲申八月叶廷秀还同傅山一样相信清军入关是义军东来，以"濮州乡官"的身份与其他乡官、举监连名呈请清署分巡东昌道于连跃速发援兵，救民水火，镇压"土寇马应试"，"若不早除，将成大害"。（《山东巡抚方大猷揭帖》，载《明清史料》丙编第5本，第428页。）马应试就是著名的"曹濮间巨寇"榆园军的首领之一。当对，清廷还任命叶廷秀为河南道监察御史。（《清世祖实录》卷7，顺治元年八月庚辰。）所以叶廷秀如曾"举义"，就不是参加而是讨伐榆园军。后来，叶廷秀南逃，弘光元年（顺治二年）正月戊戌，他被任命为南京光禄寺少卿。（谈迁：《国榷》卷104，中华书局1988年版，册6，第6177页。）清廷逮罪吏部侍郎沈惟炳"擅将故明福王所用叶廷秀、左懋泰悬名授官，部议论死"。（《清世祖实录》卷13，顺治二年正月乙巳。）弘光亡后，廷秀又供职隆武朝廷。（徐乾学：《明史列传》卷86，《叶廷秀》。）所以顺治元年叶廷秀未在山东举义，更谈不上参加榆园军。廷秀参加榆园军在顺治四年道装访阎尔梅以后。此外，廷秀字润山，此云润苍，亦待查。因此，这首诗尚需进一步研究，不能据此作出有关傅山政治态度的重大结论。

清朝统治的现实下，他成了拒食周粟的殷夷齐、义不帝秦的鲁仲连，从明末已开始穿戴的朱衣黄冠恰好有了表现他政治立场的新意义，就坚持下来了。"只箭飞书古仲连，违时王屋卧寒烟。""白刃蹈胸臣节苦，黄冠归里主恩全"。① 但是，他的心情绝不是宁静的；他无疑时常受着复明报君的思想的煎熬。他在避居武乡魏驷家时，"日与驷谈，多古今忠孝事，及国家兴亡、人臣进退去就诸大节。"② 他在期待同平定人明大理寺卿张三谟见面共吐情愫时，写道："朝野汉廷尉，经纶晋典型。圣恩何处忆？痛切有雷霆。"③ 他曾途经海州（今江苏连云港市西），听到"夜半潮声来"，"一灯续日月，不寐照烦恼。佛事凭血性，望望田横岛。不生不死间，云何为怀抱？"④ 他辗转难眠，一下就想到了守义不屈、慷慨捐生的田横及其五百壮士。这就说明，如果傅山与任何反清起义、复明运动有牵连，那是有充分的政治思想基础的。

宋谦被捕后，供认傅山"系伊同党知情"。⑤ 所谓同党知情，应指在完全了解宋谦的南明官员身份，他为阳城起义招结人马的任务的情况下，仍然同情和参加了他的复明运动。顺治十一年六七月间，傅山被捕，矢口否认系谦同党知情。他的供词说：顺治"九年有个姓宋的从宁夏来，在汾州拜了山几次，欲求见面"，自己"拒绝他不曾见面"。又说："后十年十月十三日又拿个书来送礼，说宁夏孙都堂公子有病，请山看病。山说孙都堂在山西做官，我曾与他治过病，他岂无家人，因何使你来请？书也不曾拆，礼单也不曾看，又拒绝了他。他骂的走了。彼时布政司魏经历正来求药方，在坐亲见"。⑥ 他经"两讯茹严刑，语言不乱"，"容色自若"，⑦ "不少屈，惟呼关夫子。"⑧ 从情理上说，傅山卷入虞胤起义，为宋谦同党

<hr>

① 赵湛：《玉晖堂诗集》卷4，《七言律》，《四忆诗（并序）》，《傅聘君山》。
② 史传远：乾隆《武乡县志》卷3，《寓贤》，《国朝》，《傅山》。
③ 傅山：《霜红龛集》卷7，《五言律》，《葵老惠访病不能晤期霜红再理前约四首》（之二）。
④ 傅山：《霜红龛集》卷3，《五言古》，《东海倒坐崖》。
⑤ 《宋谦等为农民军联络抗清人士被捕审供情形（顺治十一年十月初七日任浚等题本）》，载《清代农民战争史资料选编》第1册下，第165页。
⑥ 邓之诚：《骨董琐记全编》，《骨董三记》卷5，《朱衣道人案》，第589页。
⑦ 阎士骧：道光《阳曲县志》卷16，《志余》，《谈薮》。
⑧ 傅山：《霜红龛集》附录一，《传事略祭文》，郭铉：《征君傅先生传》。

知情，应无可疑。宋谦供词事实清楚，没有发现任何胡攀乱扯之处。山西人传说，"傅之祸缘于晋臬某（失其名）为求书母寿序，傅不可，亲求之，傅延入与语，嫌其过俗，旋起入舍，久不出，某令吏侦之，则傅由舍后出，解衣磅礴林间，某大怒迳去，伺间为飞语中之。"① 此种传说并不可信，因为傅山同党知情是宋谦亲口所供，并非飞语上闻，又宋谦审讯先后由河南各级地方官员进行，审明后遵旨正法，没有提解山西对质，② 山西按察使不可能插手诬扳。所以傅山虽否认同党，也自知情节严重，"自勘已无半字活"，③ 曾在狱中绝食九日求死。④ 前辈史家孟森先生说，傅山言行愤激，"究亦口吻惯习使然，非真有兴复之望"。又因他的供词"极口自称小的"，斥为"降志辱身"。⑤ 这种批判对傅山过于苛刻，与傅山的素行似不甚符合，而且拿被清方书手随意点染、官员信笔删改的口供做根据，否定古人大节，尤觉有欠慎重。孟先生评价历史人物一向平允，偶遇态度激烈处，特别使人意外，因拈出兼及之。

　　傅山最后得以获释。在不致降志辱身的情况下，依靠个人的机智和外界的帮助，避免杀身灭族之祸，是一种对待被捕、被俘问题的方法，无可非议。在顺治十年杨鹍空敕案中遇害的杨卓然，就曾于顺治二年起义失败后被清军所俘，在清军将官帮助下获释，投身复明运动。傅山依靠朝内和山西地方的营救，才能从这样重大的案件中解脱出来。他因医术精绝，济世救人，广结善缘，在关键时刻也起了作用。有四名重要人物出面搭救他：一是他在供词中提到的宁夏孙都堂公子，即原山西左布政使、顺治九年二月擢升宁夏巡抚的孙茂兰的儿子。"先生故善医，尝遇公子于古寺。时公子无恙。先生视其神色，谓曰：长公来年当大病失血，宜早治之。公子不谓然，届期果病，几殆，迎先生疗之得愈，感先生德，故营救甚

---

① 邓之诚：《骨董琐记全编》，《骨董三记》卷5，《朱衣道人案》，第597页。
② 据此勘对现存档案即不难了解。河南先后主持审讯官员，有武安知县赵悦学、彰德知府瞿文凤、分巡河北道胡养忠、河南按察使刘三元、河南巡抚亢得时，分守河南道某与胡养忠、祥符知县孙如林与杞县知县王永茂与兰阳知县邢士标等。
③ 傅山：《霜红龛集》附录二，《诸家寄赠挽悼怀仰诗什》，李中馥：《喜青主出狱》。
④ 傅山：《霜红龛集》卷1，《赋》，《朝沐》。
⑤ 孟森：《明清史论著集刊》，《己未词科录外录》，中华书局1959年版，下册，第517页。

力"。① 二是他在供词中引为证人的布政司魏经历，名一鳌，曾"为父疾求方"于傅山，② 对傅山很感激，也积极营救。三是上元（今江苏南京市）人纪映钟，自称钟山遗老，或出于政治上的同情，据说当时正"参抚幕，与孙公子并力救之"。③ 纪映钟处在一个搭救的极好位置上，既可以直接向主翁山西巡抚陈应泰说项，使"抚军陈公怜其冤"，④ 又因"少与龚鼎孳友善"，⑤ 而求解于参与主持全案的都察院左都御史龚鼎孳。上述三人都能上下打通关节，插手案情。四是龚鼎孳，正在朝中与刑部尚书任浚、大理寺卿尼堪三法司共同主持此案，易于往下面吹风打招呼。在这些人作用下产生了结果，由魏一鳌证实傅山拒绝宋谦，将傅山开脱，而完全坐罪张臣。顺治十二年（1655），傅山被释。

自宋谦、张臣、傅山等的案件结束后，农民军抗清战火继续在吕梁山区燃烧，有形的复明运动则在山西逐渐归于沉寂，满、汉地主的结合向前推进了一步。

原载《明史研究》第二辑（纪念谢国桢先生

九十诞辰专辑），黄山书社 1992 年版

---

① 邓之诚：《骨董琐记全编》，《骨董三记》卷 5，《朱衣道人案》，第 596 页。
② 阎士骧：道光《阳曲县志》卷 16，《志余》，《谈薮》。
③ 邓之诚：《骨董琐记全编》，《骨董三记》卷 5，《朱衣道人案》，第 596 页。
④ 阎士骧：道光《阳曲县志》卷 16，《志余》，《谈薮》。
⑤ 《清史列传》卷 70，《文苑传一》，《周茂兰（纪映钟）》册 18，第 5681 页。

关于魏耕通海案的几个问题

　　魏耕通海，是清初一宗要案、复明运动大事，历来备受重视。近年薛瑞录同志发表题为《魏耕和清初的"通海案"》的文章①，对本案做了较全面的研究，是本课题的一项新成果。但是，在清初 10 余年中魏耕进行的大都是地下活动，不易得明显记载，因而要把全案及其相关问题弄清楚就很不容易。浙江古籍出版社在出版魏耕《雪翁诗集》时说明："由于通海案的影响，当时许多有关的事，后来都成了'真事隐'，因此，魏耕的诗就在很大程度上起着以诗存史的作用，足资考证史事。"② 这段话正确说明了魏耕的诗对于弄清全案的史料价值。但《雪翁诗集》不是系年而是分体编排的，依据他的诗排比他的复明活动，还有许多理解和考证上的难题。因此本文仍然只是一次粗浅的探索，在薛文的基础上略其所详，详其所略。个别地方也发表一点见仁见智的意见。完满解决问题则仍有待于持续的钻研和积累。

魏耕的复明思想和活动

　　魏耕的生平和志节，薛文做了较完备的评述。如果再读读魏耕的诗，将能了解他思想上更深层的东西。他的五古《岁暮远游与峤嵝二稚子》，作于顺治初湖州起义失败后他离家从事复明运动的时候。原诗有序，全文云："吾束发读书，蒙朝廷恩泽，兼祖宗以还，世有显人，为清白吏，不愿屈迹虏庭，自甘穷饿。汝母生于富族，亦粗知大义，既侍吾巾栉，固当

----

　　① 薛瑞录：《魏耕和清初的"通海案"》，《中国史研究》1989 年第 1 期，第 115—119 页。以下简称薛文。

　　② 魏耕：《雪翁诗集》，《前言》第 2 页，浙江古籍出版社 1985 年版。

黾勉同心。但哀汝等稚小无知，罹此困瘁，抚顶摩娑，言顾涕零。语云：覆巢之下，岂有完卵？理所自然，夫何足怪！昔陶潜系出长沙，为晋处士，耻事二姓。屡值凶岁，往往乞食。潜有五男，曾不以为怨，堪为汝等标格也。岁暮冰雪，吾将行矣，綮唯二儿勉焉。"① 这个简短的诗序，表现出魏耕深沉的父爱，因二稚子无辜同罹困瘁而感到的刻骨铭心的悲痛。魏耕频年"亡命走江湖，妻子满狱弗恤也"②，似乎抛撇亲人，心同木石。实际上，他始终慈祥地惦念子女的成长和婚姻："抚儿峤与嵲，何时遂婚冠？娇女怜织缣，何时咏鸣雁？"温馨地想象子女对老父的悬望："遥怜稚子弱，伫立候颓颜。"他因"久别离"，"相思不相见"，而殷切想念亲人，"夜夜梦绕天边行，愁随春草长历乱"③。但他把大义、把报国报君、把民族利益和精神置于亲情之上，"丹心飞汉垒，皓首望吴天"，"妻孥虽咫尺，关塞似三千"④。他对进行斗争的危险有充分认识，"末世纷罟阱，骇机何纵横！祸福如转炬，循环若流星"⑤，但仍然自觉地、勇敢地投身复明运动。这几点在诗序中很突出，验之魏耕毕生行事，历历不爽，反映出魏耕光彩照人的品格。

魏耕的诗处处表现出对清朝的敌视。他称清军为"贼"⑥，清廷为"虏庭"。他用最具攻击性的语言描写清朝统治下的神州大地："蓟门不可行，北望使我哀！冰雪截马角，狐狸驰蒿莱。""中州寡安壤，江介无逸津。""朔风横地起，猛兽山中行。""豪仆强奴塞路隅，猰貐豺狼日纵横。皇天无眼见不及，细民愁困何时终？"⑦ 他的诗也处处透露出对恢复明朝统治的向往："安得圣人调玉烛，再似隆庆万历中，天下蚩蚩安衽席，万国来朝大明宫？""车书文教何时一，四海欢娱尽晏眠？""天南巡狩何时返？

---

① 魏耕：《雪翁诗集》卷1，《五言古》，《岁暮远游与峤嵲二稚子》，第15—16页。

② 全祖望：《鲒埼亭集》卷8，《碑铭》，《雪窦山人坟版文》。

③ 魏耕：《雪翁诗集》卷1，《五言古》，《乙未七月二十六日郡城西莲花庄寓斋作》；卷2，《五言古》，《忆息贤草堂作》；卷5，《七言古》，《久别离》，第3、27、86页。

④ 魏耕：《雪翁诗集》卷15，《五言排律补遗》，《晟溪月夜》，第192页。

⑤ 魏耕：《雪翁诗集》卷14，《乐府》，《白杨初生行》，第184页。

⑥ 魏耕：《雪翁诗集》卷5，《七言古》，《和王猷定听杨太常弹琴作》，第74—75页。诗云："凤昔杀贼栾城东"。指崇祯二年己巳杨正经与后金军（清军）作战事。

⑦ 魏耕：《雪翁诗集》卷1，《五言古》，《送胡介》《寄张近道二首》《寄沈士柱二首》；卷4，《七言古》，《湖州行》，第4、6、11、56页。

旌节梅花天使来。"① 这是决定魏耕一往无前地站在前头进行复明活动的政治思想基础。

魏耕有《寓怀》四首,追慕前贤荆轲、巢父、许由、韩信、阮籍。荆轲刺秦,韩信扶汉,巢、由隐士而高尚其志,阮籍仇晋而又蔑视礼俗、醉酒自全,所寓抗清复明之意至为明显。他重视忠节,"一生抱苦节,至心爱松柏"②。他表示"君子惧两端,我愿守我素"③,不去追求荣利。这种恬淡清高的情怀,也是抗清复明立场的表现。

他还力主行动,态度果敢、激烈。他说:"操刀拟不割,无以握丝纶。志士贵决机,盈缩在一人。""诛项思提剑,兴周忆梦熊。从来成大事,能杀是英雄。"④

魏耕这些激烈的思想,从根本上说是汉、满两民族统治阶级激烈斗争的反映。在民族斗争、阶级斗争中,斗争各方往往有自己的杰出代表人物,奋不顾身地出来维护本民族、本阶级的根本利益。魏耕曾别字白衣,他是真正的"白衣",一天也没有在明朝当官食禄。但他声称:"予虽在草莽,亦君臣也。"⑤ 他自觉充当汉族地主阶级的代表人物,坚决反对满族贵族染指和取代汉族地主阶级的统治。他的思想是维护本阶级利益的典型。在他的思想形成过程中,他还受到两种传统的熏陶:明朝很重视气节,在明末政治斗争中又得到进一步发扬,它肯定给了魏耕很深的影响;儒家教育大讲夷夏之防,在激烈的民族斗争中也会发挥明显的作用,它同样深深烙印在魏耕心上。因此,魏耕的激烈思想是很自然的。

魏耕在复明运动中殚精竭虑,出谋划策,又风尘仆仆,奔走联络。复明运动参加者,在政治上首先谋求联系南明政权,使复明有着落有依靠。最初,魏耕因原明刑部员外郎钱肃乐等"移檄会诸乡老迎监国鲁王于天台,遂挟策往从之"⑥。其后他似曾再朝鲁王。他说:"余欲访紫阳,将为

---

① 魏耕:《雪翁诗集》卷4,《七言古》,《湖州行》;卷10,《七言律》,《题别鲜山村桃树赠张野人》、《丙申守岁》,第56、148、151 页。

② 魏耕:《雪翁诗集》卷3,《五言古》,《饮酒八首》,第50 页。

③ 魏耕:《雪翁诗集》卷1,《五言古》,《拟古》,第3 页。

④ 魏耕:《雪翁诗集》卷1,《五言古》,《寄沈士柱二首》;卷7,《五言律》,《对酒》,第12、100 页。

⑤ 魏耕:《雪翁诗集》卷17,《附录》下,魏霞:《明处士雪窦先生传》,第196 页。

⑥ 同上。

赤城游。"① 紫阳隐"朱"字，赤城为台州别称，鲁王曾奉弘光御旨驻此②，所以这两句诗似暗示自己将启程拜谒鲁王。后来他转奉永历，曾在某个夏夜"送客入三峡，转之滇中"③ 陛见。

魏耕确信复明要靠战争解决问题。因此，他选定了相应的战略。他说："中原地势归秦陇，五岭兵机在海涯。"④ 这是明确的自秦陇东征、沿海北伐的战略。又说："安得圣人驾六龙，直法秦汉徙关中，再辟鱼凫与蚕丛，分我浙直输锐功！"⑤ 这仍是重视秦陇与江浙呼应的思想。这种战略思想指导着他的全部活动。

他的活动的重点，一方面是针对秦陇，策动、联络夔郧山区义军；另一方面是促进、协助郑成功、张煌言海师北伐，并联系、协调英霍山区义军进行配合。他"奔走东吴与西楚"⑥，"西楚"泛指江汉一带义军屯驻之地。当"传道旌旗翻滟滪，还闻樯舰下荆州"⑦，即夔郧义军沿江东击清军时，他兴奋不已，要求家家沽酒庆贺。顺治十三年（1656），他表示"我欲溯流上荆襄，自伤枯槁已暮齿"⑧。他去荆襄是要进一步联络李自成余部义军。他也确实去了，于某个"早春楚游"，"发扬子"溯流西上，"华发经年事远游，征帆迭鼓下扬州。江回春涨峨嵋雪，地转涛鸣三峡流……白云缥缈知何处？西去还寻黄鹤楼。"他在荆楚一带停留活动很久；"自怜头白滞他乡""啼猿袅袅洞庭傍""孤帆洞庭水""夜行楚云间""月寒吐巴山""沅湘清风起"等诗句说明了这一点⑨。他与海上联系更密切，既曾"泛海飘飘"，自"海上归"⑩，又曾接待自海上来的使者，还有

---

① 魏耕：《雪翁诗集》卷2，《五言古》，《越中群公宴别》，第29页。

② 温睿临：《南疆逸史》卷4，《纪略》第四，《监国鲁王》，中华书局1959年版，第30页。

③ 魏耕：《雪翁诗集》卷4，《七言古》，《南屏夏夜柬怀徐行时送客入三峡转之滇中》，第71页。

④ 魏耕：《雪翁诗集》卷10，《七言律》，《寄萧山丁克振兼示毛奇龄》，第147页。

⑤ 魏耕：《雪翁诗集》卷5，《七言古》，《成都行》，第83页。

⑥ 魏耕：《雪翁诗集》卷4，《七言古》，《醉歌行（姜大行筵中作）》，第57页。

⑦ 魏耕：《雪翁诗集》卷10，《七言律》，《雨》，第134—135页。

⑧ 魏耕：《雪翁诗集》卷5，《七言古》，《丙申夏以事之山阳客祁生班孙岂其伯净超毗耶居士后身也他日邀余游密园宴饮因为醉歌歌》，第83—84页。

⑨ 魏耕：《雪翁诗集》卷9，《七言律》，《发扬子》；卷10，《七言律》，《早春楚游见故乡人间乔阳别庐梅花消息》；卷2，《五言古》，《舟行》，第126、135、36页。

⑩ 魏耕：《雪翁诗集》卷5，《七言古》，《欲谒虞山钱大宗伯途中书怀先寄柬呈览》；卷10，《七言律》，《海上归与人作》，"与人作"疑是托词，第79、151页。

函件往来。

魏耕广泛地在士绅中进行政治性串联，以准备配合军事斗争。有人说他"于时为兵部侍郎张煌言结客浙东西"①。浙东西是他的父母之邦，自然是串联重点。但他的注意力和实际需要不可能局限于这里。他自述说："我生岂无命，何为使我漂流天南海北陬?"② 他在提到镇江潘陆时又说："我与汝曹日奔走，茫茫赤县疲人间。"③ 可见其行踪很广。

他串联的重要人士有：

顾有孝，字茂伦，苏州府吴江人，秀才，自少游于陈子龙门下，有声名，"申酉之交，焚弃儒衣冠，与山陬海澨之客相往来。"④ 此人是复明运动积极参加者。魏耕与他唱酬频繁，关系亲密，自称二人是"时人不识"的"嵇阮辈"⑤，盛赞有孝"纵横逸气直绝尘"⑥。

吕师濂，字黍字，号守斋，浙江余姚人，明武英殿大学士吕（李）本曾孙，"甲申后散财结客，好谈兵"⑦，"浮大江，渡黄河，顿辔于梁宋燕齐之郊，历九边，至酒泉、张掖，久之挟策入滇中。"⑧ 此人也是复明运动积极参加者。朱彝尊比之为扶汉名将韩信⑨，其寓意亦明显。魏耕曾至其山阴家中访问，同游会稽，又送其北游。魏耕在送别诗中写道："贤生丞相家，蹉跌负才华。筑中常置铅，鱼腹隐镆铘。报仇轻鸿羽，结客遍海涯。陆沉无所属，高义难自剖。"⑩ 这些诗句反映出魏耕对吕师濂复明大志和活动的深切了解。

徐芳声，字徽之，蔡士京，字子敬，后改名仲光，字子伯，浙江萧山

① 杨宾：《杨大瓢先生杂文残稿》，《祁奕喜李兼汝合传》。
② 魏耕：《雪翁诗集》卷4，《七言古》，《弹铗歌》，第69页。
③ 魏耕：《雪翁诗集》卷4，《七言古》，《日出入行赠镇江潘陆》，第59页。
④ 俞樾：《荟蕞编》卷3，《雪滩头陀》，录徐釚：《南州草堂集》。
⑤ 魏耕：《雪翁诗集》卷4，《七言古》，《秋夕宴集吴松（江?）顾有孝北郭草堂顾请予作抱瓮丈人歌予时大醉为赋此篇不自知其潦倒也》，第67页。
⑥ 魏耕：《雪翁诗集》卷5，《七言古》，《江上与姑孰陈瑚》，第75页。
⑦ 徐世昌辑：《晚晴簃诗汇》卷17，《吕师濂》。
⑧ 阮元编订：《两浙輶轩录》卷1，《吕师濂》。"挟策入滇中"是后来的事。据孙旭：《平吴录》，康熙年间师濂走云南，入吴三桂幕，为吴画策，修造园亭，广置女乐，为韬晦计。吴举兵反时，他又为吴铸造印信，任工曹之职。
⑨ 朱彝尊：《曝书亭集外诗》卷3，《七言律》，《送吕（师濂）游淮上》。
⑩ 魏耕：《雪翁诗集》卷3，《五言古》，《送吕八师濂》，第47页。

人，县庠廪生。芳声与弟芳烈、同学蔡士京、何之杰等遭"三月十九之变，会通庠文学恸哭于明伦堂，兹当易姓，拜辞文庙"①。他们"哭孔庙三日，既而芳声入潘山隐，称潘山野人"，"别辑兵书数十卷，凡运筹、指顾、制械、器设、屯灶无不简核"，士京治经学，"生平于文章、忠孝外无他言。"二人并称"萧山两高士"②。魏耕与他们志同道合，有诗唱酬，能够一道参加复明运动。

沈永馨，字建芳，明金事沈瓒孙，苏州府吴江人。明亡时，他年才十三，却眷恋故明，"遂志于隐居，寄情诗歌，日与四方高士相赠答。"③魏耕与其结忘年交，赋赠长诗寄予厚望，愿他如"终军弃襦者，欲系单于致阙下"，又如"谢安东山人"，"却能谈笑灭胡尘"④。这就明确说明永馨是复明运动参加者。

吴邦玮及其子侄卿祯、懿祯、理祯、棠祯等，浙江山阴（今绍兴市）人，明兵部尚书吴兑后人。邦玮一辈习武。其兄邦璿，"鲁王授都督同知"，守金华、衢州，与南下清军"相持二十日，势孤食尽"，夫妻双亡。"子懿祯于灰烬中得一履，滴血负骨归葬。"⑤邦玮亦武官，"将军材略总豪雄，昔侍金銮护圣躬。"⑥因此，吴氏一门对明朝感恩，与清廷积仇，成为复明运动参加者。魏耕常在吴府宴饮居留。现存他给他们的赠诗多达十首，赞扬吴府"君家雄词绝世尘，曾献文章观国宾，迎门不揖珠履客，开怀偏爱蹉跎人"⑦。可见吴氏一门与魏耕基于共同政治立场的亲密情谊。

潘陆，字江如，苏州府吴江人，家贫，好结客，"四壁萧然，而北海之座恒满。"⑧他与复明志士沈士柱、韩绎祖有深交。绎祖湖州起义失败，

---

① 徐芳烈：《浙东纪略》，浙江古籍出版社1985年版，第104页。

② 孙静庵：《明遗民录》卷13，《徐芳声蔡仲光》，浙江古籍出版社1985年版，第100—102页。

③ 倪师孟等：乾隆《吴江县志》卷33，《人物》十，《隐逸》，《沈自晋》。

④ 魏耕：《雪翁诗集》卷5，《七言古》，《赠沈二永馨》，第78页。

⑤ 朱文翰：嘉庆《山阴县志》卷14，《人民志》第二之六，《乡贤》二，《吴邦璿（子懿祯）》；查继佐：《国寿录》卷3，《都督同知吴邦璿传》，中华书局1959年版，第155页。

⑥ 魏耕：《雪翁诗集》卷9，《七言律》，《东山洗屐池与吴将军邦玮别》，第128页。

⑦ 魏耕：《雪翁诗集》卷5，《七言古》，《客吴卿桢园斋最久，酒中为长句奉别》，第76—77页。

⑧ 朱彝尊：《明诗综》卷77，《潘陆》。

复明缺少成就，偕潘陆同登京口北固山，"痛哭防人觉，悲歌转自憎。"①
可见他们谈话的内容和心情。潘陆也听从魏耕劝告，弃儒复明，"十年来
间关道路。"②

屈大均，字翁山、介子，广东番禺（今广州市）人，受业于顺德举人
陈邦彦之门，曾与邦彦一道起义抗清。邦彦殉难后，他深怀豫让"漆身"
之痛，誓报"师仇""国耻"③。他在遗民心目中，"盖古鲁仲连之流"④。
他与魏耕在政治上最相契合，曾写道："平生魏雪窦，是我最知音。""慈
溪魏子是钟期，大雅遗音独尔知。"⑤可见他们相知之深。魏耕通过朱彝尊
游广东，与他商讨过郑、张北伐方略。顺治十六年（1659）春，大均按预
谋到南京，接应海师北伐进取南京的行动。

刘俊，从魏耕诗题《送刘俊还衡州》看，为湖广衡州（今湖南衡阳
市）人，隐居农村："秦人鸡犬复何在，桃花深处问君家。"他和魏耕
"参横同抱燕山痛"，同痛明亡，很容易一同从事复明运动。刘俊还在其中
起关键联络作用。"湘云缥缈睇三巴，远树桃榔接翠华。"⑥他是北联夔郧
农民军、南接黔滇永历帝的。由此可见他的重要。

魏耕与在李之椿案中罹难的沈士柱、在杨鸥空救案中罹难的朱日升的
交往⑦，是值得注意的。他赋诗寄赠沈士柱，影射清军的暴行，敦促士柱
当机立断，实指为北伐进取南京的事赶紧行动。于是士柱几次上疏永历，
"蜡丸数达宸舆侧，结伴期扶天座倾。"顺治十四年（1657），北伐如箭在
弦，士柱兴奋不已，写信给正在郑军中的徐孚远，"相期握手石头城。"⑧

---

①　卓尔堪辑：《明末四百家遗民诗》卷 9，《潘陆》，《过芜湖东昆铜天士》；卷 13，《韩绛祖》，
《访潘江如遂登北固》。

②　王猷定：《四照堂文集》卷 2，《序》，《潘江如穆溪诗序》；卷 4，《七言古》，《日出入行赠镇
江潘陆》，第 59 页。

③　屈大均：《翁山文外》卷 14，《死事先业师赠兵部尚书陈岩野先生哀辞》。

④　杜浚：《变雅堂文集》卷 4，《复屈翁山》。

⑤　屈大均：《道援堂诗集》卷 6，《五言律》，《怀魏子》；卷 12，《七言绝》，《屡得友朋书札感
赋》。

⑥　魏耕：《雪翁诗集》卷 5，《七言古》，《送刘俊还衡州》，第 82 页。

⑦　参见何龄修《李之椿案与复明运动》，载《中国史研究》1990 年第 3 期；《杨鸥空救案——清
初江南又一起复明运动》，待刊。

⑧　徐孚远：《钓璜堂存稿》卷 7，《七言古诗》三，《闻沈昆铜变感赋》。

魏耕初至南京就与朱日升等同游，后又到吴江垂虹亭送别日升回家乡淮安山阳①。这样依依情重，说明他们谈得很投机。

　　魏耕与当时积极投身复明运动的钱谦益、吴祖锡来往也很密切。魏耕与谦益相识较早。顺治九年（1652）左右，谦益曾以书荐魏耕等进见吴伟业，说将"以其私所忧者"如慎交等两社门户问题相告，但魏耕从不关心诗社，所以"其私所忧者"实际上是复明一类不便明言的问题。谦益强调，魏耕等"今世士流罕有其俦，而朴厚谨直，好义远大，可与深言"②。后魏耕又面谒谦益，途中赋诗，介绍自己的复明大志、活动情况，"先寄柬呈览"③。谦益无疑曾同他一道策划。魏耕可能还曾参加过谦益等在苏松等地举行的文宴④，而这实际上是以文宴为名的政治性宴会。吴祖锡字佩远，后改名钿（取祖锡二字各半合成钿字），字稽田，苏州府吴江人。他"奉永历"，"阴结客"，与魏耕常客寓萧山李文达、钱缵曾、山阴祁班孙等家⑤。魏耕有五古《赠吴生》，疑是赋赠祖锡之作，其中去："从来贤达士，何曾恋首邱？延陵贵公子，被服貂鼠裘，结交皆豪杰，耻为儿女谋。南海出珊瑚，若耶练纯钩，珊瑚庙廊重，纯钩龙用优。"⑥可见吴生的风貌。

　　张拱乾字九临，董二酉字诵孙，苏州府吴江人。拱乾"少沈潜好学，为诸生有名，游金坛周镳之门，入复社"⑦。剃发令下，拱乾与父君美抵抗，被清苏松提督吴胜兆逮捕，临刑时吴胜兆稔知其为"三吴才士也，杖而释之"。其后拱乾剪发为道士，拒绝清廷的征召，"日诵道德经，杜门不出。"⑧二酉也是复社名士，"讲濂洛之学，践履真纯，天怀粹白。"⑨魏耕

---

①　魏耕：《雪翁诗集》卷10，《七言律》，《初至秣陵与朱自［日］升曹珙沈峤诸公同泛采石》《吴江垂虹亭送旧乌程朱日升归淮南》，第142—143页。

②　钱谦益：《钱牧斋尺牍》卷上，《与吴梅村（三首）》，《又（论社）》。参见冯其庸等《吴梅村年谱》，江苏古籍出版社1990年版，第224页，按语，定为九年。

③　魏耕：《雪翁诗集》卷5，《七言古》，《欲谒虞山钱大宗伯途中书怀先寄柬呈览》，第79页，参见卷4，《七言古》，《上宗伯钱谦益》，第66页。

④　参见陈寅恪《柳如是别传》下册，上海古籍出版社1980年版，第1073页。

⑤　杨宾：《杨大瓢先生杂文残稿》，《祁奕喜李兼汝合传》。

⑥　魏耕：《雪翁诗集》卷1，《五言古》，《赠吴生》，第18页。

⑦　倪师孟等：乾隆《吴江县志》卷31，《人物》八，《节义》，《张拱乾》。

⑧　温睿临：《南江逸史》卷44，《列传》第40，《逸士》，《张拱乾》，第330页。

⑨　倪师孟等：乾隆《震泽县志》卷20，《人物》八，《隐逸》，《张隽》。后二酉罹庄廷钺史案，本人死前幸免，全家被迫害。

比拟二人为"壶关董公颜色悴，韩国张良眉发苍"，可见也是复明运动中人。所以三人"相逢意气多"①，有所议论、谋划。

方外人士是魏耕联络的重点。清廷指出："海逆奸细多为僧道，潜游各处探听消息。"②方外人士因僧装道服利于隐蔽，随处食宿利于轻装，就能深入城乡山海，进行联络、侦察。魏耕本人就"披发为僧装，来往江湖间"③。僧道中也不乏儒雅忠信之士，所以魏耕愿和他们建立亲密关系，从事共同事业。魏耕诗集中涉及方外人士达二三十人之多。当然他们不都参加复明运动。有一妙喜勤长老，就是一位虔诚的佛门弟子，虽了解魏耕的政治活动，却仍劝他专心学佛。但魏耕自称是"拂剑入红尘"来的④，当然要战斗。其方外朋友不涉政治者，自不止此一人。

但魏耕确有些值得注意的方外朋友。首先是释弘储，号继起、退翁，或称夫山大师，苏州灵岩崇报寺高僧，清初著名的遗民僧人⑤。魏耕与他有密切关系，在寄呈他的诗中自比抗秦忧楚的屈原以见志，"纷攘感时命，汲汲无与欢，带索行且吟，萧侣恣游盘"，又赞美弘储"皎皎大比丘，冶铸握洪钧，既非寰中客，岂名世外臣"⑥？其政治上的联系昭然若揭。其二是释本源，号兀庵，浙江乌程（今湖州市）道场山僧。顾有孝等称"桃源陆又深、余铸行义朗洁，避地东海，一时高蹈君子咸与往还"，令魏耕"慕斯人之操"，而本源又"复诵二生贤"，魏耕因本源"欲行脚江北"，"作诗寄二生"，托本源转达⑦。此事可见本源的遗民立场。他有可能参加复明运动。其三是释明孟，号三宜、愚庵，苏州横山集福寺僧。魏耕誉为"吾师虽沙门，能为儒者言，脱略时世拘，贵爱鲁仲连"⑧，说明他是坚决反清者。其

①　魏耕：《雪翁诗集》卷5，《七言古》，《之秋浦别张拱乾董二酉》，第79页。
②　《（顺治十八年十二月十八日之一）康熙帝敕江南等地沿海各官自康熙元年以后严禁居民通商海逆》，载《明清档案》第37册，联经出版事业公司1986年影印本，A37—98（3—2），B21096。
③　杨宾：《杨大瓢先生杂文残稿》，《魏雪窦传》。
④　魏耕：《雪翁诗集》卷13，《七言绝句》，《酬妙喜勤长老（有序）》，第180页。
⑤　参见柴德赓《史学丛考》，《明末苏州灵岩山爱国和尚弘储》，中华书局1982年版，第372—414页。
⑥　魏耕：《雪翁诗集》卷1，《五言古》，《寄呈灵岩继起禅师二首》，第9页。
⑦　魏耕：《雪翁诗集》卷8，《五言律》，《道场山兀公房寄桃源陆余二生（有引）》，第120页。
⑧　魏耕：《雪翁诗集》卷2，《五言古》，《梅市送愚庵和尚还横山集福寺呈西遯先生祁超》，第26页。

四是曹琪，上海人，茅山道士。魏耕初至南京，就与他和朱日升等同游约半年之久，且在"驿馆马嘶逢海客"，即同晤海上来的使者。关于曹琪其人，魏耕说得很明白："怜君十四即超群，自比中山刘使君"，自比复汉的刘备，复汉即复明，曹琪少年时代就立志复明。他是在复明运动中磨砺成长起来的，"多难雕仙骨，穷愁铄性真"。他成了复明活动老手，"陈平解刺榜，周处不呈身，机警浑无敌，聪明别有神"，一个临机应变、全身远祸的陈平，一个暗搏蛟虎、为民除害的周处。因此，魏耕极重视他，渴望更密切的合作："二耀如重跃，三垂倘再振，魏徵须仗策，黄石会扶轮。共欲诛封豕，均看搏狡貎。毋言岩穴美，高卧紫嶙峋。"① 魏徵是耕自指，黄石公指琪，二人携手斗争，才能诛灭贪暴、抗击猾贼，使复明成功。

以上列举与魏耕有政治联系并略具首尾的人士有20余人。魏耕诗集所见同他交往并能查知生平者数倍此数，其中不乏复明运动中人，限于篇幅，不能一一介绍。遗憾的是，魏耕与这些人士的具体活动大多已湮没不彰，以后通过深入发掘、研究，也许能考见这段特殊历史的一鳞半爪，目前所能阐述的则只有前述的内容。根据这有限的内容可以确定的是，魏耕与他所串联的人士只有政治联系，商谈以至谋划复明活动，没有任何组织联系的蛛丝马迹。这是复明运动作为封建时代政治运动的幼稚性的反映，是复明运动的一个重要特点。

魏耕复明活动有记载的部分，在史实上也还有含混不清的地方。举例说，魏耕与郑、张关系密切，尤以同煌言交往为甚。"方是时，同邑（郡？）孝廉张煌言聚兵海上，与郑氏为声援，耕亦自负相交通。"② 顺治十六年北伐，有魏耕促成之功。北伐失败后，张煌言军被隔断在长江，拟移师焦湖（今巢湖）。据魏耕从弟魏霞所作耕传称，魏耕遮道劝阻说："焦湖入冬水涸，不可驻军。英霍山寨，耕皆识其魁，请入说以迎公。"③ 后此诸书，如雍、乾间全祖望只变易魏耕说词，以为"请入焦湖，以图再

---

① 魏耕：《雪翁诗集》卷10，《七言律》，《送曹琪远游》；卷15，《五言排律补遗》，《简茅山道士曹琪四十韵》，第143、190—191页。

② 杨宾：《杨大瓢先生杂文残稿》，《魏雪窦传》。

③ 魏耕：《雪翁诗集》卷17，《附录》下，魏霞：《明处士雪窦先生传》，第196页。

举"①。道光间李聿求则全从魏霞说②。张煌言自己在《北征录》中对此有记载说:"余进退维谷,……拟走焦湖,聚散亡为再举计。适英霍山义士来,说焦湖入冬水涸,未可停舟,不若入英霍山寨可持久。余然之。"③ 煌言在这里虽未说遮道献策者姓名,但肯定不是魏耕,而是"英霍山义士"。郑达辑入《野史无文》并加改题的《北征录》则指明为"英霍山中义士王君重、朱正公等"④。《北征录》是煌言名著,估计原文并无隐讳,但在钞传过程中除窜易文字外,有的还被抹去一些人名,因此收入煌言诗文集中的版本没有英霍山义士姓名,却在别的版本中保存下来。北伐失败后魏耕确曾"上书兵部尚书张煌言,备述敌情虚实,请以舟师再举"⑤。温睿临作"备陈金陵虚实"⑥。二者和杨宾所作魏耕传都不涉及献策入英霍山寨事。可见魏耕未献此策。细绎魏霞、全祖望说,可以看出是从《北征录》演化而来。魏霞出于对从兄的敬爱,又知也曾上书事实,就把煌言本人谈的事情安上。全祖望照办,但在读《北征录》时更粗心,以致更错。魏霞的说法说明,对待亲属做的传记要更加慎重。

魏耕复明集团

考察各起复明运动的历史,就会发现一种现象:各起复明运动大都是由一二人串联起来的,这一二人在自己的运动中始终扮演主要角色。魏耕复明运动不同,一开始就有一伙人,或者说较快就聚集一伙人,"而气味投合者则固结而不可解"⑦,形成一个较为稳定的集团。产生这种特点并没有什么深刻的原因,也不是自觉地进行组织的结果。在那样幼稚的政治运

---

① 全祖望:《鲒埼亭集》卷8,《碑铭》,《雪窦山人坟版文》。
② 李聿求:《鲁之春秋》卷14,传第五之三,《义旅》三,《张煌言(父圭章等)》,浙江古籍出版社1984年版,第145页。
③ 张煌言:《张苍水集》第四编,《北征录》,上海古籍出版社1984年版,第19页。
④ 郑达辑:《野史无文》卷13,《前朝鲁王以海监国于闽浙命延平王郑成功兵部尚书张煌言自闽海率师攻江宁府城纪略》,中华书局1960年版,第137页。
⑤ 屈大均:《皇明四朝成仁录》卷12,《生员死义传》,《魏耕》。
⑥ 温睿临:《南疆逸史》卷45,《列传》第41,《义士》,《魏耕》,第348页。
⑦ 杨宾:《杨大瓢先生杂文残稿》,《祁奕喜李兼汝合传》。

动中，没有人懂得组织的意义。它是一种偶然性的表现，是道义的、友情的和政治的结合。在魏耕的周围，恰好有一伙人，年相若，性相近，志相同，意相合，于是为了共同的复明目标而一道奋斗。

下面介绍这个集团中魏耕以外诸人：

钱缵曾，字允武，浙江归安（今湖州市）人，生员，工诗，清婉绵丽，语必悲凉顿挫，令人流连宛转不能舍，"家素饶，慷慨喜周人急。"[①] 曾与魏耕同为"起义兵"[②]，参加韩绎祖等的湖州起义。失败后，他与魏耕、钱价人、潘廷聪、祁班孙、杨春华等继续"为气节交，酒酣耳热，对生客大言，无少顾忌，暇则作为诗歌"，写在墙上"指斥当路"[③]。他同太湖起义首领钱应魁有族亲，给以支持[④]。当然，他与魏耕合作最密切，二人常一同在外联络奔走。

祁理孙字奕庆，班孙字奕喜，山阴人，明苏松巡抚祁彪佳子。堂兄鸿孙字奕远，与叔父彪佳同受业于刘宗周门下，拳拳服膺宗周舍生取义之说。鲁王监国初，理孙痛父赴义自尽，"从兄鸿孙将兵江上，班孙罄家输饷。"[⑤] 江上义师败，鸿孙忧愤死。理孙、"班孙兄弟以故国乔木自任"，"好结客，所居西有园，曰寓山"，"客之故衣冠者多集此。""屠沽浮贩之流兼收并蓄。"浙东名士在这里都"竞以气节相尚，无所顾忌"。"柳车踵至，登其堂，复壁大隧，莫能诘也。"可以认为，寓山祁府是复明运动的一个地下联络中心。魏耕经常在这里停驻，受到热情接待。祁氏兄弟"与之誓天称莫逆"，殷勤唱酬，"发淡生堂壬遁剑术诸书供采择，又遍约同里诸遗民如朱士稚、张忠［近］道辈以疏附之。"[⑥] 可见，理孙兄弟曾促进魏耕集团的聚合，并始终一道从事复明运动。

---

① 屈大均：《皇明四朝成仁录》卷12，《生员死义传》，《钱缵曾》。
② 李聿求：《鲁之春秋》卷14，传第五之三，《义旅》三，《张煌言（父圭章等）》，浙江古籍出版社1984年版，第145页。
③ 杨宾：《杨大瓢先生杂文残稿》，《魏雪窦传》。
④ 杨宾：《杨大瓢先生杂文残稿》，《祁奕喜李兼汝合传》。
⑤ 李聿求：《鲁之春秋》卷14，传第五之三，《义旅》三，《张煌言（父圭章等）》，浙江古籍出版社1984年版，第145页。
⑥ 杨宾：《杨大瓢先生杂文残稿》，《祁奕喜李兼汝合传》。又孙静庵：《明遗民录》卷1，《祁班孙》，第6页。全祖望称魏耕于酒色有沉癖，每日非妓不饮，祁氏兄弟竭力资给。

　　朱士稚，字伯虎，后更字朗诣，张宗观又名近道，字用宾、朗屋，山阴人，合号"山阴二朗"。士稚为明文华殿大学士朱赓孙、雷州知府朱敬衡子，家世富饶。士稚"少好游侠，蓄声伎"，"豁达逞豪英"，"食客百数"。明亡后，他又"散千金结客"，"黄金白镪随手尽"，"破屋藏亡命"，学"燕荆卿"刺秦恢燕以实现抗清复明①。为此，他主张及时行动，"事间不容发，脱兔非可追。机宜不在大，所贵无失时。……功成以明决，败谋在蓄疑。"② 宗观为明举人张寄濂子，与士稚都"负大志"，"咸以管乐自命"，与魏耕、钱缵曾、陈三岛"称莫逆交，聚谋通海上"③。二人都积极参加活动。士稚就曾与魏耕同在南京活动，"谈笑抵金陵"，"总辔石头城。"④ 但士稚最早被人告发，逮捕下狱论死。宗观四出营救，"号呼于所知，敛重资贿狱吏"，获释。宗观连夜渡江往晤，中途"为盗所杀"⑤。顺治十七年底，士稚又病故。

　　朱彝尊，字锡鬯，号竹垞，浙江秀水（今嘉兴市）人，明武英殿大学士朱国祚曾孙，后家道中落，成为赘婿。明亡时，彝尊刚步入青年，就抱着反清态度，逐渐结识魏耕以及钱缵曾、朱士稚、陈三岛、祁班孙等，"后先凡六人，往来吴越，以诗古文相砥砺"⑥，实则暗中进行复明串联活动。顺治十三年，他游广东，客于清高要知县杨云潜之门，但却广泛交结广东复明运动人士陈子升、屈大均、张家珍等。其诗句有云"想象戈船犹汉日，忽惊风土异乡邦"，"平陵松柏在，余恨满南天"，可见其眷恋故明的心情。又有云"此邦非乐土，何处怀好音？枉作穷途哭，虚劳泽畔吟。苍梧晴峡远，桂水暮流深"，自比阮籍、屈原，此行另有政治目的昭然若揭，并透露无法交通永历政权时的沮丧。他又与万泰、严炜、陈子升、薛始亨等醉酒赋诗，有云"黄河之清不可俟"，表现出为复明而行动的迫切

　　① 魏耕：《雪翁诗集》卷4，《七言古》，《醉时歌与朱廿二》，第69页；朱彝尊：《曝书亭集》卷72，《墓表》一，《贞毅先生墓表》。
　　② 朱彝尊：《明诗综》卷79，朱士稚：《怨诗行》。
　　③ 孙静庵：《明遗民录》卷27，《张宗观朱士稚》，第208页。
　　④ 魏耕：《雪翁诗集》卷13，《七言绝句》，《与朱廿二晓发京口》；卷1，《五言古》，《赠朱士稚四首》，第175、7页。
　　⑤ 朱彝尊：《曝书亭集》卷72，《墓表》一，《贞毅先生墓表》。
　　⑥ 同上。

要求。十五年，彝尊粤游归来。随后他就连续与陈三岛、魏耕、祁氏兄弟等接触。他与三岛欢聚，"却话平生同调人，吹篪击筑皆知己"[1]，可知他们交谈的正是有关同党活动的话题。魏耕诗云："昨闻勾漏回，应识丹砂妙。"[2] 丹砂隐"朱"字，魏耕无疑认为他带回了关于永历政权的消息。次年春，屈大均到达江南，也去访问了彝尊。大均先前显然曾与彝尊预谋来此配合、接应郑张北伐。彝尊本人虽未坚持复明抗清到底，中途出仕清廷，但他仍借著述表示并未忘情青年时代的政治理想。他在所著《明诗综》中宣称："合洪武迄崇祯诗……入选者三千四百余家，或因诗而存其人，或因人而存其诗，间缀以诗话述其本事，期不失作者之旨。明命既迄，死封疆之臣、亡国之大夫、党锢之士，暨遗民之在野者，概著于录焉。析为百卷，庶几成一代之书，窃取国史之义。"[3] 明命既迄后的烈士遗民共收录六百余家，占全书总数将近二成。书中收入抗清烈士陆培的《绝命诗》、吴易的《从军行》、陈潜夫的《绝笔》、朱继祚的《绝命辞》等。所以《明诗综》是自觉的借诗存史的著作，为故明、为复明运动留下可信的历史记录，而谈诗是次要的。

陈三岛，字鹤客，苏州府长洲（今江苏苏州市）人，家境困苦，"所居蓬户席门而求友若不及，中怀孤愤恒露于眉宇之间。"[4] 他从长洲县学教谕刘永锡受业。永锡为大名府魏县举人，明亡后隐居，坚拒清朝大吏逼勒出仕，后"竟饿死"[5]。三岛显然深受其影响，自然参加魏耕复明活动。三岛的参与是很深的。在这方面他义无反顾。有诗述志云："采苦充饥肠，其味甘如饴。存亡且不恤，毁折何所辞。""跃马出战场，决死夫何疑！缱绻恋妻子，壮夫所弗为。"[6] 诗中所表现的艰苦卓绝，实不可及。其《送

---

① 朱彝尊：《曝书亭集》卷3，《古今诗》二，《强圉作噩》，《首春端州述怀寄故乡诸子》《珠江午日观渡》《羊城客舍同万（泰）严（炜）陈（子升）薛（始亨）醉赋》《赠张五（家珍）》卷4，《古今诗》三，《著雍奄茂》，《雨中陈（三岛）过借饮酒楼兼示徐（晟）》。
② 魏耕：《雪翁诗集》卷2，《五言古》，《苕南秋日斋中读书寄嘉禾朱十彝尊》，第28页。
③ 朱彝尊：《明诗综》《序》。
④ 陈田辑：《明诗纪事》辛签卷31，《陈三岛（二首）》。
⑤ 俞樾：《荟蕞编》卷9，《刘剩庵》录沈德潜《归愚文钞》。
⑥ 朱彝尊：《明诗综》卷79，陈三岛：《出门》。

友人之楚》一诗有云："祖生长自往，旅夜听鸣鸡。"① 此友人被比作中流击楫，誓复中原的祖逖，而且旅途中都要学祖逖一样闻鸡起舞，一位意气风发的复明志士跃然纸上。他沿江赴楚，无疑是去联络夔郧山区义军。祖逖字士稚，颇疑此肩负特殊使命的友人"祖生"是隐射朱士稚。三岛也未竟其志，于顺治十六年忧愤而死。

杨春华，字友声，号安城，流放宁古塔后改名越，山阴人，诸生，明末京口总兵杨蕃长子。他年轻时，"天下多故，慨然有济世志，与里中高才生及四方豪俊交，名日起。""值鼎革后，散金结客，豪侠满门，耿耿欲有所图。"因此，他与复明志士朱士稚、魏耕、吴祖锡等交往很密②。魏耕有《招杨春华泛西湖》诗③。

李文达，又名达、甲，字兼汝，浙江萧山人，诸生，"好结客，萧山为绍兴门户，四方宾客过其地，虽深夜叩门，无勿留者，有缓急必倾身为之，不计利害。以是浙东西名士以恢复为言者，甲莫不识之"，亦"祖锡、耕之所主也"④。可以说，萧山李文达家是复明运动又一个地下联络点。魏耕认为文达是名利淡泊的庄子、严光一类人，"生平放达先所求。"魏耕自称"嵇、阮辈"，"风流散诞事沈醉"，又都仇晋，即反对当时的统治者，只有文达是同志，"拂衣同调唯有君。"⑤

以上是魏耕复明集团中除魏耕外其余诸人的简况。他们虽是一个集团，其实相互间只有思想、道义、文学和友谊的凝聚力，没有规章、纲领、纪律和组织的约束力。魏耕是主角、核心中的核心，但不是拥有领导权的首领，其下也没有分工管理和分级统率的组织系统。他们没有形成为一个坚强的组织。当时，士大夫的秘密政治活动、整个复明运动，在组织问题上都既落后于他们公开的党社运动，更落后于民间秘密宗教。文人结社，还奉一领袖，有简单事务分工，订几条公约拱听约束，民间秘密宗教

---

① 陈田辑：《明诗纪事》辛签卷31，《陈三岛（二首）》。

② 俞樾：《荟蕞编》卷5，《杨安城》录余懋杞《东武山房集》；陈康棋：《郎潜纪闻四笔》卷6，《杨宾弟兄求代父成》，中华书局1990年版，第92页。

③ 魏耕：《雪翁诗集》卷9，《七言律》，第131页。

④ 杨宾：《杨大瓢先生杂文残稿》，《祁奕喜李兼汝合传》。

⑤ 魏耕：《雪翁诗集》卷5，《七言古》，《白苹洲上寄萧然李生文达》，第73页。

组织更严密①，这都是复明运动所缺乏的。缺少真正的组织，使各起复明运动内部关系实质上很松散、软弱无力，容易遭到清朝的镇压和各个击破。

孔元章（孟文）其人并附论告发、审理过程二三事

薛文提到湖州有个名叫孔孟文的人。孔孟文是否即此人的姓名？《归安县志》说，"孔孟文，字元章。"② 但康熙敕命称此人为"总兵官孔元章"，镇海大将军刘之源、福建水师提督施琅奏疏也称他为"总兵孔元章"③。这些文件理应称名而不称字，则此人肯定名元章，而孟文是字。

计六奇记孔文举事云："孔文举本王姓，江阴王鹳嘴人。幼为青旸吴焕如童子。少长，祝发于岑墅关帝庙，事董僧为师。……走浙，居江边，时与海通。寻以米往遗，有孔将军者悦之，与同舟。未几，孔死，因蒙其姓。"④ 从所述史实看，此孔文举即孔元章，但文举二字仅此一见，应为"孟文"附会孔融字致误。关于他本江阴王鹳嘴王氏子，清初才冒南明孔将军姓氏的说法也不可靠，因为他在明末已是孔姓总兵。他家祖籍河南⑤，先世流寓江阴，为江阴人。⑥ 他家境贫寒，年幼时沦为江阴青旸吴焕如侍童。后其父孔襟海与浙江湖州府城西门外邵太和友善，迁居湖州为疡医⑦。从他发迹后仍推尊故主看来，吴焕如可能没有要他赎身，就将他释放为良随父迁走了。

后来他应募从戎。在明末多事之秋，武人较易得到发展。钱谦益《与钱润州》一札云："兹有启者，孔总戎孟文雄才大略，兵家之韩白也。顷

---

① 参见李尚英《民间宗教常识答问》，江苏古籍出版社 1990 年版，第 36—46 页。

② 丁宝书等：光绪《归安县志》卷 49，《杂识》一。

③ 《（顺治十八年十一月日不详之二）康熙帝敕命投诚官孔元章授升总兵官》，载《明清档案》第 37 册，A37—96，B21081—21083；施琅：《靖海纪事》上卷，《边患宜靖疏》，福建人民出版社 1983 年版，第 48 页。

④ 计六奇：《明季南略》卷 16，《甲午己亥等年野志》，《台湾复启（附记孔文举事）》，中华书局 1984 年版，第 506—507 页。

⑤ 江日升：《台湾外记》卷 6，福建人民出版社 1983 年版，第 194 页。

⑥ 李桓辑：《国朝耆献类征初编》卷 450，《卓行》八，《杨越》，等等。

⑦ 费恭庵等：《吴兴大事记》卷 1，《钱氏大狱》。

以抚局告竣，奉旨峻擢，候命京口，布衣蔬食，戟门萧然。"① 此钱润州，指崇祯年间第六任镇江知府钱良翰②，"抚局告竣"应指崇祯十一年（1638）夏熊文灿招抚张献忠这样全局性大事。这就说明至迟崇祯十一年夏孔元章已仕至总兵。此札足证孔元章至清初才冒充总兵、大帅等说法非实。谦益此札是为孔元章向镇江知府讨钱过活，因明朝募兵不在额军数内，饷项无稳定来源，又待命无事而困窘。

关于元章披剃问题有二说：一为前引计六奇说明末在江阴岑墅关帝庙祝发；一为费恭庵等说"襟海死，孟文无聊，遂披剃于长兴卞山之土地庙"③，时间显系清初。元章此时祝发既可混饭，又能避祸，一计两得，故此说更加合理。后来他又挂塔龙华寺充堂头元素位下知客僧，还改号雪林，都是要解决吃饭问题。

但他绝不是自甘黄斋淡饭、晨钟暮磬生活的人。清初民族斗争激烈，他原为明将，于是"每假气节取取人财"④，成为复明运动中一个骗子。他也装模作样，四出奔走，联络浙东四明山区各寨，"往来海上，广通声气。"⑤ 魏耕曾与他相遇于西湖，元章自称"从煌言所来"。二人"一言投契"，魏耕即引为同道，告以心腹。孔元章声称"为延揽计"，索银三百两。魏耕认为钱缵曾、潘廷聪等"皆富于资，可取而得之也"⑥。韩绎祖之子韩斌（咸士），乌程武生，"随父流离颠沛，熟悉海上情形。"⑦ 孔元章也与韩斌等同盟通海。他结识许多复明运动人士，了解内情，但说他参加过顺治二年韩绎祖等的湖州起义，也参加过十六年郑成功的围攻南京之役，在文献上似无确征。

在魏耕、孔元章交往过程中，发生了重要的转折。魏耕从"曹侍郎溶

① 钱谦益：《钱牧斋尺牍》卷1，《与钱润州》。
② 黄之隽等：乾隆《江南通志》卷140，《职官志》，《文职》六，《（明）分辖》。检同书卷180，《文职》十，镇江府知府中，钱谦益康熙三年死以前共十一任，无钱姓者。
③ 费恭庵等：《吴兴大事记》卷1，《钱氏大狱》。
④ 杨宾：《杨大瓢先生杂文残稿》，《魏雪窦传》。
⑤ 费恭庵等：《吴兴大事记》卷1，《韩绎祖起义案》。
⑥ 杨宾：《杨大瓢先生杂文残稿》，《祁奕喜李兼汝合传》。杨宾：《杨大瓢先生杂文残稿》，《魏雪窦传》。
⑦ 费恭庵等：《吴兴大事记》卷1，《韩绎祖起义案》。

所闻其伪"①，了解孔元章假复明真诈骗的面目，导致交情断绝。这是很有趣的。曹溶是多尔衮进北京时就降清的原明御史，浙江嘉兴人，降清后迭任显宦，扬历中外。但他顺治四年（1647）初曾被革职回籍，直至十年东山再起。此期间他密迹民间潜在发展的复明运动，得知许多内幕，重新出仕后他的消息来源仍不绝如线。所以他有可能向魏耕发出警告。这一警告反映出曹溶对复明运动的极大同情，与他对清朝三心二意的态度。故明降清官员在复明运动中的表现比较复杂；这一点生动地显示出民族矛盾双方相互渗透，你中有我、我中有你的特色。

因此，魏耕很后悔与孔元章交往。元章并不识相，还向魏耕索银。魏耕怒扇他的耳光。元章又假托魏耕名义写信向钱、潘索银，被识破、责逐。于是孔元章决定告密，进行报复。

孔元章本秃头僧装。为了告密，"元章乃发忿蓄发变衣冠。"② 他在"温州得海中倡义者姓名，又细访出入路径，遂捏造一册"③，到驻守镇江的清镇海大将军刘之源处投诚，自报身份是总兵官，奉"海逆郑成功牌差联络湖山贼寇，俟进兵应援。行至浙江，见有招抚诏书"，因此特"倾心投诚"。他在清初已无任何军事隶属关系，肯定不是在职总兵官。自称郑部现役总兵，无非企图抬高自己的身价。有些记载说他从郑成功军来者以此。果然他不久就奉召晋京陛见，获赐弓刀裘马，宠遇甚隆。顺治十八年十一月，康熙敕谕嘉其"诚心向化，仍升为总兵官"④。

这样一个人获得恶名是必然的。他被时人称为"险人"⑤、"无赖"，受害者家属则说他"素阴贼，每挟私怨兴大狱，杀人、流宁古塔者以百计"⑥。

---

① 杨宾：《杨大瓢先生杂文残稿》，《魏雪窦传》。

② 同上。

③ 费恭庵等：《吴兴大事记》卷2，《钱氏大狱》。

④ 《（顺治十八年十一月某日之二）康熙帝敕命投诚官孔元章授升总兵官》，载《明清档案》第37册，A37—96，B21081—21083；施琅：《靖海纪事》上卷，《边患宜靖疏》，福建人民出版社1983年版，第48页。

⑤ 翁洲老民：《海东逸史》卷14，《忠义》一，浙江古籍出版社1985年版，第69页。

⑥ 杨宾：《柳边纪略》卷4，丛书集成初编本，第73页。杨宾误孔元章之名为元昭。又元章之流放，《清圣祖实录》等不载。杨宾记："乙巳、丙午闲，元昭亦以流往。"乙巳、丙午为康熙四、五年，杨宾二十余年后追记此事，使用有伸缩性的时间，仍不免有错。康熙六年，元章尚过台招抚，则四、五年未被流放可知。但时间亦不致相隔太远。元章未见犯其他大罪记载，故推论为招抚不效，于六年冬被流放。

清朝政府实际上了解他的底细，只是一时加以利用，并不信任、不重用，仅授一空衔总兵，为京口镇海将军军前招抚总兵官署都督同知，先后在刘之源、李显贵军前效力，做分化、破坏南明军队的工作，并无标兵、汛地，而当时海师远在福建、台湾，京口军前并无多少具体工作可以做。所以直到康熙五六年（1666、1667）间，他一直闲得发慌，为谋升迁主动"陈情愿往台湾招抚立功"。这样他才谋得一份临时差使，"奉旨准其驰驿入闽，与藩、院商配招抚。"六年八月，孔元章等"航船过台"，得到郑氏厚待，但未能使其就范。十月，他无功而返，后回京复命①。

在回京复命途经江阴时，他出于改变自身形象、博取乡人好感的强烈愿望，上演了一幕表现自己重情感、知谦退、恋故旧的戏。他亲"至青旸祭墓，见家主称叔，做戏请宴，俱有馈遗，次请绅衿张有誉等"②。张有誉是弘光时尚书，"鼎革后退居田里，衣粗食淡。"③ 他是"人望"④、"完人"⑤。宴请这样的人尤具政治意义，对改变破坏复明运动形象非常重要。

但是，这些自作聪明的努力并不能使他免遭厄运。清朝认为他不再有用。估计在他复命后不久，即康熙六年冬，疑就用自请招抚不效的罪名，将他父子流放宁古塔⑥。在宁古塔，怨家丛集，"众欲毙之"，杨越（春华）反对，"乃止"。孔元章"无所事，日为人诵经"⑦。此人在流放中苟活至少20余年，康熙二十九年（1690）以后死，应有80岁上下。

诸书皆以为孔元章最初告密动机，不是报复、破坏，仍是讹诈，志在得财，因此故意将被告诸人名字写错，魏雪窦（耕）作魏西斗、钱允武（缵曾）作钱云五等，使清朝地方当局无法办案，浙江巡抚朱昌祚只好以查无此人交代，后来魏、钱诸人仍不识相，不拿银钱贿赂孔元章，元章才

---

① 江日升：《台湾外记》卷6，第194—196页。参见无非《孔元章关于收复台湾的奏本》，载《历史档案》1983年第3期，第134、128页。阮旻锡：《海上见闻录（定本）》卷2，福建人民出版社1982年版，第54页，将此事系于八年，显误。

② 计六奇：《明季南略》卷16，《甲午己亥等年野志》，《台湾复启（附记孔文举事）》，中华书局1984年版，第506—507页。

③ 李兆洛等：道光《江阴县志》卷17，《人物》二，《政绩传》，《张有誉》。

④ 徐鼒：《小腆纪传》卷12，《列传》第5，《张有誉》，中华书局1958年版，上册，第143页。

⑤ 徐枋：《居易堂集》卷19，《故宫保张大司农遗像赞（并序）》。

⑥ 杨宾：《柳边纪略》卷4，丛书集成初编本，第73页。

⑦ 同上。

和盘托出。这种说法极不可信。首先，告发谋反叛逆绝非芝麻细事，孔元章无此胆量开这种玩笑，清政府在查无此人的情况下仍可根究告密人，绝不会天真到查无此人就轻易放弃；其次，孔元章投诚告密经过长时间准备，且既以总兵身份投诚，就应以告密立功，不这样做，反而冒险使自己一开始就失信，也必无此理；第三，清政府办案，有时也查对案犯姓名与本人是否相符，如顾咸正案内应捕董祜申、黄广，结果错捕董佑申、黄鲠，经查对"原属株连，应行释豁"①，但更多的是只追查具体案犯，不纠缠案犯名字在字形、字音上的出入，如《清世祖实录》所载因谋反被杀的李勇士，在办案时即作"知府李永思"，类似实例，指不胜屈；最后，被孔元章告密牵连的杨春华子杨宾所作魏耕、祁班孙、李文达诸传皆不提故意将名字写错事。这足以说明诸书查无此人说荒谬无稽。现存档案更证实清政府究办此案，钱缵曾（允武）正作钱云五，魏耕（雪窦）则作魏雪斗，钱价人（瞻百）作钱洁人②，名字的歧异丝毫没有动摇和影响对案情的追究、案犯的镇压。

孔元章告发魏耕、钱缵曾、潘廷聪三人。案情发展及经清朝追究，续增案犯多人。钱价人（瞻百）之卷入，是因原归安知县吴之荣垂涎价人富厚，诳称自己历年代其纳赋，因而构讼，至此闻知价人过继魏耕之子，便抓住这一点，利用孔元章告密之机，将价人牵连进去，向清杭州将军科奎诬告钱价人"累世显宦，家富于资，连络山海，妄思嘘焰，瞻百主谋，而〔耕、缵曾〕二人特为之奔走耳"③。这种双重告密搅和在同一案件中的事实，反映出清初讦告之风盛行。清政府用没收案犯财产的一半奖给告密者以鼓励讦告。这是清初政治风气的一项特色、民族斗争激烈的表现之一。价人，浙江归安人，曾祖以来都是明朝显宦。他与魏耕关系密切。魏耕说："我常下君榻，晞发谋闲适。"④ 不能说他不了解不同情魏耕复明运

---

① 《洪承畴章奏文册汇辑》，《传奉事题本》，商务印书馆1937年版，第65—66页。

② 《刑部残题本》，载《明清史料》己编第6本，第586页。缵曾书中称"二子可与长卿隐藏"。此长卿即题本所云周长卿。题本又指寅缵曾"将妻子送在丈人家隐藏"，则周长卿为丈人家人。由缵曾直呼其名看来，无疑不是尊长（丈人），而是同辈（内兄弟）或下辈（内侄）。

③ 丁宝书等：光绪《归安县志》卷49，《杂识》一。

④ 卷3，《五言古》，《新治思溪舍南小隐即事和钱价人作》，第42页。

动，但他主要是诗宗盛唐，与魏耕、钱缵曾"称同调"①，本人并不积极
参加他们的政治活动，因此没有通海实迹。在以通海主谋被捕后，他就被
科奎用缵曾的罪名引申、坐实，称"伊弟钱云五与贼同伙"，把兄弟牵连
一处，又"魏雪斗之子供，钱洁人要将我抚养为子，如伊果不曾与贼串
通，岂肯与贼房屋居住，抚养贼子"，最后以"钱洁人与伊弟钱云五同伙
串通贼张煌言等情真"定谳，"俱合依谋叛律，钱云五、钱洁人拟斩立决，
其妻妾子女家产人口解部入官，父母祖孙兄弟不限籍之同异解部流徙宁古
塔，房地造册报部。"②

当案发开始捕人时，魏耕、钱缵曾等纷纷藏匿。缵曾有密书一封寄妻
云："罪孽多端，尔我聚会，生死已定，不能躲避。二子可与长卿隐藏，
不断先人之脉：我暂且躲避，听候实信，然后出来，莫要遗累亲戚。若事
急迫，你急出当此波浪，我到就定大略。你若不能，死就死罢！我即出
来。万勿遗累于人。家中物件想已完结。所典地土房屋找价断绝。见在者
尽行变卖。若得千金，交与李见如、杨有声打点我的事情。萧三之书在正
三跟前，着的当人寄去，勿得迟误。如有信带到溪，叫舅舅带来，不可靠
托下人，生死只在此数行之内。十六日。"又云："将家中物件尽行变卖，
若得千金，托见兄、有兄转浼学师冯镇鼎替我打点事情。"此书不慎落入
科奎手中，在其密封红本中引述，复经刑部尚书高景等转引而保存下来。
写书人出于安全考虑改换关键字句，但还不难明白。此案清政府于顺治十
八年十二月开始捕人，信最可能作于当月十六日或次年即康熙元年正月十
六日。此书将多人牵连入内：一是隐藏缵曾二子的周长卿，疑是缵曾内兄
弟、侄一类亲戚，江南人，故"行文江南督抚缉拏"③，最后被流放宁古
塔，至康熙三十年仍在服刑④；一是缵曾准备交付大宗银两代为活动的李
见如（兼汝）、杨有声（友声）；一是归安县学教谕冯镇鼎，浙江秀水岁
贡生，顺治十八年任，因未经科奎提审，刑部请敕"科奎等查明果否知钱

---

① 丁宝书等：光绪《归安县志》卷49，《杂识》一。
② 《刑部残题本》，载《明清史料》已编第6本，第586页。
③ 同上。
④ 杨宾：《柳边纪略》卷3、卷5，第58、98、100页，又吴兆骞：《归来草堂尺牍》亦提及周长卿。

云五谋叛情由，打点何事"[1]，但结果未受惩处，供职如故[2]。

魏耕通海案全过程长达十余年，其情节在记载上尚多模糊、隐晦、歧异、舛误。作为重要历史事件，无疑应下大力清源辨异、索隐正讹，使全过程清晰地显现出来。

原载《文史哲》1993 年第 2 期（纪念顾颉刚先生百年诞辰专栏）

---

① 《刑部残题本》，载《明清史料》已编第 6 本，第 586 页。

② 胡承谋等：乾隆《湖州府志》卷 30，《学职表》，《归安学》栏下，冯镇鼎顺治十八年任，为顺治年间末任，而王启允康熙五年任，为康熙年间首任，则冯镇鼎在归安县学供职五年未动。此人虽是穷教官，却被钱缵曾看作可至官场打点的人物，又在科奎题本中独遗漏未论，看来是有某种背景的，故不受惩处。但具体是何背景，尚俟后考。

李长祥的复明活动

——附论清初关于赦除前罪的政策

　　李长祥（？—1683），字研斋，又字子发，晚年号石井道士，四川达州（今达州市）人，清初的一位"奇人"①。这个人人生旅程主要的和终极的目标是复明。他为此而进行的斗争迂回曲折，历尽艰险。死神几次向他招手，但他都奇迹般逢凶化吉，顽强地坚持自己的事业。这就使他的一生既富有反抗民族压迫的传统精神，又充满传奇性，有的地方可能至今还是一个谜。他确实是一位奇人。他生前死后，曾否有过长篇传记、行状、墓志、纪事之属，全面记述他的传奇经历，不甚清楚。他本人曾做过一篇题名为《石井道士传》的自传，文逾八千字，应是很可贵的。但这篇自传颇为奇特，其中历史的慨叹、歌赋的收录大大多于事迹的铺叙，所以它实际上是一篇表达、寄托意志和情绪的文章，传记的内容反而要到字里行间去寻找。翁洲老民的《海东逸史》、张遴白的《难游录》各有一篇李长祥传，是笔者目前所见到的同时代人为他写的最早的传记。但前者不足五百字，后者仅百字，都很简略。雍乾间大史家全祖望收拾丛残，写了《前侍郎达州李公研斋行状》，② 后人所作详略不一的李长祥传多本乎此。全祖望所作行状字数三倍于翁洲老民作的传记，内容加详。从两者字句雷同看来，全祖望不仅见到《海东逸史》，而且将其中内容抄进了自己的著作。③但是，这篇行状仍是一个断尾巴蜻蜓，缺少李长祥后半生的重要斗争史

---

① 李长祥：《天问阁集》，目录末题字。
② 全祖望：《鲒埼亭集》外编卷9，《行状》1。
③ 仅此点即可证浙江古籍出版社所说全祖望"没有机会见到"《海东逸史》（《海东逸史》，《前言》，浙江古籍出版社1985年版），是不正确的。

实。李长祥生平研究者，首推周采泉先生。周先生所作《李长祥〈天问阁集〉四跋》,① 在几个重要点上有所发掘和前进，对笔者很有启发。《跋二》称尚有《李长祥年谱》5 卷，卷帙如此之多，令笔者极为惊诧、赞佩。但年谱似未杀青，是否就史实完全填补了空白，祛除了疑点，不得而知。因此，笔者不揣浅陋，作此小文，重点研究长祥的复明活动，略有阐发、增述，深愧仍不能说已补成全璧，以视前贤或已完成并有创获的李长祥研究著作，小文则瞠乎后矣。

长祥曾祖诸生素、祖永昌通判璧、父诸生为梅，世非显宦，但是书香门第。长祥生年不详，中崇祯六年（1633）举人，其后两次在家乡起兵抵抗张献忠军。他考取崇祯十六年（1643）进士，选庶吉士。次年初李自成军南北两路进军京师时，他两次上疏，请求辅密云总兵唐通从太行入晋北，攻起义军之后，并建议以大臣辅太子出镇天津，提调东南援兵。李自成军占领北京后，他被刑掠，接着被用为州牧。在李自成军撤出北京之际，他乘机逃奔南京，被弘光任命为巡视浙盐的监察御史。

顺治二年（1645）六月，弘光政权覆亡后月余，潞王常淓又以杭州降清，东南半壁局势剧变。这是一个严重的时刻。长祥拒绝随潞王投降，毅然开始了他为复明而进行的长征。

他的复明活动依据斗争形式不同，划分两个阶段。第一阶段是武装起义阶段。

当时清军所到之处义师蜂起。从闰六月开始，浙东抗清斗争也陆续展开：明九江佥事孙嘉绩、吏科给事中熊汝霖起兵余姚；诸生黄宗羲兄弟也起兵余姚；吏科给事中章正宸、诸生郑遵谦起兵会稽（今绍兴市）；宁绍台道于颍也起兵会稽；刑部员外郎钱肃乐起兵鄞县；苏松佥事沈宸荃起兵慈溪（今宁波市慈城镇）；职方主事陈函辉起兵台州（今临海）；兵部尚书朱大典起兵金华；兵部尚书张国维起兵东阳等。长祥一贯受乱世文人风气的影响，"喜谈兵",② 也在浙东举义，走上战争舞台。监国鲁王政权建

---

① 周采泉：《李长祥〈天问阁集〉四跋》,《杭州大学学报》（哲学社会科学版）1979 年第 3 期，第 114—117 页。

② 陈寅恪以阮大铖、钱谦益、范景文为例，说明喜谈兵是明末士大夫一般风气，见《柳如是别传》，上海古籍出版社 1980 年版，中册，第 664—668 页。

立后，长祥被任命为右佥都御史督师西行，① 参加钱塘江防之役，与清军夹江对峙。这种态势说明，监国鲁王方面对南下的清军存在畏怯心理，他们首先关心保住浙东的宁波、绍兴、台州三府，谈不上任何进取、击退清军的计划。黄宗羲最早看出此路不通，说："诸公何不乘机决战，由赭山直趋浙西？而日于江上放船鸣鼓，攻其有备，盖意在自守也。然蕞尔三府以供十万之众，一年之后，恐不能支。""闻者皆是之而不能用。"② 这样的相峙，可能取得一些小胜，但是保守战略不能更广泛地动员士民，壮大队伍，加上经济衰弱，必然导致军事上的失败。其次，"时防江之师自金、衢以东迄定海不下二十万，各自为帅，不相统"③；没有统一调遣、统一指挥。张国维以武英殿大学士"督师江上"，但并非最高统帅，还有孙嘉绩、熊汝霖、钱肃乐、沈宸荃、于颖都与李长祥一样以"右佥都御史督师"，事权极为分散。十一月，鲁王至江上劳军，驻跸萧山西兴，"筑坛拜方国安为大将，命各营皆守节制"④。但这样做一则与督师职责分工不明，二则方国安营中收容马士英、阮大铖，"日议分饷分地，以杀异己者为事"⑤，引起义师各部厌恶和愤恨，因而不仅义师不奉令如故，节制成为空话，而且使矛盾更为错综复杂。义师虽众，显然没有拧成一股统一的力量，难以坚持抵抗清军的进攻。三年六月，江上之师溃如山倒。长祥回天乏术；张国维、陈函辉、朱大典等相继身死。

清军挺进福建，原用以"备浙者颇抽以备闽"，浙江稍空虚，于是义师溃散者乘对抗的隙缝复聚山泽，"结寨自固"⑥。长祥也重新立足，收集余众结寨于上虞东山。东山一名谢安山，因东晋谢安隐居而得名。山在上虞县境西南，"岿然特立于众峰间，拱揖蔽亏，如鸾鹤飞舞。""千嶂林立，

---

① 翁洲老民：《海东逸史》卷18，《遗民》，《李长祥》，浙江古籍出版社1985年版，第85页。关于长祥任右佥都御史督师的时间，同书卷2，《监国纪》下，第15页，认为在顺治六年七月，与本传不合，但长祥在弘光时已任监察御史。其地位与参加江防同授右佥都御史督师的孙嘉绩、熊汝霖、钱肃乐、沈宸荃、于颖相若，故从本传。

② 翁洲老民：《海东逸史》卷18，《遗民》，《黄宗羲》，第86页。

③ 佚名：《监国纪年》。江上之师总敷各书估计悬殊，不必细究。

④ 翁洲老民：《海东逸史》卷1，《监国纪》上，第8、9页。

⑤ 李聿求：《鲁之春秋》卷21，《勋卫》1，《方国安》，浙江古籍出版社1984年版，第197页。

⑥ 翁洲老民：《海东逸史》卷14，《忠义》1，《董志宁》，第63页。

下视沧海，天水相接"，形势险峻。山巅有谢安遗迹，"下山出微径"，有谢安故宅和供游宴的山洞等。① 长祥结寨东山，除军事上的意义外，似乎还有政治上"再起"的微意。他在这里与结寨上虞平冈的张煌言、余姚大兰山的王翊分营相应，互为掎角。当时，浙东山寨鳞次，萧山有石仲方，会稽有王化龙、陈天枢，② 慈溪有冯家祯、冯尧，鄞县大皎山有张梦锡，鄞县管江有施邦忻，台州有俞国望、金汤，奉化有吴奎明、袁应彪，四明山有黄宗羲、邵一梓，"至于小寨支军以百数，皆以恢复为辞，为监国声援"③，"千里之间，屹然相望。"各寨军资饷项短缺，饥疲困顿，因此"皆卤掠暴横"④，"独长祥与张煌言、王翊且屯且耕，井邑不扰"⑤。从军事力量看，"惟王翊一旅蔓延于四明八百里之内"，比较强大，长祥和煌言直接率领的队伍都很小，"单弱不能成军"⑥。陈天枢"兵少而精"，煌言、"长祥皆依之"⑦。他们相互间有联系、支持，而且长祥在各山寨中隐约执牛耳，号召"江东南各义寨若臂指"，在清军内部也多"干城为心腹"⑧。长祥自己还透露，"吾于会稽诸城俱有腹心，一鼓可集"⑨。长祥得到拥戴，是他坚定、真诚的复明思想，"慷慨任事"，"亲履行陈，与士卒同甘苦"⑩的作风的结果。这种情况还证明他在短时间里做了许多脚踏实地的工作。

浙东山寨的存在是有意义的。清朝感到很大的压力，"浙东列城为之昼闭，胥吏不敢催租缚民"⑪。"郭外一二里清不及问，至居民岁两输不

---

① 朱士黻等：光绪《上虞县志》卷19，《舆地志》，《山川》。
② 邵廷采记陈天枢之寨也在平冈（《东南纪事》卷7，《陈天枢》），待考。
③ 李聿求：《鲁之春秋》卷18，《山寨》3，《王翊》，第168页。
④ 温睿临：《南疆逸史》卷36，《列传》第32，《死事》，《王翊》，中华书局1959年版，下册，第273页。
⑤ 翁洲老民：《海东逸史》卷18，《遗民》，《李长祥》，第85页。
⑥ 《行朝录》卷9，《四明山寨》，《黄宗羲全集》第2册，浙江古籍出版社1986年版，第186页。
⑦ 邵廷采：《东南纪事》卷7，《陈天枢》。
⑧ 华夏：《过宜言》卷7，《戊子岁狱中旦节述蒙难始末示幼儿凛咫》。
⑨ 徐鼒：《小腆纪传》卷47，《列传》第40，《义师》2，《华夏》，中华书局1958年版，下册，第492页。
⑩ 张遴白：《难游录》，《李研斋》。
⑪ 《行朝录》卷9，《四明山寨》，《黄宗羲全集》第2册，第186页。

怨。"① 这些情况充分表现出士民一致、不甘屈服的民族精神。

浙东山寨复明活动的基本方面，是养精蓄锐，待时而动。强大如王翊，也私"计天下不能无事，待之数年，庶可以为中原之应也"②。甚至海师威虏侯黄斌卿据守舟山，都信奉"养身待时，知己知彼，兵家旨也"，而以"贵慎重"为"识时务"③。但是，明清间斗争激烈，决定他们不能完全以自己的意志为转移，有时他们被迫进行战争，或组织防御，或发动进攻。

寄籍宁波的定海（今镇海）贡生华夏自参加"六狂生"刘江之役失败后，始终为复明奔走效力。四年（1647），华夏与鄞县贡生董志宁、诸生王家勤、"杨文琦、杨文瓒、屠献宸、董德钦等谋取宁、绍、台诸府，遣使走舟山约黄斌卿，又约义旅之在四明者王翊、在东山者李长祥"④。华夏在给李长祥的请兵书中，表示不与清朝"共处"，"或负戈以作前驱，或整旅以资后劲，唯所命之。只祈拂拭孝陵，恭拜天子万年"⑤。七月，他又秘密会晤长祥，问长祥为什么株守山寨，不作"脱兔出"。长祥说："吾待海上师耳。""吾欲使越城望海桅举火，而海师见越火急移小堢，渡我军疾捣杭，若耳迅雷不及掩焉。"⑥ 尽管华夏认为海师不可靠，会败事，但还是答应长祥去舟山。华夏到舟山面见黄斌卿，约会出师接应。华夏回报长祥后，海师没有按时出动。

其后，长祥由监国鲁王颁授"总督部院敕印，联络全浙"⑦，被诸寨奉"为盟主"⑧。当时明仁武伯姚志卓正"屯兵天目山"，派出原宁国公王之仁标下总兵来金铉，"有令旗与长祥，密嘱金铉联络金华一带为南军，绍兴一带为北军内应，海船三千号，统兵者王平西，订于十一月尽、十二月初在白洋起火为号，望火光相合入绍城。"另一路则以大兰山诸寨王翊军

---

① 张岱：《石匮书后集》卷5，《明季五王世家》，《鲁王世家》，中华书局1959年版，第61页。

② 《行朝录》卷9，《四明山寨》，《黄宗羲全集》第2册，第186页。

③ 华夏：《过宜言》卷7，《戊子岁狱中旦节述蒙难始末示幼儿凛恩》。

④ 翁洲老民：《海东逸史》卷14，《忠义》1，《董志宁》，第63—64页。

⑤ 华夏：《过宜言》卷6，《与祖台李研翁书》。

⑥ 华夏：《过宜言》卷7，《戊子岁狱中旦节述蒙难始末示幼儿凛恩》。

⑦ 《秦世祯为捉获潜通黄斌卿张名振人犯事揭帖》，载《郑成功档案史料选辑》，福建人民出版社1985年版，第4页。

⑧ 《萧起元为审处来金铉等潜通舟山事揭帖》，载《郑成功档案史料选辑》，第13页。

攻宁波，董志宁、王家勤等内应，海师也"有船接应"①。各路军得手后会师曹娥（指上虞），直下西兴，② 进攻杭州，恢复监国鲁王的旧疆。华夏的同谋、诸生、兵部职方司主事屠献宸，曾策反清浙江按察司巡视海道副使孙枝秀标下海道中营游击陈天宠、仲谟二人，约定在清军中"为内应"，二人提出"傥城下有警，吾缚兵备道"③。华夏又"请得监国鲁王海上敕"，并长祥"奉旨便宜挂灭虏将军印"，颁发二人，"以坚其志"④。这一计划将师期改在冬天，联络、接应，似更周全。如果成功，当能取得浙东战场的局部胜利。

长祥作为盟主，"自率水陆兵四万攻绍兴"，"檄诸路相机攻取边地郡县，连破诸暨"等地。长祥进军绍兴时，"标下总兵李玉、王升违令深入，竟败。长祥怒甚，斩玉，升率兵降于大清"⑤。紧接着，来金铉于十一月上旬在诸暨境内被捕，供出进取绍兴的整个部署，又宁波内应事机不密，也被降绅谢三宾侦知举发，华夏等被捕壮烈牺牲。清浙江巡按秦世祯"密商道臣陈谟、知府沈文理，一面严防城守，一面飞缉长祥"。当十一月下旬平西伯王朝先率大队海船抵绍兴，"举火放炮"时，清军"防兵四出"，海师明"知有备，且内无接应，随复遁去"⑥。十二月初，威虏侯黄斌卿率海师到宁波，则本来兵微将寡，"海上仅发师［船］不过二十号"⑦，且被驻镇宁波的海道孙枝秀窥破其等候"内"应的企图，紧急采取预防措施，使陈天宠等"不敢发"。"舟山兵知有备，次日遽去。"⑧ 攻取绍宁之

---

① 《秦世祯为捉获潜通黄斌卿张名振人犯事揭帖》，载《郑成功档案史料选辑》，第4—5页。

② 西兴在萧山县西北境，隔钱塘江与杭州相望，为进攻杭州的军事要地。

③ 李聿求：《鲁之春秋》卷17，《山寨》2，《屠献宸》，第161页。

④ 华夏：《过宜言》卷7，《戊子岁狱中旦节述蒙难始末示幼儿凛咫》。

⑤ 李天根：《爝火录》卷18，《戊子》，浙江古籍出版社1986年版，下册，第777页。按：李天根将此役系于顺治五年，显误。另长祥统率水陆兵数恐过于夸大，据华夏对黄斌卿细列浙东各寨接应兵数。少者三百。多亦三千而已（《过宜言》附录《镇洋县志》，《人物传》，《华夏》）。故长祥所统东山兵及抽调各寨水陆兵约在五千，应不逾万。

⑥ 《秦世祯为捉获潜通黄斌卿张名振人犯事揭帖》，载《郑成功档案史料选辑》，第5页。

⑦ 华夏：《过宜言》卷7，《戊子岁狱中旦节述蒙难始末示幼儿凛咫》。秦世祯塘报黄斌卿乘潮直驶宁波东门江口海船有八十余号，外洋继航进关还有二百七八十号，且有接仗，战败遁去（《秦世祯为黄斌卿进攻宁波事揭帖》，载《郑成功档案史料选辑》，第6—7页）。华夏似不致把三百余号船说成二十号。疑秦世祯有夸大敌情虚报战功之嫌。

⑧ 李聿求：《鲁之春秋》卷17，《山寨》2，《屠献宸》，第162页。

役完全冰消瓦解。很明显，这次失败的原因，是南明内部王升的叛变，来金铉的供认，谢三宾的出卖，黄斌卿的敷衍，在对南明不利的总的形势下，这诸种破坏因素产生了决定的影响。

清军捕获长祥的军师张其焕、总兵陈木之等，加以杀害。长祥在东山时，将家眷寄养于上虞赵氏。来金铉被捕后，清军搜捕长祥的家属。夫人黄氏闻知长祥殉难的传说，召集家人准备一同殉节。仆妇文莺劝夫人带公子李宙避难，以延李氏一脉，自己和女儿去替死。夫人不许。但文莺态度坚决，而山中义士罗吉甫又甘愿冒险承担护养夫人母子之责。于是夫人母子得救。据说假夫人文莺母女也被清浙江按察使刘自纨用李代桃僵之计偷换下来，收养在家中，没有发配辽东。①

清军也向各山寨发起反扑。巡按秦世祯调宁波、定海兵袭大兰山，调余姚兵进捣东山。长祥部前军章有功骁勇敢战，"所将五百人皆具兼人勇，累胜"，但众寡不敌，"被擒，拉胁抉齿，垂毙，犹大骂而死。"中军汪汇叛变，与潜藏的清军奸细百夫长十二人勾结，准备缚长祥出降清朝。但长祥对明朝的忠诚使十二人深为感动，于动手先一日晨犹豫起来，说："奈何杀忠臣？"② 十二人逃走了。长祥的耿耿忠心和民族精神的感召，第一次拯救他脱险。

他躲在乞丐的破船中，逃到奉化鹿颈头山（凤凰山），在得到平西伯王朝先资助后，自健跳所（今三门健跳）下海。③ 最晚十一月底，他已在舟山④。作为曾经统率山寨义师的首领，此时他仍有将士追随。他的标将

---

① 全祖望：《鲒埼亭集外编》卷9，《行状》1，《前侍郎达州李公研斋行状》。

② 同上。

③ 翁洲老民：《海东逸史》卷18，《遗民》，《李长祥》，第85页。这里有三个问题需要分析：一、全祖望认为长祥先逃到绍兴，匿藏数日，始转奉化。但长祥目标显系奔舟山，逃绍兴则方向相反。又绍兴此时盘查应极严，充满危险，故此说恐不可靠。二、全祖望认为长祥在得到王朝先资助后，又结寨上虞夏盖山，后去舟山，夏盖山结局亦无交代，但此时清军俘获海师将士供认长祥已在舟山，全祖望显误。三、长祥自鹿颈头经象山港去舟山最为近便，但象山港近鹿颈头，恐盘诘严密，碍难混过，故绕道健跳所。

④ 《秦世祯为黄斌卿部进攻宁波事揭帖》，载《郑成功档案史料选辑》，第7页。又清方"飞缉长祥"时，"获住妻孥，供祥先于十一日下海去矣"（《秦世祯为提获潜通黄斌卿张名振人犯事揭帖》，载《郑成功档案史料选辑》，第5页），显系文莺捏造谎言，故布疑阵，欺蒙清方，掩护长祥的说法，绝非事实。据杨文琦在舟山说，长祥攻绍兴是十一月四日（《鲁之春秋》卷16，《山寨》1，《华夏》，第157页），受挫退军，清军反扑东山，长祥失败逃走，恐已在中下旬间。

丁慧生"骁勇善战"，但为人大抵粗豪不文，在与庶吉士张煌言相处时，"以失礼于煌言"，于五年七月被"杀之于帐中，军中为之丧气"①。长祥肯定为此事感到痛心和愤慨，虽然他在舟山是实力派，但照顾大局，没有与张煌言对抗。六年（1649）十月，监国鲁王驻跸舟山，授长祥为兵部侍郎。②他向鲁王提议依靠平西伯王朝先的部队，并联络浙闽沿海义师，为拱卫舟山之计。定西侯张名振因与王朝先有嫌隙，很不喜欢他的建议。八年（1651）闰二月，名振竟袭杀朝先。名振、煌言可能考虑在浙东山寨时期与长祥的历史关系，长祥在浙东义师中的威望，以及他在丁慧生问题上的宽容，就没有波及他。但长祥与朝先有乡里、姻亲之谊，患难相恤，感情深厚，对残杀朝先必然切齿痛恨。这些屠杀事件可悲地说明，监国鲁王政权即使朝不保夕，内部仍不能和衷共济，为细事动辄遽兴杀机，戕丧自己的元气。这个政权迅速失败，再不能有所作为，流亡播迁，终至瓦解，绝非偶然。

袭杀王朝先产生了严重的后果。朝先部将吕廷诏、张济明愤而降清，张济明诣清浙江福建总督陈锦，将岛上虚实全部泄露，表示"愿破舟山自效"③。八月，陈锦督清军三路进攻。九月初，舟山陷落，长祥被俘。他的复明活动第一阶段即武装起义阶段结束，转入第二阶段即复明运动阶段。

他的夫人黄氏等原由罗吉甫送至奉化王朝先处，辗转得以完聚，至此又复失散。长祥被俘后没有屈服，不像陈锦题本说的那样，成了"投降受抚伪官"。④随后，他被内解绍兴。平南将军都统金砺、分守宁绍台道参议沈润都力主将他杀死。⑤但是陈锦不同意，把一千名俘虏再押解到浙江福

---

　　① 李天根：《爝火录》卷180，《戊子》，下册，第778页。
　　② 佚名：《监国纪年》。本书并谓次年正月长祥又晋东阁大学士兼兵部尚书。查继佐：《罪惟录》附纪卷19，《鲁王监国附纪》，浙江古籍出版社1986年版，册1，第411页同。他书大抵不取此说。又《浙江福建总督陈锦题本》奏报攻陷舟山情况，亦只称，"伪总督部院李长祥"（载《明清史料》丁编第1本，第47页），故疑任大学士一说非实。
　　③ 佚名《舟山纪略》。张济明，佚名《监国纪年》作张济。
　　④ 《浙江福建总督陈锦题本》，载《明清史料》丁编第1本，第47页。
　　⑤ 李聿求：《鲁之春秋》卷18，《山寨》，《李长祥》，第172页。李聿求稻沈润为巡道，但《浙闽总督残揭帖》作"分守宁绍道参议沈润"（载《明清史料》己编第2本，第116页），又《刑部题本》作"分守宁绍道沈金事"（载《明清史料》己编第2本，第124页），则显兼布、按二司衔，为守道则甚明。

建总督驻镇地衢州，"又缚之军门，斩二十二人，至二十三人及道士而止"①。陈锦用陪斩的方法警告他后，就把他释放了。他避匿山阴（今绍兴市）涧谷中，夫人黄氏等从海上跟寻至此重聚。随后，他又游钱塘（今杭州市）。清朝"大吏以为终不可测"②，将他软禁在南京。黄氏在颠沛流离中死去。清江南总督马鸣佩对他表面上尊重，骨子里忌刻，认为他"是鳐耶？彼孑然者，四方之广，何不可矣"③，怀疑他还会逃之夭夭，兴风作浪。当时常州有一闺秀姚淑，字仲淑，寄寓南京，号钟山秀才，能诗，工草书，善墨竹，姿容绝世。十二年（1655），长祥购其墨竹数幅，因画觅人："英雄苦有猜嫌虑，浮沈聊试觅红颜，哪知却与倾城遇。倾城相遇忽相怜，谁能远结来生缘？"④长祥有此恋情，又为避嫌远祸计，赶紧纳聘⑤结今生缘。长祥婚后夫妻朝夕厮守，十分恩爱。马鸣佩高兴地对人说："李公有所恋矣！"⑥监视开始松动。不久，长祥乘监视懈怠，逃出南京。

他"蛰久还怒张"⑦，自苏州经高邮，走河北，游太原，历宣府（今河北宣化）、大同等军事重镇。他还曾回归故里三巴，沿江直下。"而放乎洞庭、彭蠡，邹鲁燕齐，秦韩赵魏，岳渎关河，宫庙陵寝，悲歌之区，要领之处，必止马留连。"⑧他想干什么？"十载江湖隐钓矶，跨鞍绝塞欲谁依？"⑨他肯定想有所作为。姚淑说"恨君有翼志他方"，又说他"胸中别有一天地"⑩，从这里可以看到他沸腾的热血、跳动的丹心。可惜的是，他进行的具体接触和串联已难于查考。从他的踪迹所及可以看出，他与张煌言、张名振的矛盾给了他的复明活动以深刻的影响。他与多数复明志士不

①　李长祥：《天问阁文集》卷1，《石井道士传》下。
②　全祖望：《鲒埼亭集外编》卷9，《行状》1，《前侍郎达州李公研斋行状》。
③　李长祥：《天问阁文集》卷1，《墨池传》。
④　徐釚：《续本事诗》卷9，《后集》，王士禄：《钟山秀才歌》，上海古籍出版社1991年版，第296页。
⑤　李长祥：《天问阁文集》卷1，《墨池传》。徐釚：《续本事诗》卷9，《钟山秀才歌》后附长祥《墨池传》删改成马鸣佩为其纳聘，非是。
⑥　全祖望：《鲒埼亭集外编》卷9，《行状》1，《前侍郎达州李公研斋行状》。
⑦　曹溶：《静惕堂诗集》卷7，《五言古》6，《送李研斋游太原》。
⑧　李长祥：《天问阁文集》卷1，《石井道士传》上。
⑨　吴德准：民国《达县志》卷15，《人物门》，《乡贤》，《李长祥》附《赠李研斋太史诗》。
⑩　姚淑：《海棠居初集》，《赠太史双鬟》《读太史诗》。

同，似乎从未去过福建联络郑成功、张煌言，配合他们的北伐之役，① 而是孤身一人仆仆风尘于道路之上。他说："士之有用者皆有才，而才者非安静之具，盖凶器也。道士实然。乃不得志于其时，刀剑精芒销归无处所，忧愤中来，磨砺纵放。"② 可知他在奋斗和抗争中伴随着深深的寂寞。有时他又回南京去与姚淑团聚，但仅只小住。姚淑常叹："归采无几时，今又远方去"，"年年叹离别，此别何时休？"③ 后来他南下广东，与另一复明志士、诗人屈大均相处很久。

在失去山寨、武装，成了闲散的甚至受监视的文人后，长祥怎样达到复明的目标？到康熙初，他目睹各地比较强大的抗清义师都已被镇压下去，就转移目光，开始寄希望于清朝统治者的内讧，认定降清各汉族藩王迟早有人造反。康熙十年（1671）前后，长祥进到靖南王幕下，"一向在福建耿精忠那边"④。他让姚淑也搬到福建，"居福州一小轩"，"曰万绿轩"，暇则"读书一楼上"，曰墨竹楼。⑤ 长祥无疑有一种较长期的打算，在这里做艰苦细致的工作。他这种做法，在复明运动中是常见的步骤，就像戴之俊之于吴胜兆，胡以宁之于金声桓，吕师濂之于吴三桂一样，利用和扩大对方营垒中的裂缝，进行策反，为造反设谋定策。长祥首先选中靖南王耿氏，是因为靖南先王耿仲明以私藏逃人被迫自杀，开始时多尔衮还不准耿继茂袭爵。长祥久住广东屈大均处，不会不了解备细，并视为可以利用的矛盾。

结果是清平西亲王吴三桂首倡叛乱。康熙十三年（1674）正、二月间，吴三桂以四川、湖南平定，即亲抵湖广常德、澧州（今湖南澧县）前线督战。明朝遗民对这种形势感到很振奋，"洛邑顽民犹思禄父，故讹言

---

①　本文初稿曾请杨珍同志提意见。她提了一些好的意见，其中主要的是认为解开陈锦等宽待李长祥之谜的关键，在于了解长祥在舟山的特殊处境，即长祥与二张的矛盾。本文定稿时适当采纳了她的意见。

②　李长祥：《天问阁文集》卷1，《石井道士传》下。

③　姚淑：《海棠居初集》，《送太史游临安》《寄太史》。

④　《巡抚湖广等处兼提督军务张朝珍启》，载《文献丛编增刊（清三藩史料一）》，第62页。长祥康熙六年还在外游历。曾过高邮（《天问阁集》卷上，《新乐侯刘氏传》）。故至福建时间应在此以后，疑在嗣王耿继茂十年去世前后，从"一向在福建"语气看，去世前更可能。

⑤　李长祥：《天问阁文集》卷2，《墨竹楼记》《万绿轩记》。据《墨竹楼记》，在墨竹楼读书，时间是康熙十一年秋。

煽动，所在响应"①。长祥也满怀复明希望赶到常澧前线见吴三桂。② 三桂"延以宾礼，问方略"。他强调提出："亟改大明名号以收拾人心，立怀宗后裔以鼓舞忠义。"③ 三桂以为天下已在掌握，不愿兴灭继绝，但对长祥"甚待优礼，因加他兵部尚书职衔，差往岳州节制将军兵马"。长祥对三桂不拥戴明裔显然深感失望，但还是到了岳州（今湖南岳阳市）就任。这是抱有不同目的的人共事时常有的妥协、观察、等待。长祥代表许多士民共同的愿望，但他缺少实力，无法改变，甚至无法影响吴三桂活动的方向，好在反清这一点上是相同的，不妨暂时迁就，徐图后计。

在岳州节制兵马期间，"他手下办事的有四个副将，一个是中军郝龙，一个李国太是四川人，一个姓周的，一个姓何的。"又有个旗鼓史文宏，连文官、武官共有三四十人。"凡有军机，各将军将他商议会稿申报吴三桂。""他差往各处招抚，皆系各处投来讨招安的人，随给他札付、告示。其差往澧州吴三桂处，皆系李国太与姓周的副将临时拨的人。"④ 但是，长祥在叛军中任职时间不长，很快因完全失望，"遂拂袖去"⑤。

全祖望作李长祥行状，未能全面而确切地状列长祥之"行"。它在陈述顺治八年清军袭占作为明监国鲁王基地的舟山一役后，就接连出现重大的失误和缺漏，在全氏史笔之下，长祥许多践危涉险但意义深远的复明活动，都无影无踪，甚至没有线索可寻。他夫妻、仆妇都到了福州居住，他个人进到靖藩幕下，寻找策反的良机；当三藩乱首吴三桂造反伊始时，长祥及时赶赴前线，在协助指挥作战同时，力图端正吴的政治斗争大方向，抑制其个人野心使之进入不仅反清而又复明的轨道。此愿不遂，长祥只能与吴分手了。长祥此段重要经历，全氏历史作品无一字涉及。这有点怪，

① 佚名：《吴耿尚孔四王合传》，《平西王吴三桂传》。

② 据孙旭《平吴录》，三桂将王屏藩下四川，三桂即以屏藩镇守，礼聘长祥，似三桂在四川延见长祥，而长祥自原籍出。实误。因三桂叛后即自贵州至湖广沅州（今湖南芷江）（殷家俊等：同治《衡阳县志》卷2，《事纪》第2）。后至常德、澧州前线（《清圣祖实录》卷46，康熙十三年三月壬申），而长祥自崇祯末至京师服官后即流寓在外，故二人不可能在四川见面。长祥实自福建至常澧前线见三桂，时间应在十三年春，夏，当年八月十八日湖广巡抚张朝珍已奏报长祥在湖南的活动。

③ 孙旭：《平吴录》。

④ 《巡抚湖广等处兼提督军务张朝珍启》，载《文献丛编增刊（清三藩史料一）》，第62、63页。

⑤ 抱阳生：《甲申朝事小纪》初编卷5，《吴三桂始末》，书目文献出版社1987年版，上册，第131页。此后现存平三藩战报和湖南方志中都未见提及长祥。可见他在叛军中时间短。

不像全祖望发"善心",要把长祥从三藩之乱的阴影下解脱出来,而对历史作的隐瞒和篡改。他并未将所有其遗骨和后人可能遭受反清罪案追究的当事人、责任人的历史一体看待,在陈述史事时总是记挂着他们(此时,当年的当事人大约都已不在人世),一视同仁地先事预防、保护,就像对待李长祥那样。看来,《前侍郎达州李公研斋行状》中的表现,既不是某种异样可怪的著述条例的延伸,也不是全祖望个人菩萨心肠、慈悲胸怀,而产生的对学问家的瞻顾和观照。

长祥后半生的历史,主要是参加敏感的复明运动,后来又一度与三藩乱首合作,结连武力,进行战争。这些事情,知情圈子以外的人了解得很少。一员驻守的或出征的军将,所统军兵无论多寡,皆视如私属,外人对之更加讳莫如深。在这种情况下,全祖望干脆不去查清长祥后半生的历史,就想当然地胡编一通交账了事(如同行状中所表现的那样)。因此,不妨认为,全氏对长祥后半生历史根本没有弄明白,笔下出现大缺漏、大失误。于是,长祥晚年——大体上指从舟山丢失至长祥结局——还有若干具有关键性的问题,不仅全氏没有给出确切答案的能力,而且数百年来,学问家始终循规蹈矩沿着他划定的羊肠小道前行,以致这段历史至今仍然浑噩混沌,迷蒙一片。

综计累积的问题,举例如下:一、舟山袭破,长祥被俘,确在何时何地?情状、过程如何?是在舟山战场上吗?或如全氏所说是由清浙闽总督陈"锦得之京口"?或还有舟山、京口以外的第三地点,并落入清人掌心?二、吴三桂拒绝复明倡议,长祥很生气,不别而走。他去了何处?或如全氏所说,他逃离南京,遍游南北,天下大定,才定居常州终老。他好像很自由,也很安全,他与清政府真像河水、井水,两不相犯。长祥的晚年生活使人感到是十足地轻松、惬意的。实际上,这只不过是一段十足的幻想和谎言罢了。三、长祥晚年号石井道士。晚年,具体指什么时间?石井,有什么特别的含义?是否具有坚强的、深沉的、积聚的这类意义在内?四、长祥的结局是个严肃的问题。依据全氏的观点,长祥从反清复明的志士、斗士转变为地道的遗民、游客,不是什么痛苦的蜕化,而是自然的、舒适的、愉快的过渡。史实果真如此吗?五、长祥卒于何时?死因是什么?最好能说清楚年月日,至少要说明卒年。还有,这些问题,都还没有确凿的答案。或因史料不足，这种问题就永远搞不清楚。如果不是，迟早总会出现云开雾散、水落石出之一日。最可怕的，是问题还不能完全疏通、解决，也就是仍为一塌糊涂的时候，当事人就急于依据这样的糊涂账做正式的结论。其结果是坑人也误己，毫不含糊。更可悲的是，这样错误的做法竟然长期不得纠正。全祖望作为当时的大历史家，其著作为何会出现这样大的纰漏？其所作李长祥《行状》，简直使他本人成了他指责的那种"妄作之人"。但他不反清，故不受打击。

　　以下再就长祥后半生历史的一些重要问题增加一点分析，说明已知的和仍然不清楚的两类。已知的史实是，他们一家离南京，到福州，他投靖南王幕下，后来他出现在常澧前线。这里是吴三桂妄想制造和保护其南半中国的主要战场之一，起着遏阻清军南征的长江锁钥的作用。但军事上重用长祥，把他放在要害地方效力，并不能消除吴李二人在政治、战略上的分歧。长祥与吴三桂合作，并不是要谋求个人的好处，他坚持复明目标，不能满足，他就分手，走了。他到何处去了？在廖燕《二十七松堂文集》传开后，才有人注意到，长祥离开常澧前线后，不是东行重回南京，而是南逃直奔广东，匿居广东仁化河头寨万山之中。从离南京到落户仁化，据笔者所知还列不出详明的时间表，而这个过程中还发生过什么周折也不知道。仁化，是长祥早就看中了的安全区，精心选择的避难所。对长祥来说，仁化的优越性在于：一、长祥抵达时，仁化由三藩控制，所以长祥与当地（包括县衙）应属关系良好，安全较有保障；二、仁化在粤北，与湖南和江西接界，距广西也不算太远，这种交界处的各地方行政官员虽都由中央领导，但往往有些自己的利益，不同的行事风格，和其他行政区域容易引发矛盾、对抗的因素，使交界区的环境有利于逃亡、躲藏，不利于追捕，不利于粤军出省作战（应该看到，交界区的行政，当社会秩序比较平静的时候，容易产生"三不管"现象，反之，又可能产生"争座位"、"多头脑"现象）；三、万山之中也提供了便利逃亡、躲避，不利进征的地理环境；四、距仁化县城南十八里的丹霞山，为广东四大名山之一，也是令人向往的一块佛教圣地，别传寺等著名寺庵多为高僧名尼住持，政治上推尊南明，这在无形中为南明拥戴者增添了后援力量；五、石井不存在任何抽象的道德或品格上的含义，它只是仁化的一个村名，地点在县城以西偏南，距县城十余里，长祥以此为号，确证他藏身此村，自号上冠村名加强了他与新居住地的联系，并且说明所谓晚年号石井道士的"晚年"，是指逃亡到广东以后。

长祥的卒年月日仍然是不清楚的。赵贞信撰《廖柴舟先生年谱》、林子雄撰《廖燕全集及人物资料汇编》将长祥卒年系于康熙二十二年（1683），赵贞信又在《年谱》康熙二十二年条下作"其逝世似即在今年或去年"，则康熙二十二年也不是肯定的结论。而且两文对于长祥逝世的地点，说法也不一致，赵作仁化河头寨，林作卒于韶，虽然仁化隶属韶州府，有称韶的资格，但是一则我们不知道赵、林说法的史料根据，二则如以韶州为定，一府之地，领域广阔，终究嫌笼统。可见都没有成熟的结论。故我们认为康熙二十二年说目前可供参考，不采取此说作为长祥卒年定论。定论有无或为何，需要进一步研究。

综观长祥一生，还有些问题需提出讨论，陈锦为什么会释放李长祥？马鸣佩为什么对他只加以监视而不拘捕？听任他逃走而不缉拿？本文初刊原稿依据全祖望的说法，处理长祥离开吴三桂后的去向，作东逃清政府统治下的南京，晚年且定居常州，故而提出清政府为什么不追究他参加三藩之乱罪行的问题。现在依据廖燕提供的证据纠正了全祖望的错见，长祥是逃到了清政府当时还管不着的地方，无法启动法律程序。在此条件下再研讨这些问题，就丧失了最重要的应用性和时效。但是，我们的研讨涉及巩固和发展政权的许多重要的根本的方面，涉及清初清政府关于赦除前罪政策的有无，或有，其意义为何，以及相关的一些问题。这样的讨论还是有意义的。因此，我们姑且假定全祖望不误，长祥公然愚不可及地自己找死，从常、澧前线逃回南京，这样我们因错就错，即可依据旧的提问，保留和继续原来的讨论。

陈锦其人，字天章，原籍锦州，官明大凌河都司，天聪五年（1631）大凌河遭后金长期围困后随主将总兵祖大寿出兵，[①] 后任汉军正蓝旗牛录

①　《清史稿》陈锦本传认为"崇德间来降"（《清史稿》卷240，《列传》第27，中华书局标点本，册32，第9544页），恐不确。当年大凌河将士都随祖大寿降清，其中有"都司、守备等百余员"（《清太宗实录》卷10，天聪五年十一月丙戌）。陈锦为大凌河都司，显然是内中一员。

额真、内院副理事官，入关后历任登莱巡抚、操江巡抚，顺治四年二月迁浙江福建总督。可见陈锦与李长祥一生长东北，一生长西南，相距几千里，一仕明转后金、清，一仕明、南明，长祥出仕时陈锦已为清将不止十年，在仕途上二人没有任何交会点。马鸣佩，字润甫，辽阳人，年轻时即隶属皇太极，后编入汉军镶红旗，曾任工部启心郎，入关后历任山西潞汾道、湖广下湖南道、户部右侍郎、宣大总督，顺治十一年十月迁江南江西总督，情况与陈锦相似，同李长祥迥不相侔。因此，从个人关系上完全不能解释陈锦、马鸣佩对长祥的态度。长祥在吴三桂叛军中任尚书高官，而没有被及时抓捕、清算，也殊不可解。

但是，如果看一下有同样问题的另一些人的情况，就知道长祥不是因偶然侥幸而漏网。且不说那些明确投降清朝的文武官员，从来没有因为过去的反清抗清经历而受惩处，只在遗民中选择举例：

例一：三大思想家黄宗羲、顾炎武、王夫之，著名诗人归庄、钱澄之、李邺嗣等，都曾参加抵抗清军南下的起义活动，失败后黄宗羲还继续结寨四明山。但事过境迁，也就大事化小，小事化了。

例二：沈迅，字羽公，山东莱阳人，明署都给事中，与弟迓曾于崇祯十六年阿巴泰率清军破莱阳时守砦自卫，将围砦的清军"杀伤无算"①。清军入关后，并没有因前仇捕杀他们兄弟。顺治四年沈迅一门最终被攻围死难，是因为他们坚持不剃发，又因收缴富室马匹、匿藏河间逃兵等事与清山东地方官再起冲突，清朝才采取行动。

例三：万寿祺，字年少，徐州举人。顺治二年夏、秋间，沈自炳等起兵陈湖，陈子龙等起兵泖湖，吴易等起兵笠泽，抗击清军。寿祺积极参加，"被执不屈"，"全家避难太湖，系舟湖心，誓闻凶耗，即沉舟波底。"此时真是千钧一发。幸清军内部有人援救，"因系两月余，得脱，还江北"②。后来他也安然无恙。

例四：吕师濂，字黍字，浙江余姚人，积极参加复明运动。康熙初，

① 王丕煦：民国《莱阳县志》卷3之6（上），《人事志》3，《艺文》，《传志》上，《传》，姜垛：《沈黄门迅傅》。
② 李辅中：《万年少先生年谱》，《乙酉顺治二年》。

走云南，入吴三桂幕，为吴出谋划策，修造园亭，广置女乐，为韬晦之计。吴举兵反清时，他任工曹，为吴铸造印信等。[①] 但他脱身较早，最后善终在家。

例五：屈大均，字介子，广东番禺（今广州市）人，曾参加广州起义，失败后仍积极从事复明运动。三藩之乱初，他又在康熙十三年（1674）春北上湖南投奔吴三桂，受任广西按察司副使监军道。两年后他才脱离叛军。清朝曾按名缉捕他，未获。以后他再没有参加公开的反清活动，也没有任何地下反清言行暴露出来，也就没有再遭逮捕、追究。[②]

这样的事例很多。因为许多遗民有过参加抗清起义或复明运动的历史。这些参加者如在战斗中被俘或失败后被捕，在复明活动被告发或被侦知时被捕，其镇压是异常严厉的；但如果他们停止活动，包括继续活动而未被发觉，就不被逮捕、追究。换句话说，清朝严厉惩治现行活动，不算老账。前举五例证明，这是清初政治中的一种事实，是清初清廷对待反清复明活动的重要政策。

清廷和满族贵族无疑是高度重视稳定和巩固新夺得的政权的。问题是面对全国性的公开的和地下的反抗，怎么削弱和消除反对势力，达到稳定和巩固政权的目的？在完成这样棘手的任务时，清廷和满族贵族实行一系列聪明的政策，表现出成熟的策略思想。他们严格分清主次，实行镇压与宽大的结合，进行分化、瓦解。镇压与宽大的结合有两个层次。

先说第一个层次。他们把镇压的矛头指向那些政治上有巨大号召力的，军事上在明末就有实力、表现跋扈的原明朝人士，把这些人视为最大的隐患，即使投降了也不重用，甚至罗织罪名，净绝根株，决不轻饶。杀害崇祯太子、弘光、潞王常淓和大批明朝宗室，使抗清斗争和复明运动丧失堂堂正正的旗帜，就是这种政策和策略的反映。软禁和杀害刘泽清、郑

---

①　孙旭：《平吴录》。

②　本文论述时限是清初。至于乾隆年间他横遭掘墓毁书之厄，后人被迫害，是另外的问题，不在此限。

芝龙、李际遇①等，不重用左梦庚、②刘良佐、③孙可望④等，消除迅速集结其旧部掀起反清斗争的可能，也是这种政策和策略的反映。甚至不重用党社魁首钱谦益、吴伟业，未必不是怵于这些人过去的政治声望，需要保持警惕。可见，清廷非常重视并且抓紧打掉可能冒出来的抗清复明的政治、军事首脑，消除抗清复明活动可能的发动者、组织者和政治象征。剩下的人也许就只是一盘散沙、几堆散沙，不足为大患。所以清廷有了对他们采取宽大处理方针的条件。

当然，政权是专政的工具。对于这些采取宽大态度，清廷也不会无条件施仁政，而仍然实行镇压与宽大相结合的政策，镇压现行的反抗活动，但不究既往，不算老账。这是第二层次的镇压与宽大的结合。这就给一些人留了出路，有利于把他们从对抗转为平和，从政治领域转向文化领域，进行分化、瓦解。

清廷是否颁布过这样明确的专门的谕旨、法令、条例？从《实录》者，有过一些相近的条文。顺治《即位诏》中胪列的条例，就有各类犯罪人等首领正法，胁从人等"概从赦宥""前罪并赦勿论""前罪免论"的内容。⑤豫亲王多铎《檄谕河南南京浙江江西湖广等处文武官员军民人等》，也宣告"抗命不服者本身受戮，妻子为俘"，但是"若福王悔悟前非，自投军前，当释其前罪"⑥。清廷在平定江南后，又颁《赦河南江北

---

①　李际遇，河南登封地方武装首领，曾攻打和占领登封县城。顺治元年十二月多铎军下河南，李际遇请降（《清世祖实录》卷12，顺治元年十二月戊辰），"接引"清军进攻潼关（计六奇：《明季南略》卷3，《史可法奏李际遇降清》，中华书局1984年版，第154页），后以总兵赋闲京师，四年五月被清廷所杀（《清世祖实录》卷32，顺治四年五月辛酉）。

②　左梦庚降清后，清朝夺其将士，只给他留少数旧标将闲住在京，成为"废将"。他降清十年，只从征大同姜瓖一次（《清史列传》卷79，《贰臣传》乙，《左梦庚》，中华书局标点本，册20，第6545—6546页）。

③　刘良佐从降清到死共二十三年，只有不到十年让他领兵，中间有整整十二年只让他在京当"散秩大臣"（《清史列传》卷79，《贰臣传》乙，《刘良佐》册20，第6548—6549页）。

④　孙可望于顺治十四年十月降清，提供了永历政权内部政治、军事情报，立了大功。他疏请从征云南，王大臣会议认为清军"指日奏功，无事可望再往，寝其奏"，把他凉在一边。他闲住在京三年，"病死"（《清史列传》卷79，《贰臣传》乙，《孙可望》册20，第6626—6627页）。还有传说他"后随出猎。被射死"（戴笠：《行在阳秋》卷下）。

⑤　《清世祖实录》卷9，顺治元年十月甲子。

⑥　《清世祖实录》卷10，顺治元年十月戊寅。

江南等处诏》，规定在一定时限前，"河南、江北、江南等处地方官吏军民人等犯罪，无论轻重大小，已发觉未发觉，已结正未结正，咸赦除之。有以赦前事相讼告者，以其罪罪之。"

"河南及大江南北避兵人民团结山寨，诏书到日并听各还本业，赦出前罪。"① 原明吏部郎中刘应宾，山东沂水人，清军收山东时南逃，被弘光任为通政使。清军下江南，他又逃回。顺治二年闰六月，清登莱巡抚陈锦劾奏："刘应宾纵子琪倡乱投逆，宜籍琪家。应宾自南中回籍，并请酌议处分"。得旨："回籍乡官已概准赦罪，刘应宾姑免议。"② 不久，应宾就由多铎委署安徽池太巡抚，并且很快得到实授。③ 由此可见，清廷的诏旨、檄谕有关赦免前罪，不算老账的部分，不是纸上空文。

满族贵族对其前对手实行不算老账的宽大政策，是对自己的统治抱有坚定信心的表现。统治全国的广泛的需要，决定他们采取满汉地主阶级联合专政的战略，尽量吸收汉族地主阶级中有才干的分子进入统治者行列。因此，他们不能总是把弦绷得紧紧的，得适应当时的政治实际，适应汉族地主阶级的传统观念，给他们网开一面，允许他们在政治上转弯子，允许他们保持遗民式的气节而不过分打扰他们。这样做也能更好地稳定和坚定已公开降清的那一部分人。许多降清的文臣武将脚踏两只船的表现，南明频繁的无孔不入的策反和渗透，说明这样做有很大的必要性。严厉镇压首脑人物和现行活动的政策，又保证了这种网开一面的政治环境对清朝统治权的安全。这是很周密的高明的统治术。清军入关后，夺取全国政权，事业不断发展。为数仅约百万的满族经过四十年，就基本上完成对全国的统治，原因是多方面的。本文不专门研究这个问题，姑不具论。这里只指出一点，就是清廷实行的某些政策，加速了这一历史进程。满族贵族的成功不是偶然侥幸。

至此，可知陈锦、马鸣佩宽待李长祥，不是私人情谊的反映，而是应用清廷的既定政策的结果。这里需要注意的是，当顺治八年长祥被捕后，

① 《清世祖实录》卷17，顺治二年六月己卯。
② 《清世祖实录》卷18，顺治二年闰六月戊子。
③ 《清世祖实录》卷19，顺治二年七月乙卯。

金砺、沈润主张杀害，而陈锦把他释放。就对待这些被俘获又不肯屈膝的南明官员来说，金砺、沈润的主张实际上更符合清廷的政策精神。被俘解二十三人中处死二十二人，证明了这一点。但是，在前方，大帅和长官常因一时喜怒，或另外的政治上的考虑，或其他偶然因素的影响，而在处理上掌握着灵活性。张天禄释放杨卓然，① 土国宝释放吴祖锡、徐枋，② 土国宝与常州知府某释放卢象晋，③ 吴胜兆释放张拱乾④等，都是大帅或长官上下其手。作为放弃反抗，实行宽大处理政策的实例，并不罕见。陈锦释放李长祥，自然不是心血来潮。他无疑从张济明等人处听到关于长祥的一些好话，了解长祥与二张的矛盾，在二张与鲁王都从舟山逃脱的情况下对此人产生了一些好感，于是用陪斩的办法警告他，接着就大胆给了他一条活路。至于长祥参加三藩之乱的问题，虽已上报清廷，显因军务倥偬，被挤到次要地位而无暇顾及。其后他既已早早退出，则又被视为"前罪"，视为历史问题而不再追究。⑤

原载《庆祝王钟翰先生八十寿辰学术论文集》，
辽宁大学出版社 1993 年版。2013 年 6 月修改

---

① 张岱：《石匮书后集》卷 23，《乡绅死义列传》，《杨卓然》，中华书局 1959 年版，第 159—160 页。
② 杨宾：《晞发堂文集》卷 3《传》，《徐昭法吴稽田两先生合传》；王家桢：《研堂见闻杂记》。
③ 宁楷：嘉庆《宜兴县志》卷 8，《人物志》，《忠义》，《卢象晋》。此常州知府何人，原传不载，与土国宝在任时间配合，清初常州知府宗灏、萧起元、夏一鹗、佟达、祖重光等人均有可能（参见陈玉璂：康熙《常州府志》卷 13，《职官表》《皇清知府》），难以确定。
④ 倪师孟等：乾隆《吴江县志》卷 31，《人物志》8，《节义》，《张拱乾》。
⑤ 《清圣祖实录》卷 67，康熙十六年六月辛酉，上谕："凡在贼中文武官员兵民人等。悔罪归正，前事悉赦不问，仍照常加恩。"即除三藩之乱"贼首"外，被"诱惑兵民，迫胁官吏"皆赦除前罪，不予追究。

黄毓祺的复明活动和黄毓祺案

一

黄毓祺字介子，或作介祉，明万历十七年（1589）生，[1] 常州府江阴（今江苏江阴市）人，恩贡生。他文战不利，十次乡试都名落孙山。[2] 但他的学识渊博，尤精研佛学，与弟毓礽并知名于时，与二子大湛、大洪同著声复社。毓祺的为人，"高奇绝俗"，"不妄交游"，"所与交者必忠信切偲，肝胆相照"，因此，"名士向慕，颇动一时"[3]。

常州府是道义之乡，"忠节素著"。在明朝多次重大政治斗争中，"舍生取义"的常州府人士"不可枚举"[4]。黄毓祺的家庭还有急公好义的传统。他的曾祖父黄銮由县学秀才补监生，致家巨富，布衣蔬食，"无园池、器用、妾御、声酒之好"[5]，而热心公益。明嘉靖三十一年（1552），[6] 县中预谋防倭，倡议将土城改筑砖石坚城，黄銮慨然捐银6000两，承修城东、南两面城墙300余丈，又续捐兵饷、赈济粮累计10000石，命其子黄道承建四门子城中的三座。或以为黄毓祺"住东门内，助银筑东城垣，故

---

① 季念诒等：光绪《江阴县志》卷16，《人物》1，《崇祀忠义传》，《黄毓祺》，说他在死"时年六十有一"，据此推算。

② 钱肃润：《南忠纪》，《贡士黄公》，中华书局1959年版，第131页。赵曦明《江上孤忠录》引《甲乙事实》，说他"凡十五科不中"。毓祺明亡时57岁，不可能赴试15科。

③ 张岱：《石匮书后集》卷57，《义人列传》，《黄毓祺》，中华书局1959年版，第318页。

④ 陈玉璂：康熙《常州府志》卷9，《风俗》。

⑤ 季念诒等：光绪《江阴县志》卷7，《秩祀》《祠》，王世贞：《黄义士祠记》。

⑥ 季念诒等：光绪《江阴县志》卷1，《建置》，《城池》。据王世贞《黄义士祠记》，筑城在嘉靖二十七年，疑误。

号黄半城"①。考察黄銮的事迹可知，只他有资格获得"黄半城"称号。黄銮以后，终黄毓祺之世，江阴城虽屡次增修，并"修城楼马道"，"复修南北水关"②，毓祺也可能捐输银物，共襄义举，却没有大修。人们无疑把曾祖父的荣誉称号误给曾孙了。嘉靖三十五年（1556）夏，严嵩党羽赵文华以工部尚书兼右副都御史总督浙福直隶军务，凌轹官吏，搜刮财货，以"助军"为名娄索士民。黄銮又捐银7000两，致家事中落，仍不能满足赵文华贪欲，被文华投入监狱。子黄道，即毓祺祖父，"承父銮志，慷慨好义"③。毓祺气节的养成，民族精神的培植，社会和家庭无疑都有重大的影响。伟大的历史传统在后人的心上刻画着深深的烙印。

毓祺所寓名萃焕园，在江阴城中花园巷，创自其祖父黄道，有池树亭馆之胜，为四方名士乐意赏玩、居留之所，"千里襟期同命驾，百年风物此登台"④。毓祺青少年时期就是非分明，敏锐识人，就下了砥砺名节的功夫，这才有他晚年的峥嵘岁月。

二

明弘光元年（1645）五月十四日，南京失守，清军随后分占江南各地。十五日，江阴似乎没有获悉南京失陷的消息，典史陈明遇还与官绅集议募兵勤王，无果而散。二十五日，明知县林之骥逃离。六月二十日，清知县方亨到任。在江阴，一场新的严酷的斗争揭幕。

方亨一抵任，就着手收缴军用器甲，又限三日剃发，晓谕城乡，申严法令，转抄常州府檄宣示"留头不留发，留发不留头"。斗争迅速从剃发问题上爆发。闰六月初一日，江阴倡议守城。诸生许用针锋相对提出："头可断，发决不可剃也！"典史陈明遇最先出来领导这场斗争。从初六日开始，清朝方面陆续调兵围攻江阴。七月初九日，江阴前典史阎应元被迎

---

① 赵曦明：《江上孤忠录》。
② 季念诒等：光绪《江阴县志》卷1，《建置》，《城池》。
③ 季念诒等：光绪《江阴县志》卷22，《古迹》，《园墅（附）》。
④ 同上。

进城，与陈明遇一起主持守城。双方战斗残酷、激烈，均有重大伤亡。①

　　黄毓祺在这场斗争中决不会袖手旁观。他迅速响应，"倡议起兵"。有人警告说，这是很危险的。他慨然答道："吾不忍世界子女受此惨祸，虽毒及家门不恤也。"② 可见他一开始就准备做最大牺牲。江阴城守展开不久。毓祺与门人徐趋、邓大临"起兵竹塘"③，"以应城内兵"④，"与城中相掎角"⑤。竹塘即祝塘，⑥ 在江阴城东南 50 里处。徐趋字佩玉，江阴庠生，邓大临字起西，常熟人，二人都是志节之士、毓祺最得力的助手。起兵后，毓祺即遣邓"大临募兵崇明"⑦，自己则入危城中协守，与中书舍人戚勋、"诸生许用等共参议"⑧，"与友人参将张宿、上舍程璧等歃血同盟，协力拒守"⑨。监国鲁王遥授毓祺兵部尚书总督江南诸军事，赐敕印。八月二十一日，江阴城陷落，毓祺混在人群中逃走出城，免遭锋刃。徐趋率领余众躲进深山。

　　江阴城守战是惊天动地的斗争。"阎陈二公慷慨守义于上，合邑士民甘心殉节于下，区区一邑，将举天下抗之，蔽遮钱塘南下之师，捍卫闽广新造之国，不可谓非竭忠于所事也！"⑩ 毓祺投身这一场斗争，起兵后就入城与守城士民共患难，表现是勇敢的。但这样做也反映出他不懂军事的弱点，如果他率领义兵在城外袭击围城清军，对江阴城守战的支援无疑更加有力。

　　毓祺逃离江阴，"潜渡海，谋请兵于镇南伯"⑪。镇南伯即南明名将黄

---

　　① 韩菼：《江阴城守纪》。

　　② 高宇泰：《雪交亭正气录》卷 4，《丁亥纪》，《黄毓祺》。

　　③ 黄宗羲：《南雷诗文集》上，《碑志类》，《邓起西墓志铭》，《黄宗羲全集》册 10，浙江古籍出版社 1993 年版，第 415 页。

　　④ 《明史》卷 277，《列传》第 165，《黄毓祺》，中华书局标点本，册 23，第 7101 页。

　　⑤ 抱阳生：《甲申朝事小纪（四编）》卷 7，《黄毓祺纪略（附门人徐趋子大湛大洪）》，书目文献出版社 1987 年版，下册，第 837 页。

　　⑥ 诸书多称毓祺等起兵行塘，光绪《江阴县志》亦然。但江阴没有行塘，行、竹二字形似致误。竹塘亦有作筑塘、竹堂者。

　　⑦ 孙静庵：《明遗民录》卷 4，《邓大临》，浙江古籍出版社 1985 年版，第 32 页。

　　⑧ 赵曦明：《江上孤忠录》引戚勋牺牲前书壁语。

　　⑨ 祝纯嘏：《孤忠后录》。

　　⑩ 沈涛：《江上遗闻》。

　　⑪ 祝纯嘏：《孤忠后录》。

蜚，江西南昌人。南京失陷，"蜚收军往太湖，谋恢复"①。江阴抗清时，黄蜚在太湖与清军血战，故毓祺寄予希望。但黄蜚迅速败死，使毓祺没有成行。隆武授毓祺浙直总督，颁给关防。他又偷偷地溜回江阴，因奸人告密，遭清兵搜捕，幸而再次逃脱。他一刻也没有停止斗争，"潜匿村落间，俟满兵稍去，复行召募"②，"传檄四方，阴合同志。"檄文沉雄勇烈，充满胜利的信心，以江阴为例激励抵抗。檄文写道："即如江上孤城，首倡人间大义。斩馘万计，固守八旬。□□棘荆，俯视敌人如草芥；弹丸□□，至今马骨如山丘。亦可见我非脆骨柔肠，必不可扶之弱植；彼非四目两口，必不可胜之雄师。特系乎顺逆之人心，与盛衰之士气。"这是毓祺战斗心态的自然流露，这种心态支持着他不屈不挠地进行抗清复明的斗争。"时旧臣遗老所在不靖，檄至，往往响应。"③

三

清顺治三年（1646），毓祺再次回乡，营葬亲棺，并与僧印白合作收拾被屠者骨殖，在祝塘营造万骨茔，埋葬遗骸20000多具。在营建亲坟和公冢同时，他进行秘密串联。有人名王谋字献之，无锡人，崇祯十二、十三年（1639、1640）间因训蒙移居县境洛社。后来，其同父异母兄杭济之住在江阴，王谋常去看望，因此而与毓祺结识、联络。毓祺串联后最初曾计划，"约众于八月十五夜杀入兵备道衙门，然后再守江阴"④。当时，清朝继承明末旧制，将常镇兵备道副使衙署设在江阴城中街儒学东，⑤ 常镇兵备道副使名陈服远。突袭道署无疑打击了江阴清军首脑，夺取它有利于控制全城。计划还是周全的。但不料这一计划又被奸人侦知后告发。毓祺

---

① 温睿临：《南疆逸史》卷49，《列传》第45，《武臣》《黄蜚》，中华书局1959年版，下册，第385页。

② 钱肃润：《南忠纪》，《贡士黄公》，第131页。

③ 祝纯嘏：《孤忠后录》。

④ 祝纯嘏：《孤忠后录》。本书大纲书"十一月"，"生员徐趋袭江阴城"，清"兵备道徐（陈）服远却走之"，而细目中叙述则以为徐趋在密谋浅露后，仍于中秋冒险发动，"乃败，辟城远遁。"但现存档案证明徐趋攻江阴在十一月十一日夜，疑中秋夜发动有误。

⑤ 季念诒等：光绪《江阴县志》卷1，《建置》，《官宇》。

又逃出，策划纠合人众，一夜之间袭取江阴、武进、无锡三城，① 或说"约常郡五县同日起兵恢复"②，即在三城外又合宜兴、靖江为常州府五县。毓祺本人到海上搬援兵，"自舟山进发。常熟钱谦益命其妻艳妓柳如是至海上犒师。"不幸师船碰上狂风恶浪，舰只大多漂沉。毓祺溺水被救，"始得登岸"，"聚众数万，屯武进白土地方。"③

十一月十一日夜，袭城之役在武进（常州府城）、江阴两地同时发动。这显然是在毓祺统一主持下，实施既定方案的结果，但不知袭取无锡或袭取无锡、宜兴、靖江之役为什么没有发动。王谋在武进起义，"率乡兵万人"，"俱白布裹首"，"夜薄郡城，积苇焚门，将破"，知府萧起元登城察看，发现不是正规明军，而是散漫民众，就"亲率师启门出战"。"乡兵本乌合，俱卖菜儿，素不知兵"，"皆惊，悉溃走。"王谋"皮靴步行，道复滑，萧守驰骑突追，遂被获"④。徐趋率领壮士王春、李玉奇（猎户）等四十人⑤偷袭江阴，"隐迹梯城入内。"清"都司杨宇统管江阴水陆兵丁"，"亲自血战"⑥。徐趋不过是一文弱书生，"儒懦，不闲军旅，用汉衣冠坐城隍庙"指挥。杨宇"击败其众，趋遂被获"⑦。徐趋部下壮士大都遇害。两处袭城之战都迅速失败。

清江宁巡抚土国宝闻讯痛恨，准备派兵去江阴再次屠城。江阴知县刘景缔婉言劝阻，主张只搜捕余党了结。⑧ 毓祺作为主谋在逃，其子大湛（晞）、大淳、大洪、大浩兄弟四人被捕入狱。刘景缔审讯时，问大湛："汝何为此？"大湛回答："汝当为此，宁独我？"景缔追查毓祺去处，大湛说："此我

<hr/>

① 钱肃润：《南忠纪》，《贡士黄公》，第131页。

② 祝纯嘏：《孤忠后录》。本书将此事系于顺治四年正月，徐趋攻江阴则被描述为攻武进，"驱兵至府署"，"被执"，证以现存档案，时间、地点均有误。

③ 祝纯嘏：《孤忠后录》。"聚众数万"，恐有夸大。

④ 计六奇：《明季南略》卷4，《王献之不屈》，中华书局1984年版，第239页。"乡兵万人"，恐是一种夸大，大抵传闻之辞，不甚可信。

⑤ 杨陆荣：《殷顽录》卷3，《黄毓祺徐趋》。诸书多作十四人，但以十四人去夺取一县城，黄毓祺、徐趋恐不至于这样冒险。祝纯嘏《孤忠后录》作"千余人"，备考。

⑥ 《江南招抚洪承畴题本》，载《明清史料》丙编第2本，第127页。

⑦ 钱肃润：《南忠纪》，《生员徐公》，第136页。

⑧ 计六奇：《明季南略》卷4，《江阴续记（难民口述）》，第251页。迄今还没有发现土国宝拟屠武进的记载。

之所为，父不知也。"大浩又说："此我所为，兄何与焉。"① 兄弟争着认账赴死。徐趋被捕后，在知县大堂上表现倔强，痛斥刘景绰降志辱身的卑污行径，声明自己"志不忘明，欲有所为"②，拒绝威胁利诱。他是一位爵禄不足动其心、刑戮不能夺其志的真正的铁汉子。顺治四年（1647）正月初八日，徐趋被杀害。李玉奇被"戮于宜兴之长桥"，临刑，高声对周围的观者说："吾视死如归，无所恨也！"③ 观者对他深表尊敬。王谋受审时，萧起元问他是何人。他傲然回答："先锋王某也！"这是说，还有"大军"在后面呢。萧起元用"严刑拷讯"，王谋"犹自侈其众，大骂不屈"，"遂见杀"④。

这次由黄毓祺策划，王谋、徐趋指挥的袭城之役，发生在隆武政权新亡，江南、浙赣闽各地大多被清军占领，督师大学士杨廷麟、总督万元吉等坚守赣州五个多月后也已失陷的时候。局势严峻，斗争艰苦。一些不懂军事的儒生，率领一批未经战阵的民众，向精兵悍将进攻，真无异以卵击石，驱羊投虎。但是如果没有这些士民奋起，只有奴颜婢膝，摇尾乞怜，那这意味着反抗民族压迫和奴役的传统精神的完全泯灭，是民族的莫大悲哀。因为有他们不怕失败和牺牲，一往无前，进行抗争，才表现出三户亡秦之志的昂扬，浩然之气的伸张。这是支撑中华民族大厦巍然屹立的强固的精神基石，是永放光辉的。"勿以成败论可也！"⑤ 这是完全正确的看法。偷袭武进、江阴之役，虽然无须动用清朝大军就已被镇压下去，但江浙的抗争毕竟牵制着全局，使得招抚大学士洪承畴、江宁巡抚土国宝、浙闽总督张存仁等不能全力支持进军闽广，这就掩护了永历政权在肇庆、郑成功在海上的兴起，在政治上、军事上都具有重大的意义。

四

毓祺偷袭失败，变化姓名，"或名张睢，或名赵渔，或名王梦白，或

---

① 高宇泰：《雪交亭正气录》卷4，《丁亥纪》，《黄毓祺》。

② 温睿临：《南疆逸史》卷36，《列传》第32，《死事》，《黄毓祺徐趋（附）》，中华书局1959年版，下册，第257页。

③ 季念诒等：光绪《江阴县志》卷30，《识余》。

④ 计六奇：《明季南略》卷4，《王献之不屈》，第239页。

⑤ 计六奇：《明季南略》卷4，《总论起义诸人》，第278页。

号太白行者"，流亡淮南江北，间或南下，在南通州、泰州、苏州等处活动，"甚至衣穿履决，乞食于市"①。他与常熟武举许彦远友谊深厚，显然同是复明运动中人。彦远与南通州监生薛继周第四子、诸生某为莫逆之交。继周父子住湖荡桥乡间，家资富厚。毓祺化装成卜者游通州，与许彦远同寓薛家。② 或说他匿藏寺庙中，为和尚起草疏头，和尚到薛继周家礼忏通诚，以疏头文字为继周赏识，延请到家，设馆相待。③ 所以也有关于他在扬州"设绛帐于诸富商家"的传说。④ 总之，他后来落脚在薛家。继周父子显然都已投身复明运动，所以薛某取其父名后一字为姓改称周相公，进行掩护。

当时，毓祺在薛家接见、联络采自海上化装成满人的南明将官游击、参将等。他的形迹也有所败露，如他曾作一联，引起人怀疑。有人名徐摩，字尔参，江阴人，同住薛家。毓祺将起义，派遣徐摩持函去常熟钱谦益处提银 5000 两，函上用南明官印。"钱谦益心知事不密，必败，遂却之。摩持空函还。"摩与徽州江纯一友善，而江纯一"嗜赌而贪利，素与清兵往还，窥知毓祺事，谓徐摩返必挟重赏，发之可得厚利"⑤。摩空手返回后，江纯一很失望，妄图以告密得到赏金作为补偿。于是他将毓祺向谦益提银一事始末，告诉清营中他熟识的朋友、武弁盛名儒，怂恿盛名儒出首告变。顺治五年（1648）四月，清凤庐巡抚陈之龙"奏擒奸人黄毓祺于通州法宝寺"⑥。法宝寺在通州白蒲镇（今属江苏如皋市）为北宋的名刹。⑦ 毓祺大约常在此活动。自正月清江西提督金声桓反正后，陈之龙深

----

① 祝纯嘏：《孤忠后录》。据高宇泰《雪交亭正气录》卷4，《丁亥纪》，《黄毓祺》，录《逢继周薛长者桥梓》，有句云："当日吴门为乞子。"黄毓祺亦承认曾乞食。

② 计六奇：《明季南略》卷4，《黄毓祺续纪》，第 253 页。许彦远其人，在钱陆灿等：康熙《常熟县志》卷11，《选举年表》，《武科》及庞鸿文等：光绪《常昭合志稿》卷20，《选举志》，《武科》均无考。或非武举，或被抹去。

③ 赵曦明：《江上孤忠录》；祝纯嘏：《孤忠后录》。

④ 钱肃润：《南忠纪》，《贡士黄公》，第 131 页。

⑤ 计六奇：《明季南略》卷4，《黄毓祺续记》，第 253—254 页。柴德赓先生就黄案揭发经过并列五说，认为"大抵传闻之辞，难得确实，"见《史学丛考》，中华书局 1982 年版，第 154 页。计六奇此条采"通州王园夫口述"，所述人名与《实录》吻合（许彦远即《实录》所说之许念元）故应以此条所述最近真确。

⑥ 《清史列传》卷79，《贰臣传》乙，《陈之龙》，中华书局标点本，册20，第 6601 页。

⑦ 季念诒等：光绪《通州直隶州志》卷末，《杂记》，《二氏（附寺观）》。

虑沿海与舟山一水之隔，声气相通，联络响应，便加强警戒，"密差中军各将稽察奸细"，接到盛名儒密告后迅速行动，"擒到伪总督黄毓祺并家人袁五，搜获铜铸伪关防一颗、反诗一本，供出江北窝党薛继周等、江南王觉生、钱谦益、许念元等"①。毓祺被捕后关入泰州狱。五月，薛继周父子、钱谦益等相继被捕。毓祺在狱中或押解途中见到过继周父子，曾赋诗描述相互关系和个人心情。全诗充满感激、负疚和凄苦交织的感情，如说："孔融慷慨能容我，张俭低徊却累人。此地重逢肠已断，凄然无泪可沾巾。"②钱谦益自先年冬从北京的刑部狱释回后，至此为入清后第二次被捕。这就是震惊江南的黄毓祺案。

柴德赓、陈寅恪两先生都对黄案做过颇有深度的研究，有所发明。陈先生由于重蹈前人的覆辙，将钱谦益紧接着的两次被捕搅混在一起，导致史料上的多次扞格，而使研究出现了"疑滞"③，并严重影响研究的结果。此案黄毓祺当场被捕，人证俱在，罪无可逃，清廷接到毓祺被捕的奏报后，即颁发"黄毓祺著正法"之旨。④但实际上审讯拖延一年之久，主要是因为要查清牵涉在内的其他人的问题。

毓祺在泰州狱中关押几个月，大约当年夏天曾在此度过，⑤人身虽不自由，手足活动并不限制，还能应人请求作书。他说："余渡江后诗，皆为□〔虏〕弁取去，⑥止存小游仙四十二章。海陵狱中多索书者，聊以此应之。书有余纸，辄跋数语于后。"⑦秋，他已被转移到扬州狱。他所作《广陵狱赠大生》有"旧恨交颐秋更苦"之句，标明了节候。这个大生应是如皋李之椿，因受顺治四年初如皋赵云、李七起义案牵连被捕，与毓祺关在扬州的同一监狱中，二人得以相识，在囚笼中密谈，"新知促膝夜何

---

① 《清世祖实录》卷38，顺治五年四月辛卯。按：王觉生其人无考，查多种江南方志无所获。其人名列钱谦益之前，应为更重要的人物。

② 高宇泰：《雪交亭正气录》卷4，《丁亥纪》，《黄毓祺》，录《逢继周薛长者桥梓》。

③ 《笺释钱柳因缘诗完稿无期黄毓祺案复有疑滞感赋一诗》，《陈寅恪诗集》，清华大学出版社1993年版，第106—107页。

④ 《清世祖实录》卷38，顺治五年四月辛卯。

⑤ 高宇泰：《雪交亭正气录》卷4，《丁亥纪》，《黄毓祺》，录《海宁〔陵〕狱中午日占》。海陵即泰州。午日，指端阳节。

⑥ 即陈之龙奏报"搜获"的"反诗一本"。

⑦ 计六奇：《明季南略》卷4，《黄毓祺起义（附小游仙诗）》，第253页。

深。"值得注意的是，毓祺对之椿仰慕已久，居然在狱中相识，使他惊喜不已："悠悠三载梦相寻，天外风吹此盍簪。"他深知自己必死无疑，而之椿还有生机，可以再起，说："凭君好努将来力"，"此生长别只于今。"① 后来李之椿复明运动搞得那样轰轰烈烈，并为此破家杀身，② 这一段患难交谊，死生契阔，无疑曾给以刻骨铭心的激劝和倒海移山的力量。最后，毓祺转到南京狱，受到"一身被九锁"的非人待遇，③ "时时抢地苦非常，手足拘挛起卧妨"④。可见，刑狱提高到省级，对犯人的残酷迫害程度也跟着大大提高了。

最初陈之龙对钱谦益罪行的判定是很严厉的，"以谦益曾留黄毓祺宿其家，且许助赀招兵入奏"⑤。如果落实，谦益非死不可。毓祺在泰州接受清粮储道夏一鹗审讯时，首先极力否认谦益的卷入，索笔供道："身犹旧国孤臣，被实新朝佐命，各为一事，马牛其风。"⑥ 毓祺自己承担起全部责任，斩钉截铁，理直气壮，这就为谦益展现出一线生机。他这样做，恐怕不只出于朋友的道义情谊，更重要的是他显然看到了谦益的复明志向，在文坛和政坛的更广泛的联系和影响，能够继续在复明活动中起重大作用。然后，紧张的幕后活动展开。陈寅恪先生认为在幕后积极救助谦益的有释函可、梁维枢、佟国器等人，⑦ 值得进一步研究。客观地说，这是不易搞清楚的问题，材料没有，或过于隐晦，闪烁其词，难以确定。凭一些蛛丝马迹，要求得真确的结论，谈何容易。笔者曾试图追随陈先生之后，破解这一历史之谜。但笔者的努力还不能使自己满意，只能试作分析。笔者认为，此案救免钱谦益脱险的有四个关键人物：除黄毓祺本人外，就是陈之

---

① 高宇泰：《雪交亭正气录》卷4，《丁亥纪》，《黄毓祺》录《广陵狱赠大生》。广陵即扬州。祝纯嘏《孤忠后录》云："七日，〔毓祺〕遂囚于广陵狱。"七日疑为七月之误。

② 参见何龄修《李之椿案与复明运动》，载《中国史研究》1990年第3期。

③ 参见何龄修《平一统贺王盛复明案始末》注（76），见《历史档案》1990年第1期，第151页。

④ 高宇泰：《雪交亭正气录》卷4，《丁亥纪》，《黄毓祺》录《金陵狱中示诸兄弟》。金陵即南京。

⑤ 《清史列传》卷79，《贰臣传》乙，《钱谦益》册20，第6577页。

⑥ 祝纯嘏：《孤忠后录》。祝纯嘏误以为"彼"指武进杨廷鉴，但杨廷鉴不是清朝佐命，陈寅恪《柳如是别传》，上海古籍出版社1980年版，下册，第889页，指出"彼"实指钱谦益，极是。

⑦ 参见陈寅恪《柳如是别传》下册。

龙、盛名儒、马国柱。

首先是陈之龙和盛名儒。陈之龙是揭发并最早主持审理此案的最高军政首脑。主犯是在他的辖境内捕获的,许多活动就发生在这里。他最初采取的无疑是认真负责、公事公办的态度。他是江西宜春人,明天启元年(1621)举人,其仕宦经历与钱谦益了无关涉,两人显然没有私交。但谦益是天启元年浙江乡试主考之一,是与陈之龙的座师江西乡试主考王继曾(福建南安人)同一年奉派的官员,① 这是一种间接的关系,如果利用起来,也可以成为一种关节。盛名儒是何许人呢?他是陈之龙凤庐巡抚"标下将材","籍通州"②。这点很重要,说明陈之龙又是盛名儒的顶头上司,是能够约束和控制他的人物。因此,解脱钱谦益,首先要打通陈之龙这一关。陈之龙本是明臣,在陈之龙与钱谦益之间找联络者应非难事。笔者估计林古度是可能被请去陈之龙处说项的人之一。林古度,这位钱谦益的朋友,字茂之,福建福清人,后落籍上元为南京人,明万历元年(1573)举人,入清后做遗民,享高年,交游很广泛,很活跃。他可以利用与王继曾的乡里情谊去陈之龙处做说客。陈寅恪先生认为钱谦益此时经济上很拮据,否认有行贿的事。但送礼断不可少,其时还在绛云一炬以前,谦益应留有一些珍贵的古玩善椠,可以拿出来换性命。他早年遭谢陛案从刑部大狱解脱,就因用钱困难而拖延,慨叹"狱事牵连,实为家兄所困"③,这也说明出狱必须花钱。陈之龙一关打通了,就有了从政治上解决盛名儒问题的能力,但用于敷衍盛名儒(并江纯一)的财物也不能少。柳如是在艰难竭蹶中规划筹措,用心之苦可以想见。动之以利,临之以威,是使盛名儒闭起嘴来的有效方法。

其次是马国柱。这是最后奉旨"严鞫"此案的最高军政首脑。④ 马国

① 《明熹宗实录》卷11,天启元年六月己卯。
② 《凤阳巡抚陈之龙题报擒获叛官请旨正法》,载《明清档案》,台北联经出版事业公司1986年版,册6,A6—52,B2965—2966。
③ 钱谦益:《钱牧斋尺牍》,卷2,《与毛子晋四十六首》,《又》。此函内称:"归期不远,嘉平初定可握手。"其意实指顺治四年冬从刑部狱释回事,即罢于谢陛案。又据佚名:《启祯记闻录》卷8云:"常熟钱牧斋及郡中申维久,有首谋不轨者。事固诬妄,总□有所费,便尔销释。"其曾经花钱行贿可知。
④ 《清史列传》卷79,《贰臣传》乙,《陈之龙》册20,第6601页。

柱虽起自辽阳，但到江南一年多，与地方士绅早有接触。到马国柱幕府说项，当然是非常严重的。不过，黄毓祺既已矢口否认谦益卷入，谦益又没有泄露什么把柄，则又另当别论。在经过疏通的情况下，马国柱有可能做顺水人情，不予深究。这个去疏通者是谁，尚待进一步研究，估计应是在任的地位较高的原明朝降臣。这三个关键人物的问题得到解决，钱谦益才有可能摆脱牢狱。

在马国柱审结时，谦益极口呼冤，"哀吁问官乞开脱。""盛名儒逃匿不赴质"，显然是他拿了钱谦益的钱，并按照陈之龙的吩咐躲起来了，或者竟是陈之龙把他藏在巡抚衙门里。不然一个现役标将怎么可能离开营伍，逃匿起来呢？主管大帅陈之龙怎么不去搜捕呢？马国柱怎么能不根究呢？如果不是幕后先通关节，这些都是难以理解的。由于盛名儒逃避，没有干证，谦益的罪名自然不能成立。六年（1649）春，黄毓祺案全部结案。马国柱"以谦益与毓祺素不相识定谳"，并且上奏为谦益开脱说："谦益以内院大臣归老山林，子侄三人新列科目，荣幸已极，必不丧心负恩。""于是得释归。"①

毓祺早有牺牲准备，一再说："断头惟此孤忠在"②，"头颅不敢负朝廷。"③ 因此，他又慷慨奋笔自述道："道重君亲，教先忠孝。某避禅已久，岂有官情？义愤激中，情不容已。明主嘉诚，遣使授职。招贤选骑，分所应然。哀愤旷官，死有余责。谨抱印持终身附子卿之义。"④ 自比苏武，志不少屈，义不逃死，至死不变。狱成，毓祺将被处决。门人邓大临入狱告知刑期，无疑同时带进毒药。三月十八日，毓祺在狱中含笑从容"自鸩死"⑤。临终，仍赋《绝命词》，不仅表示"人间忠孝颇平常，墙壁为心铁石肠"，而且愿做抗清厉鬼，"示现不妨为厉鬼，云旗风马昼飞

---

① 《清史列传》卷79，《贰臣传》乙，《钱谦益》，第6577页。
② 陈济生辑：《天启崇祯两朝遗诗》第9卷（续集），（江阴）黄毓祺：《黄介子诗》，《感事》，中华书局1959年影印本，中册，第1280页。
③ 季念诒等：光绪：《江阴县志》卷27，《艺文》，《诗》，黄毓祺：《友人为予治木口占博笑》。
④ 温睿临：《南疆逸史》卷36，《列传》第32，《死事》，《黄毓祺徐趋（附）》，第257页。
⑤ 高宇泰：《雪交亭正气录》卷4，《丁亥纪》，《黄毓祺》。

扬"。① 毓祺服毒自尽，似为避免被刑诛。他的死后来被一些记载神化，说他忽见范蠡、曹参、吴汉、李世勣四人来召唤，于是袭衣自殓，趺坐而逝。② 这既因他信佛而描绘成如同僧人坐化，又隐含功成仙去的意义。邓大临出资掩埋了他的遗体，清廷仍降旨戮尸。大湛即"晞兄弟四人同坐收，籍其门，没入县官"，"输旗下为奴。"年余，大湛（晞）得到援助，"同乡人敛金赎出之，乞食南归"③。大湛妻周氏等自杀死。

薛"继周父子俱被刑"④。其他人士遇难者已很难查清。

邓大临受到老师殉难的很深刺激和策励，"师死之后，遍走江湖，欲得奇才剑客而友之，卒无所遇。"他作道士装，在江湖活动。"苦身持力，无异于全真之教。有死之心，无生之气，以保此悲天悯人之故我，无愧师门。"这样活动多年，"遂侘傺而死"⑤。

伟大的、严酷的斗争最能检视出个人的品质。在血与火的考验前，任何人都不能弄虚作假、粉饰伪装。黄毓祺的复明活动和黄毓祺案无疑正是这样的斗争。这些斗争表现出，黄毓祺父子、师生以及王谋、李玉奇、薛继周父子等人，所具有的强烈的民族责任心、坚定的民族气节和精神，赴汤蹈火、万死不辞地去实现正义的目标的意志。虽然他们没有实现自己的政治目标，就这点说是失败者，虽然他们的名字都很少为人所知，但是他们是历史的伟人，是中华民族的钢铁脊梁。

---

① 陈济生辑：《天启崇祯两朝遗诗》第 9 卷（续集），（江阴）黄毓祺：《黄介子诗》，《绝命词》，第 1280 页。

② 徐秉义：《明末忠烈纪实》卷 16，《效死传》，《阎应元（黄毓祺）》，浙江古籍出版社 1987 年版，第 327 页；钱肃润：《南忠纪》，《贡士黄公》，第 131 页；杨陆荣：《殷顽录》卷 3，《黄毓祺徐趋》。

③ 俞樾：《荟蕞编》卷 18，《黄烈妇》，录邵长蘅集。据季念诒等：光绪《江阴县志》卷 21，《方外》，《释》云，"尽出己资，又多募金，从兵燹中间关数千里，赎晞以归"的，是僧绍元。又据张岱：《石匮书后集》卷 57，《义人列传》，《黄毓祺》，第 318 页，称：大湛"亦举义，死之"，显误。

④ 高宇泰：《雪交亭正气录》卷 4，《丁亥纪》，《黄毓祺》。

⑤ 黄宗羲：《南雷诗文集》上，《碑志类》，《邓起西墓志铭》，《黄宗羲全集》册 10，第 415、416 页。

湖南的抗清复明活动与陶汝鼐案

一

　　湖南的抗清复明活动稍后于江浙，但一开始便具有鲜明的特点：以军事，以战争为主，并且最早开创出明军与农民军联合作战抗清的局面。随着清军历次进征湖南，湖南的抗清复明活动明显表现出它的跌宕起伏。

　　明弘光政权覆灭前后，湖广（今湖北、湖南）全省明朝力量空虚，局势混乱。原驻武昌的强镇宁南侯左良玉东下"清君侧"，死在半路，军事上失败，其子梦庚率部降清。而自陕西败退湖广的李自成农民军，新遭因李自成被害痛失领袖的巨创，余部"号三十万"①，群龙无首，散在澧州（今湖南澧县）等地。明湖广总督何腾蛟、署湖北巡抚堵胤锡丧败之余，慑于清军强大，深感势孤力单。明隆武元年（1645）九月，何腾蛟、堵胤锡把眼光转向农民军，觉得"击之则众寡不敌，收之则可得其用"②，于是主动与李自成军李过、高一功、郝摇旗等部接触，逐渐实现联合。隆武号李过、高一功等所部为忠贞营，赐李过名赤心，高一功名必正，郝摇旗名永忠。清顺治二年（1645）十一月，清廷因李自成军余部仍集结湖广，便命平南大将军多罗贝勒勒克德浑等率众进征。顺治三年正月，清军抵达武昌。两湖的战争形势骤然紧张起来。

　　此时，何腾蛟、堵胤锡猛增数十万军队。堵胤锡升任总督侍郎。何腾蛟开府长沙，请于朝廷，以监军道章旷为湖北巡抚，在湘阴筑垒为营，力

---

①　温睿临：《南疆逸史》卷21，《列传》第17，《堵胤锡》，中华书局1959年版，第150页。
②　堵胤锡：《堵文忠公全集》附录，任源祥：《堵文忠传》。

扼强敌，又以长沙兵备道傅上瑞为偏沅巡抚，扩编明军黄朝宣、张先璧、刘承胤、马进忠等为九镇，缩编农民军李过、郝摇旗、袁宗第、王进才部为四镇，合十三镇拱卫湖南。"资邵间土豪峒首多举族以应。"[1] 清军在武昌并没有休整。勒克德浑分遣护军统领博尔辉等马不停蹄南下进军临湘。湖南地方抗清复明活动从此揭开序幕。

何腾蛟、堵胤锡自觉兵力充实，不想被动挨打，采取南北两路应敌。北路在堵胤锡督导下，驻守洞庭湖北面公安、澧州一带的忠贞营主动出击，进攻荆州，攻围十二天后，几乎破城。但清军在临湘一战得手，随后就直趋岳州（今岳阳市）。因荆州危急，清军折向西北，攻击洞庭湖北忠贞营的根本重地。他们取石首后，派出尚书觉罗郎球等偏师轻骑潜袭公安草坪，打破李过、高一功部老营。郎球等率部乘夜疾驰，分两翼冲击围攻荆州的李过等军营，李过、高一功等迅速溃败。南路攻防兼备，何腾蛟调游击吴学等率亲军帮助章旷增强湘阴守御，又指挥章旷、郝摇旗等进至岳州，迎击清军，在岳州、潼溪（在今岳阳县东）、湘阴连续三次大败清军，"江楚间民兵皆结寨固守以应"[2]。北南两路初期的胜利，导致一种明显的新的进取目标：收复荆州后继续东下，收复岳州后继续北上，两面合捣武昌。然而荆州的失利使实现这种目标的意图严重受挫。北路李过等军退回澧州。福建隆武政权也由于弃守仙霞关，任凭清军长驱直入，面临崩溃的危险。在这种形势下，章旷等在岳州已难以前进，加以后援不继，被迫退回湘阴。清勒克德浑班师。

这是湖南抗清复明战争的第一次起伏，双方可说打成了平局。这种结局保障了湖南地方短时间的安宁。

二

明清双方都没有忘情于湖南。

顺治三年八月，清廷改派恭顺王孔有德为平南大将军，偕怀顺王耿仲

---

[1]　邓显鹤等：道光《宝庆府志》卷125，《胜朝耆旧传》十三，《遗民》，《杨应尊》。

[2]　温睿临：《南疆逸史》卷21，《列传》第17，《何腾蛟》，第148页。

明、智顺王尚可喜等率满、蒙、汉大军征湖广。顺治四年二月，清军已进至湖南作战，军锋甚锐。总兵王进才弃守益阳。何腾蛟亲军副将满大壮与王进才部迎战清军于湘阴，王进才部先溃，焚湘阴城南走。[①] 章旷、满大壮被迫退往湘潭。接着何腾蛟、章旷又在清军威胁下分别逃往衡州（今衡阳市）、宝庆（今邵阳市），长沙、湘潭相继陷落。"初，腾蛟建十三镇以卫长沙，至是无一足恃，时人恨之。"[②] 四月，衡山失陷，明总兵陈四明降清，满大壮战死。吴学屯兵湘邵间坚持抗清作战，后失败被俘遇害。

与此同时，在广东肇庆即位，随后流亡广西梧州、平乐、桂林、全州等地的永历政权，也在争取湖广。顺治四年二月，明廷派遣中书、副将赍捧永历手敕，"谕楚五臣，仍著地方官敦促赴召"[③]。楚五臣包括原未任礼部尚书湖广夷陵州（今湖北宜昌）人文安之、原户部尚书湖广宁乡人周堪赓、原江西巡抚湖广益阳人郭都贤等。三月，在从湖南增援桂林的总兵刘承胤扈卫下，永历自桂林移跸武冈，改武冈为奉天府，以原岷王府为行宫。南明政权的关注，对湖南的抗清复明活动是一种新的推动力。但军事形势大气候对南明仍然不利，一时还不能扭转。

何腾蛟单骑到衡州。在衡州的明总兵黄朝宣、卢鼎并没有急当时军务所急，齐心协力准备抗清，而是全力内讧，举兵相攻，腾蛟约束不住。自长沙失陷后，明总兵张先璧、马进忠和王进才等溃败，在各地大肆淫掠。张先璧先在邵阳、新化、新宁等处纵兵横行，四月，转到衡州劫掠。卢鼎不能抵御，败走。何腾蛟辗转亡命祁阳、辰州（今沅陵）、永州、东安白牙市等处。孔有德乘衡州空虚，出兵占领，斩黄朝宣及其四子。八月，孔有德率前锋统领线国安，与署湖广总督佟岱取道祁阳攻占宝庆，进薄武冈。刘承胤降清。章旷忧病死于永州。永历偕何腾蛟匆忙逃往桂林。明大学士吴炳护永历世子走城步，但城步被清兵所占，吴炳被俘。永州也被清

---

① 王夫之：《永历实录》卷23，《死节列传》下，《满大壮》，岳麓书社1982年版，第202页。或说其逃往湖北，如曾国荃等：光绪《湖南通志》卷88，《武备志》十一，《兵事》三，《国朝》。但王进才兵后迅速聚于衡州（温睿临：《南疆逸史》卷21，《列传》第17，《何腾蛟》，第148页），《通志》显误。

② 温睿临：《南疆逸史》卷21，《列传》第17，《何腾蛟》，第148页。

③ 邓显鹤：《沅湘耆旧集》卷28，《些庵先生郭都贤》，《被命五首》按语。

兵占领。九月，孔有德等三王奉诏班师回京。十一月，清军又占领沅州。明偏沅巡抚傅上瑞投降，后与刘承胤都被清人所杀。"时湖南北六十余州县望风靡走，无一守者。"①清军占领各州县，设官分治。

顺治五年（1648），全国抗清活动纷起，湖广周边江西、广东相继发生重大的反正投明事件。正月，清江西提督金声桓等首先举义。四月，清广东提督李成栋步其后尘反正。清朝在两个大省的军事首脑反正，改变了明清两方在前线的力量对比，"天下欣然有中兴之望"②。而孔有德等南征大军班师，使湖南清军守御薄弱，不能巩固它的统治。这就促进了湖南抗清复明活动的第一个高潮的到来，表现在湖南的军事、政治形势出现了重要的变化：

清军在正面战场上退缩，自湖南暂时回驻武昌。堵胤锡、何腾蛟在北、南两面同时转向反攻。"胤锡传檄诸镇俱出湖南"③，乘机收复失地。四月，马进忠复常德，王进才复桃源、澧州、石门，忠贞营也克复湖北州县荆门、宜城。五月，马进忠部与清军激战于牛皮滩、麻河，大获全胜，杀清军七千余人。七月，郝摇旗率兵在湖南南部作战，收复靖州、道州（今道县）、临武、蓝山等处。何腾蛟利用赣粤反正之势集结散亡，"身先士卒，大战日月桥，遂复全州。进攻东安，克之"④，又进取宝庆。于是，一些原总兵各率兵出山来会。何腾蛟攻围永州，故明御史刘兴秀"心在故国"，"为内应，事觉，死之。"攻围三个多月，城中清军"无援饷匮，兵食城中居民殆尽"，"并取兴秀尸烹啖之"⑤。十月，何腾蛟终于占领永州。随后，他乘机收复衡州、衡山，继续北上。堵胤锡招忠贞营渡江分道趋常德。马进忠与忠贞营不和，"尽焚刍粮、庐舍走湘乡"⑥。十一月，堵胤锡与忠贞营在

---

①　杜贵墀：光绪《巴陵县志》卷28，《人物志》一，《列传》，《明》，《李兴玮》。

②　温睿临：《南疆逸史》卷21，《列传》第17，《瞿式耜》，第145页。

③　徐秉义：《明末忠烈纪实》卷15，《殉桂传》，《堵胤锡》，浙江古籍出版社1987年版，第295页。

④　温睿临：《南疆逸史》卷21，《列传》第17，《何腾蛟》，第149页。

⑤　刘沛：光绪《零陵县志》卷9，《人物》，《忠义》，《刘兴秀》；卷12，《事纪》，《寇变》；卷15，《杂记》。鲁可藻：《岭表纪年》卷2谓："乡官刘兴秀痿痹已久，尚降口求活，亦在围城，竟为所杀，争相割取。"（浙江古籍出版社1985年版，第79页）实误。

⑥　王夫之：《永历实录》卷13，《高李列传（牛万财附）》，第128页。

常德无所得食，于是帅部攻长沙，不克，转至湘潭。忠贞营与明军共"数十股，分头攻陷湖南各府州县"①。何腾蛟"单骑免胄，入湘潭视师"②，与堵胤锡等"相见甚喜，时大镇聚湘潭者数十家，军声大振"③。

反正事件产生连锁反应。顺治五年三月，清辰常沅道戴国士剪发辫、去满冠、戴乌纱，预先联络张先璧军到沅州（今芷江），即行反正。四月，清贵州黎平守将陈友龙（原刘承胤部，后降清）又反正投明，随后他攻入湖南，"由会同、黔阳、沅州入〔贵州〕思州"④，又克复城步、新宁、武冈，进攻宝庆，后为郝摇旗所杀。清辰州守将马蛟麟（原左良玉部，后降清）在马进忠、明原监纪推官郑古爱策动下也准备反正，期以十一月"整军归也"⑤。在此前后，"功名之士自拔来归，间关辐辏。"⑥ 这种情况反映出，明清间在湖南的斗争异常激烈。

士民抗清复明活动蓬勃兴起。顺治五年，"当明师势盛，湖湘民士三百余人起兵，应腾蛟、胤锡，所谓戊子江上之师也"⑦。当时"湖南北义旗"遍地，⑧ 烽火连天。"顽民起应明者自号义兵，用永历年号。"⑨ "湖南、湖北百姓尽裹网巾，白布缠头，擒杀县佐，公文阻隔，音信不通。"⑩ "草泽不逞之徒假前朝宗室以号召四方。"⑪ 少数民族土司、民人也积极参加，"其界在司峒者强半蓄发裹网"，清军陷入困境，明军声"势因而愈张"⑫。当年，明监察御史余鸥起、职方主事李甲春起兵，攻克宝庆。九

①　张雄图等：乾隆《长沙府志》卷37，《灾祥志》，《兵难》附。

②　郭金台：《石村文集》上，《黎平公小传》。

③　徐秉义：《明末忠烈纪实》卷15，《殉桂传》，《何腾蛟》，第293页。

④　《马进忠堵胤等在辰州附近活动情形及清军请援事（顺治五年四月线缙揭帖）》，载《清代农民战争史资料选编》第1册（上），中国人民大学出版社1984年版，第91页。

⑤　王夫之：《永历实录》附录一，《箨史》，《金都御史郑公》，第225页。

⑥　温睿临：《南疆逸史》卷21，《列传》第17，《瞿式耜》，第145页。

⑦　刘宗向：民国《宁乡县志》，《故事编》第六，《兵备录》上，《兵祸》。

⑧　邓显鹤：《沅湘耆旧集》卷28，《些庵先生郭都贤》，《午日》。

⑨　郭嵩焘：光绪《湘阴县图志》卷32，《人物传》上，《明》，《朱之宣》。

⑩　《马进忠等攻入常德城（顺治五年闰四月线缙揭帖）》，载《清代农战争史资料选编》第1册（上），第94页。

⑪　邓显鹤：《沅湘耆旧集》卷40，《朱岷宗企钪》。

⑫　《马进忠堵胤等在辰州附近活动情形及清军请援事（顺治五年四月线缙揭帖）》，载《清代农民战争史资料选编》第1册（上），中国人民大学出版社1984年版，第91页。

月，耒阳士民起义，衡阳举人夏汝弼救出被清军俘擒起解的明楚王宗室、原光禄少卿、衡州府同知朱蕴金，"会耒兵起，遂推为主"①。十一月，永历政权行人王夫之与举人管嗣裘、夏汝弼、南岳僧性翰等在衡山起义。外省义军也进入湖南活动。冬，"江西土蓬饥民相聚亡命数千人，横行浏[阳]邑"②。当然，戎马戒途，战乱不息，也有泥沙俱下的情况。"里中土鬼假兴义名放火劫财，鱼肉乡井，文武官衔皆空头扎子，或并扎付亦无者。"③ 朱蕴金所部后来就毫无纪律，率众大肆剽掠，荼毒乡里。但官民起义配合了明军的反攻，加速了清朝在湖南的失败。

湖南抗清复明活动第一次高潮的战果，没有保持下去。顺治五年九月，清廷召回孔有德等三王南征军，又派出和硕郑亲王济尔哈朗为定远大将军征湖广。六年正月，济尔哈朗率军由安陆府渡江抵长沙。当时，何腾蛟离开在衡州的军队到湘潭，而在湘潭的忠贞营正随堵胤锡出发援江西金声桓，马进忠原奉命攻长沙，至此惊避。济尔哈朗侦知湘潭空虚，令顺承郡王勒克德浑、都统阿济格尼堪前驱进袭；十九日，他亲统万骑"自岳麓潜师至潭"④，"生擒腾蛟，拔其城。"⑤ 济尔哈朗诱降多日，腾蛟不屈，被拽至流水桥杀害。堵胤锡东行刚抵攸县，江西南昌已破，金声桓等败亡。堵胤锡赴援已没有意义，南走广西，于十一月二十六日病死。济尔哈朗分兵取辰州、宝庆、衡州等府六十余城。顺治七年（1650）正月，济尔哈朗班师回京。

这是湖南抗清复明战争第二次起伏。

三

从顺治六年初夏起，经过约两年的交涉，张献忠大西军余部孙可望接

---

① 王夫之：《永历实录》附录一，《箨史》，《孝廉夏公》，第233页。

② 张雄图等：乾隆《长沙府志》卷37，《灾祥志》，《兵燹》附。

③ 邓显鹤：《沅湘耆旧集》卷29，《些庵先生郭都贤》，《曹石岚茂才为余老友兼缔新姻一别五年几不复见矣戊子九秋下浣戎马戒途间道相访感叹而得三十韵》。

④ 郭金台：《石村文集》上《黎平公小传》。

⑤ 《清史列传》卷2，《宗室王公传》二，《济尔哈朗》，中华书局标点本，册1，第63页。

受永历的封号，与永历政权实现联合恢剿。顺治九年（1652）二月，孙可望把永历帝迎到贵州安隆（改名安龙）。永历政权搬到贵州，邻近湖南，给湖南抗清复明活动增加了活力。而湖南实际上成了贵州永历政权和大西军余部的侧翼，战略地位更加重要。自济尔哈朗班师后，洞庭湖沿岸岳州、常德等府一些州县由王进才、袁宗第等继续占据，马进忠则仍伺机活动。湖南的局势仍动荡不定。

清政府已把战略进攻的重点转移到西南，打击和消灭永历政权、大西军全部。顺治八年（1651）八月，平西王吴三桂、都统李国翰奉旨征四川。九年春，三桂分兵取成都、嘉定、叙州、重庆等地，窥伺贵州。定南王孔有德以精骑出河池州向贵州，命"将军、续顺公沈永忠拨重兵驻防沅州，以扼楚粤门户"①，大军驻扎柳州接应，与吴三桂形成夹击贵州之势。秦王孙可望以抚南王刘文秀为帅，白文选、王复臣为副，自成都攻川北，抵敌吴三桂；安西王李定国为帅，马进忠、冯双鲤为副，自贵州出黎平、靖州，抗击孔有德，即以强劲的兵力进攻清军南北两翼中较脆弱的一环。五月，李定国军大破清靖州守军，连下武冈、沅州、宝庆后，自东安南下，兵锋直指广西桂林。七月，李定国以迅雷不及掩耳之势袭破桂林，孔有德举火自焚。李定国的胜利，激起湖南抗清复明活动的第二次高潮。

当时，清廷正加派敬谨亲王尼堪为定远大将军征湖南、贵州。桂林为李定国破后，清廷"敕王毋往贵州，取湖南宝庆后入广西"②。李定国在桂林没有停留，就回师北伐，取永州，进拔衡州，停驻休整。孙可望乘李定国胜利，也出兵至沅州，取辰州，斩清总兵徐勇。十一月，李定国分遣马进忠、冯双鲤等北征，"下长沙，略地岳州"③。张光翠也出宁乡。张胜国等统兵次湘阴。而尼堪大军抵湘潭，两军决战不可避免。李定国故意示弱，命马进忠等全部南撤，诱敌深入，伏兵蒸水两岸等待。尼堪领兵逼近衡州，进到李定国的伏击圈，伏兵奋起歼灭清军，击毙尼堪。半年之内，李定国在桂林、衡州连续获捷，"两蹶名王，天下震动"④。湖南抗清复明

---

① 《清史别传》卷78，《贰臣传》甲，《孔有德》册20，第6418页。
② 《清史列传》卷2，《宗室王公传》二，《和硕敬谨亲王尼堪》册1，第74页。
③ 刘宗向：民国《宁乡县志》，《故事编》第六，《兵备录》上，《兵祸》。
④ 黄宗羲：《永历纪年》。

活动第二次高潮至此达于极点。

李定国"军声大振，湖湘士绅纷纷起义师，逐清吏以应"①。醴陵诸生廖志灏积极进行复明运动。"志灏尝与衡湘遗民往来谋光复。顺治间何腾蛟、李定国先后据衡州，各地纷起响应。志灏于山中秘造兵器，畜鹅鸭数千头于池以乱其声。"②顺治九年十二月，桃源人印象鼎接受南明"安化伯莫宗文牌委团练兵马"，以作为"声援"，于是招集二三千人，"屯聚安阳山、香山、川过峒等处，乘间思逞"③，并于次年二月攻破桃源县城，杀清朝知县、典史、巡检等官。湘东南桂东、桂阳、兴宁等县有红头军结聚。湘北慈利山民则组成白缠头军，与以朱三为首的逃兵联合，"扰县境"④，进入安乡。"劫库毁公署。"⑤少数民族也乘机蜂起，常德府有苗民活动，永州府瑶民"出没无常"⑥。

清军军纪败坏，惹民怨愤。九年，他们"两至宝庆，自三月至十一月以邵阳及武冈、新宁、零陵、东安为粮薮，民遭蹂躏，多藏匿山峒，其被掳杀及冻饿死者无算"⑦。尼堪死后，"元戎新丧，纪律顿弛，众兵以牧马为名纷至各处，居民逃匿"⑧。这就必然加剧清朝与湖南士民的矛盾，使士民起义更加发展。但永历政权本身很脆弱，无力利用时机，进一步反攻，扩大战果。

其后，明清双方在湖南有较短暂的相持。北面有川楚交界山区以李来亨、郝摇旗、刘体纯等为首的夔东十三家军，拊湖南地区之背。南则孙可望及其所部常在湖南的西南部宝庆、武冈、靖州、新宁、城步一带活动。地方也不时发生抗清复明起义。李定国大军退往广西。清朝虽统治湖南较

---

① 刘宗向：民国《宁乡县志》，《故事编》第六，《兵备录》上，《兵祸》。

② 刘谦：民国《醴陵县志》卷8，《人物志》中，《人物传》三，《清》，《廖志灏》。

③ 《官兵闻警急趋阵擒渠党等事揭帖（顺治十一年四月二十三日到）》，载《洪承畴章奏文册汇辑》，第70—82页。

④ 吴恭亨：民国《慈利县志》卷18，《事纪》第十二。

⑤ 曾国荃等：光绪《湖南通志》卷88，《武备志》十一，《兵事》三，《国朝》。

⑥ 《清官员陈述湖北湖南各抗清势力情形（顺治九年十一月二十八日洪承畴题本）》，载《清代农民战争史资料选编》第1册（上），第119页。

⑦ 黄文琛：光绪《邵阳县志》卷10，《杂志》，《兵事》。

⑧ 宋世煦等：光绪《耒阳县志》卷4之一，《兵燹》。

广大地区，实际上处在"腹背受敌"的危险地位①。战争的相持状态，已是湖南抗清复明战争的第三次起伏了。

清廷必须稳固地控制湖南，才谈得上解决永历政权的问题。经过缜密的研究，清廷认为"必得夙望重臣，晓畅民情，练达治理者假以便宜，相机抚剿，方可敉宁"②。而遍察廷臣，只有内院大学士洪承畴可当此重任。顺治十年（1653）五月，清廷命洪承畴经略湖广、广东（后改为江西）、广西、云南、贵州等地方，特晋太保兼太子太师、兵部尚书、都察院右副都御史。六月，清廷命川湖总督祖泽远专督湖广，而以陕西总督孟乔芳兼督四川，仍设广东广西总督，以洪承畴举荐的原任大学士李率泰出任。闰六月，清廷颁给敕命。与此同时，清廷又为他增加辅翼。十一年（1654）三月，洪承畴率军到湖南，以此为基地，在长沙开府。

四

相持阶段最大的政治事件，是发生了震惊一时的大案——陶汝鼐案。

相持阶段政治上的动荡，使湖南地方的清朝官吏很注意镇压和清算，社会上弥漫着告讦的风气。比如严首升，字平子，湖广华容人，"读万卷书，未博一第"③。顺治九年"六月秒，连有非常事，无妄勿药"，"瓜蔓在门"，"坎坷应未了"④。这是暗示牵连进政治案件，身入罗网。罗人琮，字宗玉，号紫罗，桃源人，崇祯时举人。父其鼎，崇祯十三年（1640）进士，官行人，后"间关就何腾蛟于长沙，请为犄角"。其鼎不久病死，临终时认为"国家破坏难收，九泉犹有余憾"，"属其子人琮固常澧以通滇黔，为长沙声援"⑤。于是人琮练团，其仆从实、张六、守义、李大宏"襄举义旅"，协助、配合王进才，"每战必先驱陷阵。"王进才南走后，

---

① 《清史列传》卷78，《贰臣传》甲，《洪承畴》册20，第6449页。

② 《清世祖实录》卷75，顺治十年五月庚寅。

③ 严首升：《濑园文集》卷9，《尺牍》，《答闽贼伪令江一洪书》，《又》。

④ 严首升：《濑园诗后集》，《壬辰诗》，《江上古意（有序）》；《甲午诗》，《饭牛三章章六句（投谢岳司李刘石芝）》。

⑤ 刘凤苞：光绪《桃源县志》卷8，《人物志》上，《仕迹》，《明》，《罗其鼎》；《国朝》，《罗人琮》；卷9，《人物志》中，《尚义》，《明》，《从实张六守义李大宏》。

"人琮蓄发匿山中。捕事张英芳捧檄收进才兵所遗辎重。细民吴虎儿为芳乡导，投刺人琮，逼索四百金饷军。有顷，虎儿就县告人琮从明。县令逮人琮、鲁男、胡维祺等数十人入狱"①。从实等四仆也下狱。人琮"家破犹存舌，身余几剥肤"②，从实、张六被监毙。陶汝鼐案是在这样一种背景下发生的。

陶汝鼐，字仲调、燮友，湖广宁乡人，拔贡生，崇祯六年（1633）举人。弘光时，他由翰林待诏改职方郎，任监军，后又授检讨。弘光亡后，汝鼐回乡，组织武装护村，积极从事复明运动，明大学士何吾驺比之为张良报韩，称"张良终是报韩人"③。顺治九年，李定国在克复衡阳、湘潭后，派遣石见五串约汝鼐、周堪赓、郭都贤等见面。十月尽，他们同在南岳寺庙中晋谒李定国，商讨"起义兵逐清吏"。李定国军与湖南士民联络、配合的各项活动，"汝鼐皆颇预闻"④。十年二月，长沙府胥役潘正先向清朝方面"首叛"，"逮百余人，汝鼐在列"⑤。或说"湖湘名士被系者三百余人"⑥，堪称大案。

现存顺治十年六月清偏沅巡抚金廷献上报此案的一份揭帖，可以看到案发初期的一些情况，其中列举的案犯共二十余人。金廷献说，当时局势不稳，"人人纷传，士民作祟，情甚于贼。适有长沙府役潘正先，先为伪官胁从跟役，后自行首出所属绅衿百姓与伪官刘知府书礼、塘报一束。""当行所属，勒限密拿"⑦。

陶汝鼐被关押在长沙府狱。金廷献进行敲诈，从刘知府书札中检出汝

---

① 刘凤苞：光绪《桃源县志》卷8，《人物志》上，《仕迹》，《明》，《罗其鼎》；《国朝》，《罗人琮》；卷9，《人物志》中，《尚义》，《明》，《从实张六守义李大宏》。

② 罗人琮：《最古园集》卷2，《阅钟伯敬五言律有家破犹存舌身余几剥肤之句似为余发也感而成诗》。

③ 邓显鹤：《沅湘耆旧集》卷31，《密庵先生陶汝鼐（近体诗一百一十七首）》，《给事中丁斗生年丈奉使之潭致香山相公书兼承饷遗老母》。

④ 刘宗向：民国《宁乡县志》，《故事编》第十，《先民传》，《陶汝鼐传》十一。

⑤ 同上。

⑥ 郭嵩焘：光绪《湘阴县图志》卷32，《人物传》上，《明》，《朱之宣》。

⑦ 《湖南生员举人翰林等投靠农民军进行抗清斗争及其失败情形（顺治十年六月金廷献 揭帖）》，载《清代农民战争史资料选编》第1册（上），第242—244页。以后凡引自本篇者，但标明金廷献所说，不另出注。

鼐"与前郡守启，索重贿"。所谓"刘知府""前郡守"，应是南明时长沙知府。汝鼐的书信显然没有多少把柄可抓，金廷献也只能泛泛地指摘"语句狂妄毁讪，自列翰林，中藏又不可测"。因此，汝鼐拒绝讹诈。金廷献便加倍残酷惩处，"夜集鞫于真武庙"，"遽命杖"，严刑逼供①。汝鼐"临鞫呼佛"②，只好仍将他囚禁。四月，"当事列诸反状以闻"，汝鼐等罪名"罗织成，命贱不可鬻"，"法当死"③。

同时被捕百余人（或三百余人），还有逃脱者，今都已难考。掇拾丛残，得数区区，简介如下：

王二南，号放叟，湖广茶陵州人，明末贡生。明亡后，他"遁迹穷谷，自号顽民"④。金廷献说他"自称全发"，"又有通贼禀帖，媚求伪职，见过伪王，联络义士之举。""被逮，绝粒七日不死。"⑤

朱之宣，字子昭，湖广湘阴人，隆武二年（1646）解元。明亡后他"隐于樵，自号砍柴行者"⑥。金廷献说他有私通南明的书札，"条陈之策，望贼之殷，怨恨［清朝］之情，盈盈纸上，不轨之心，包藏非小。"金廷献强调朱之宣、陶汝鼐，"此二者留之终非我有，养之实为祸胎，又不可不重处以靖根株者也。"

石开云（依名与字相关之义，应即前述之石见五，见五为字），湖广湘潭人，岁贡，隆武时荐举。父万程，曾任常州、杭州知府，官至浙江按察司副使温处兵备道。开云为万程庶子，"顺治初以故臣子为怨家所告，诬其与宁乡陶汝鼐有异谋，逮省考掠"⑦。金廷献说他"见受贼票贼示，更有方巾、网子凿凿可据之"，认为王二南、石开云"二人者合应重处，以正厥辜者矣"。

---

① 邓显鹤：《沅湘耆旧集》卷30，《密庵先生陶汝鼐》，《日华歌（有序）》，附录略引陶汝鼐手写自订年谱。

② 郭金台：《石村诗集》卷上，《陶仲调奉赦出狱候命长沙寄怀三首（附予就馆衡山）》，《二》。

③ 邓显鹤：《沅湘耆旧集》卷30，《密庵先生陶汝鼐》，《日华歌（有序）》，附录略引陶汝鼐手写自订年谱。并陶汝鼐：《荣木堂诗集》卷2，《五言古》，《暮春陈长公来郡城联床夜话感涕有述》。

④ 谭钟麟等：同治《茶陵州志》卷18，《人物》，《儒林》，《王二南》。

⑤ 同上。

⑥ 郭嵩焘：光绪《湘阴县图志》卷32，《人物传》上，《明》，《朱之宣》。

⑦ 王闿运等：光绪《湘潭县志》，《人物》八，《列传》第14，《石万程列传》。

赵而忭，字友沂，湖广长沙人，隆武二年举人。父开心，崇祯七年（1634）进士，官至兵部员外郎，降清后官监察御史，因就明太子案疏称"太子若存，明朝之幸"论死①，说明其尚有心于故明，后免死，官至都察院左都御史。而忭有文名，与钱谦益等交游。陶汝鼐案发，朱之宣、赵而忭"两君皆于事有连"，"赵而忭《虎鼠斋集自序》亦云：甲午放归淮泗。正谓顺治十年狱解后事也"②。

胡衷愉，字和子，祖居江西新淦，占籍湖广宁乡，明选贡士，具文武才。明末，他遭祸乱很酷烈，入清后"湖南乱益甚"，"又数年复乱，大狱滋起，家复破"③。可知他也是陶汝鼐案的案犯。

葛长芳、邹世胄、司马台，金廷献说他们"乃湘阴县生员也"，"代贼塘报侦探"。

罗宿、黄永年、徐世浒，金廷献说"又湘阴县百姓也。窥我大兵虚实，探我大兵进止，是倾心从贼，已为贼心膂之托矣。置之重法，毋容再议。"

何应凤，金廷献说他是"差役"，"实心事贼，往来通线，煽惑人心，纠联叛党。"

徐天意、吴兴家，据金廷献说是"伪报内有名二犯"，看来是经过缉查还没有落实的案犯。

蒋之荥、胡跃龙、郭金城、郭金台、陈所闻、龙起霞、陈昂、邓凯等，金廷献指他们为"潜避逆党"，"皆受贼职，俱有伪迹可据。"其中蒋之荥，字天植，湘阴人，隆武时举人。"幼善属文，有罗江才子之目"。他显因陶汝鼐案发而避祸去两广，"间关两粤从事戎幕，终不一遂其志"④。郭金台，字幼隗，湘潭人，本姓陈，名湜，字子原，"年十三，遭家难，匿中表郭氏得脱，遂冒郭氏。"他在崇祯时两中副榜，隆武二年中举。隆武朝廷授职方郎中、监司佥事，都以母老辞。陶汝鼐案发，"金台遭遇坎

---

① 《清史稿》卷244，《列传》第31，《赵开心》，中华书局标点本，册32，第9605—9606页。
② 郭嵩焘：光绪《湘阴县图志》卷32，《人物传》上，《明》，《朱之宣》。
③ 陶之典：《冠松岩文稿》卷2，《传》，《胡文毅公传》。
④ 郭嵩焘：光绪《湘阴县志》卷32，《人物传》上，《明》，《蒋之荥》。

憬，家国之际有难以显言者"①。"忌者侧目，中以危法。"他"负母匿南岳万峰间"②，后辗转逃往宝庆等处。其余诸人待考。

以上是可以确定的陶汝鼐案犯。此外，周堪赓，字仲声，宁乡人，天启五年（1625）进士，崇祯时官至尚书，未任乞归。弘光、永历时都以尚书召，堪赓不出。郭都贤，字天门，号顽石、些庵，益阳人，天启二年（1622）进士，崇祯时官至江西巡抚，永历时以兵部尚书召，都贤已祝发出家。他们是与陶汝鼐一道在南岳衡山会晤李定国的人，但没有在陶汝鼐案中被捕。原因何在？从金廷献揭帖可以看出，潘正先首告时因不了解而不能揭发、金廷献审讯时又没有究出衡山会晤的事实。所以郭都贤等没有卷入，还能在外活动营救。

当时，金廷献严查此案，加紧迫害，并不符合清廷的政治意图。清廷在军事上连遭重创后，认识到既要起用老谋深算的元老故臣，还必须缩小攻击范围，孤立和集中打击永历朝廷与李定国、孙可望等军事将领，因此需要争取和稳定湖南士民、官员。有几件事值得注意：一，在命洪承畴经略五省同时，清廷出于笼络湖南乡绅的目的，以原官起用一年半前"坐夺职永不叙用"的左都御史赵开心，开心一到京就弹劾湖广三巡抚即巡抚湖广迟日益、偏沅金廷献、郧襄赵兆麟"剿抚无能"，疏论"江南诸行省每因捕治叛逆，株连无辜，……久锢狱中，虚实未辨，就一方一事可推之他省"。赵开心两炮这样有针对性，可谓前所未有。"上命确察以闻"③，显然还要追究。二，南明一贯策反绿营将领。早的如策反马蛟麟。九年，孙可望、白文选又在辰州临阵以书招降清朝总兵徐勇。这种斗争很激烈、很残酷。十年，清徽州总兵胡茂祯奉调为经略后标总兵官。十一年初，他驻扎常德。明援剿左将军卢明臣认为胡茂祯"有归顾之意"，便命游击薛崇士派其侄曹宗伯携秦王令旨，潜入常德，"伊侄曹宗伯前捧旨密交与胡茂祯标官刘应祥，系曹宗伯侄婿，有应祥交旨后，随送薛崇士白骦马一匹，转托曹宗伯来回话，备述胡茂祯云：他不会写字，不便回本，若叫人写，

① 邓显鹤：道光《宝庆府志》卷126，《传》十一，《胜朝耆旧传》十六，《迁客》，《郭金台》。
② 郭金台：《石村诗集》，陶汝鼐：《石村初刻序》。
③ 《清史稿》卷244，《列传》第31，《赵开心》，中华书局标点本，册32，第9605—9606页。

恐泄露机关，又蹈当日申家黄大厅的故事，只待大师到常德，我不打仗就顺，只叫薛副总莫误了我的性命，等语。"杨鹤、杨嗣昌旧部也跟策反者联系，"常德城内杨家名下有两个姓张姓王的官，托唐乡官说，大师一到，我就将布吊下城来归顺，只不要杀我就好了。如今城内愿来者多，且下面乡绅士庶皆有思汉之念"①。乡绅、将领还泄露了城内清兵军情。后来有关的文件被清方缴获，但胡茂祯等、杨氏乡绅等并没有遭惩处、杀害。第三，金廷献查办陶汝鼐案时，又续有抄缴。十年四月，清廷接到他的奏报，"查获故明福清王嫡子朱由杞并伪刘知府所遗文卷一箱，内载故明宗族废绅往来书札。"刘知府书札即潘正先交出的陶汝鼐案重要证据。谕旨处理办法实际上已指示了结此案的政策，"得旨：朱由杞著即就彼正法，文书即行焚毁。若翻阅穷究，必至扰害地方。所有文书内有干连者，即行释放"②。居然只杀一人！若对比究办李之椿案情况，告发者领头捕人，集中杀害，就特别出人意外。联系这几件事看，可知这绝非偶然。中间贯串一条线：稳定湖南，加强湖南士绅官民对清朝的向心力。

金廷献不能理解清廷的战略，到十年六月还在喋喋不休地说"相应一一请正典刑，以清内患者耳"。陶汝鼐案的局面，便不能不由新任五省经略来收拾。

洪承畴到长沙后，着手聘请一些湖湘士绅进幕府，在政治上首先抓了陶汝鼐案。十一年五月初，洪承畴为了宣传，破例公开审理此案，"坐幕府前集中士民观听讯，首者仍系，脱诸人于禁，重垂慰遣，俾就寓候题"③。这实在令人吃惊：告发者继续被监禁起来，被告被捕者全部释放，暂在长沙候旨，"信然丝续命"，得庆"再生"④。顺治十二年（1656）六月，"部覆下，经略［洪承畴］斩诬者于市，命［陶汝鼐等］以昭雪还绅

---

①　《抄白伪恢讨左将军等伪启》，载《明清史料》丙编第9本，第894页。

②　《清世祖实录》卷74，顺治十年四月已未。

③　邓显鹤：《沅湘耆旧集》卷30，《密庵先生陶汝鼐》，《日华歌（有序）》，附录略引陶汝鼐手写自订年谱。

④　陶汝鼐：《荣木堂诗集》卷4，《五言排律》，《郡城五月友人设蒲尊延眺矜予再生书此志叹（甲午）》。

籍"①。潘正先其实不是诬首者，却背着诬首者的罪名掉了脑袋，陶汝鼐等仍当他们的士绅去。这是政治形势决定的。可说是一个圆满的结局，在清初诸谋反大案中极为罕见。

这是洪承畴到湖南后做的一件大好事。这不是洪承畴个人突然变得特别仁慈，也不是郭都贤、龚鼎孳或其他任何人营救的结果。洪承畴不过是一个执行者，贯彻清廷的意图，执行既定的政策而已。所以不单表现为洪承畴施仁政，甚至州县官如湘阴知县韩有倬也"多所保全，士民交通字迹，见即焚之，得免株连"②。其结果不单是陶汝鼐等遇赦，严首升也"仗当路荫庇"，碰上"好心人"岳州府推官刘石芝③，"［守］义、［李］大宏从［罗］人琼得释"④，皆大欢喜。

清廷这一政策产生了它希望的结果。陶汝鼐、郭都贤、郭金台等都不再站在坚决反抗的队伍中⑤，罗人琼等考清朝进士当官去了。民族矛盾不能完全消灭，甚至雍正年间还发生曾静、张熙案，但总的来说湖南武装抗清的浪潮日益低落。随着南明势力退往云南，孙可望降清，清朝对湖南的统治也趋于巩固。到吴三桂最终消灭永历政权的时候，湖南才是他一个不致掣肘的比较稳定的后方。

原载王春瑜主编《明史论丛》，中国社会科学出版社 1997 年版

---

① 邓显鹤：《沅湘耆旧集》卷 30，《密庵先生陶汝鼐》，《日华歌（有序）》，附录略引陶汝鼐手写自订年谱。

② 郭嵩焘：光绪《湘阴县图志》卷 31，《名宦传》，《国朝》，《韩有倬》。

③ 严首升：《濑园诗后集》，《壬辰诗》，《江上古意（有序）》；《甲午诗》，《饭牛三章章六句（投谢岳司李刘石芝）》。

④ 刘凤苞：光绪《桃源县志》卷 8，《人物志》上，《仕迹》，《明》，《罗其鼎》；《国朝》，《罗人琼》；卷 9，《人物志》中，《尚义》，《明》，《从实张六守义李大宏》。

⑤ 他们拒绝降清做官，但多脱离政治。陶汝鼐、郭都贤等隐于僧。陶汝鼐：《荣木堂诗集》卷 7，《七言律》，《放还贻别诸同难者》云："好着袈裟安钓耕。"又卷 2，《五言古》，《其三》云："开颜说时政，城中好官府，今年赋役轻，官军不掠取。"这是一些带刺的好话。郭金台"晚归隐衡山，著书授徒，绝口不谈世事。"（邓显鹤：道光《宝庆府志》卷 126，《传》十一，《胜朝耆旧传》十六，《迁客》，《郭金台》。）余人多此类。

吴祖锡的复明活动

　　吴江吴氏在明代是当地大族，书香门第，簪缨世家。在清初风狂火烈的斗争年代，他们绝不会无所表现。他们确实贡献了两位杰出的抗清志士：杀身成仁的太湖起义领袖吴易、从事复明运动失败后抱恨而亡的吴祖锡。祖锡不如从其叔吴易有名，本文将介绍他的事迹。

　　祖锡字佩远，号稽田，明亡后取祖锡二字各半加以拼合而改名鉏，字稽田，号南公，又号平舒道人。父昌时，崇祯末吏部文选郎中，因纳贿通内、紊制弄权，被皇帝刑诛而死。祖锡生于万历四十四年（1616），① 过继给伯父贵州按察副使昌期为子，居浙江嘉兴。② 他中崇祯十五年（1642）副贡，曾与史玄等结论社，学有根底。妻徐氏，长洲（今苏州市）人，少詹事徐汧女，万历四十七年（1619）生，崇祯七年（1634）结褵。祖锡虽痛父惨死，但在政治上与父完全异趣，因见明末局势动荡，料京师必危，曾预谋勤王，明亡又深感"非图恢复不足以干蛊"③。他对明朝耿耿忠心，准备通过自己的努力，赎回长辈的罪愆。他一生雅"慕申包胥、张子房之为人"④，申包胥泣秦复楚，张子房扶汉报韩，由此可见他的抱负和志向。所以他的凌凌风骨，凛凛节概，其来有自。

　　顺治二年（1645）夏，清军下江南。六月，吴江失陷，吴易与举人孙

----

　　① 杨宾：《晞发堂文集》卷3，《传》，《徐昭法吴稽田两先生合传》（以后只注作者、篇名），称祖锡康熙十六年丁巳三月死。祖锡死时次子澴侍侧，而杨宾与澴至契，故其言可信。徐枋：《居易堂集》卷14，《志铭》，《吴子墓志铭》（以后只注作者、篇名）仅云祖锡死时年六十二，不著年月。合二者计算得其生年。诸书或云其死于康熙十八年己未，似皆源于全祖望：《鲒埼亭集外编》卷12，《传》，《吴职方传》（以后只注作者、篇名）。全氏所据不明，疑误。

　　② "昌期徙居嘉兴。"（倪师孟等：乾隆《吴江县志》卷28，《名臣》三，《吴昌期》。）并著籍嘉兴。（同书卷24，《科第》，《举人》。）故或称祖锡嘉兴人。

　　③ 杨宾：《徐昭法吴稽田两先生合传》。

　　④ 倪师孟等：乾隆《吴江县志》卷31，《节义》，《吴祖锡》。

兆奎等起兵长白荡抗清。闰六月，徐汧因苏州陷落而自杀。叔父、岳丈的决心和行动，给祖锡树立了榜样。

先年弘光派出北使清廷的副使、左都督陈洪范，私向清廷表示"原以江南降附"①，于是被释南归为内奸。此时，陈洪范利用旧谊，极力为清廷招降江南士绅。五月，南京刚陷落，陈洪范就致书明兵科给事中陈子龙和考功司主事夏允彝劝降，以为清军进占松江的先着。六月，清军抵嘉兴。祖锡因嘉兴府库即将发还原籍没吴昌时的白银四万两，准备将这笔钱用在复明事业上。洪范窥知祖锡意图，就在祖锡面前赌咒发誓，说自己"降（清）出于不得已，倘得闲，必不肯负故国"，因语"以奇策"。祖锡大喜，竟以为碰上了诈降复蜀的姜维，就把银两一股脑儿给他，作为实现其"奇策"的用项。② 祖锡复明活动的第一步，虽误用匪人，却已表现出破家复国的巨大决心。

剃发令下，祖锡走匿原籍吴江芦墟，妻弟徐枋同来聚首。当时，陈子龙与举人华亭徐孚远等起兵苏州陈湖，于是祖锡追随陈子龙抗清复明。八月初，松江失陷。子龙不能救，且在城西郊与清军遭遇，几乎被俘，义灵溃散。自那时至次年（1646），子龙辗转逃匿，继续复明密谋，并且又有监生嘉善徐尔毂、职方郎中嘉善钱栴及其长子熙、次子默、壻华亭夏完淳等参加进来。③ 祖锡仍跟随活动，曾被派去杭州侦探清军动静。

这期间，有人荐祖锡出仕清朝。祖锡走匿苏州金墅妻弟徐枋家，二人逃进下沙山中。但他们很快就遭到仇家嫉恨，被反接捆绑解送清江宁巡抚土国宝。当时，江宁抚署设在苏州府城隍庙西的洞庭许氏旧宅。④ 顺治初局势混乱之际，大帅能因喜怒而做上下其手的处理。土国宝向他们表示"不尔罪也"⑤，给他们剃发结辫后就释放了。

祖锡认为剃发后倒也可以掩饰活动，于是走浙东。监国鲁王久闻其

---

① 徐秉义：《明末忠烈纪实》卷12，《殉福传》，《左懋第》，浙江古籍出版社1987年版，第205页。

② 徐枋：《吴子墓志铭》；全祖望：《吴职方传》。

③ 参见《陈子龙诗集》附录二，王沄续：《陈子龙年谱》，卷下，顺治三年丙戌，上海古籍出版社1983年版，下册，第716页。

④ 徐崧等：《百城烟水》卷2，《吴县》，《朱明寺》。

⑤ 杨宾：《徐昭法吴稽田两先生合传》。并参王家桢《研堂见闻杂记》。

名，授以职方郎中。

徐孚远自陈湖起义失败后，即南下供职隆武朝廷。顺治三年八月，隆武政权崩溃，孚远又浮海北上。四年（1647）四月，他"避地至舟山"①，后"结寨于定海之柴楼"②（在今浙江镇海大碶镇南）。遗民谢泰阶是当地人，孚远"就泰阶于柴楼，指画大势，继以痛哭"③。五年（1648）夏，④ 孚远潜行嘉兴会晤祖锡，"欲于内地有所建立"⑤。后来孚远屡次忆及这次会晤，说："忆昔来精舍，石榴花正殷。临流弄清波，楼上看行云。主人召侠客，壮思殊不群。""余昔潜行到君里，登楼去梯笑相视。""昔日扁舟至，端然坐小楼。""雅游季子已家贫，背郭村居一水滨。尚有小楼栖过客，正当初夏割鲜鳞。"⑥ 由此看来，孚远当年是扁舟一叶，悄然漂至祖锡水滨精舍，二人躲在小楼上深谈，主人还出过极好的主意。一有风吹草动，祖锡就把孚远藏在复壁中。孚远说他"匣有鱼肠赠要离，家置复壁藏赵岐"⑦。要离是刺客，祖锡有宝剑赠给"刺客"，即从事复明运动的勇侠之士，赵岐是党人，祖锡能隐藏"党人"，亦即包括孚远在内参加复明运动的士绅以逃避搜捕。祖锡的水滨精舍，无疑是复明运动的一个联络点。这是当时吴祖锡对复明运动做的一个重要贡献。

顺治五年清大学士冯铨子源淮履嘉兴副将任。冯铨原是明末阉党，素为清流所不齿。祖锡待源淮不同，"乃与结纳，冀有所为。"冯源淮的亲

---

① 《黄宗羲全集》册2，《海外恸哭记》，浙江古籍出版社1986年版，第219页。

② 陈乃乾等：《徐闇公先生年谱》附录，姜皋：《明时光禄大夫柱国少师都御史徐公神道碑》。

③ 邵廷采：《思复堂文集》卷3，《传》，《明遗民所知传》，浙江古籍出版社1987年版，第232页。

④ 陈乃乾等：《徐闇公先生年谱》将此事系于顺治三年八月闽破不久，实失考误植。此事关联冯源淮，而源淮四年十二月庚辰始被任为嘉兴副将（《清世祖实录》卷35），五年履任（沈翼机等：雍正《浙江通志》卷122，《职官》十二，《嘉兴城守副将》），可见此事断不能早于五年。从"石榴花正殷"云云看，其为夏日亦无疑义。故定五年夏。但六年、七年亦有可能，孚远仍在浙海舟山也。八年春，清军攻舟山，形势危急，已失去嘉兴之行机会。这年九月，冯源淮就调离了（《清世祖实录》卷60）。

⑤ 徐枋：《吴子墓志铭》。

⑥ 徐孚远：《钓璜堂存稿》卷3《五言古诗》二，《怀吴佩远》；卷6，《七言古诗》二，《吴佩远歌》；卷9，《五言律诗》二，《怀吴佩远》；卷13，《七言律诗》二，《吴佩远郊居》。

⑦ 徐孚远：《钓璜堂存稿》卷6，《七言古诗》二，《吴佩速歌》。

戚、"部属董某司诇察，冯耳目也，尔故与厚善"①。徐孚远在祖锡家依然方巾广袖、全发不辫，被人发现，里巷传闻，深感骇异，也被冯源淮侦悉。冯命董某到祖锡家查问。祖锡深知董的来意，并相信他会加以掩护，就迎上前握手问道："徐阇公先生在此，若欲一见否？"董惊喜道："徐先生果在此而吴子肯令我见之乎？"祖锡就大胆引他晋见。他对孚远再拜说："闻公名二十年，今日始得见。然非吴子则吾岂得见公，愿效死。"② 董很感激祖锡对他的信任，并诚恳地说明这里有危险，劝孚远赶快离开。于是三人共同盟誓。董以查无此人向冯汇报，暗里却派船护送孚远下海离去。在明清之间的激烈斗争中，相互渗透本是很普遍的现象。但祖锡的工作做到千夫所指的阉党的儿子身边去，仍然表现出他的深远的眼光，杰出的胆略。

当年，祖锡妻徐氏青年早逝。徐氏是祖锡复明运动的好助手。祖锡"构国变"，"再破其家，思有所建立。"徐氏则"恬然尽弛装服佐之，于是世难交作，网罗棘棘"。祖锡"义不顾家"，徐氏"率家累变姓氏，流离转匿，始终祸患者七年，而一病遂以不起"③。徐氏死时年三十，曾生四子（準、澧、澓、济）二女。祖锡侧室生一子（灝）一女。五子三女中最大的不过十三，小的还在襁褓中，祖锡被迫留在家中照拂。

但他没有忘情于复明运动。他积极联系永历政权，"募客从间道上表留守瞿式耜代为之奏"④。永历同监国鲁王一样授予他职方郎中。他继续联络志同道合之士，"家财十万，尽散之以结客"，"奇才烈士，靡不结纳"⑤。他与浙江籍复明运动中人士慈溪魏耕、萧山李达、山阴祁班孙、归安钱缵曾、秀才朱彝尊等来往频繁，常在祁、钱、李家聚会、居留，"而气味投合者则固结而不可解"⑥。他还与遗民长洲杨补及其子炤、吴江包

---

① 《清史稿》卷500，《列传》第287，《遗逸》一，《吴祖锡》，中华书局标点本，册45，第13840页。

② 徐枋：《吴子墓志铭》。

③ 徐枋：《居易堂集》卷14，《志铭》，《吴子元配徐硕人墓志铭》。

④ 倪师孟等：乾隆《吴江县志》卷31，《节义》，《吴祖锡》。

⑤ 杨宾：《徐昭法吴稽田两先生合传》。

⑥ 杨宾：《杨大瓢先生杂文残稿》，《祁奕喜李兼汝合传》，江苏省立苏州图书馆1940年版，第26页；朱彝尊：《曝书亭集》卷24，《词》，《江湖载酒集》上，《满江红（赠吴佩远）》。

捷、南通州释弘储等结交。① 其间显然有许多关于复明的谋划和商谈。值
得注意的是，祁班孙是明御史祁彪佳爱子，而祁彪佳则是崇祯十六年四月
最早弹劾吴昌时牵制弄权的大臣。祁、吴两家的后辈捐弃先人的嫌隙，在
政治上走到了一起；这又一次证明了复明运动的民族斗争性质的号召
作用。

顺治十年（1653），② 祖锡决计离家，主动为复明奔走，"驾言将远
游，关河阻且艰"③。当时，海上郑成功、张煌言统率的义师声势浩大，为
内地复明运动众望所归。祖锡此次先北行。北游期间他在保定府一带就逐
渐结识王余佑、张十卿、魏瞻洪、李璁佩等人，其中王余佑是新城遗民，
与清朝有杀父兄之仇。④ 后来他又"浮海见煌言、成功，煌言、成功遣
之"诣贵州安龙朝见，永历"加煌言兵部侍郎视师海上，封成功为延平
王，而祖锡亦加爵赏，已而净海颁敕印，出入其间数年"⑤。他在若干年内
共至海上三次。徐枋将他比作鲁仲连说："呜呼鲁仲连，屈强不帝秦，区
区蹈东海，大义终能伸。""眇矣匹夫节，而与天帝争。"⑥ 他与魏耕等相
互商定、配合，推动郑成功、张煌言北征，攻取南京，作为复明的第一

---

①　罗振玉：《徐俟齐先生年谱》附录卷下，《同时往远诗文》，孙静菴：《明遗民录》卷45，《南
岳和尚退翁》，浙江古籍出版社1985年版，第343页。

②　徐枋：《居易堂集》卷3，《与呈子佩远书》系此书于顺治十年，恐指决定北游时间。同书卷
17，《古体诗》，《送远诗十一首（拟选体）》有句云："春水横我前""灼灼三春花"，则祖锡启程在
春天；又有句云："幽愁八载余"，自顺治二年夏至十年春，仅七载余，疑启程为十一年春事。

③　徐枋：《居易堂集》卷17，《古体诗》，《送远诗十一首（拟选体）》。

④　王余佑：《五公山人集》卷14，《传诔》，《吴处士小传》（以后只注作者、篇名）。王余佑事
参本书卷首，魏坤：《五公山人传》；张豫垲：光绪《保定府志》卷61，《列传》第15，《孝义》一，
《明》，《王余厚》。张、魏、李三人事未查悉。

⑤　杨宾：《徐昭法吴稽田两先生合传》。传原称煌言、成功遣祖锡诣桂林。但永历仅顺治四年初、
四年末至五年春在桂林（鲁可藻：《岭表纪年》卷1、卷2，瞿共美：《天南逸史》，浙江古籍出版社
1985年版，第15、51、59、267—269、275—276页），且传称祖锡朝见后，永历即给封赏，而成功封
延平王在顺治十四年九月，海上得此消息在顺治十五年（杨彦杰：《郑成功封爵新考》，载《郑成功研
究国际学术会议论文集》，江西人民出版社1989年版，第321页），张煌言加兵部侍郎视师海上亦为
十五年（温睿临：《南疆逸史》卷32，《列传》第28，《张煌言》，中华书局1959年版，上册，第226
页）。朝见与封赏不可能相隔十年，故祖锡虽然未去桂林朝见。杨宾称祖锡曾至黔，惜未记时间、事
迹。永历于顺治十三年初尚在安龙，三月始去滇，则祖锡朝永历似即至黔事。其后永历迁滇，乃有封
赏。

⑥　徐枋：《居易堂集》卷17，《古体诗》，《怀人诗九首》（之二）。

步。顺治十五年（1658），他先到浙江沿海做准备工作。张煌言有诗题称"吴子佩远游雁荡归，备述名胜"，诗句云"短筇横指麾，归来气色骄"①，显然隐喻迎接和配合北征的事已经布置妥当。他到海上似乎很忙，甚至没有机会与好友徐孚远见面，孚远有诗纪事。诗句有云："何庭可洒申胥泪？客舍聊供冯氏鱼。""世人不省留侯策，几处堪飞燕将书。"② 这些诗句用复楚敌案报韩保齐等典故比拟祖锡的复明活动，即他向成功、煌言计议北征等问题。说"海师入江，祖锡实导之，且连岁在金陵隐为之助"③，显然是有根据的，只是他隐藏南京为内应，其详情已不得而知了。

顺治十八年（1661）正月，顺治英年薨逝，康熙髫龄继立。张煌言败衄之余，从这里看到"汉厄当兴"，"中兴有象"。但他听说清军"流突行京，不审六飞所驻何地"，毅然决定派祖锡持蜡表密疏，"不惮万里闯关"，"南访行在"，面见永历"一陈恢复大计"，并去夔郧山区动员李来亨、郝摇旗等"会师郧阳"④。但这时永历已流亡缅甸，君臣联系难以恢复。祖锡去了"郧阳山中，劝十三营出师挠楚"，"十三营已衰困，不能出"⑤。祖锡这次奉委出使之行，以无结果告终。

郑、张北伐失败后，以通海案为名的大规模镇压浪潮，排山倒海般向复明志士袭来。祖锡也不能幸免。他在陆上的活动并无泄露，表现出他的机警和智慧。但他在海上时曾与镇江顾甲同住一处，"至是甲之奴还镇江，以祖锡所为告密。"此事约发生在康熙初。祖锡走"匿京师"，似躲进刑

---

① 张煌言：《张苍水集》第二编，《奇零草》，上海古籍出版社 1985 年版，第 125 页。按：此诗前一首题《戊戌元旦》，后一首题《岁在戊戌余行年已三十九矣抚时感事遂以名篇》，则此诗顺治十五年戊戌作。

② 徐孚远：《钓璜堂存稿》卷 15，《七言律诗》四，《闻吴佩远到未及披面言情之作》。按：本诗首句即云"南湖分手十年余"，此指孚远顺治五年被董某送入海上，别祖锡而去事，则此诗最早为顺治十五年作。

③ 《清史稿》卷 500，《列传》第 287，《遗逸》一，《吴祖锡》，中华书局标点本，册 45，第 13840 页。

④ 张煌言：《张苍水集》第一编，《冰槎集》，《上行在陈南北机宜疏》，第二编，《奇零草》，《送吴佩远职方南访行在兼会师郧阳（四首）》，上海古籍出版社 1985 年版，第 21—22、148 页。

⑤ 李聿求：《鲁之春秋》卷 14，《传》第五之三，《义旅》三，《张煌言（［略］吴钽）》，浙江古籍出版社 1984 年版，第 146 页。

部侍郎麻勒吉家。① 这点再次说明他的胆略，也反映明清官场千丝万缕的联系、民族矛盾双方既斗争又渗透的有趣现象。清政府逮捕其澴、渡二子，"拷掠无完肤，卒不得祖锡所在。"康熙八年（1669），麻勒吉任两江总督，祖锡又"入两江总督麻勒吉记室以救之"②，加上原告奴仆死亡，狱事得解。

康熙八、九年（1669、1670）间，祖锡仍藏身南京长干里。他回江南的又一目的，是为去世已经二十二年的妻子徐氏治葬。九年五月，澴孤舟至南京省父，因父不归已经辗转十四年了。其后，祖锡又潜身清浙江巡抚范承谟"范公西园"③，继续借作政治掩护，并观察承谟，联络其幕下魏际瑞等人。

当时徐枋隐居吴县灵岩山下。康熙十二年（1673）八月，祖锡来话别。徐枋称他"吴仲天下士，志愿苦未伸"，"移山志不改，填海力逾神。"这次他自苏州去河南："发轫宛与洛"，经熊耳山、春陵道入陕，再转楚，"入楚听谣谚，三户宁无因？"④ "楚虽三户，亡秦必楚。"他是否对三藩之乱有些预感，预料楚地会有激烈战事，孕育着复明希望？当时三藩的强横人所共知，从历史经验可知这会导致它与清廷矛盾的激化，朝野都有人对此有认识。从另一复明志士李长祥在三藩乱前就投入靖南王幕，"一向在福建耿精忠那边"⑤ 看，祖锡产生这种预感也是很自然的。果然，

---

① 杨宾仅称祖锡匿京师，未指明京师何处。张其淦：《明代千遗民诗咏》（祁正注）第二编卷1，《吴稽田（祖锡）》云，祖锡因"当道刊章名捕四出，展转柳车复壁之间，既以好义知名，故多有大力者以护之。"亦不能指明大力者其谁。麻勒吉为顺治九年满洲榜状元。这些人已摆脱入关初还存在的八旗贵介凌轹汉人士文的传统，逐渐懂得汉族传统文化的优点和用处，亲近文士。麻勒吉同时的明珠、性德父子也是如此。祖锡利用此点接近麻勒吉。从其后入其记室，可推测匿麻勒吉家。

② 杨宾：《徐昭法吴稽田两先生合传》。传称祖锡入麻勒吉记室以救之，则祖锡曾入麻勒吉幕。此点应无疑义。徐枋：《居易堂集》卷17，《古体诗》，《题孤楫溯江图（并序）》云："己庚之岁，审知远公寓迹金陵"，即康熙八、九年也。又云："时远公之寓迹甚奇，即之若至阻"，"水深山义义，阻如隔天关"。此分明暗示其潜身督署之事实。又倪师孟等：乾隆《吴江县志》卷31，《节义》，《吴祖锡》则云祖锡"乙酉后未尝家居，虎狼之丛，蛟鳄之窟，王公曲室，节使幕府，无不栖托"，亦指出曾入"节使幕府"之事实。从徐诗并序看，澴之释放亦非近事，或被释回家，然后重至南京省视。

③ 彭士望：《耻躬堂文钞》卷4，《书》，《与罗周师中翰书（名京山阴）》。

④ 徐枋：《居易堂集》卷17，《古体诗》，《送远诗三十韵（并序）》。

⑤ 《巡抚湖广等处兼提督军务张朝珍启（清康熙十三年八月十八日）》，载《献丛编增刊》，《清三藩史料》一，第62页。

三藩之乱不旋踵就爆发。康熙十三年（1674）正、二月，吴三桂就率领叛军抵湖南前线。祖锡南下面见三桂，建议他拥明复明，"三桂已自立，议不合。"随后，祖锡转向台湾郑氏，派濩去福建见郑经，建议郑经"立故明宗室，统舟师北走天津，捣其虚。经方与精忠争漳泉，不听"①。三藩之乱头目并没有民族精神，本非复明运动同道。他们只是向清廷争夺割据的权益。祖锡企图加以利用，向他们建议拥明复明，无异对牛弹琴。郑经虽从继承郑成功复明事业兴起，此时也已逐渐蜕化，陷入割据，而且祖锡建议孤军北上，远离后防，在军事上具有很大的冒险性，也不易接受。祖锡在三藩之乱期间的全部复明活动都徒劳无功，化为泡影。

在连遭挫折后，祖锡的复明大志并没有丝毫削弱。他深知，"抱志之士遭值坎壈，最难知者肺肠，最可议者形迹，不逢直谅多闻。仁人长者，谁为恤其隐而鉴其外？横被讥评者多矣。"但他到底拥有许多知己？浙江嘉兴遗民巢鸣盛对他就很理解。鸣盛自明亡后"裹足不出户限者三十年"，与祖锡暌隔十五年后一听说他远游归来，就两次去迎接、看望，仍然深信他是全节的"完人"，见面倾吐衷肠，"谆谆恳恳以天祐不可不答，末路不可不慎为戒。词意俱苦，言之不足，继之以歌咏。"江西星子遗民宋之盛对他也有最知心的评论："此君涉历四方，胸有一大题目，横走竖走，皆不离此，非他人浮游者所能藉口。"② 王余佑也说："人拟其胸中块垒必大有所结辖，亦言所必吐。"③ 总之，他的理想没有实现，那么这个理想就像一团火，始终在他的胸中燃烧。

至此，祖锡只剩下了最后一步棋：自己组织起义。三十余年历尽千辛万苦，奔走联络，培植出这样一个蓓蕾。康熙十六年（1677）三月，祖锡"乃部署兖豫淮徐青登诸豪杰，迎周府镇国将军丽中至胶州大珠山，将起兵奉丽中监国"④。大珠山在山东胶州南（今胶南大珠山镇境），其南峰临

---

① 杨宾：《徐昭法吴稽田两先生合传》。其《晞发堂诗集》卷1，《亡友》，《吴商志》注云："三藩乱后曾入台湾说郑氏助兵，不合而归。"郑经此时在福建作战，吴濩不需要去台湾做说客。

② 徐枋：《居易堂集》卷3，《与吴子佩远书》附吴祖锡（佩远）：《答俟斋书》。

③ 王余佑：《吴处士小传》。

④ 杨宾：《徐昭法吴稽田两先生合传》。按：周府世系二十字无丽字，此丽中或系其人改名，或为其人字号，原名似不可考。

海，便于海上交通联络，有山涧，深潭、寺庵，洞室，利于隐蔽生活。①
胶州多遗民，② 祖锡的事业在这里容易得到他们的同情和支持。祖锡决定
在这里聚众起义，是经过反复、慎重选择的。但这个蓓蕾最终没有开放，
结出硕果。祖锡长期在外奔走，饮食、作息无定时，肯定患有严重的胃
病。三月十九日，崇祯帝忌辰致祭，他过分悲痛，诱发胃部大出血。他
"哀恸，下血，病不能起"，把诸豪杰请到床前说："吾本无才略，不幸而
遭家国之难，力图恢复，思以报吾父者报吾君，今诸公方至而死……"话
还没有说完，"呕血数升卒"③。次子濩同"奉周世子丽中公于大珠山"④，
老父临终时侍侧。祖锡去世后，"四方吊客号哭而祭墓者无虚日"，后来
濩、溉奉枢"归葬故阡"⑤。

　　起义因突然失去领袖而夭折。诸豪杰亦解散。濩、溉"志处士之志，
行处士之行"⑥，处士指祖锡，二子似曾继其父进行复明活动。

　　祖锡为复明奋斗，尤其是长期坚持奔走联络，冲寒冒暑，披星戴月，
或浮舟扬帆，"或结驷连骑，或襆被往来，不一其状"⑦，而目标未能实
现，甚至没有产生什么有形的成果。复明运动的失败有其必然性，是明清
力量对比对明朝不利所决定的，是民族矛盾趋向缓和的结果，⑧ 并不是任
何参加者个人无能或其他个人因素的影响。尽管如此，从结局来说，祖锡
的死仍不能不说是一个悲剧。

　　但是，吴祖锡应该有他的历史地位。他的一生留下了三种宝贵的精
神。一是民族精神。所谓"三户亡秦之志，九章哀郢之辞"，在清初指的
是反抗民族压迫、民族奴役的民族精神。在分析任何社会问题时，理论上
的绝对要求，就是要把问题提到一定历史范围之内。在当时的历史条件
下，民族矛盾的事实激发出民族反抗精神，使吴祖锡一类志士产生"三户

---

① 李图等：道光《胶州志》卷 12，《志》一，《山川》。
② 李图等：道光《胶州志》卷 25，《列传》第 5，《人物》，《明人物传（事功）》。
③ 杨宾：《徐昭法吴稽田两先生合传》。
④ 杨宾：《晞发堂诗集》卷 1，《亡友》，《吴商志》。
⑤ 王余佑：《吴处士小传》。
⑥ 同上。
⑦ 同上。
⑧ 参见本书《李之椿案与复明运动》，第 1—21 页。

亡秦之志",进行复明活动,是很自然的。正是这种精神表现出中华民族的勃勃生机、她巍然屹立于世界民族之林的能力。二是坚毅的斗争精神。一般说来,清初士民常以三种方式表现自己的抵抗:自杀,如制扇欧敬竹、① 徐沨、祁彪佳等;当遗民,如巢鸣盛等,包括因抗拒清朝制度而遇害的遗民,如昆山顾铁匠、宁都秀才刘泰兆等;② 进行复明活动,包括起义,如吴易、吴祖锡等。自杀者和当遗民者保持了民族气节,但一死一隐似乎就已置身斗争以外,做起来也相对容易。杨宾比较说:"夫守贞与恢复……其难易较然矣。"③ 他认定为复明而斗争受难。祖锡为正义事业历尽风涛,备尝艰苦,出生入死,百折不挠,数十年如一日,鞠躬尽瘁,死而后已,表现了一种伟大的韧性,即在复明诸人中也很罕见,堪称志士的楷模。三是勤奋治学的精神。祖锡毕生投身政治,但不废士人的传统,行囊中有《廿一史方舆考略》一帙,于仆仆风尘中随时治学。此书显然是结合他奔走联络时得到的实际知识,"山川阻塞如指诸掌"④,而确定的选题,也是清初学术界经世致用思潮的产物。书成,"署以他人姓氏刻之,己不愿居其实也"⑤。祖锡作为一个学人的勤奋艰辛,不尚名利的精神,同样令人肃然起敬。

原载《周一良先生八十生日纪念论文集》,中国社会科学出版社 1993 年版

---

① 汤成烈等:光绪《武进阳湖县志》卷 24,《人物》,《忠节》,《欧敬竹》。
② 徐秉义:《明末忠烈纪实》卷 17,《违制传》,浙江古籍出版社 1987 年版,第 364、365 页。
③ 王余佑:《吴处士小传》。
④ 倪师孟等:乾隆《吴江县志》卷 31,《节义》,《吴祖锡》。
⑤ 王余佑:《吴处士小传》。

陆圻及其在清初的遭遇和抗争

　　士人是中国封建社会的知识阶层，是社会的文化承载者、思想代表者。在社会的任何一次大动荡中，他们的感受往往最敏锐、最深刻，并且由于各人主客观条件的差别而有不同的反应。明清之际是一个激烈动荡的时期，阶级斗争、统治阶级内部斗争、民族斗争、国家间斗争交织固结，把每个人自觉不自觉地卷了进去，向他们提出何去何从的问题。本文研究陆圻的经历，揭示其在清初的遭遇和抗争，借以解剖清初士人状况的一个典型。

一

　　陆圻出生在一个具有文化根底的下层官员家庭。这样的家庭，在当时的士人中是很普通的，但与产生陆圻这样的人又有特殊的关系。陆圻的父亲运昌，原名铭勋，字梦鹤，浙江钱塘民籍，兰溪人①。运昌为复社名士，崇祯七年（1634）进士，先后任江西永年、吉水知县，颇著治绩，称"名宦"，在吉水任上丁忧去职。陆运昌既有文化、儒学、道德传统，又与明朝有较紧密的政治联系。陆圻的培养、成长，不是偶然的。

　　运昌生六子，圻为长，以下依次为培、堦、塂（早殇）、垣、埜。圻字丽京，又字景宣，号讲山、谁荐②，万历四十二年（1614）九月初五日生③。从他们这一代开始，钱塘籍贯合一，或入同城仁和籍，钱塘人。圻

---

　　① 朱保炯等：《明清进士题名碑录索引》，上海古籍出版社1980年版，下册，第2065页。
　　② 孙治：《孙宇台集》卷37，《七言律》，《闻柴虎臣病并念谁荐消息（谁荐即丽京也）》。
　　③ 节庵辑：《庄氏史案本末》卷下，引陆莘行《老父云游始末》。

兄弟才艺广博，而圻、培、堦尤其出色，"高文异采，一门竞爽，号为三陆。"① 圻充崇祯时仁和拔贡，为人平和、谦让、孝友、幽默，诗文负盛名，"经术词名为海内冠绝。少时，乃独务调疹疾，心知脉法所在，手援往往辄验。"② 儒业外兼习医方，说明他不以饱暖玩乐自适，而是具有很强的社会责任感，从小就有志塑造自己成为进退有据、有用有益的人。培字鲲庭，号部娄，万历四十五年（1617）生③，崇祯十三年（1640）进士。培倜傥慷慨，秀伟绝伦，"其所为诗文，一时争效之，号西陵体"④，"究天文、河渠、农政诸书，旁及五纬图忏、开方勾股之学。"⑤ 运昌曾说过："圻温良，培刚毅，他日当各有所立。"⑥ 这些话表现了一位父亲对儿子的理解和喜爱。堦字梯霞，万历四十八年（1620）生，与两兄"并以文章领袖东南"⑦。垣、堦也是有学之士。

明末中国社会是一个充满矛盾的社会。朝堂上，党争激烈，滥行黜革、杀害，社会上，民怨沸腾，起义纷起。政治腐败，民不聊生，残年衰朽，无可救治。但是明初以来二百余年经济发展，文化积累，道德修养，生活实践，形成非常深厚的基础，使明末社会英才辈出，人文蔚起。这是很突出的矛盾。与陆氏兄弟同时，各地文人学士意气风发，表现活跃。陆氏兄弟自然有与之声应气求的文人朋友，人数指不胜屈。仅陆圻乡里附郭仁和、钱塘二县为数就很众。

最著名的，是以陆圻为首的"西陵（泠）十子"。陆圻以次，为甲，柴绍炳，字虎臣，仁和人，万历四十四年（1616）生，康熙九年（1670）

---

① 吴颢、吴振棫：《国朝杭郡诗辑》卷2，《陆圻》。

② 柴绍炳：《柴省庵先生文钞》卷6，《序》，《距奘堂诊籍序》。

③ 沈玠：《耿岩文选》，《列传》，《大行陆公鲲庭传（附汪渢）》，谓培顺治二年死，"年二十九"。

④ 徐秉义：《明末忠烈纪实》卷18，《殉国传》，《陆培》，浙江古籍出版社1987年版，第380页。

⑤ 裘琏：康熙《钱塘县志》卷20，《人物》，《忠节》，《明》，《陆培》。

⑥ 《清史列传》卷70，《文苑传》一，《陆圻（弟堦从子繁弨）》，标点本，第18册，第5684页。按：谢国桢《江浙访书记》，三联书店1985年版，第26、27页误为圻之父，且将培登进士提前六十年，大误。

⑦ 裘琏：康熙《钱塘县志》卷22，《人物》，《文苑》，《国朝》，《陆堦》。堦生年据孙治《孙宇台集》卷9，《寿序》，《陆梯霞六十寿序》。

正月卒①。他随父去福建，著籍为莆田县学诸生。其早期文典赡工丽，渐归平淡。他的学识广博，"自天文、舆地、乐律、典礼、农田、水利、兵制、赋役无不涉其崖略。"②此外，他"复精扁鹊脉"③。蓄积之厚，可谓惊人。乙，孙治，字宇台，仁和人，万历四十六年（1618）生，康熙二十二年（1683）卒④，县学诸生。少颖异，通古史，精周易，"作赋比孙绰，草字同右军"⑤。丙，吴百朋，字锦雯，钱塘人，万历四十四年生，康熙九年二月卒⑥，崇祯十五年举人。百朋聪敏豪放，"博物洽闻，与徐世臣辈创为瑰丽奇伟之文，天下诵之"，陆圻称许"天下经纶徐世臣，天下青云吴锦雯"⑦。柴绍炳赞扬"锦雯才情斐娓，兼有气势，故鸣笔不羁，境非绝诣，致异小家，乐府歌行，□□大国风也"⑧。丁，陈廷会，字际叔、鹡客⑨，钱塘人，万历四十七年（1619）生，康熙十八年（1679）七月卒⑩，杭州府学生。廷会"天性好学，贯穿经史"，"所为文沉博绝丽，四方人多宗之"⑪。"又精通黄帝、扁鹊言，能立起奇疾，诸言镜方者皆不及也。"⑫戊，张纲孙，字祖望，后改名丹，字秦亭，号竹隐，钱塘人，万历

　　① 钱仪吉辑：《碑传集》卷 127，《理学》上，周清源：《崇祀理学名儒柴先生绍炳传》；沈谦：《东江集钞》附录，毛先舒：《沈去衿墓志铭》。

　　② 《清史列传》卷 70，《文苑传》一，《柴绍炳》第 18 册，第 5686 页。

　　③ 吴颢、吴振棫：《国朝杭郡诗辑》卷 2，《吴百朋》，《西泠十子咏》。

　　④ 孙治：《孙宇台集》首，陆嘉淑：《孙宇台先生遗集序》，明著其卒年，卷 14，《传》，《外大父母传》，可排推其生年。赵世安：康熙《仁和县志》卷 18，《人物》，《文苑》，《国朝》，《孙治》，谓"年六十六，竟卒于泽州署中"，足资旁证。

　　⑤ 吴颢、吴振棫：《国朝杭郡诗辑》卷 2，《吴百朋》，《西泠十子咏》。

　　⑥ 柴绍炳云："锦雯与予同庚"，见《柴省轩先生文钞》卷 9，《传墓志铭》，《吴威卿传》。沈谦：《东江集钞》附录，毛先舒：《沈去衿墓志铭》。

　　⑦ 《清史列传》卷 70，《文苑传》一，《柴绍炳》，《吴百朋》第 18 册，第 5689 页。

　　⑧ 柴绍炳：《柴省轩先生文钞》卷 6，《序》，《西泠十子诗选序》。

　　⑨ 陈廷会字鹡客见于吴百朋《西泠十子咏》。

　　⑩ 赵世安：康熙《仁和县志》卷 18，《人物》，《高隐》，《国朝》，《陈廷会》；孙治：《孙宇台集》卷 15，《传》，《亡友柴汪陈沈四先生合传》。

　　⑪ 黄容：《明遗民录》卷 6，《陈廷会》，见谢正光等编《明遗民录汇辑》，《陈廷会》，南京大学出版社 1995 年版，下册，第 750 页。

　　⑫ 孙治：《孙宇台集》卷 15，《传》，《亡友柴汪陈沈四先生合传》。

四十七年生，康熙二十六年（1687）卒①，"性恬淡"②，"为诗悲凉沉远"，"波澜老成，盖诸子中之杰特者。"③ 己，丁澎，字飞涛，号药园，浙江嘉善籍，仁和人，回族，天启二年（1622）二月十七日生，康熙三十年（1691）以后卒④，崇祯十五年（1642）举人，顺治十二年（1655）进士。他擅长"诗赋古文词，自少年未达时即名播江左"，后因两弟景鸿、溁都以诗著名，而合称"三丁"⑤。庚，沈谦，字去衿，仁和人，万历四十八年正月十九日生，康熙九年二月十三日卒⑥。他六岁能辨四声，九岁能诗，后诗作益工，"寻汉魏之规矩，蹈初盛之风致"，"其意贞而不滥，其声和而不肆"⑦。辛，毛先舒，字稚黄，后改名骙，字驰黄，号竹荐先生，钱塘人，泰昌元年（1620）十月十五日生，康熙二十七年十月初五日卒，仁和籍诸生。先舒少慧，年十八刊行《白榆堂诗》，先后从陈子龙学诗，从刘宗周问"性命之学"，与萧山毛奇龄、遂安毛际可齐名，"京师为之语曰：浙中三毛，东南文豪。"⑧ 壬，虞黄吴，字景明，一作景铭，钱塘人，他是陆圻门生⑨，生卒年待考。据吴百朋《西泠十子咏》"我怜虞仲子，同党最年少"句，在十子中最小，应较丁澎更年轻，生于天启二年以后。他的"高文既绮丽，诗章复窈妙"⑩，"妙龄嗣响，一洗芜累。"⑪ 这些情况说明，陆圻等西陵十子都是才气横溢的诗文作家、学者，志向高远，随时准备对社会做贡献的人。

还有被吴百朋也列入"西泠十子"的徐继恩和沈兰先。徐继恩，字世臣，别字逸亭，仁和人，万历四十三年（1615）十月初四日生，康熙二十

① 刘辉校笺：《洪昇集》卷1，《啸月楼集》，《五言古诗》，《寄题张祖望先生村居》笺，浙江古籍出版社1992年版，第103页。

② ［朝鲜］佚名：《皇明遗民传》卷4，《张纲孙》。

③ 《清史列传》卷70，《文苑传》一，《柴绍炳［略］张丹》第18册，第5689页。

④ 《顺治十二年乙未科会试三百八十五名进士三代履历便览》（同班好友杨大业教授抄示）。卒年则据杨大业教授所作丁澎研究稿。

⑤ 李桓辑：《国朝耆献类征》初编卷140补录，《郎署》二，《丁澎》，录林潞撰《外传》。

⑥ 沈谦：《东江集钞》附录，沈圣昭：《先府君行状》。

⑦ 沈谦：《东江集钞》首，陆圻：《序》。

⑧ 毛奇龄：《西河文集》，《墓志铭》九，《毛稚黄墓志铭》。

⑨ 陆圻：《威风堂文集》《诗部》，《山居述哀诗》（序）。

⑩ 吴颢、吴振棫：《国朝杭郡诗辑》卷2，《吴百朋》，《西泠十子咏》。

⑪ 柴绍炳：《柴省轩先生文钞》卷6，《序》，《西泠十子诗选序》。

三年（1684）九月二十四日卒①，诸生，崇祯十五年乡试副榜，弘光年间贡生，登楼社（揽云社）创始者之一。沈兰先，字甸华，后改名昀，字朗思，仁和人，与徐继恩同年生，康熙十六年卒②，诸生，从刘宗周学，精濂洛之学，诗文也有名。此外，仁和还有闻启祥、严调御、金堡、陈朱明（后改名潜夫字玄倩）、朱明弟祚明、应撝谦、汪沨等人，钱塘有胡介、顾卦、陆彦龙、徐旭旦、郑铉、张竞光、顾豹文等人，"英彦如林，竞飏菁藻。"③ 江浙各地与杭州相伯仲。外地人才诞生的趋势也很强劲，令人惊叹。

因此，陆圻兄弟、西陵十子的出现是不寂寞的，群星灿烂在实际生活中会产生推波助澜的效应。但是，明末涌现的人才有片面性，主要表现在文化方面绚丽辉煌，却缺乏治国良才和领军将才，重文轻武的传统、实战锻炼不足则难出将才，尤其是政治腐败使士人的聪明才智不用在国计民生上，而用在攫取权利、算计别人上，不仅不出治国良才，反而埋没良才。陆圻兄弟和西陵十子的成就也在文化方面。

明代文化最显著的特点之一，是结社风气很盛，明末尤甚。社是一种士民自发组织的专业文化团体，虽同社有成文的或不成文的规条加以约束，实则松散而自由。其来源应是宋代的"社会"④。社的种类最著名的是文社和诗社，文社的盛行主要是适应举业深造的需要，同社甚至将四书五经进行分工研究，"切磋为文"⑤。诗社是为饮酒赋诗而设的，既进行文化训练，又表现为课余的风流倜傥的生活。其他则填词有词社，书法有字社，习画有画社，手谈有奕社，推崇礼制，转变习俗有移风社，等等。同社定期聚会，举行活动。万历时，浙江山阴（今绍兴市）结奕社，"同人有良集，弦望为要期。试问何所事？决赌以围棋。"此奕社主持者也只爱

---

① 毛奇龄：《西河文集》，《塔志铭》一，《洞宗二十九世传法五云偈亭挺禅师塔志铭》。
② 吴颢、吴振棫：《国朝杭郡诗辑》卷2，《沈昀》，从卒年六十三推出生年。
③ 柴绍炳：《柴省轩先生文钞》卷6，《序》，《西泠十子诗选序》。
④ 参见灌圃耐得翁《都城纪胜》，《社会》，古典文学出版社1957年《东京梦华录（外四种）》本，第98页，吴自牧：《梦粱录》卷19，《社会》，同书第299—300页；周密：《武林旧事》卷3，《社会》，同书第377—378页等。
⑤ 李骥：《虬峰文集》卷20《墓志铭行状祭文哀辞》，《何墩墓志》。

好此道，自己"不能奕，坐观胜负"，"石友主齐盟，袖手衡雄雌。"① 也可以跨省府州县结成大社，则仅通讯联络，"同社者从邮筒而致其姓氏行卷，东西南北之人顾不必相见也。"或有利用科举之机"举同社之会者，因解试则在省，因岁试则在郡"。大社的活动，后来发展到很大的规模，举行声势浩大的聚会，"先期使者四出，连十余郡之士子聚于一邑，舟车填咽，巾履交错，扫街罢市，置酒高会。"② 万历以后，这样的集会产生，次数也增加。万历四十七年（1619年），茅元仪等"作秦淮大社，会词客三百人"③。崇祯初，"复社盛兴，舟车之会几遍海内。每邑以一二人主其事，招致才俊之士，大集虎丘。其中负盛名，矜节概者固多，而借此钻营竿牍，奔竞科场亦实繁有徒。"④ "复社声气遍天下，每会至二三千人。"⑤ "此……就是崇祯年间的事。……其时处处都有文社诗会，无论城市斯文凑集之地，就是乡村市镇，有几个读书的，毋论已进未进，也要拈一社，结一会，三六九日课文课诗。"⑥ 形成这种趋势，是经济、文化发展的反映，但更是明末政局混乱，国家危机四伏，士民需要倾吐郁闷，议论国是的结果。也就是说，结社活动的大发展，是明末经济、文化与政治的综合表现。

陆圻兄弟参与活动的年代，正是复社气势如虹的时候。杭州以严调御、闻启祥等为首的读书社也加入了复社。"继读书［社］而起者为登楼［社］。"⑦ 登楼社又名揽云社，是由陆圻兄弟与其友徐继恩等共同成立的⑧。其成员包括严渡、严津、严沆、吴百朋、陈朱明（潜大）、吴山涛、

---

① 祝彦元：《侣鹤堂诗集》卷1，《五言古》，《棋会诗一章［略］》。

② 黄宗羲：《南雷诗文集》下，《南雷杂著稿》，《钱孝直墓志铭（甲辰）》，《黄宗羲全集》第11册，浙江古籍出版社1993年版，第47页。

③ 茅元仪：《石民渝水集》卷3，《渝关酒残忆旧京》。

④ 朱鹤龄：《愚庵小集》附录《传家质言》。

⑤ 王培荀：《乡园忆旧录》卷1，《结社余风》。

⑥ 华阳散人：《鸳鸯针》第3卷，《真文章从来波折，假面目占尽风骚》第一回，《应声气招贤倡社，认年家杯酒呈身》，春风文艺出版社1985年版，第115—116页。

⑦ 黄宗羲：《南雷诗文集》上，《碑志类》，《查逸远墓志铭（戊午）》，《黄宗羲全集》第10册，浙江古籍出版社1993年版，第366页。

⑧ 参见《清史列传》卷70，《文苑传》一，《陆圻（弟堦从子繁弨）》，第18册，第5684—5685页。毛奇龄：《西河文集》，《塔志铭》一，《洞宗二十九世传法五云俍亭挺禅师塔志铭》。

张陛、丁澎①、朱一是②等人。登楼社成立较晚，大约已在崇祯十年（1637）以后③，即登楼社成员有二十岁左右。崇祯十三年（1640），陈子龙出任绍兴府推官兼摄诸暨知县。陈子龙字卧子，松江府青浦籍，华亭（今上海市松江）人，云间派大诗人，诗文都有盛名。毛先舒《白榆堂诗》，流传到绍兴祁彪佳处。十四年（1641），子龙在祁彪佳座上得见，"称赏，遂投分引欢，即成师友，其后西泠十子各以诗章就正，故十子皆出卧子先生之门，国初西泠派即云间派也。"④ 陈子龙成为西陵十子之师后，也参加登楼社诗酒活动。

登楼社与当时许多结社发展的趋势相同，加入复社。崇祯十五年正月⑤，复社"又大集虎丘"，"武林登楼诸子"大多踊跃参加⑥，即登楼社加入复社之始。这是明亡前复社最后一次大会。由于明清改朝换代，太仓二张（张溥、张采）接连去世，其后复社分裂，社事中辍。其实登楼社内部在崇祯十五年已发生严重纷争。明末士大夫受朝内党争的影响，对人对事都要明辨清浊，坚持气节，但如稍走极端，缺乏节制，就容易发展为沉迷声名，崇尚意气，州县里社，林下乡间，也都标榜节概，党同伐异。"士风之弊，始于万历十五年后，迹其行事，大都意气所激而未尝有穷凶极恶存乎其间。"⑦ 这是明末士风的重大表现之一，是其突出特点之一。陆培在这种风气下出生、成长，性格上这种色彩很鲜明，"儿时尚气节，闻忠孝事辄慷慨动色"，"性好延揽，汲引寒士，虽侧陋必折节下之，意所不可，即贵幸不与通。"⑧ 同社陈朱明（潜夫）性格相近，"任侠，乐以身许

---

① 杜登春：《社事始末》。

② 黄宗羲：《南雷诗文集》上，《碑志类》，《查逸远墓志铭（戊午）》，《黄宗羲全集》第10册，第366页。

③ 朱倓《明季杭州读书社考》定崇祯十至十五年间，见郭绍虞《照隅室古典文学论集》上编，上海古籍出版社1983年版，第511、600页。

④ 《陈子龙诗集》附录二，《陈子龙年谱》卷上，《附录》引《白榆集小传》，上海古籍出版社1983年版，下册，第669页。

⑤ 方以智参加此会，先年冬南下，本年二月中已在京为定王讲官，故此会在正月。可参见任道斌《方以智年谱》，安徽教育出版社1983年版，第109—111页。

⑥ 杜登春：《社事始末》。

⑦ 范濂：《云间据目钞》卷2，《记风俗》。

⑧ 裘琏：康熙《钱塘县志》卷20，《人物》，《忠节》，《明》，《陆培》。

人"，"与同座稍不合意，辄叱去，或援笔檄逐之，喜诞放，而独于笃孝弟多至性之事，顾以轻讥讪，物论不甚与。"① 结果两人激烈冲突，起因有三：一是朱明"好臧否人"②，"为人不矜细行，不为乡里所容"③，足以引起陆培恶感；二是崇祯十五年四月④，黄道周（石斋）到杭州，陆培往见，想请黄道周为先年弃世的父亲运昌表墓，坐待许久没有得见，尴尬、愧愤，朱明火上加油，嘲笑说："石斋坐岂有昆庭履迹哉"⑤；三是朱明致书复社巨子金坛周镳，言语间表现出轻视陆培。培积恨，出檄攻击朱明，"然所拾皆细，谓东林不必以潜夫为重而已"⑥，又致书黄宗羲，"欲东浙为应"，经宗羲联络，发展成跨府县大风波，绍兴以王毓蓍为首，宁波以陆符为首，"皆出檄"⑦，声讨朱明。朱明此时采取了避让态度，说："士贵自立，垂不朽耳，岂以翰墨争是非哉。"⑧ "乃避居华亭"⑨。他的谦退博得了同情。沈兆昌说："陈子恺直，吾党益友，其于父母昆弟多有可称者。即以刺诽故，罪不至出境。"嘉兴陈恂更激烈，说："吾固信玄倩甚，奈何强吾击所善！"两派的积愤，在嘉兴演变成持续的大对峙、大辩论，"陈与陆两家同社宾客子弟各数十百人列舟为阵，口角于禾之东门，连三月，观者数千人。"⑩ 幸而参加者都是些文弱书生，才没有演出大武行。其时明朝在军事上连遭致命打击。几年间，李自成农民军多次重创明军主力，张献忠农民军出川扫荡长江流域一带，而洪承畴大军在松锦之役中被清军消灭后，自己也投降清朝。明朝统治大势已去，亡在旦夕。在这种关键时刻，士人仍汲汲于细故，集矢于同党，可以看出他们对大局的心态不能端正。

---

① 查继佐：《国寿录》卷3，《太仆寺卿监军御史陈公传》，中华书局1959年版，第93页。
② 王蓉坡等：道光《会稽县志稿》卷17，《人物志》一，《忠节》，《明》，《陈潜夫》。
③ 徐秉义：《明末忠烈纪实》卷14，《殉鲁传》，《陈潜夫》，第248页。
④ 参见侯真平《黄道周纪年著述书画考》上，厦门大学出版社1994年版，第298页。
⑤ 查继佐：《国寿录》卷3，《太仆寺卿监军御史陈公传》，第94页。
⑥ 查继佐：《国寿录》卷1，《行人陆公传附兄圻弟堮》，第50页。
⑦ 黄宗羲：《思旧录》，《陆培》，《黄宗羲全集》第1册，第377页。
⑧ 温睿临：《南疆逸史》卷11，《列传》第7，《陈潜夫》，中华书局1959年版，上册，第83页。
⑨ 李聿求：《鲁之春秋》卷9，《寺院》一，《陈潜夫（陆圻）》，浙江古籍出版社1984年版，第89页。
⑩ 查继佐：《国寿录》卷3，《太仆寺卿监军御史陈公传》，第94页。嘉兴古名嘉禾，简称禾。

它是明末长期的党争产生的严重的思想影响，激烈的情绪化，削弱了士人政治上的敏感性、是非观和判断。事情起于陈朱明和陆培，但陆圻推波助澜，不能辞其咎。所以有人直截了当指出："始为文逐潜夫者，陆培与其兄圻也。"① 陈朱明虽失于轻薄而招惹是非，但陆氏兄弟在见识上毕竟逊他一筹。陈朱明改名潜夫，北上参加次年礼部试，不第，到吏部选官。这场风波才平息下去。

<h1 style="text-align:center">二</h1>

崇祯十七年（1644）三月，明朝统治被推翻。这是国运的转折。对陆圻等人来说，这也是他们人生的转折。

弘光政权建立后，陆培选官行人司行人。当年冬，培在奉命赴江西饶州祭奠淮王后，不复命，便道归里。此时他有很强烈的危急存亡之感，深知清人虎视，国势已去，"与其友陆彦龙结壮士数百人谋保障乡土"。弘光元年（1645）五月，南京陷落，弘光政权崩溃。六月，清多罗贝勒博洛等率清兵趋杭州，培又晋见浙江巡抚张秉贞，"请发兵拒守"②。尽管为时已晚，但这仍是陆氏兄弟为挽救明朝而进行的最早的抗争。张秉贞与陈洪范密谋降清后，陆培悲愤绝望，于闰六月初五日自杀殉国。当时，义兵蜂起，列营江东抗清。陆圻虽文弱温良，以大义所在，也参加军事活动。陈潜夫"至江东起兵，驻营下庄，先生亦至与共事"③。潜夫时在监国鲁王下任职太仆寺卿，"领兵数百，屯岩门守江"，又常随兵部侍郎熊汝霖出战，"独为阵当冲，小有斩馘。"④ 潜夫采取主动，争取陆圻合作，"尽释旧嫌，留圻请参其军事，上疏为培请赠谥，培得谥忠毅，时人贤之。又疏荐圻，监国授以官，圻辞不受。"⑤ 后来，陈潜夫所部与江上诸军一道，因

---

① 李聿求：《鲁之春秋》卷9，《寺院》一，《陈潜夫（陆圻）》，第92页。
② 温睿临：《南疆逸史》卷13，《列传》第9，《陆培》上册，第94页。
③ 全祖望：《鲒埼亭集》卷26，《状略》，《陆丽京先生事略》。据官方资料写成的《清史列传》卷70《文苑传》一，《陆圻（弟堦从子繁昭）》，只说他"寻至越入闽"，标点本，册18，第5685页。
④ 查继佐：《国寿录》卷3，《太仆寺卿监军御史陈公传》，第96页。
⑤ 李聿求：《鲁之春秋》卷9，《寺院》一，《陈潜夫（陆圻）》，第92页。

缺饷饥疲内讧，招致完全失败。监国鲁王元年（1646）六月，陈潜夫与两妻自杀殉国。

陆圻走福建南安。当时，曾与陆培一道结客招兵的陆彦龙到了南安，"陆丽京亦避地于此，人目曰钱塘两陆生。"[1] 陆圻在福建的活动值得研究。陆彦龙在陆培死后曾赴徽州投明御史金声抗清义军，参赞军机。"口画便宜"[2]，中道退出，走福建。他为人夭矫不群，豪迈名世，"气吞伍相潮，手弄三山云，怒发指庆卿，沉醉骂伯伦。"[3] 伍相即反越保吴的吴大夫子胥，世传子胥死后，吴王以鸱夷之器盛殓其遗体，投于江中，自此江潮不断地冲决、荡激江岸，"鸱夷激起钱塘潮，朝朝暮暮如呼号。"[4] "伍相潮"表现出不甘心被灭亡的思想。庆卿即荆轲，伯伦即刘伶，陆彦龙就像刺秦王保弱燕的荆轲，使酒斥骂当道（晋廷）的刘伶，其反清复明的面貌历历可见。三山为福州别称，借指福建。手弄福建的云，喻陆彦龙在福建深山穷谷的活动，或力图在福建掀起的反清起义的风云。彦龙在福建的反清复明运动鲜活地表现出来。全祖望认为，陆圻在福建的活动，"尚崎岖兵甲之间，思得一当。"[5] 吴百朋也暗示陆圻福建之行风涛险恶，"驱环别母赋南征，沃焦海老随鲵鲸。"[6] 这都说明，钱塘两陆生都退到福建南安应非偶然，他们的活动是互相呼应、配合的。

陆圻本人是个复明主义者。他在福建，与遗民郑郊、郑郏密切交往。郑郊兄弟是抗清人士夏允彝、徐孚远、姚翼明等的好友。郑郏说陆圻"尚有复吴志"[7]，借陆氏先世东吴名臣陆家名义，寓意复明。江南三凤凰之一的彭师度，也说陆圻"才华傲国士"，"坎坷险难多殷忧，泪哭秦庭佩蒯缑，赋成悼逝心惨切，恍如《哀郢》悲三秋。"[8] 诗中引申包胥、屈原复

---

① 吴颢、吴振棫：《国朝杭郡诗辑》卷 2，《陆彦龙》。

② 柴绍炳：《柴省庵先生文钞》卷 9，《传墓志铭》，《陆襄武征君传》。

③ 王沄：《王义士辋川诗钞》卷 1，《五言古诗》，《来友诗》，《武陵 [林] 陆茂才襄武（彦龙）》。

④ 参见冯梦龙等《东周列国志》第八十二回，《杀子胥夫差争歆纳蒯聩子路结缨》，人民文学出版社 1955 年版，下册，第 775 页。

⑤ 全祖望：《鲒埼亭集》卷 26，《状略》，《陆丽京先生事略》。

⑥ 吴颢、吴振棫：《国朝杭郡诗辑》卷 1，《吴百朋》，《喜丽京闽归有赠》。

⑦ 郑郏：《郑皆山诗集》，《御部》，《五言律诗》，《武林不见陆丽京倦然念之》。

⑧ 彭师度：《彭省庐先生诗集》卷 2，《七言古》，《读丽京南浮草因忆鲲庭》。

楚保楚故事，寓意复明。据"泪哭秦庭佩蒯缑"句所示，不禁要问：陆圻难道有过佩剑出使借兵抗清复明的事吗？要向之借兵的秦庭又是何处呢？今已完全隐晦难以考知了。他的好友孙爽还说他"手搓断发目炬猛，四座知为日月威"①。诗句写出陆圻对被强迫剃发所感到的愤怒，目光如炬，日月为明，大家都知道他是为明朝发威。所以陆圻的复明立场和意志，在他的朋友中是尽人皆知的。但他与郑郊兄弟具体做了什么？他还与什么人来往？有什么谋划？看来陆圻在福建"崎岖兵甲之间"还有许多待发之覆。有一点比较明确，就是没有任何关于陆圻再次参加抗清军事行动的蛛丝马迹，看来他只是一名地下复明运动的积极参加者。

顺治四年（1647）圻母裘氏夫人函召陆圻回乡。他途经闽北浦城，稍事休息游玩，"一日，登陴眺望，城上卒以为奸细，执之"，解送清方守将处，"银铛而缚于阶下"。这是陆圻入清后第一次被捕。幸亏新任浦城训导是圻同乡好友赵明镳，与守将交好，将他保释。所以陆圻感激地说："微赵子，吾不免虎口。"②回乡后，圻迫于现实，改业医生维持生活。他行医卖药定点在海宁长安镇，"卖药长年在海滨"③，"卖药长安市上，僦居大虹桥之左。"④也流动行医，结合游历，"卖药三吴"⑤。"业医既数年，所存活不下数千百人"。柴绍炳夫妇"连抱沉疴，为粗工所误，伏枕旦夕，丽京临诊救药，垂绝而痊，处剂神明，此其大效矣"⑥。陆圻治病的明效大验，以致民间制造和流传一些关于他治愈绝症的神话，"由是吴越之间争求讲山先生治疾，户外屦无算。"⑦他还把临床经验和研究心得整理成书，著有《医林口谱》《医案》《医论》《距奭堂诊籍》《恭寿堂诊籍》《医林新论》《伤寒捷书》《本草丹台录》等⑧。

---

① 孙爽：《容庵诗集》卷5，《七言古》，《陆丽京见过仝子周弟夜坐（丽京时自闽归）》。
② 孙治：《孙宇台集》卷15，《传》，《亡友柴汪陈沈四先生合传》。参看柴绍炳《柴省庵先生文钞》卷9，《传墓志铭》，《赵珍留传》。
③ 方文：《嵞山续集》，《徐杭游草》，《七言今体》，《饮陆丽京斋头因与刘望之留宿》。
④ 金鳌等：乾隆《海宁县志》卷9，《人物传》，《寓贤》，《国朝》，《陆圻》。
⑤ 董说：《董若雨诗文集》，《丰草庵诗集》卷8，《临兰亭编》，《丽京卖药谣》。
⑥ 柴绍炳：《柴省庵先生文钞》卷6，《序》，《距奭堂诊籍序》。
⑦ 全祖望：《鲒埼亭集》卷26，《状略》，《陆丽京先生事略》。
⑧ 何时希：《中国历代医家传录》，《陆圻》，人民卫生出版社1991年版，中册，第389—390页。

　　黄宗羲说，陆圻医术较宁波高斗魁稍逊，顺治十七年（1660）斗魁行医后，"讲山之门骤衰"。[①] 不管事实果否如此，陆圻确曾是一代名医。圻以医药为业，仍是他在政治上进行抗争的形式，做遗民，不为清朝统治服务，不与清朝合作。这是进行抗争的一种比较缓和的形式。所以他被认为"高隐"[②]，"隐于医"，"避世井中史，全生肘后方。"[③] 但他没有忘情于复明运动，行医一方面是济世救人，治生养家，另一方面从积极面毋宁说是复明活动的掩护，长年在海滨行医恐怕就有联络海上的深意。他与复明运动人士夏完淳、魏耕等都有深交[④]，而他们都是通海的。顺治七年，监国鲁王在舟山群岛，兵部侍郎王翊帅师破浙江新昌[⑤]，陆圻闻讯兴奋不已，夜半把黄宗羲叫醒，"击节起舞"[⑥]。这是真情实感的自然流露，是装不来也掩饰不住的。陆圻好友吴懋谦还说他"十年结客风云志"[⑦]，诗为顺治十年作，说明他在明亡后一直联络志同道合之士谋兴复，进行坚韧不拔的抗争。

　　有人说，顺治七年陆圻在嘉兴与顾炎武等结惊隐诗社。惊隐诗社又名逃社，其创始者、中坚为坚持反清复明的人士吴宗潜、吴宗汉、吴宗泌、叶继武、顾炎武、归庄等人。因此，陆圻加入惊隐诗社一事如能落实，也有助于说明他的反清政治活动。但此事似乎缺少可靠证据。明确肯定"丽京在明季即有文誉，与夏存古交极契，国变后入惊隐诗社，又周旋于慎交社中"的记载[⑧]，出于清末民初陈去病《五石脂》。这太晚了。如找不出陈去病此说的可靠史源，则不能认为陆圻参加惊隐诗社一事为可信。

　　隐蔽的抗争维护了陆圻的气节，保持了他十余年服务社会的生活。其实，西陵十子中，只有吴百朋、丁澎、虞黄昊应新朝科举或出仕，余者都

　　① 黄宗羲：《南雷诗文集》上，《碑志类》，《高旦中墓志铭（庚戌）》，《黄宗羲全集》第10册，第315页。

　　② 陈瑚：《确庵文稿》卷2，《诗歌》，《隐湖集（起己丑九月尽甲午）》，《寄讯陆丽京卖药》。

　　③ 王岱：《了庵诗集》卷8，《五言律》，《陆丽京沽酒湖楼》。

　　④ 参见《夏完淳集笺校》、魏耕《雪翁诗集》等。

　　⑤ 翁洲老民：《海东逸史》卷1，《监国纪》上，卷9，《列传》第6，《王翊》，浙江古籍出版社1985年版，第16、44页。

　　⑥ 黄宗羲：《思旧录》，《陆培》，《黄宗羲全集》第1册，第378页。

　　⑦ 吴懋谦：《苧庵二集》卷8，《七言律》，《寿陆丽京裘太夫人》，《其四》。

　　⑧ 陈去病：《五石脂》，江苏古籍出版社1985年版，第298页。

是遗民。柴绍炳"亦徙业医巫者流"①；陈廷会"精通黄帝、扁鹊言，能立起奇疾，诸言镜方者皆不及"②，但不执此为业而教授生徒，沈谦则命子圣昭"穷年卖药临平市"③，孙治、张纲孙、毛先舒或教书，或靠原有薄产勉强度日坚持著述。遗民实占十子中的七人。这种多数反映出清初士人政治态度的主流，实际上表现了民族矛盾的主导地位。但他们的生活不可能很安定、顺利。十子中出仕清朝者也没有保障。孙治早在顺治二三年间，就曾被一"门下士"，"偶挟私怨，中……以奇祸"④。而吴百朋则在苏州府推官任上"以简抗得罪，中考功法"⑤。丁澎因科场案被流放奉天。陆圻没有幸免，"奇祸"找上门来。

陆圻罹入惨酷文字狱"庄氏史案"。圻幼女莘行《老父云游始末》诸书大体认为，"湖州庄姓者有著秽史，抵触本朝，兼有查、陆、范评定姓名，大为不便"，查继佐、陆圻和范骧都没有与闻庄氏明史，只因名高而被列入，事发前即向学道自陈查验，后虽遭逮捕、查抄，但关押、审讯半年，受尽惊吓后终被释放⑥。对于陆莘行等此说，仍有异议。顾炎武曾指出："当鞫讯时，或有改辞以求脱者。"⑦ 陈去病推定其人，"殆即查伊璜、范文白、陆丽京三人乎？"他不惜痛斥查、范、陆三人，而为吴之荣开脱，未经任何举证即坐实三人参与庄氏修史之役，"始预其谋，终首其事，诚利矣。人则何辜？庄狱之成，岂在之荣？反复启衅，实惟三子。"甚至利用陆圻弃家出走作诛心之论，说："丽京……自脱罪后，心有所歉，因被缁远游，不知所至。"⑧ 著名明史学家谢国桢，过于相信陈去病，不仅肯定"圻曾参与庄氏修史之役"，而且还将现存《陆子史稿》传抄本定为"其

　① 柴绍炳：《柴省庵先生文钞》卷7，《序引题词跋赞》，《陈际叔四十寿序》。
　② 孙治：《孙宇台集》卷15，《传》，《亡友柴汪陈沈四先生合传》。
　③ 张丹：《张秦亭诗集》卷5，《七言古诗》，《沈郎行与门人圣昭》。
　④ 孙治：《孙宇台集》首，顾祖禹：《孙宇台先生遗集序》。
　⑤ 裴琏：康熙《钱塘县志》卷20，《人物》，《政事》，《国朝》，《吴百朋》。
　⑥ 参见节庵辑《庄氏史案本末》卷下，引陆莘行《老父云游始末》。
　⑦ 顾炎武：《顾亭林诗文集》，《亭林文集》卷5，《书吴潘二子事》，中华书局1983年版，第115页。
　⑧ 陈去病：《五石脂》，第297—298页。

所撰史稿"①。

陈、谢二氏观点能否成立？关键的问题是查、范、陆三人是否确实参与庄氏修史之役？

查究庄氏所得明史底本可知，庄氏购得朱国桢《史概》逸本 20 卷，朱氏原书"举大经大法者笔之，已刊行于世，未刊者为列朝诸臣传"。庄氏就原本加工刊行，故"书中无志、表、帝纪、世家，止有列传"②，或只"有纪、传"③，不管怎样，无人说有志，而《陆子史稿》"存《食货志》、《舆服志》"④，显然不是庄氏明史；庄氏以刊行急，"日夜编辑"⑤，"延三数知己穷日夜之力"⑥ 加工紧赶。陆圻否认自己曾参与，说"风马牛不相及也，何得有此？"⑦ 记载上确实没有发现陆圻曾中止医病卖药参加修史的蛛丝马迹；由于庄氏人力短缺，急于求成，而"其人不学"⑧，明显无史才，所以不计质量，不可能求完备，精善，王阳明一传长至两卷，"共三百余页，其冗长无裁可知已"⑨，则《陆子史稿》不是陆圻的庄氏明史未刊稿，庄氏明史无未刊稿应可断言。《陆子史稿》只是谁何人杂抄、改写陆圻《纤言》、谈迁《国榷》和其他史籍而成，不是陆圻所撰庄氏史稿。陆圻、查继佐、范骧都没有参与庄氏修史之役。其中查继佐略有瓜葛，同情庄廷拢瞽目，说："史笔须有余情浮史外百尺，非然，徒瘵矣。"向庄氏致意，表示"吾当代草，可以愈病"。廷拢遣弟廷钺"侍教敬修堂"⑩。即使如此，仍缺少证据，证明查氏业已躬亲其役，包括在为庄氏握管操觚的"三数知己"之内。吴之荣仇恨、迫害查继佐到极点，出"首庄

---

① 谢国桢：《增订晚明史籍考》卷 1，《通记，有明一代史乘》，《陆子史稿》，上海古籍出版社 1981 年版，第 14 页，参见谢国桢《江浙访书记》，第 27 页。

② 节庵辑：《庄氏史案本末》卷上，参见同书卷下。

③ 沈起：《查继佐年谱》，《辛丑》，中华书局 1992 年版，第 53 页。

④ 谢国桢：《增订晚明史籍考》卷 1，《通记，有明一代史乘》，《陆子史稿》，第 14 页。

⑤ 顾炎武：《顾亭林诗文集》，《亭林文集》卷 5，《书吴潘二子事》，第 115 页。

⑥ 沈起：《查继佐年谱》附录一，刘振麟、周骧：《东山外纪》卷 2，第 115 页。节庵辑：《庄氏史案本末》卷上以为有十六七人协助编辑，包括吴炎、潘柽章，而顾炎武《书吴潘二子事》认为不过"慕吴、潘盛名，引以为重，列诸参阅姓名中"，实际并没有参加，则十六七人之说纯属子虚。

⑦ 节庵辑：《庄氏史案本末》卷下，引陆莘行《老父云游始末》。

⑧ 顾炎武：《顾亭林诗文集》，《亭林文集》卷 5，《书吴潘二子事》，第 116 页。

⑨ 节庵辑：《庄氏史案本末》卷上。

⑩ 沈起：《查继佐年谱》附录一，刘振麟、周骧：《东山外纪》卷 2，第 115 页。

允城、朱佑明、查伊璜等共造此书，至公庭质对，亦咬定查伊璜等主笔"①。但也举不出陷他于死罪的材料。很明显，庄氏明史传文全出于朱国桢原本，而"列传后论皆出拢，间其父一与"②，"三数知己"代作文字修饰、编辑工作。这就是著述过程。顾炎武说有人"当鞠讯时"改辞求脱，而三人是事前自陈；顾炎武明指吴之荣入京告密，从来没有说过查、范、陆首祸。不知陈去病为什么会借顾炎武的话肆意出入人重罪？

此事酿成大案，也经历了一个过程。三人出首自陈虽促使事发，但经过庄氏呈送原本检验和贿赂地方当局进行弥缝，因而事情暂时平息，没有酿成刑狱。此事最终导致血腥的镇压、屠杀，是吴之荣贪赇与庄、朱（名佑明，以豪富被吴之荣诬陷入庄氏史案）两家竭力抗拒的矛盾激化的结果，而吴之荣起了决定的作用。正是吴之荣图诈庄、朱二家遭到拒绝，"必欲雪恨，随进都竟构旗下，以造写逆书为题……刊一条增入书内，首于刑部"③，又多次出庭指证，才引起大追究、大逮捕、大屠杀。这个过程说明，吴之荣是唯一配合清廷制造此一残酷文字狱的罪魁祸首。一句"庄狱之成，岂在之荣"是洗刷不了其恶行的。

三人自陈，在康熙元年（1662）二月④，实由查继佐一手用三人名义办理。三人的出发点虽是保护自己，但是申明自己确实没有做过的事情，是实事求是的，有什么错？问题在于庄氏未经同意或授权，即擅自利用或盗用他人的名字、声誉，几乎陷人于死，为自己张目，才是应受谴责的。由于庄氏一家身遭惨祸，此点可以不再理论，然是非仍须维持，不能动摇，更不能颠倒。

尽管如此，三家仍未免于株连。十二月，查、范、陆被捕解京。这是

---

① 节庵辑：《庄氏史案本末》卷上。

② 沈起：《查继佐年谱》，《辛丑》，第53页。

③ 节庵辑：《庄氏史案本末》卷上。

④ 《老父云游始末》《查继佐年谱》均称在为王猷定治丧后即具牒自陈。猷定之丧在康熙元年二月。《查继佐年谱》则系于顺治十八年。但浙江按察使宋琬"被逮"，猷定尚与之"周旋患难中"（钱仪吉辑：《碑传集》卷136《文学》上之上，韩程愈《王猷定传》）。宋琬案发在顺治十八年冬，十一月法若真继任浙江按察使（《清圣祖实录》卷5，顺治十八年十一月己亥）。宋琬被捕应在康熙元年初，他本人将此次下狱系于康熙元年，以为"今之祸，壬寅岁也。"（《安雅堂未刻稿》卷5，《五言排律》，《壬寅除夕作》。）可见王猷定死，三人自陈都在康熙元年。《查继佐年谱》误。

陆圻入清后再次被捕。其妻、妾、二子、亲戚送到嘉兴，生离死别的气氛笼罩诸人。圻戒二子道："汝等惟以孝母为事，谨守礼义，终身不必读书，似我今日。"康熙二年（1663）正月，三家被查抄，直系亲属被捕，牵连诸弟。圻内弟孙治等来援助，孙治痛哭表示，愿"力任""程婴之事"，藏匿、抚养陆氏孤儿。三家被捕者近二百人。经过审讯，至五六月间，清政府将被捕诸人分别作处决、流放、开释处理。查、范、陆三人三家都在开释之列。陆圻归里，"骨肉重逢，浑如隔世"，长子繁祉因重病失语，"见父，泪流满面而已"，陆圻等"入屋，惟有尘埃满目，青草盈庭"①。后来，又以自陈有功，而有割主犯资产给赏三人的事，圻与妻孙氏决定自己不领这些资产，"不如尽以畀查公，报其厚德。"②

陆圻所遭史祸，至此结束。

三

当陆圻被捕解京时，船过金山脚下，听山寺钟磬声传，设誓道："苟得生还，所不祝发空门，有如大江。"③ 誓言凄苦、悲凉。康熙四年（1665）九月，圻因儿女亲家吴百朋赴广东肇庆府推官任，而做伴同往。五年四月，他转至南雄知府陆世楷衙署。六年春，他辞别陆世楷到江南休宁齐云山。齐云山在休宁县西，高二百余丈，周围数十里，幽深奇诡，"联岩如城"，"路回如线，行人梯升。"④ 隆武政权失败后，其内阁大学士熊开元曾在此出家⑤。六年冬，陆圻兑现誓言，也在山中一寺庙出家⑥。其法名法龙⑦，疑即在此山出家时所取。

① 节庵辑：《庄氏史案本末》卷下，引陆莘行《老父云游始末》。
② 孙治：《孙宇台集》卷16，《传》，《先伯姊陆夫人传》。
③ 节庵辑：《庄氏史案本末》卷下，引陆莘行《老父云游始末》。
④ 赵吉士：康熙《徽州府志》卷2，《舆地志》，《山川》。
⑤ 汪宗衍：《明末天然和尚年谱》，《隆武二年丙戌》，台湾商务印书馆1986年版，第27页。
⑥ 节庵辑：《庄氏史案本末》卷下，引陆莘行《老父云游始末》。
⑦ 汪宗衍：《明末天然和尚年谱》，《康熙九年庚戌》，第71页。汪宗衍以为顺治初在福建拔剃时法名，恐非事实。陆圻在福建出家事虽见于《清史列传》等，但自闽归后卖药行医时并无曾经为僧迹象。

　　士大夫处易代乱世，可有几种选择；或苟图富贵，屈膝降敌，或聚义抵抗，不计生死，或自杀被杀，尽节捐生，或浪迹海外，移民他邦，此外，可以当遗民。有的遗民是世俗的，也有的出家为僧道。他们大多要面对艰难的生存之道："今世之为遗老退士者，大抵龌龊治生，其次丐贷江湖，又其次拈香嗣法。"①"拈香嗣法"，或者说"法乳济洞"②，即指披剃为僧。这是清初士人新发现的一条保全气节的退路。孟孔木说："忠节之士全身禅悦，自明末始。谢皋羽、郑思肖无此风也。"③邵廷寀说："至明之季年，故臣庄士往往避于浮屠，以贞厥志。……僧之中多遗民，自明季始也。"④许多士大夫，如熊开元（檗庵正志）、方以智（无可弘智）、陶汝鼐（忍头陀）、林增志（法幢行帜）、钱邦芑（他山大错）、刘湘客（思圆⑤）、金堡（澹归今释）、煎海和尚⑥、姚翼明（独耀性日）、孙弘（硕揆原志）等，都曾在反清起义或复明运动中有所表现，失败后感觉大势已去，身心交瘁，转而披剃。陆圻长期是世俗的遗民，在复明梦断，身经惨祸后，也走上出家为僧的道路。

　　对这样做，当时就有不同的看法。

　　持反对态度的，较早有吴统持、吴同甫（其名待考，或即吴统持）等。吴统持有诗道："圣主方恢疆，佛前岂终老？"吴同甫也写道："望阙心难慰，逃禅志未伸。山河极目异，除发岂除嗔！"⑦他们都渴望复明，追随隆武帝中兴战略，竭力一搏，逃禅能满足其志愿吗？剃发能剃去易代带来的满腔愤恨吗？不能！因此，他们嫌逃禅消极、无用，是可以理解的。

　　其后，激烈的批判来自屈大均、黄宗羲等。屈大均认为，士大夫"身

---

　　① 黄宗羲：《南雷诗文集》上，《碑志类》，《前翰林院庶吉士韦庵先生墓志铭》，《黄宗羲全集》第10册，第332页。

　　② 黄宗羲：《南雷诗文集》上，《寿序类》，《宪副郑平子先生七十寿序》，《黄宗羲全集》第10册，第671页。本文也提到遗民三种艰难生存之道。

　　③ 邵廷寀：《思复堂文集》卷2，《传》，《明侍郎格庵章公传》，文末孟孔木语，浙江古籍出版社1987年版，第132页。

　　④ 邵廷寀：《思复堂文集》卷3，《传》，《明遗民所知传》，第212页。

　　⑤ 天然昰禅师：《瞎堂诗集》卷10，《七言律》一，《答刘客生中丞用来韵（客生为大司马同庵弟后入雷峰脱白字思圆）》。诸书亦多言其削发隐缁流。

　　⑥ 陈鼎：《留溪外传》卷18，《缁流部》，《煎海和尚传》。

　　⑦ 叶绍袁：《甲行日注》卷1，乙酉十二月十五日，卷2，丙戌四月十四日。

遭变乱，不幸而秉夷齐之节"，"然吾忧其所学不固而失足于二氏，流为方术之微，则道统失，治统因之而亦失。"① 黄宗羲更甚，说："近年以来，士之志节者多逃之释氏，盖强者销其耿耿，弱者泥水自蔽而已。""不欲为异姓之臣者，且甘心为异姓之子矣。""亡国之大夫更欲求名于出世，则盗贼之归而已矣。"他认为"青天白日，怪物公行，而人不以为怪，是为大怪"，有"七怪"，而士大夫削发为僧列首。又说："要皆胸中扰扰，不胜富贵利达之想，分床同梦，此曹岂复有性情!"② 屈、黄的批判实在不着边际，黄宗羲所说尤失公道。清初遗民僧与方术无关，他们不掺和方术；道统和法统之失，也不是士人"失足"二氏的结果，相反，是道统尤其是法统丧失，复兴无力，士人才去羁身二氏，因果关系被完全颠倒；"不胜富贵利达之想"，"求名于出世"的批判性论断，更是无的放矢，无法举证。黄宗羲还抹杀一种原则区别：披剃为僧，"为异姓之子"，可以不为虎作伥，镇压、屠杀自己的人民，与"为异姓之臣"根本不同。这是两种泾渭分明的人生道路，怎么可以混淆？据陈垣先生研究，永历而后，僧人开堂祝圣，只有祝清朝皇帝，黄宗羲痛心于此不便明言的隐衷，只好作猛烈批判③。相信遗民僧必有规避之方，为此暧昧而过火批判，仍觉难以理解④。

陆圻在齐云山出家后，其仆人褚礼比即回家告知。这是康熙六年十一月的事。陆圻全家悲哭。圻次子寅赶到齐云山迎父回家。圻约定七年（1668）二月回杭州扫墓，并与家人道别。届时，圻果然回到杭州，但拒绝回家。寅在江岸"觅一精舍，号曰草庵"，供父偕一童僧法名透月者入住，陆续接见亲属诀别。至五月，圻因弟堦病危，被迫进城住在堦家诊治。九月，堦完全康复。二十六日，圻借口广东仁化丹霞山别传寺僧今释（金堡）相招，离乡去广东。行前，他约定在那里"避迹三年，然后结茅

---

① 屈大均：《翁山文抄》卷8，《书后杂著》，《书逸民传后》。
② 黄宗羲：《南雷诗文集》上，《杂文类》，《七怪》，《寿序类》，《宪副郑平子先生七十寿序》，《黄宗羲全集》第10册，第631、671页。
③ 陈垣：《清初僧诤记》，中华书局1962年版，第90页。
④ 屈大均后来改变了观点。他认识到"今日东林社，遗民半入禅"（屈大均：《翁山诗外》卷11，《五言排律》，《过吴不官草堂赋赠》），披剃为僧，成为趋势。他自己也曾为僧，法名今种，字一灵。

近地"①。褚礼随行。其时，丹霞别传寺法席由今释迎师天然函昰主持。八年（1669）冬，褚礼回杭州，实际上标志着陆圻与家人最后的联系断绝。九年（1670），圻从天然和尚受具，改法名今竟，字与安，奉命掌书记，并得到天然和尚赠诗②。十一年（1672）春光融和之际，圻家属认为三年之期已过，命褚礼去丹霞迎主人回浙江，才得知他在一个月前已悄然离去。据说他曾夜梦到一险峰琳宫，丹梯碧瓦，龟蛇旗飘。醒后一说，寺僧告知道："此太和山也。"③ 太和山就是武当山，在湖广均州南（在今湖北丹江口市境内）。圻心向往之，独自道装往访。褚礼追寻不获。陆圻从此音信杳然，沦落不返。

其后，陆寅"复历险阻，遍为寻觅，终不能得"。寅天性至孝，毫不放弃。康熙二十七年（1688）中进士后，他还拿着父亲好友朱彝尊起草的《寻父零丁》，去湖广等地寻觅。寻父零丁就是寻父启事，上写："寅也敬白，零丁尺半纸，敢告行路诸君子：有父一去故乡不知几千里，日月逾迈二十五年矣"，然后对陆圻外貌、生活习惯、谈吐等做了多方面描述，请求"惠而能以消息闻，为德者君报者我"④。但是，陆圻终究从人间"蒸发"了。

陆圻弃家远游，沦落不返，在当时不是孤立的现象。见于记载的，至少可以举出浙江鄞县朱金芝、不明省县李光祀⑤、福建同安纪保国、江南昆山徐明、浙江会稽（今绍兴市）章正宸、江西南昌喻指、浙江海宁董升、浙江钱塘郑铉⑥等，涉及江浙闽赣四省，而浙江士人独多。江西宜春人张自烈也曾决心远游，留下《与儿生诀书》⑦，揭示了采取这样愤激的生诀行动的心理。《与儿生诀书》写道："父遭时不淑，甲申至今，濒死

---

① 节庵辑：《庄氏史案本末》卷下，引陆莘行《老父云游始末》。

② 汪宗衍：《明末天然和尚年谱》，《康熙九年庚戌》，第71页。

③ ［朝鲜］佚名：《皇明遗民传》卷4，载谢正光等编《明遗民录汇辑》下册，第785页。

④ 同上书，第785—786页。

⑤ 谢正光等编：《明遗民录汇辑》上册，第292页记李光祀，崇祯癸未进士，"游远方，不知所之"。但该科进士中只有李光龙，福建安溪人籍，未知即其人否？

⑥ 分见谢正光等编《明遗民录汇辑》上册，第140、292、479、552—553页，下册，第706、805、955、1073页。按：笔者没有进一步查对各人情况，《遗民录》失误不少。

⑦ 似未成行。他说："愤天下多难，将弃妻子之海上终焉，母老不忍去。"（张自烈：《芑山文集》卷1，《传》，《芑山自传》。）

弗死，祈死弗获，仰愧天，俯愧地。因念古贤者避世，或变姓名为吴卒，或弃妻子不复顾。我生不辰，天实为之，毅然携瓢衲出游，死生不可测。"① 由此看来，明朝灭亡，个人无力挽救，显然摧毁了他们在新朝统治下生活的意志和乐趣。这种心理与自杀型者相近似，只是受其他种种影响没有一死了之。这一点，弃家远游诸人想必是共同的。而陆圻还遭受另一层刺激。全祖望自言："予于姚江黄公家得见先生所封还月旦之书，甚自刻责，以为辱身对簿，从此不敢预汐社之列。"② 陆圻强烈感到，屈膝叩首于清朝问官之前，对簿公庭之下，刑具悬于头顶，生死操之他人，是对遗民的极大凌辱，完全破坏了他的人格完美和政治尊严，无颜在人前苟活，这才下了弃家远游的决心。前举各远游者，包括陆圻在内，除有记载说章正宸死在南京③外，其余的人都不知所终④，莫知究竟。这也是历史迷雾掩盖下的人间悲剧惨剧。

前面提到过士大夫处乱世的几种选择，现在再做一点分析。回顾明清易代之际，明末士大夫的表现（即他们所做的选择）可分为四种类型：

首先是激烈抗争的类型，姑名为决绝型。这种类型的士大夫坚持忠于明朝，与清朝完全决绝，采取公开或隐蔽方式反抗清朝统治，你死我活，不共戴天。但同为决绝型士大夫，除死而后已这一点相同外，他们与清朝抗争、决绝的方式方法也是有所不同的。有直接领兵作战一类，如何刚、吴易、黄道周、郑成功、陈子壮等；复明运动类，如李之椿、李长祥、华夏、吴祖锡等；自杀类，如祁彪佳、刘宗周、毛聚奎等。

其次是采取较缓和形式进行抗争的类型，姑名之为缓抗型。这种类型的士大夫对清朝有敌对情绪，不参加清朝科举，不应聘出仕，不合作，有的闭门隐居，不进城甚至不下楼，有的弃家远游，流落他乡，有的还参加

---

① 张自烈：《芑山文集》卷 10，《书牍》。
② 全祖望：《鲒埼亭集》卷 26，《状略》，《陆丽京先生事略》。
③ 陈作霖：《金陵通传》卷 28《袁马鲍刘谷郑传》第一百二十四，中有袁瑛传，传称："袁瑛，字五修，号古香，上元人。……父述周，有隐德，匿僧文白于家，延以教子，死敛葬之，即明吏部侍郎章正宸也。"
④ 仅据《明遗民录汇辑》立论。洪昇作《答友人》问陆圻信息云："君问西泠陆讲山，飘然一钵竟忘还。乘云或化孤飞鹤，来往天台雁宕间。"（《洪昇集》卷 4，《集外集》，浙江古籍出版社 1992 年版，第 500 页。）

一些复明串联。也有两类：遗民类，包括方外遗民，如顾炎武、巢鸣盛、释弘储、释函可等；流亡海外类，去朝鲜、日本、越南、南洋等处定居，如朱之瑜等。

再次是两面型（或名为反正型）。当清朝的军锋进逼时，这些士大夫把持不定，或主动出面，或被动卷入，投降清朝，当后来形势变化，有的人首鼠两端，有的人于心不甘，起而造反，甚至牺牲，如韩昭宣、钱谦益、李建泰等。

最后是投降型。降清的士大夫有苟图富贵卖身投靠的一类，也有大势所趋随众行动的一类，还有压迫之下被动敷衍的一类，前者如胡蕲忠、谢三宾、谢国宝等，次者如曹溶、李呈祥、龚鼎孳等，后者如侯方域等。

这些类型的划分不是绝对的。不同类型的士大夫也不是固定不变的，有些人会随着客观条件的变化，从一种类型转为另一种类型。当清兵南下时，陆圻是决绝型士大夫，从军与陈潜夫等一道抗清，失败后去福建，不改初衷，从事至今未考察清楚但肯定是反清的活动。被老母唤回后，他才转为缓抗型，认真做起遗民来。但清廷没有让他平静生活下去，利用政权迫害他和他全家，几乎把他送上死路。可见清初士人遭遇的严酷。他最后只能以遁世相抗，使自己未死就从社会上消失。可以看出，在迈向衰老的年纪，一方面他把自己放到了一种动荡的无保障的生活当中，使全家遭受骨肉分离的痛苦，令人深感不尽的余哀；另一方面显示出反映在他身上的倔强不屈的民族性格，保全气节，接受挑战的坚毅和勇敢，政治的民族的压迫下弱者的刚强，令人不能不对他怀着深深的敬意。

原载《清史论丛》（2007 年号），中国广播电视出版社 2006 年版

陈子壮

陈子壮，字集生，号秋涛，广东南海人，生于明万历二十四年九月初九日（1596 年 10 月 29 日），① 清顺治四年十一月初六日（1647 年 12 月 1 日）殉难。子壮在隆武、永历两朝官至大学士，后成为广东抗清义师领袖、著名的"粤东三烈"之一。②

南海沙贝陈氏世代簪缨不绝。子壮曾祖绍儒官至南京工部尚书，祖宏乘曾官南国子监典籍，父熙昌登万历四十四年（1616）进士，历任知县、给事中，继续维持缙绅门楣。

子壮资质敏捷，少时号为神童。一年中秋节夜，熙昌宴客。当时微云掩月，有客即景吟诗两句道："天公今夜意如何，不放银蟾照碧波。"子壮应声续道："待我明年游上苑，探花因便问嫦娥。"③ 子壮跌宕风流，"善行草，文词典丽"，④ 著述颇多，有《经济言》《南宫集》《云淙集》《秋痕》各若干卷，以及《练要堂前集》6 卷，《练要堂后集》5 卷、《礼部存稿》8 卷等，散佚残缺，迄未整理。道光时，南海伍元薇曾据《练要堂集》和《秋痕》残本汇刻为《陈文忠公遗集》11 卷行世。子壮自幼在严

---

①　生年据陈子壮：《礼部存稿》首，《陈文忠公行状》。按：篇末九龙真逸识语认为此状永历时作，阮元修《广东通志》时有人在称呼上略作修改以呈志局，本篇校者疑为子壮幼子上图所撰。陈子壮：《陈文忠公遗集》卷 8，《秋痕》，《诗》，《乙亥除夕》有句云："我辰四十不知年。"可证。同书卷 6，《练要堂集》，《诗》，《人日旧好诸君携酒过》有句云："三纪已凭双眼过。"此诗崇祯元年戊辰作，子壮年三十三，盖大略言之也。其出生月日，《行状》不载。前书卷 3，《练要堂集》，《诗》，《生日偶答石佣子》云："瑶室璇房就里披，黄花九白对佳期。生身合掌如来日，世上齐肩大小儿。"余曾请教中国社会科学院文学研究所陈毓罴同志和本所冒怀辛同志。毓罴同志断为九月初九日，怀辛同志亦有九月初九日一解。子壮号秋涛，九月初九日生有极大可能，因从之。

②　娄东梅村野史：《鹿樵纪闻》卷下，《粤东三烈》。

③　陈子壮：《礼部存稿》首，《陈文忠公行状》。

④　娄东梅村野史：《鹿樵纪闻》卷下，《粤东三烈》。

格的传统教育下奋志读书，要做无双国士。母朱氏，"性宁静，有远识"。
子壮的成长，以"母训之力居多"。① 万历四十三年（1615）子壮中举，
四十七年（1619）登进士，廷试探花及第，例授翰林院编修，踏入仕途。

天启四年（1624），他出典浙江乡试，发策问历代宦官之祸，并作策
进呈，回京陛见时又痛切面陈。他还一再拒绝魏忠贤要把他罗致门下的企
图，引起阉党嫉恨。次年，他与父熙昌都因遭谗而同日罢官归里。② 子壮
家居后，时怀忧国之心。六年（1626），他为了研究富国强兵之道，整理
治国的经验、理论、辑成《昭代经济言》14 卷，计八十二家一百四十七
篇。他又把这种忧国之心寄托在吟咏上，曾写成五古六百余言，揭露阉党
残害忠良，被新任两广总督兼广东巡抚李逢节告密，险遭不测。③ 崇祯元
年（1628），熙昌以吏科都给事中、子壮以左春坊左谕德起用，还没有北
上，熙昌病逝。随后祖母又去世。

四年（1631），子壮以詹事府少詹事兼翰林院侍读学士起用。④ 六年
（1633），迁礼部右侍郎兼侍读学士，充经筵日讲官。次年底前后，署礼部
事。八年（1635）初，农民军破凤阳，明廷震动。他应诏陈言宽恤实政，
提出"蠲租""清狱""束兵"等十二事。他强调，"四方之民，饥寒所
驱，铤而走险。即流移稍集，而宿逋追比，新饷督催，民何以堪？蠲租缓
征，诚恩诏之宜首布者。"他写道，官军"借援剿之虚名，贾贪淫之实祸，
而骛精神于结纳，争体貌以侵凌，莫可谁何。纵兵殃民，乱人闺闱，捲人
奁箧，猫鼠同穴，狼虎成群，甚则杀良冒功，通贼网利者所在有之"。⑤ 这
些言论揭示了明朝政治、军事的重大弊端。四月，户部尚书侯恂奉旨集大
小九卿议生财节财之道。子壮献议，认为"夫财之生……要不出盐屯鼓
铸"，因而针对这三方面的积弊，提出切实的方案。他建议，屯田应"尽
法清厘，除强豪隐占、逃军盗卖与有司之私征、灶丁之私种者没官起科有

① 梁绍献等：同治《续修南海县志》卷 22，《列传》，《陈熙昌妻朱氏》。
② 陈子壮：《礼部存稿》首，《陈文忠公行状》。
③ 同上。
④ 陈子壮：《礼部存稿》首，《陈文忠公行状》。子壮自天启五年乙丑罢归，崇祯四年辛未起复，
家居共七年。《陈文忠遗集》卷 10，《秋痕》，《尺牍》，《与孔玉横少宗伯》云："弟自乙丑之岁家居
凡九年。……始竭蹶入都门。""九"字应系"七"字之误。
⑤ 陈子壮：《礼部存稿》卷 2，《条议宽恤实政疏》。

差"，"其余……各屯原额抛荒及空闲地土，不拘土客官民军舍，听令尽力开垦，永不起科，可收流亡为土著，冶兵刀为农具。"① 显然，他着眼的是发展社会生产，缓和阶级矛盾，增加社会总的财富，而不是国库的点滴收入。这是更有远见的方针，反映出他在政治上的见识和抱负。当时，子壮盛年锐气，忠直敢言。他针对崇祯重新信任宦官，上疏请恢复祖制，尽撤内遣，使宦官不能干预政事。宗藩请护卫请牧地，他也常加裁抑。他在奏对时还揭发阁臣欺蒙奸诈。有人警告他，言行不要太耿直，要谨慎以求免祸。但他没有在意。

十月，崇祯诏用具有文才武略的宗室，改秩受职。子壮忧虑这样做会使他们更加骄纵虐民，就抗疏固争，力陈五不可。唐王聿键上疏引前代故事加以反驳。十一月，上谕"陈子壮敢于非祖间亲，欺罔恣肆，著革了职，刑部问拟具奏"。② 他被捕。九年（1636）春，朝官公疏申救者不绝。四月，他被释整旅南归。

归里后，他在广州城北白云山筑云淙别墅奉母山居。别墅"有宝象林、朋泉、无畏岩、海曙楼、邀瀑亭、采箫阁之胜"，③ 但他伤时忧世之感不能去怀，常寄情诗酒。每谈时事，往往欷歔流涕，不能自已。十一年（1638），他与弟子升、弟子黎遂球联络起高赉明、黎邦瑊、谢长文、区怀瑞、区怀年，苏兴裔、梁佑逵、黄圣年、曾道唯，在广州城南一里的南园结南园诗社进行活动。④ 他又结识了顺德人陈邦彦，礼聘在家教授诸子。

十五年（1642），他又荐起原官，同充《会典》总裁，协理詹事府，以亲老辞。⑤ 明朝灭亡激起了他的报国之心。十七年（1644）八月，他向弘光拜本助饷。十月，他以礼部尚书起用。弘光元年（1645）正月，他赴

---

① 陈子壮：《礼部存稿》卷8，《生节议》。

② 陈子壮：《陈文忠公遗集》卷9，《秋痕》，《记》，《罪言》。

③ 陈子升：《中洲草堂遗集》卷11，《七言律》，《家兄云淙落成》。参见黎遂球《莲须阁集》卷1，《赋》，《朋泉赋（并序）》。

④ 名流十二，陈子壮：《礼部存稿》首，《陈文忠公行状》。又檀萃：《楚庭稗珠录》卷2，《粤囊》上，《南园》广东人民出版社1982年版，第50页。与梁绍献等：同治《续修南海县志》卷25，《杂录》上，各得十一，求同存异，适从注③《行状》所列名单。但屈大均：《广东新语》卷12，《诗语》，《诗社》今人所作注（中华书局1985年版，第355页注③。）独多异名，除二陈、二区、二黎、黄外，异者五人，为欧主遇、欧必元、黄季恒、徐棻、僧通岸。

⑤ 陈子壮：《礼部存稿》首，《陈文忠公行状》。

任后复以本部兼詹事府詹事。五月，清军师次南京北郊，子壮因弘光潜逃，即微服出聚宝门，途经杭州，奉太后懿旨"星驰还粤集旅勤王"。①

闰六月，他抵广州谒母。朱氏指出"尽忠即尽孝"，②激励他为明朝赴汤蹈火。

七月，他与两广总督丁魁楚商议拥戴桂王常瀛监国。③因聿键已在福建即位，丁魁楚召集多官讨论他的主张。子壮因旧隙坚持己见。海道汤来贺批评他说："如公议，闽立一君，粤复立一君，内自为敌，蚌鹬即无死，谁为之渔人者？"④这才打消了他的念头。八月，他奉隆武诏以太子太保兵部尚书起用。十一月，他在去福建途中抵南雄时，又以东阁大学士兵部尚书奉诏与丁魁楚、江西湖广总督万元吉联络，以备在广西桂林僭乱的靖江王亨嘉袭取广州。十二月，他在南雄镇压围攻府城的数千起义武装，并乘机召募两千余人，日夜训练，准备勤王。隆武二年（1646）十月，他因隆武政权败亡，到肇庆与丁魁楚、广西巡抚瞿式耜等定策拥立桂王由榔。当武英殿大学士苏观生等集议拥戴唐王聿𨮁争立时，他已回广州，面责他们"不鉴败亡覆辙，犹欲各据争立，势必至天潢之内互为敌仇"。⑤苏观生等拒绝。

十二月，清两广总督佟养甲等乘绍武、永历内讧，统军袭破广州，子壮被俘。他因母陷而被迫剃发诈降。随后他悔恨此举失误，奉母潜逃，匿藏南海九江村（今南海九江镇），与兵科给事中陈邦彦积极组织起义。永历元年（1647）二月，永历敕授子壮东阁大学士、兵礼二部尚书、总督广东福建江西湖广军务，赐上方剑便宜行事，授子壮长子上庸兵部职方司主事，"使团义勇以济师"。⑥

---

① 陈子壮：《礼部存稿》首，《陈文忠公行状》。

② 同上。

③ 徐鼒：《小腆纪传》卷4，纪第4，《永历》上，中华书局1958年版，上册，第41页。《行状》作拥立"神宗孙永明王"，即由榔。显误。因此时由榔父桂王常瀛、长兄安仁王由榠都还在世，自然不能越过他们拥立由榔。

④ 郑达辑：《野史无文》卷8，《陈子壮传》，中华书局1960年版，第70页。

⑤ 陈子壮：《礼部存稿》首，《陈文忠公行状》。

⑥ 同上。刘湘客：《行在阳秋》卷上，认为时间在上年十一月，授中极殿大学士、兵部尚书、总督两广等五省。

子壮虽"长身巨口",但"美须髯,秀眉目",[1] 风流蕴藉一书生,不谙军旅。形势把他推上战争舞台,弱点很快暴露出来。七月,他以所募兵万余人建立汉威营。当时斗争形势很好,南明文武官绅张家玉、黄公辅、王兴、白常灿、麦而炫、区怀炅等并起,声势浩大。广州东营指挥使杨可观、广州后卫指挥佥事杨景烨"并约为广州内应","阴结壮士,分置广州诸门,将斩关以迎"义师。[2] 花山(在今花县境)起义军三千人也按陈邦彦的布置,通过诈降打入广州,被派守东门。各路义师乘清署广东提督李成栋主力连克肇庆、梧州,前驱西进平乐之际,约期攻取广州,由子壮攻城西南,陈邦彦攻城东,并邀截回救广州的李成栋军归路,子壮妹丈、左州(在今广西壮族自治区崇左东北)知州梁若衡设伏城外以为应援,其余诸军云集响应。八月初,子壮在九江村誓师。他误以为稳操胜券,过分兴奋,竟先期二日督舟师四营薄城,夺得清军铳台,杀清守台总兵孟辉。但先期失约,他不得不派谍者进城联络,谍者一被擒,内应就暴露。杨可观又被贪图重赏的家奴出卖,牵连杨景烨等人一同遇害,花山义军全遭坑杀,内应被彻底破坏。[3] 当时城中的兵力单弱,佟养甲登城,见旌旗蔽江,叹道:"其死于是乎?"[4] 左右鼓动养甲奋战,发大炮轰击。子壮麾舟急退。养甲开城追逐,大败义师于白鹅潭。梁若衡被杀。子壮率军退屯三水。广州未被动摇,攻城之役完全失败,但仍迫使李成栋自广西撤军,缓解了永历的危险。

八月中,李成栋率军与张家玉部义师在新安作战,广州守御再次出现可乘之隙。子壮复约邦彦攻城打援,由子壮军攻取广州,邦彦部埋伏珠江口内禺珠洲(今广州市黄埔区鱼珠)侧,火攻闻警撤退经过此地的李成栋军。邦彦先通报子壮说:"敌未必遭我火,恐其余众奔突,请严阵以待。青旗而朱旐者,我兵也。"[5] 子壮得报,竟不及时传令告知真相,然已不

① 娄东梅村野史:《鹿樵纪闻》卷下,《粤东三烈》。

② 屈大均:《皇明四朝成仁录》卷10,《顺德起义〔大〕臣传》。按:这些情况给子壮造成错觉,骄傲起来。誓师时,他"谕以城垂手可得"。(薛始亨:《蒯缑馆十一草》,《陈岩野先生传》。)

③ 鲁可藻:《岭表纪年》卷1说为东门一叛僧所卖。(浙江古籍出版社1985年版,第37页。)

④ 南沙三余氏:《南明野史》卷下,《永历皇帝纪》。

⑤ 娄东梅村野史:《鹿樵纪闻》卷下,《粤东三烈》。

及。成栋乘机进击。忽然间风雨骤至，波浪拍天，城内佟养甲军欻然而出，乘风顺流，势不可当。子壮前军遭到冲击，也哗然溃散。上庸英勇牺牲。子壮弃舟登岸，退回九江村。这次夺取广州之役又归失败。

当时，前御史监军道麦而炫克复高明，迎子壮主持。子壮以表兄弟、户部主事朱实莲署县事，遣麦而炫率军西取新兴。麦而炫部被清援军邀击，孤军且战且走。危难不支时，而炫对部下说："吾力竭矣。为我语陈公，后事悉相付，他日倘拔一城一邑，幸酹我一杯酒。"① 而炫力尽被俘，后械送广州遇害。自子壮去高明后，九江村主持乏人，内变忽生。十月，李成栋率清军潜入破堡，屠杀数千人，接着移师高明。月底，清军围攻四天后，从南门外掘地用火药破城，将朱实莲和众乡坤"及男妇二千余人杀死城内"。② 子壮督军奋战不支，一行冲出西门逃至三洲（今高明县人民政府所在地）省母，朱氏已自缢死。子壮因留下葬母被俘，③ 以肩舆抬至成栋处相见。

十一月初，他被械送广州。成栋集成、按三司说："若依国法，子壮应剐三千六百刀，今折下十倍，三百六十刀罢。"明降臣、清广东布政使袁彭年跪禀道："李老爷，国法所在，还应三千六百刀为是。"成栋拒绝，说："我尚恨其不先死来解也，何必如是！"④ 佟养甲把他安置馆中，他面责养甲道："汝世食明衣明，明何负于汝而背叛至此！吾国家大臣，不为汝屈。"⑤ 养甲劝他："公何不知天命，且我与公年家，方荐公，何苦而

---

① 蔡逢恩：光绪《高明县志》卷13，《列传》，《列传一（人物）》，《麦而炫》。
② 蔡逢恩：光绪《高明县志》卷15，《前事志》。《两广总督兼广东巡抚佟养甲揭报擒获逆渠骈斩并请协剿余党》（载台湾编印《明清档案》第6册，B3363—3366页。）称：十月二十五日开始攻城，二十九日城破。
③ 陈子壮：《礼部存稿》首，《陈文忠公行状》。子壮被捕事传说纷纭，或说"子壮潜身高明，复拥一村妓，因而被擒"（计六奇：《明季南略》卷10，中华书局1984年版，第350页），或说他自高明"拟上西省，为一地主强留宿，遂被执"（鲁可藻：《岭表纪年》，卷1说为东门一叛僧所卖，浙江古籍出版社1985年版，第37页。），或说高明"城既破，子壮冠带坐堂上"，因而被获。（娄东梅村野史：《鹿樵纪闻》卷下，《粤东三烈》。）又诸书皆称朱氏死于子壮遇难以后，道光《续修南海县志》明确指为十二月。（梁绍献等：同治《续修南海县志》卷22，《列传》，《陈熙昌妻朱氏》。）
④ 计六奇：《明季南略》卷10，《永历元年丁亥（清朝顺治四年）》，《张家玉沉江》，中华书局1984年版，第350页。
⑤ 屈大均：《皇明四朝成仁录》卷10，《南海起义大臣传》。

反？"① 他义正辞严地予以反驳。初六日，养甲将犯旂向他出示，说："不处公极刑，则威不立。"他们让他坐在木案上，穿赭衣赭袴，抬至城内外游街示众，旗上大书"逆臣陈子壮"五字。② 然后，佟、李二人在教场宴请降清诸绅。子壮临危不惧。他的幼子上图见状大喊道："不关父事，皆吾兄弟所为！"他严厉申斥上图道："他竖子何能为，诚我事也！"有些降绅不忍仰视，只有原尚书李觉斯等少数人谈笑自若，李觉斯甚至向养甲敬酒献媚说："此贼既除，吾粤太平矣！敬为寿。"③ 最后，子壮还被"以木丸塞其口，置于重台之上，设祭三坛，遣旧辅何吾驺、学政袁彭年罗拜，拜讫，碎磔之"。④ 汉人多下泪。养甲问各降绅："畏否？"降绅们鞠躬道："畏！"也有人惊叹："真忠臣！真忠臣！"⑤ 养甲"分其胔骼，散置各郡城楼"，⑥ 遗体零落不全。他的死悲惨壮烈，惊天动地，表现出他是抗清斗争中一位铁骨铮铮的人物。

他的次子上延、幼子上图系狱。"其家僮伯卿请寸斩以赎主人之孤，得免死。"⑦

永历闻讯，命大学士吴贞毓设祭九坛，赠子壮太师、上柱国、中极殿大学士、吏兵二部尚书、南海忠烈侯，谥文忠，赠上庸太仆寺少卿。上延荫尚宝司丞，上图荫锦衣卫指挥使。

原载《清代人物传稿》上编第 7 卷，中华书局 1994 年版

---

① 娄东梅村野史：《鹿樵纪闻》卷下，《粤东三烈》。

② 郑达辑：《野史无文》卷 8，《陈子壮传》，中华书局 1960 年版，第 70 页。屈大均：《皇明四朝成仁录》卷 10，《南海起义大臣传》。

③ 鲁可藻：《岭表纪年》卷 1 说为东门一叛僧所卖。（浙江古籍出版社 1985 年版，第 37 页。）

④ 瞿共美：《粤游见闻》。

⑤ 南沙三余氏：《南明野史》卷下，《永历皇帝纪》。

⑥ 钱澄之：《所知录》卷中，《永历纪年》。

⑦ 南沙三余氏：《南明野史》卷下，《永历皇帝纪》。郑达辑：《野史无文》卷 8，《陈子壮传》，中华书局 1960 年版，第 70 页。

张玉乔

在明清易代斗争中，广东曾出现一位女英雄，以自刎牺牲激发清广东提督李成栋起义反正，产生重大的政治、军事影响。这个人物和她的事迹，在史籍中颇有记载。其中籍贯说比较一致，大都认为是扬州人。早年经历不详，但出身尊贵，后来流寓广州（有异说，或说生在松江被清兵掳掠至广东或说其母张为清兵掠至广东，在广州产此女，后来与母一道流寓广州。）以艰困沦落贱业，又成为明朝高首小妾，曲曲折折，直至她慷慨捐躯，虽有异同，实则多同少异、大同小异。最令人困惑的是，英雄的姓名歧异太甚，难得真确。本文是为这位民族女英雄写的专门简介，都成了一盆糨糊，实在愧对古人。故而略违关于这类问题的著作成例，在展开篇幅陈述、简介情况以前，就插进大段大段的考辨、说明文字。

已知的记载，有作张玉乔者。新中国成立后，历史学家简又文旅居香港期间，阅抄张玉乔之姐张乔（字二乔）的遗诗集《莲香集》，参究他书，写成《南明民族女英雄张玉乔考证》发表①。本人不揣冒昧，遵依陈寅恪先生在著述《柳如是别传》时揭示的读明末诗词方法的新知识，从陈子壮《陈文忠公遗集》觅得重要的新证据，借助于应用新证据，可以说对简氏的研究又做了一次检验和再论证。有作赵夫人者，见于与这一英雄同时代人邝露个人别集《峤雅》，其中有专篇长歌《赵夫人歌》②，是作者遵师（南明隆武朝大学士何吾驺）命，用其师所授证据为基础写成。

---

① 简又文：《南明民族女英雄张玉乔考证》，载台湾《大陆杂志》第4卷第6期，后收入《明清史研究论集》（《大陆杂志史学丛书》第四辑第5册），大陆杂志社1975年版，第15—33页。这是一篇代表张说的力作，于张玉乔个人及其时代历史的研究，有所发现、发明。本文就是以其为基础，加上自己的研究写成的。凡引自简氏此篇处，不另加注。

② 邝露：《峤雅》，《赵夫人歌（并序）》。

　　有作丁宵音者，出于一种虽为谢国桢《增订晚明史籍考》著录，但绝少人知见、利用的书，名《忠义录》，近年才公开面世，故这里要多说几句。本书作者具名朱溶，字若始，据本书卷首毛奇龄、叶闾和作者本人所撰三序①，知作者云间（古名）即松江府华亭县（今上海市松江）人。朱氏为三吴大族，仕宦传家，文史继世。作者之父岳，字子固，金山卫诸生。"自以世世为儒，受朝廷之养，身处闾巷，亡能有所匡救，常郁郁自伤，见诸老先生及士庶死于贼、死于清者甚多，前代所未及，恐世远或湮灭无闻，欲缀辑终始，造作传赞，而薄于人事，不能成就。"这个任务很自然地落到儿子朱溶肩上。朱溶不是才华横溢的人。他自承生性"愚钝"，但是"好读书，习举子业"。他为本书作序时，已补华亭县学诸生，身入黉门。毛奇龄"叙"本书，时间注明康熙二十五年（丙寅）。作者"自叙"倘相去不远，应当在是年前后，相距不久的年份，也许就是与毛《叙》告成同年或其前后几年内同时写出的。此时他回顾了全书艰辛的创作过程：他毅然抛弃诸生名分，割断通过科举猎取功名利禄之路。继续奋进，改善知识结构，增长见识，提高著述能力，打好完成《忠义录》的基础。在拥有所需的著作技能后，最重要的，就是作者入门，直接与任务接触。他做出了及时入门的决定。当函可在南京以《再变记》获罪时，清廷实际上已明白宣示，罗织文字狱是它执政的严酷手段之一。因此，有人分明见到事涉灭门，不可轻动，就劝他再等一等，看一看。他解释说："我先君所以望小子者，甚严且切，若之何可缓？虽然此事重大，非行游天下反复审问，必不能核其本末。"他这样求真务实，郑重从事，就使人放心许多。于是，他告别父祖坟茔，出外游学，顶风冒雪，"涉江逾淮"，历尽艰辛，搜集、核实材料，形成史事。成熟了一些，就把那些笔录下来，成为备供利用入卷的单传。这样经之营之，"凡三十年余，乃得十六七"。又过了不知多少时间，方成全书。现在只需阅读他的全书《自叙》，就能领略到他投身此次著作，是始终抱定脱胎换骨、生死以之的决心的。《自叙》是毫不隐讳地公开与清廷为敌的。所谓世世为儒的"世世"，世世先人当然首先指明；受朝廷之养的"朝廷"，当然是朱姓的明朝廷。将贼与清相提并树为对立

---

　　① 载朱溶：《忠义录》卷首。三序依次为毛奇龄叙、叶闾叙、自叙。

面，更明确表现了他的政治态度。可见，《自叙》的面世，全书的完成，反映出作者全身心焕发着扫荡一切畏缩、怯懦、萎靡、苟且的大无畏精神，拔山蹈海，"无坚不摧，无往不克"的勇略。这是一个多么震撼人心的著作过程。对作者朱溶来说，著作过程也是个人得到改造、提高的过程。其时，有多种精神因素对他产生了决定性的作用，一是他父亲的遗命，融入了他自己的血液中，变成了他奋进的动力。二是他坚持的求真务实的要求，带来了另一个分清是非的要求，读圣贤经传，使他更加明理，提高了他分清是非的能力。三是长时间专心致志撮钞、核查史料，了解许多忠贞义烈流血牺牲的事迹，给了他深刻的教育和影响。这些因素时刻在促进他的进步和变化。他作为一个清朝诸生申请注销学籍，改变身份，是他变化的第一个具有重大标志意义的事实。以后他继续表现了这个倾向。

作者的变化，必然体现在他的著作上。朱溶的《忠义录》最终也成为一部令人喜爱的好书，一本优秀的专题传记集。虽然全书不可避免也存在疏失（例如其烈三子传就写错了），但从大的方面说，仍不失为内容完备、丰富，准确度相对较高，所记丁宵音事迹也比诸书所记异名同一人为多。据作者云：这些史事传到南宁，永历朝廷历经丧败，萎疲困顿之际，广泛给予重视。"诏赠丁氏一品夫人，特谥文节，赐祭葬。瞿式耜、张同厂（敞）及金堡等作传、诗张其烈。"应为《忠义录》丁宵音传所本。

简、邝二氏所著，大家比较了解。现在朱氏的《忠义录》也简介毕。而我们即将作文介绍的南明民族女英雄的姓名，究应如何确定？有关异姓异名的同一女英雄的三份史料，究竟何者更为优胜？这是一个很尖锐的问题。如果我们表彰一位英雄人物，结果是一位无名英雄，使人读了有关他的事迹的文献，面前仿佛仍然空荡荡的，没有托体，形成不了高大形象。这多少是令人不满足的。这样，在这种情况下，姓名就成了代表这个人物的托体，要尽力提供出来。它们都是有头有尾的文献，并且都有很高的权威。简氏的考证是综合性的，努力证明了这个人物的存在。其中最有力的支持者是张玉乔的姐姐二乔（故本文原稿将此说称作简又文说。为与邝、朱二说统一用古人姓氏代表、标志，本文改稿改称张说）。用陈寅恪的方法读陈子壮的诗，诗与简的考证的吻合，实不止一首，说明简的考证站得稳、靠得住。邝的《赵夫人歌》似乎并不是更胜一筹的文献，仅用"最快报道"打不倒其他两人成系统的记录（或研究成果）。邝氏报道最可贵处，不仅最快，而且"当地"，几乎接近现场报道，但仍然并不是原始记录。它的来源是何吾驺等人的记事，而何吾驺的材料没有留下。可怪的是，朱氏依据的瞿式耜、张同厂、金堡记录丁宵音事迹的传、诗也没有留下。所有大学士级的证据，都成了一句空话。到现在为止，笔者是平等看待张、邝、朱三氏有关著作的史料价值（和史学价值）的。三足鼎立，如只是各家坚持，就是僵持。必须有是有否，去粗去伪，才能使史事及其发展、变化的真相点点滴滴显示出来。但研究很不充分，研究者对三说基本上无所轩轾，三说不能自相攻灭，维持鼎立共存。这是史料对研究者的严重挑战，看研究者如何解决，但异见诸说如此势均力敌，追究其史源，都来自政治高层，极具典型性，毕竟不多见。因此，不要因笔者在本文中大为赞扬朱溶及其《忠义录》，就以为一定采择朱说，投票给丁宵音。笔者认为，当时社会扰攘，环境复杂，以致人的思想被搞乱，著作遵循规则、道德者固不乏人，而弄虚作假，指鹿为马者以及无心搞错，张冠李戴者也不罕见。一些传说，互相串联缠绕，弄得你中有我，我中有你，清理为艰。当时南明方面力量较弱，因战败狼狈，主事者被捕杀或主动自裁时，妻妾追随丈夫自杀者众，《忠义录》丁宵音传前面为李元胤传（丁传未独立成章，而是附录在李元胤传后，著作在指导思想和体例上都极不合理），李就有一妻一妾自杀，即是其例。她们也有姓名、经历、事迹等，自然也可能在流传中与其他妇女的传说发生互串。研究者应首先关注查清史实，才能对原来的看法进行正确的处理。目前笔者坚守张说，同时承认邝、朱二说的生命力、竞争力。至于三说资料进一步使用和评价问题的解决，须视这方面研究的新进展来定，标准则仍然是比较三说的史料价值。此是后话，不表。下面续录她的小传改本：

　　张玉乔（即出于不同记载的赵夫人、丁宵音，此二名本文不用），在史籍上还有作其他姓名者，如有的记载说她名青镂①，是青楼（妓院）的衍化，由她出身倡优所致，也是纪事者的误会，不是她的名字。

---

　　① 张岱：《石匮书后集》第59卷，《烈女列传》，《青镂》，中华书局1959年版，第335页；钮琇：《觚剩》，《正编》卷6，《吴觚》下，《张丽人》，上海古籍出版社1986年版，第61页。

她是高贵门第的后裔，后家道中落。母亲沦为"吴倡"①，以擅长演唱被转卖到广州，生二女，长乔，字二乔，次即玉乔。姊妹二人工诗喜画，能歌善舞。张乔长成后与母亲一样以演戏为业②，成为广州"歌者"中的佼佼者。

崇祯三、四年（1630、1631）间，明翰林编修、广东南海（广州）人陈子壮服丧期满，经常参加一些文酒活动，并召张乔侍酒。"于时文酒之会则乔必在，脱珥佐觞，张灯拂席。"③"乔为诸名士大夫所爱，每有宴集，乔必与"，她"善画兰"，"诗清娇有风致"。每侍子壮"弄笔墨赋诗"。子壮对她也情有独钟，发展到一度同居。子壮曾赠予一首小诗，云："谷风吹我襟，起坐弹鸣琴。难将公子意，写入美人心。"④乔曾题有《春日山居》诗，抒情写景，词句清朗鲜妍。诗云："二月为云为雨天，木绵如火柳如烟。熏茶自爱天中水，不用开门吸涧泉。"⑤1633年，乔在广州病死。子壮以詹事府少詹事兼翰林院侍读学士起用赴京。以后，玉乔进入少女时代，不仅娇美绝伦，而且机警颖慧，但悲惨的命运是与生俱来的。她没有人身自由，只能仍操母姐旧业。陈子壮家为安慰他罢官而受创的心，在得知玉乔志向的情况下，决定为他重续张乔的旧好。子壮人还在客途，陈家已把玉乔赎身出来，准备做他的侍妾。归途虽然寂寞而漫长，但基本上顺风顺水，客舟较快抵达家乡，停靠"南塾之澨"⑥。

---

①　诸书皆称张乔、母、妹三妇女为吴倡或妓，需要解释一下。旧时所谓倡伎，是被社会视为部分人用以谋生的"贱业"，实际上包括两类不同的人：一类卖淫者，即以自己的肉体娱人者，其中也有兼卖艺者，即兼演戏剧、曲艺、杂技、乐舞等各种艺术节目和赋诗作画悦人者；一类是卖艺者，即以艺术、文化悦人，其中也有人做卖淫生涯。一般地说，前者被称为倡，后者被称为优、优伶，混称倡、伎、倡优、倡伎。

②　张氏三妇女虽被说成倡，但并不是卖淫女，而是以演戏为业的倡优。黎遂球：《莲须阁集》称张乔为歌者，可知其以演戏为业。钮琇：《觚剩》，《正编》卷3，《吴觚》下，《张丽人》，上海古籍出版社1986年版，第61页，谓张母欲为乔在伶人中择夫婿，是有力的旁证。

③　黎遂球：《莲须阁集》卷24，《墓志铭（墓表附）》，《歌者张丽人墓志铭》。

④　徐釚：《续本事诗》卷12，《后集》，《屈大均》云："庞祖如以张乔美人画兰见赠诗以答之（有序）"。

⑤　张乔：《莲香集》，转引自简氏考证文。

⑥　陈子壮：《陈文忠公遗集》卷8，《秋痕》，《诗》，《后对菊十绝句（有序）》。后面"瓦盆"句在本题《其三》。"孤根"句也在《其三》。又《其二》"为郎珍护蘂初齐"句，又《其三》诗序"客舟南塾之澨""秋芳宛然"等词句，均在本题中，极言南归娶张玉乔为妾事也。不赘注。

玉乔虽年少，又孤立无援，但对婚姻仍自有主见。她不甘轻率地从低微庞杂无足重轻的男人群里嫁一个就算数，"孤根不肯随萧艾"。她"瓦盎宁移碧玉栏"，抛却曾长期栖身的"瓦盎"，搬到用碧玉栏杆围护的花坛里去，成为供人观赏的娇艳的鲜花也在所不惜。与陈子壮结合的前景虽难以预测，使她高兴的是，能够摆脱痛苦的倡优生活，就是不错的选择。在不能掌握自己命运的情况下，她追求美好生活的思想里，混杂一些并不高尚的想法，是合乎情理的。因此，子壮的客船刚一停靠广州南郊的江边，她就由陈家家人陪同到船上迎接，随后成婚。在当时喜娶稚妾的不良社会风俗下，玉乔还是一个少女就为人侍妾，妾的地位又很卑微，这当然是很不幸的。但子壮长髯玉立，风流文采，而且玉乔唤起了他对张乔的旧情，他一见玉乔，就深感"秋芳宛然"，从而产生了真诚的眷恋和疼爱，所以玉乔的新的境遇比起作倡优受蹂躏毕竟很不相同。在子壮指导下，她进一步读书明理，能够大致解说《诗经》的主旨，明了古今治乱的因果。当时，广东社会开始动荡，却因远离中原战火，也就显得相对安定、宁谧。与陈子壮的共同生活，是玉乔脱离火坑后所能获得的满足、幸福。

但是，这种生活没有能长期维持。隆武二年（1646）冬，明肇庆永历政权、广州绍武政权争立，清两广总督佟养甲、署广东提督李成栋挥师进取广东，广东从此兵连祸结。接着 1647 年 1 月，争统战争有了结果，永历政权得胜，李成栋率清军袭破广州，消灭绍武政权，收缴文武印信五十余颗，把总督印藏起来。然后他继续攻取广东其他各地。这时玉乔陪陈子壮匿居南海九江村。

永历元年（1647）春，明巡抚张家玉、举人韩如璜、兵科给事中陈邦彦以及林举贤、陈耀等在各地纷纷举义抗清。秋，陈子壮在九江村起兵，在联络陈邦彦共攻广州的计划失败后退屯三水。随后子壮与邦彦合作取广州，又在珠江内遭清军顺风还击，全军覆没。子壮舍舟登岸，走还九江村，接着入守高明，玉乔偕往。在子壮高举抗清义旗持续奋战的日子里，她始终陪伴丈夫出生入死，同担艰危，共赴国难，未尝喘息。由于经常参加操办衣食的劳动，以致被误认为"村妓"①，既卖色相，又卖劳力。冬，高明城破，子壮被俘，遭寸磔惨死。玉乔在丈夫在世时似设过死誓。所以子壮殉节前坚信她能够临难不苟，曾作《枯树》诗表达对她的思念并转述她誓死的决心。诗云："金枝归何处？玉叶去谁家？老根曾愿死，誓不放春花。"② 子壮前曾将她比作"孤根"，此处"老根"用指玉乔，殆无疑义。怒涛汹涌，瞬息巨变。事情的结局确实有点出人意料。她没有殉夫自裁，也没有被杀。"成栋抄其家，见张氏美丽，遂娶之。"从史书记录检验，她没有抗拒，没有犹豫，顺利地成了残杀她丈夫的仇人的爱妾。她在前夫面前设誓，是否搞欺骗？理顺古人思路，弄清古人真意，才不致厚诬或美化古人。看来，她誓言必死，不是殉夫随夫，"不同生，愿同死"的意思。她觉得抗清的事业必须做，不能不做；但是前途凶险，死是难以避免的，这就是"明知不可为而为之"的意思。这是一个人对国家应尽的责任，没有丝毫讨价还价、七折八扣的余地。她知道，她的誓言迟早必然兑现，所以她敢于设誓，敢于设此重誓。而她在丈夫生前说出来，既表明自己的决心，又可以坚定丈夫必死的勇气。她把夫妻诀别的悲哀、隐痛深埋在心底，她知道任何恋恋难割、缠绵悱恻的情感过于外露，只会动摇丈夫殉难的意志，萌发求生的妄想，那不是大明探花郎应有的表现，她自己的死则要等待时机。她不能白死。这才是她的本意，包含了深刻的思想和深长的用意在内。至于所谓的贞节问题，她自然也会有想法。但一个从倡优行出来的人，这方面观念本来淡薄些，这种时候她的思想受理性支配的空间更大。玉乔有更大的志向，要实现子壮的未竟的遗愿，致力复兴大明。很可能，她还把个人生活中发生的重大变故，包括子壮之死、自己掉进李成栋掌心等在内，都看成命运的安排、神灵的主导，只能忍耻偷生相从。她这样做时内心深感痛苦，几个月中没有绽出过丝毫笑容。经过默默观察，她从发现李成栋私藏明两广总督印，看出成栋强烈的总督欲和对清朝的怨恨，感到有了在帐下参与政治、军事的时机，便不时下说辞，鼓吹反

---

① 计六奇：《明季南略》卷10，《永历元年丁亥（清朝顺治四年）》，《张家玉沉江》，中华书局1984年版，第360页，据《粤事记》。

② 梁绍献等：同治《续修南海县志》卷25，《杂录》上。

清复明。她见李成栋优礼背明投敌的大学士丁魁楚，就说："魁楚不忠于明，讵独忠于我乎？人而不学书者，鲜不为邪佞所惑矣。"成栋默然，悟出其中关于不读书的讽喻的味道。明日，召魁楚入，成栋一变脸，就把他杀了。以后她又多次寻找机会，给成栋讲述大明的盛德爱民，永历中兴的人事天意，又分析形势，策动成栋反正，去迎接永历车驾。成栋从不制止。永历二年三月二十九日（1648年4月21日），玉乔在陪成栋看戏时，见到剧中人的汉服饰，就会心地笑了。成栋第一次见她笑，问她为什么。她回答说是因见到舞台上的衣冠表现出的威仪，产生了感想。于是成栋就改服明朝衣冠取悦她。她又乘机进言，分析利害，指出当时长江以南广大地区人民不约而同，心向明朝，时局如有变故，成栋是清朝大帅，就会成为众矢之的。次日，她又摆设酒宴，跪下来继续请求倡义。成栋假意叱责她妇人干预军事，将凌迟处死。但接着他喟然长叹，内心深处顾虑，会连累在松江的家属。玉乔听说后，慨然表示，自己敢独享富贵吗？应当先死在你的面前，以成全大志。说完就慷慨决绝，拔刀自杀。成栋抢救不及，抚尸大恸道：我竟不及一个女人！他受此激劝，毅然反正，先平定广东，迎永历驻跸肇庆，然后进军江西。这次反正虽不到一年就归于失败，但与江西金声桓后正同时发动，震动大江南北，产生了重大影响。玉乔功不可磨灭。

玉乔诗作已佚。幸张乔《莲香集》卷二末附她的七绝一首，题为《读恻恻吟》，诗云："丰调情怀未易窥，荷丝牵结可胜悲。香幽韵远含毫字，付与风流作话垂。"吉光片羽，是玉乔仅存天壤的遗作。

原载《清代人物传稿》上编第7卷，中华书局1994年版；改稿载于香港刘咏聪主编《中国妇女传记辞典》（清代卷），澳大利亚悉尼大学出版社2010年版。2013年6月再修改

柳　是

　　柳是又名隐、隐雯，字蘼芜、如是，号河东君、我闻居士，浙江嘉兴人。本姓杨，名云、朝、爱、朝云，号影怜、婵娟、美人、云娟。

　　柳是身材娇小，容貌婉媚，性情机警，作风侠烈。她的家世不详，可能出身书香门第。她年幼时颖慧绝伦，但很不幸，因家庭破落或坏人拐卖，沦为吴江盛泽镇名妓徐佛的婢女，"幼隶乐籍"，大约其时已正式入籍为官妓。也在这时，她结识了秀才钱青雨，二人成莫逆交。"钱故有小才"，柳是"诗若书皆钱所教也"①。后来她又被转卖到吴江周家，为大学士周道登老母侍婢。崇祯二年（1629）春，周道登致仕家居，见而怜爱，纳为小妾，教以文艺。四年（1631），她因遭周道登其他姬妾的排挤、陷害，被周家卖往盛泽镇妓馆为娼。

　　不久，她赎身为船妓，扁舟一叶，浪游湖山间，结交高才文士。当时，松江名士夏允彝、徐孚远等发起组织几社，由于切实治学而声震文坛，也为柳是所瞩目。五年（1632），她停驻松江畲山，曾晋谒名士陈继儒，与几社胜流李待问、宋征舆、陈子龙等游处。她渴望在风流跌宕、裘马翩翩的几社诸子中择一夫婿，先后与李、宋二人相恋，但都未能跨越婚姻的门槛。八年（1635）春，她与陈子龙热烈相爱，一度同居。虽然最后也没有结为连理，但在此期间，她积极参加几社的活动，可算得几社的一名女社员。经过几社名士政论的熏习，她平日关于天下兴亡大义的观念就在这时成熟。她的诗歌最初师承明代前后七子的宗派，宗法汉唐，鄙弃赵

---

　　① 范锴：《华笑庼杂笔》卷1。

宋，也是受几社诸子的影响①。

柳是游历吴越，广交文人学士，目的是继续学习诗文书画，充实自己，并乘机寻找如意郎君，觅一归宿。与钱谦益以及嘉定四先生程嘉燧、唐时升、李宜之等诸老交游，大大改变了她的文学思想，以及对书画的兴趣。十三年（1640）冬，柳是"幅巾弓鞋，着男子服"②，到常熟访晤谦益，慨然登半野堂。两人交谈学术、文艺，极其投契，相互倾慕，接受对方，思想感情真切、自然。柳是写下奉赠谦益的长句云："声名真似汉扶风，妙理玄规更不同。一室茶香开澹黯，千行墨妙破冥蒙。"③ 这些诗句把交流的气氛，谈者以渊博的知识、严密的逻辑、新奇的创见完全使听者折服的情景，淋漓尽致地表现出来。柳是为这样的生活所吸引，"留连半野堂，文燕浃月。"④ 谦益用十天时间，在附近构筑新居，命名为我闻室，迁柳是入住之。十四年（1641）夏，两人结为夫妇，当时钱年五十九，柳年二十四。谦益冲破传统，在原配夫人健在的情况下，尊柳是为继室。婚后，柳是挥毫泼墨，习书作画，与丈夫和诗联句，考异订讹，穷搜博讨，争奇斗胜。天启、崇祯间（1621—1644），谦益受元好问《中州集》的启发，"中州之诗亦金源之史也"⑤，因而生出了借诗存史的想法，下决心选辑明列朝诗，后书成，题名《列朝诗集》。柳是积极协助，"为勘定《闺秀》一集。"⑥ 以后她还不断地帮他完成重要的典籍整理工作。柳是本人记忆力很好，对典籍可算得娴熟于胸。谦益整理古籍时，"图史校雠，惟柳是问。每于画眉余暇，临文有所讨论，柳辄上楼翻阅。虽缥缃浮栋，而某书某卷，拈示尖纤，百不失一。或用事微有舛讹，随亦辨正。"⑦ 看来她

① 本文原稿为应《中国妇女传记辞典》（清代卷）主编、香港浸会大学教授何刘咏聪女士邀约，主要依据陈寅恪《柳如是别传》基本观点、基本史料写成，收入《中国妇女传记辞典》（清代卷）。此次收入个人专题论文集，为突出专题，增加了这方面篇幅。

② 谷辉之辑：《柳如是诗文集》附录，顾苓：《河东君小传》，全国图书馆文献缩微复制中心，第225页。

③ 谷辉之辑：《柳如是诗文集》附编一，《东山酬和集》卷1，柳是：《庚辰仲冬访牧翁于半野堂奉赠长句》，第189页。

④ 谷辉之辑：《柳如是诗文集》附录，顾苓：《河东君小传》，第225页。

⑤ 钱谦益：《列朝诗集》，《历朝诗集序》引程嘉燧语。

⑥ 谷辉之辑：《柳如是诗文集》，附录，顾苓：《河东君小传》，第226页。

⑦ 谷辉之辑：《柳如是诗文集》，附录，钮琇：《河东君》，第231页。

既充当夫君的工作助手，又不失为这家专业夫妻店的半边天。

顺治二年（1645），清军下南京灭南明弘光政权时，柳是劝在弘光朝任礼部尚书的丈夫钱谦益自杀，以取义全节。谦益贪生惜命之际，她已奋身投池水自杀，被丈夫拽住。她虽然没有死，但明显反对丈夫出仕清朝。谦益沿例北迁时，她又毅然拒绝做降官夫人一同赴京。三年（1646），钱谦益以清廷凉薄寡恩，只授予礼部侍郎管秘书院事，降格使用（他当过弘光朝礼部尚书的），深感失望。

他官场失意，借病请求辞官回家。从此，夫妻同心，积极投身复明运动，除死方休。这对夫妇与清政府之间的关系，因此而增加了对抗性。柳是性喜谈兵，以抗金女英雄梁红玉自比，钱谦益赋诗以梁比柳的更多。

钱谦益还乡后，他们夫妇与清政府间的对抗，迅速地表面化了。顺治四年（1647）三月、五年（1648）四月，谦益先后两次为德州诸生谢陛被诬私藏兵器案、江阴贡生黄毓祺反清复明案牵连被捕。这就导致他垂老仍不免两蹲大狱，一为解京关进刑部大狱，一为囚禁南京的江南省狱。他们夫妇在两案中究竟起了何作用？是不是毫不相干涉？实际上二人都是有表现的，谦益谢案解京时，柳是作为囚犯家属，带简单行李（一囊），一路伴送。一因丈夫年老，照顾他的生活；二因使其少受苦，减少寂寞、畏怯的感觉，以坚定其反清的意志。她自己在解差的刀头剑铗震慑下生活数十天，终日面对，无所畏惧。从北京释放回家时，一路停留活动。在山东德州停留最久，接触许多反清人士，终于被卷进谢案。谢案史料保留不充分，没有找到直接的反清记载，但是这些简单记载，就是他们夫妇复明活动的一部分，应无疑义。黄案就不同了。黄毓祺是有名的豪富，曾捐银修建县城的一半城墙，有"黄半城"誉。后因以家产投入复明公用，自己乞食为活。为筹措更多军费，派江阴人徐摩持南明官印票据向钱谦益调取白银五千两。谦益虽对来人有怀疑，没有付给这笔钱，但他已把银两备妥。谦益长年没有做官，赋闲居家，入小出大，日就瘠薄。五千两非同小可，东挪西凑，滴水成渠，其完备有赖柳是运筹之功。这是他们夫妇参与复明运动的力证。

黄案结案，谦益得力于行贿、官场私人说情等非法手段的作用，得以不再追究，释放回家。他表面上不再活动，然复明之志仍不因此而挫折，实际上加紧呼风唤雨，策反江宁巡抚土国宝、金华总兵马进宝（后调充苏松提督，改名逢知）等领兵文武官员，并且卓有成效，帮助他们建立与南明势力的联系。谦益自己与永历政权瞿式耜等也暗通来往，还热心接待内地和海上反清的志士、遗民。后来他们索性在长江口岸巨镇常熟白茆构筑芙蓉庄（碧梧红豆庄），两年后自城内移居此地，以便利与海上和江南遗民的联络往还。谦益在其生活的最后近 20 年中，怎么就能一改贪生惜命的旧貌，在复明运动前沿作斗争，表现得这样壮健，这样勇敢？这里少不了柳是对他的提醒、警悟、鼓励和全力支持。她利用各种方法，与之沟通，启发、开导，通过长时间耐心工作，终于在谦益思想上实现了树立起新的人生目标。这个目标有针对性地在民族矛盾方面，对旧目标作了重要修改，这就改造了钱谦益最后近二十年的人生。这个钱谦益，比起崇祯年间阁讼时的、加入再起周延儒合股集团的、弘光时向阉党钻营的、降清的钱谦益，给人一种截然两途、黑白分明的感觉。柳是以变换他政治上追求的、人生向往的目标，改变了他继续前行的轨迹，从而改造了他晚年的人生。

顺治九年（1652），隆武帝生前制定的五路出兵，攻取留都，恢复旧疆，重兴大明的战略计划[1]，早已被破坏、埋葬。一些忠于前明的老少遗民，不肯承认这一事实。在他们心目中，这个计划通过坚持不懈的努力，是可以实现也一定能实现的。因此，全国复明运动中人士，自知悉五路出兵复国战略后，就一直密切关注攻取南京的问题，把夺得南京作为实现隆武复国战略的第一政治、军事目标。可见，隆武复国战略，在长时间里仍然光芒四射，照亮南明军民战斗的道路。此时尤其是东南沿海军民又掀波涛，围绕郑成功、张名振、张煌言海师北伐再次升腾起攻取南京的战浪。南明在西线，在李定国统率下对清作战，有上佳表现，自七月攻下桂林并迫使清定南亲王孔有德自杀，一路转锋，北征湖南，军威大振，使敌人望风披靡。十一月，清定远大将军、敬谨亲王尼堪挥师南下，抵达衡州附近，与正在衡州休整的李定国军相遇，会战不可避免。李定国成竹在胸，

---

[1] 杨海英：《隆武政权的中兴战略及其破灭——关于隆武"兵发五路"收复南京计划的研究》，载《中国史研究》2000 年第 4 期。

诱敌深入。尼堪中计被杀。西线的胜利，鼓舞了东线东南沿海军民，加紧活动，以为可以较快实现隆武帝战略，准备积极配合郑成功、张煌言大兵作战。李定国也承制命钱谦益和原明兵部主事严栻联络东南。钱谦益和柳是极为兴奋。冬，"钱谦益迎姚志卓、朱全古祀神其家，定入黔请命之举。"① 夫妇俩把浙江长兴人、明仁武伯姚志卓等迎接到家，商议请姚志卓去贵州朝见永历，也想建立新军。姚志卓建军苦无资金。柳是再次慷慨解囊。海上武装鉴于柳是在复明运动中的表现，迎接她到海上视师。

柳是的复明活动情况，主要就是如此。她身为妇女，在中国封建社会并没有守土卫民的责任，惨烈的民族斗争和易代斗争似乎与她们毫不相干。三从四德是妇女言行的最高准则，但只讲与男子关系的问题，一点也不涉及对国家、民族、社会安危应有的关注和应尽的责任。她我行我素，不顾拘束妇女的思想习俗中那些陈谷子、烂芝麻，把从遗民乡老、几社胜流那里学到的新想法应用于生活，最终成为表现异常出色的妇女。

谦益晚年家无余资，靠卖文度日。康熙三年（1664），钱谦益病逝。死后，族人就想鲸吞他的遗产，用都察院封条告示查封芙蓉庄房屋。然后登堂入室，逼勒银器，娄取田契，柳是深感只有以死唤起社会公正，惩办恶势力，免使全家陷于危难。她在遗书中嘱弱女同嫡子为她报仇后，便从容自缢。亲属和谦益好友、门生发出揭帖，揭露该等罪行，并要求讨回公道。迫害基本上停止，但遗产始终没有追回。

作为文学家、艺术家，柳是高才博艺，造诣卓绝。她擅长书画，书能狂草、楷体、行书，笔势险劲，不循常格。画工山水、仕女、花鸟，清疏淡雅，奇趣天然。歌舞是当时名妓的长技、必修课。柳是最精此道，吹箫度曲，歌舞婆娑，冠绝一时。

不只如此，她慧心巧手，在刺绣、园艺等领域，作品也有最出色的表现和创造。她曾制一绣衣，上绣二十四孝故事，人物须眉毕现，啼笑逼真，树木花叶阴阳明暗非常分明，四面看去，颜色都不同，被叹为"针

---

① 沈佳：《存信编》卷4。

神"①。园艺上令人惊异的，是她利用相同节候不同植物花叶的不同颜色构成图案的技术。她在芙蓉庄画地为"寿"字，大约一亩，在寿字地面上播撒菜籽，寿字笔画空隙处和周围种麦，到次年春，菜花盛开成一大寿字，嵌在连畦的绿麦中，仿锦碧玉镶着黄金，赏心悦目，兼寓吉祥②。她在文学上的成就，即她的诗词、散文的成就是更杰出的。她的诗文遣词庄雅，用典适切，闲情淡致，蹊径独辟，构思最精当感人的地方具有一种雷鸣电闪、石破天惊的气势。其七律《次韵奉答（谁家乐府唱无愁）》及词《金明池（咏寒柳）》堪称明末最佳诗词。大体说来，她的诗后期比前期、七言比五言更胜，而词则比诗也更胜。散文的佳妙在她给汪汝谦的尺牍中得到了尽情的体现。这些尺牍格调高雅，词翰清丽，感情深挚，文采风流。

她的作品结集传世的有《戊寅草》《湖上草》《柳如是尺牍》《鸳鸯楼词》《红豆庄杂录》《柳如是家信稿》等，存否待查。

原载刘咏聪主编《中国妇女传记辞典》（清代卷），

悉尼大学出版社 2010 年版。

2013 年 7 月修改完毕

---

① 徐兆玮辑：《牧斋遗事摘录》，摘钞姚光晋《瓶山草堂集》卷 5，《琐谭》上，载《明史资料丛刊》第 5 辑，江苏古籍出版社 1986 年版，第 175 页。

② 徐兆玮辑：《河东君遗事摘录》，摘钞赵允怀《支溪诗录》卷 1，载《明史资料丛刊》第 5 辑，第 218 页。

陈子龙

　　陈子龙，初名介，字人中、懋中，又字卧子，号大樽、轶符，别号采山堂主人，后又自称于陵孟公，松江府青浦（今属上海市）籍，华亭（今上海市松江）人。他生于明万历三十六年六月初一日（1608 年 7 月 12 日），清顺治四年五月十三日（1647 年 6 月 15 日）殉难。他是明末清初承先启后的诗人，不屈不挠的抗清民族志士。

　　他先世富厚，到他的父亲才踏入仕途。但也仅在刑、工二部任员外郎一年，天启二年（1622）春父丧回乡后他就归隐家园。子龙五岁丧母，靠祖母高氏抚育。他自幼聪颖韶秀，勤治经史，力攻章句。所闻亲自教授典籍，同他讲述往古和当世贤豪将相事迹，结合邸钞所载明廷的激烈党争和动荡政局，帮助他明辨邪正。五年（1625），阉党到苏州逮捕周顺昌，激起市民的抗议运动。子龙冒险"缚刍为人，书奄名射之"，[①] 以示支持抗议。这时，他开始结交夏允彝、周立勋等人。后来他又陆续结识侯峒曾、钱栴、张采、张溥、杨廷枢、徐汧、李雯、徐孚远等人。其中一些人成为他毕生意气相投、肝胆相照的挚友。在长期的学习和交往过程中，他逐渐形成了自己的政治思想、品质和性格。

　　六年（1626），他入学为秀才，接着守父丧。崇祯三年（1630），他中举，但连续会试落第。尽管他风流倜傥，才气横溢，他的文章玮丽，当时在江南已负盛名，但当朋辈在尽情歌呼嬉戏的时候，他仍"独据胡床，然巨烛刻韵赋诗，中夜不肯休"。他认为岁月如流，应抓紧用功。他每读年轻时已大有建树的古人终军、贾谊二传，就激动得"辄绕床夜走，抚髀

---

　　① 陈子龙：《陈子龙诗集》（下），附录 2，自撰《陈子龙年谱》卷上，天启五年乙丑，上海古籍出版社 1983 年版，第 636 页。

太息"。① 在二十五岁生日时，他又赋诗明志说："击剑读书何所求？壮心日月横九州。""不欲侧身老章句，岂徒挟策干诸侯！"② 他想奋发有为。

当时社会上文人结社的活动很普遍。他们以文会友，由学习制艺，揣摩风气，选择知己，发展到议论时政，造成社会舆论。崇祯二年（1629），③ 子龙参加了由夏允彝、杜麟征发起，并有周立勋、徐孚远、彭宾一道组成的几社。他们号称"几社六子"，是几社最早的成员。几社的发起，是因为夏、杜二人"老困公车，不得一二时髦新采共为熏陶，恐举业无动人处"。他们要求参加者在文学上"声应气求"。④ 他们取友严格，非师生不同社，同社情谊深厚如嫡亲兄弟。几社以松江东门（披云门）外濯锦巷彭宾住宅春藻堂、南门（集仙门）外阮家巷陆氏别业南园等为活动场所。他们切磋诗古文辞，选刻制艺范本《几社壬申文选》《陈卧子十八房选》《几社会义初集》（以后续刻到五集）等。几社声名大震。青浦邵景悦（梅芬）、昆山徐桓鉴（惠朗）、青浦王沄（胜时）等青年络绎不绝地到子龙处拜门投师，求学问业。

钻研文史的余暇，子龙也流连声色诗酒，与万寿祺辈出入秦楼楚馆，或与李雯、宋征舆辈诗歌倡和，曾汇刻《陈李倡和集》。但是，他并没有忘情政治，曾写过许多时政策论，还准备上万言书。

十年（1637），子龙、允彝都中三甲进士。此后，他的眼光更多地转向了用世。三甲例应外任，他选得广东惠州府推官，但因母丧没有履任。在陆氏南园读书期间，他完成了两部经世致用的大著作。这实际上是复社、几社治国安邦的政治、思想库，他们一旦从政后所应遵循的准绳。十一年（1638），他同徐孚远、宋征璧网罗明朝名公巨卿的文章，"有涉世务国政者，为《皇明经世文编》，岁余梓成，凡五百余卷"。⑤ 十二年

---

① 陈子龙：《陈子龙诗集》（下），附录2，自撰《陈子龙年谱》卷上，天启五年乙丑，上海古籍出版社1983年版，崇祯三年庚午，附录引吴伟业《彭燕又寿序》，第645页。

② 同上书，卷13，《七言律诗》1，《生日偶成（二首）》，第414页。

③ 几社成立的时间，子龙自撰《年谱》不载。此据杜登春：《社事始末》。杜登春说：复社、几社"两社对峙，皆起于己巳之岁"。己巳，崇祯二年。

④ 杜登春：《社事始末》。

⑤ 陈子龙：《陈子龙诗集》（下），附录2，自撰《陈子龙年谱》卷上，天启五年乙丑，上海古籍出版社1983年版，崇祯十一年戊寅，第659页。

（1639），他"编《农政全书》"。本书原作者为已故大学士徐光启。徐光启"负经世之学，首欲明农，古今田里沟洫之制，黍稷桑麻之宜，下至于蔬果渔牧之利，以荒政终焉"，写成了一束草稿。子龙得到这束草稿，"慨然以富国化民之本在是，遂删其繁芜，补其缺略"，成《农政全书》60卷。①

当农民起义在长江流域蔓延后，子龙忧心如焚。他痛恨"污吏之酿乱，当途之寡谋"，又深感"方今士大夫之大患，在于平民多逸乐之心，不措意天下事，朝夕问田宅、近妇人而已"。② 明朝统治在农民起义和明清战争交相折磨下日益危殆。子龙无力回天，宦情一度趋于淡薄。但他最终还是以地主阶级的根本利益为重，于十三年（1640）出任浙江绍兴府推官兼摄诸暨知县。他初居民上，"性既坦易，少威仪，不立章程，小民可以不时见"。③ 次年，全国发生大饥荒。子龙未雨绸缪，又全力进行施粥舍药、养生瘞死的工作，并镇压饥民骚乱。作为有重望的文士，他大力奖掖后进、识拔真才。西泠十子陆圻、毛先舒等以及彭孙贻、姜庭梧、徐白、潘集、史奕楠、沈之泰等人，或得到他的器重、举荐，或出于他的门下。

他还筹划军备，筑关建台，修城浚濠，铸炮储硝，并两次参加镇压较大规模的农民起义活动。

十一年（1638），在闽、浙、赣三省交界山区种蓝、蔴、蔗、麦的福建流民，以汀州人丘凌霄父子为首，联络海上武装，在浙江遂昌西乡的茶园起义。连兵五年，屡败官军。十五年（1642）五月，在浙江巡抚董象恒节制下，子龙督抚标兵千人至遂昌参加三省会剿。他奔驰溪谷，穿越荆榛，督促作战，重创敌军，起义军也损失惨重，举步维艰。后来，官兵扼守要路，断绝起义军食品来源。起义军被迫投降。

十六年（1643）十二月，东阳爆发许都起义。许都是诸生、官僚子

① 陈子龙：《陈子龙诗集》（下），附录2，自撰《陈子龙年谱》卷上，天启五年乙丑，上海古籍出版社1983年版，崇祯十二年己卯，第660页。
② 陈子龙：《安雅堂稿》卷3，《序》，《徐职方诗稿序》。
③ 陈子龙：《陈子龙诗集》（下），附录2，自撰《陈子龙年谱》卷上，天启五年乙丑，上海古籍出版社1983年版，崇祯十四年辛巳，第668页。

弟，家资富裕，性格豪爽，喜欢谈论兵法。子龙曾称誉他为"国士""干城"，[1] 几次加以举荐。当九、十月间张献忠起义军进军江西时，许都按兵法练兵准备抵抗。东阳知县姚孙棐贪污酷虐，借口备乱大肆聚敛，并诬陷许都与义乌奸徒伪托太监招兵的案件有牵连，向许都索贿银万两不遂，又说许都隐匿钦犯吴昌时赃银十万两以进行恫吓。当时，许都丧母，宾客会葬者万人。兵备道王廊[2]听报，以为叛乱，仓皇收捕。许都因而激变。部众用孝布包头，称"白头兵"。[3] 他们以"诛贪吏"为号召，[4] 得到人民的广泛响应，众至数万，连取东阳、义乌、浦江、兰溪和武义，进围金华。浙江巡按左光先委陈子龙监军进剿。十七年（1644）正月，子龙率师恢复义乌。游击蒋若来克浦江后，又击破许都包围金华的部队。许都聚焦余部，退保松阳南岩。王廊因激变受责，又恐战事拖延，粮饷不敷，力主招抚。子龙单骑入山劝降，不顾自己并没有赦免许都的权力，轻许"待以不死"。[5] 许都麾下先锋朱之彪坚决反对投降，劝阻说："陈司李即不卖我，能保巡按不卖司李乎？"[6] 但许都要表明心迹，力排众议，解散队伍，率二百人投降。但当子龙把他们护送到杭州后，巡按左光先竟听信姚孙棐的谗

① 邓锺玉等：光绪《金华县志》卷14，《志武备》第6，《兵燹》。但温睿临：《南疆逸史》卷14，《列传》第10，《陈子龙》，作徐孚远对陈子龙推许许都为干城、国士。（中华书局1959年版，第99页。）

② 陈子龙：《陈子龙诗集》（下），附录2，自撰《陈子龙年谱》卷中，崇祯十七年甲申，第683页。考证引《绍兴府志》作分守道王铺，《明史》陈子龙本传作王雄，皆误。应为王廊。按，王为江西广信府上饶人。检李树藩等：同治《广信府志》卷9之2，《人物》，《宦业》，"王廊，字孟侯，号借五，上饶人。……转金衢严绍大参，一摄藩篆，两署臬司，功著两浙"。《进士题名碑》亦作王廊，江西上饶民籍。（朱保炯等：《明清进士题名碑录索引》，上海古籍出版社1980年版，上册，第192页。）

③ 陈子龙：《陈子龙诗集》（下），附录2，自撰《陈子龙年谱》卷中，崇祯十六年癸未，考证引吴伟业《绥寇纪略》，《附纪》，上海古籍出版社1983年版，第681页。《崇祯实录》卷16，关于激变许都过程有不同记载，称："知县姚孙棐［棐］借名备乱，横派各户输金，坐许都万金。都实中产，勉输数百，自诣告胸。孙棐大怒，诬以造逆反，桎梏之。时输金者盈庭，哄然不平。有姚生执孙棐于座笞之。群拥都为主。巡按御史左光先闻变，调兵行剿。"（《怀宗端皇帝》16，江苏国学图书馆传钞影印本，第21页。）

④ 同上书，崇祯十六年癸未，第680页。

⑤ 平恕等：乾隆《绍兴府志》卷43，《人物志》3，《名宦》下，《陈子龙》。

⑥ 陈子龙：《陈子龙诗集》（下），第683页。乾隆《绍兴府志》无此语。

言，悍然拒绝子龙的意见，把许都及其从者共六十余人杀于钱塘江边。①子龙因招抚功授兵科给事中，但他"深痛负都，不赴也"②。

四月，子龙不知明朝已亡，仍上书应天巡抚郑瑄、南京兵部尚书史可法，要求奏请太子南下，自己练兵措饷，准备奉迎储君。

五月，他在监国福王政权中以原官起用，奉命巡视京营。六月，他到南京供职。"即具三疏：一劝主上勤学定志，以立中兴之基；一上经略荆襄布置两淮之策，以为奠安南服之本；一历陈先朝致乱之由，在于上下相猜，朋党互角，以为鉴诫。"③ 但随后他又因荐举人才、谏复厂卫、谏用佞臣、谏止太监借选淑女扰民等事，引起群小侧目。九月，子龙"私念时事必不可为"，④ 请假归葬，脱身返里。

顺治二年（1645）六月，清江宁巡抚土国宝以原明参将洪恩炳为安抚使，招降松江府军民，下令剃发。尽管洪恩炳对子龙"素执弟子礼"⑤，但子龙仍坚决拒绝了洪恩炳的求见。闰六月，在籍绅士原明两广总督沈犹龙、中书舍人李待问、罗源知县章简等主持松江城守，对抗清军。子龙与徐孚远、陈湖诸生陆世钥等起义，率众千余屯陈湖。夏允彝致书联络吴淞副总兵吴志葵、参将鲁之玙等。志葵等率水师三千自吴淞达淀山湖、茆湖间结水寨。明总兵黄蜚也率船千艘、水师二万自无锡来会合。"初十日，子龙设太祖像誓师，军号振武。"⑥ 陈湖义兵与志葵水师攻苏州失败。黄蜚也因移营黄浦江，沿途水道狭窄，被清军击败。八月，清军围攻松江。子龙等不能援救，松江失陷。子龙几乎被俘，携家逃走昆山。夏允彝投水殉节。

子龙继续南逃，后在浙江嘉兴陶庄（今属浙江嘉善）水月庵托为禅

---

① 平恕等：乾隆《绍兴府志》卷43，《人物志》3，《名宦》下，《陈子龙》。按：本传认为"光先与东阳令善"，故杀降，良是。实际上，左光先与贪酷激变的东阳知县姚孙棐都是桐城籍缙绅，所以光先非杀许都以包庇姚孙棐不可。

② 温睿临：《南疆逸史》卷14，《列传》卷10，《陈子龙》，中华书局1959年版，第99页。参见陈子龙《陈子龙诗集》（下），第684页。

③ 陈子龙：《陈子龙诗集》（下），第694页。

④ 同上书，崇祯十七年甲申，第702页。

⑤ 同上书，弘光元年乙酉，第706页。

⑥ 熊其英等：光绪《青浦县志》卷10，《兵防》，《兵事》。

僧，名信衷，字瓢粟，号颍川明逸，与庵僧衍门共研佛学。同时，他以奉养祖母高氏暂时隐居不出。清松江知府张铫、松江兵备道赵福星胁迫他出仕，他丝毫不为所屈。年底、顺治三年（1646年）初，隆武政权授子龙兵部左侍郎、左都御史，① 监国鲁王政权授兵部尚书节制七省漕务。三月，高氏去世。当时，吴江进士吴易正领导白腰党起义抗清，活跃在太湖及其沿岸，并在吴江汾湖（今芦墟镇）大败苏州清军，"斩获过当"②。子龙向监国鲁王报捷。鲁王封吴易为长兴伯，命子龙视师浙、直。于是子龙监临吴易义师。后因吴易轻敌，又军纪废弛，子龙与义师脱离关系。

　　浙江、福建失守，子龙痛不欲生。"孤笻单襆，混迹缁流"③。他悲叹，"短衣皂帽依荒草，卖饼吹箫杂佣保"，"举世茫茫将愬谁？男儿捐生苦不早"，"因知杀身良不易，报韩复楚心徒劳"④。七月，他返回青浦，安葬祖母，并作长书焚夏允彝墓前，"述己所以未死之故，期不负夏公"⑤。

　　四年（1647年）四月，清松江提督吴胜兆密谋反正。子龙与这次密谋的策动者之一、吴胜兆的部下、苏州府诸生戴之儁是旧识。戴之儁在密谋过程中曾微服私访子龙，要求利用他与鲁监国舟山守将黄斌卿的关系，写信联络黄斌卿为外应。子龙认为黄斌卿等"虚场寡信，事必无济"，⑥拒绝写信，但鼓励胜兆、之儁等好自为之。结果，胜兆等事泄被捕，株连子龙。子龙遭到清江南江宁将军巴山、操江都御史陈锦、江宁巡抚土国宝亲自主持的严密搜捕。他变姓名为李大樽，先后逃匿嘉定侯岐曾及其仆刘

---

　　① 陈子龙：《陈子龙诗集》（下），附录2，王沄续《陈子龙年谱》卷下，顺治三年丙戌，考证引《明末忠烈纪实》陈子龙传，上海古籍出版社1983年版，第712页。但顾炎武：《顾亭林诗文集》，《亭林诗集》卷1，《哭陈太仆》，说子龙"拜表至福京，愿请三吴救。诏使护诸将，加以太仆职"。（中华书局1959年版，第276页。）还有其他歧异记载。

　　② 陈子龙：《陈子龙诗集》（下），附录2，王沄续《陈子龙年谱》卷下，顺治三年丙戌，上海古籍出版社1983年版，第712页。

　　③ 同上书，第715页。

　　④ 陈子龙：《陈子龙诗集》卷10，《七言古诗》3，《岁晏仿子美同谷七歌》，上海古籍出版社1983年版，第309、311页。

　　⑤ 陈子龙：《陈子龙诗集》（下），附录2，王沄续《陈子龙年谱》卷下，顺治三年丙戌，上海古籍出版社1983年版，考证引《侯氏集注》，第715页。

　　⑥ 同上书，顺治四年丁亥，第719页。

驯、婿昆山顾天逵兄弟处，没有成功，最后在吴县潭山顾氏祖墓被捕。巴山等进行审讯。子龙"植立不屈，神色不变"。问："何不剃发？"子龙凛然答复说："吾惟留此发，以见先帝于地下也。"①再问，子龙就拒绝作答。五月十三日，当他被巴山等派人押解南京途经松江境内时，乘守卒不备，挣脱绳索，跃入跨塘桥下水中自杀。接着他被残酷地斩首示众。王沄、徐桓鉴和舆人吴酉找到遗体，加以埋葬。乾隆中，清廷赠他专谥忠裕。

　　子龙在诗文创作上取得了杰出成就。他的文学主张原提倡复古，"文宗两汉，诗轶三唐"②。他说："盖予幼时即好秦汉间文，于诗则喜建安以前。"后来他读李攀龙、王世贞诸集，又惊叹他们的作品"飒飒然何其似古人也"！他还认为，"诗之为道，不必专意为同，亦不必强求其异。既生于古人之后，其体格之雅、音调之美，此前哲之所已备，无可独造者也"③。这完全是复古、仿古的理论。但是，子龙实际上比前、后七子卓越得多。他特别强调诗歌有所托有所为而发，强调诗歌的社会意义。他说："诗者，非仅以适己，将以施诸远也。"④"诗者，寄托之情、不得已之志也。"⑤又说，诗是"动于情之不容已耳"⑥。作为一个有成就的诗人，他事实上还是从创作实践中理解到诗歌在形式上、内容上都可以有所创造、有所前进。他说："至于色采之有鲜萎，丰姿之有妍拙，寄寓之有浅深，此天致人工，各不相借者也。"⑦因此，他既有许多缺乏生气的模拟之作，也写作了许多有现实意义的诗歌，沈雄瑰丽，悲壮苍凉，明亡以后的作品大都如此。在他的各体诗中，首推七律最能表现他的诗歌的特色和成就，其中《辽事杂诗》《都下杂感》《晚秋杂兴》《秋日杂感》等，都是气壮山

---

①　陈子龙：《陈子龙诗集》（下），附录2，王沄续《陈子龙年谱》卷下，顺治三年丙戌，上海古籍出版社1983年版，顺治四年丁亥，第721页。

②　王昶：《明词综》卷6，《陈子龙》。

③　陈子龙：《安雅堂稿》卷3，《序》，《李舒章仿佛楼诗稿序》。

④　陈子龙：《安雅堂稿》卷3《白云草自序》。

⑤　陈子龙：《安雅堂稿》卷2《序》，《张澹居侍御诗稿序》。

⑥　陈子龙：《安雅堂稿》卷2，《宋辕文诗稿序》。

⑦　陈子龙：《安雅堂稿》卷3，《序》，《李舒章仿佛楼诗稿序》。

河、长歌当哭之作。① 吴伟业推崇他"负旷世逸才","其四六跨徐、庾，论策视二苏，诗特高华雄浑，睥睨一世。"又说："卧子奕奕眼光，意气笼罩千人，见者莫不辟意，登临赠答，淋漓慷慨，虽百世后犹想见其人也。"② 从这些情况看来，陈子龙可以说是结束明代复古派诗歌创作的最后一个大诗人，也是开创清初诗歌抒写性情、反映现实的新风的较早的一个大诗人。

子龙的著作，有已刻、未刻的《岳起堂稿》《采山堂稿》《属玉堂集》《平露堂集》《白云草》《湘真阁稿》《安雅堂稿》《焚余草》（《丙戌遗草》）《兵垣奏议》《幽兰草》《棣萼香词》等十余种和一些零散诗文。嘉庆八年（1803 年）成书的《陈忠裕公全集》30 卷并非全璧，并且有许多残缺、涂毁。③

原载《清代人物传稿》上编第 4 卷，中华书局 1987 年版

---

① 参看中国科学院文学研究所中国文字史编写组《中国文学史》3，人民文学出版社 1963 年版，第 981 页。

② 程穆衡原笺，杨学沆补注：《吴梅村诗集笺注》（下），吴伟业：《梅村诗话》。

③ 如《陈子龙诗集》（按：本书即《陈忠裕公全集》卷 3 至卷 20 诗、诗余、词余部分）卷 15，《七言律诗》3，《秋日杂感（客吴中作十首）》残缺十四字。（上海古籍出版社 1983 年版，第 525—528 页。）但徐树丕：《识小录》卷 2，《乙酉殉难诸公》全录此十首，可供校补。

马逢知

马进宝，字惟善（后顺治皇帝赐名逢知，本名逐渐不为人所知），辽东籍，山西隰州（今隰县）人。他生于明万历四十三年四月十三日（1615 年 5 月 10 日），[1] 清顺治十八年三月初三日（1661 年 4 月 1 日）被杀。他先后混迹于农民军、明军和清军中，但总是首鼠两端，任职大帅而又形同土匪。

进宝父应春出身农家，"田畴栖亩，家给自饶"[2]，生九子，进宝最少。进宝年十四五岁，就碰上父亲因遭灾欠赋被逮。崇祯四年（1631），进宝父亲病故。五年（1632）八月，李自成、张献忠，马守应、王自用、高杰率起义军"自大宁袭隰州"，攻克后，"住城中三日"[3]。马进宝这时参加了起义军，"初为闯将，号马铁杠"[4]。

---

① 陈寅恪：《柳如是别传》下，引钱谦益《牧斋外集》10，《马总戎四十寿序》（陈有删节）称："大元戎马公专征秉钺，开府婺州者七载余，而春秋方四十。四月十有三日，为悬弧之辰。"（上海古籍出版社 1980 年版，第 1042 页。）钱序作于顺治十一年，上推四十年，为万历四十三年。据崔澄寰等：光绪《续修隰州志》卷 1，《在迹》，录金之俊《都督和宇马太公暨太夫人贺氏合葬墓志》，说进宝父应春生隆庆五年（1571），"以疾终，年六十有一，都督公年方十九龄耳"。则应春死于崇祯四年（1631），当年进宝年十九，上推，应生于万历四十一年（1613）。但光绪《续修隰州志》多鲁鱼亥豕之误（如本《合葬墓志》，"无奈"夺一"无"字，"处州"皆误为"虔州"，"大帅"或"太师"误为"大师"，"舟山"误为"丹山"，疑"阮夷"误为"院夷"，"月余"误为"月人"，"盛于斯"误为"盛于期"等），疑十七龄误为十九龄，故采钱说。
② 崔澄寰等：光绪《续修隰州志》卷 1，《古迹》，金之俊：《都督和宇马太公暨太夫人贺氏合葬墓志》。
③ 钱以垲：康熙《隰州志》卷 22，《兵防》，《历代兵氛附》。
④ 计六奇：《明季南略》卷 16，《郎廷佐大败郑成功》，中华书局 1984 年版，第 494 页。金之俊所作墓志（崔澄寰等：光绪《续修隰州志》卷 1，《古迹》，金之俊：《都督和宇马太公暨太夫人贺氏合葬墓志》。），叙述马进宝参加农民起义，事情隐晦而时间明确。原文说，崇祯四年，应春以疾终，进宝"擗踊含殓，期年，自度力田横经均非己志，遂驰他邦，备历行间情状"。五年适有李自成等攻克隰州之役，正相符合。

后来，他叛降明朝。时间、原因、经过和投降后若干年内的活动均不详。十五年（1642）冬，张献忠起义军攻打安庆府太湖（今属安徽）。当时，马进宝等守御太湖，暗中与起义军通谋。十二月十二日（1643年1月31日）夜半，进宝等接应起义军入城，杀知县杨春芳等。① 十七年（1644）九月，进宝任明安庆总兵杨镇宗部副将都督同知。弘光元年（1645）四月初左良玉在九江暴死后，其"子梦庚统其众十万蔽江而下"②，初七日，前锋抵安庆。安庐巡抚张亮将驻皖各营兵撤进安庆城中。傍晚，各营兵骚动，川营将陈元芳纵火焚城隍庙等处，"副将马进宝、贾应登等乘之"③。"马进宝者凶悍无人理，时时欲叛"④。他们"四面纵火焚掠为内应，至晓，招左兵尽入，掠杀无遗"⑤。

顺治二年（1645）五月，进宝见清军南下，首先具启到九江向英亲王阿济格投降。因招抚安庆、庐州、池州、太平四府地区（约为今安徽西南部）文武官员、兵丁有功，阿济格给他加总兵衔，充驻守湖口副总兵。⑥进宝辞湖口职后，七月，入京陛见，受赐一品服色并庄田、房屋、鞍马，隶汉军镶白旗，改正蓝旗。

三年（1646），进宝从端重亲王博洛南征。七月十六日，进宝与清军攻破浙江金华，残酷屠城。随后他奉命镇守金华。四年（1647），进宝"亲统步骑"镇压东阳等地的反清武装。五年（1648）春，他在武义征

---

① 张楷：康熙《安庆府志》卷6，《民事志》，《兵氛》。并见李英民国《太湖县志》卷14，《武备志》，《兵事》。《崇祯实录》卷15、《明史纪事本末》卷77所记张献忠克太湖时间皆误。又《崇祯实录》载，十五年八月初十日，漕督史可法下前营副总兵廖应登、后营汪正国等所属兵卒在安庆发动兵变，后经"谕解"，"徙应登兵太湖，正国兵桐城。"（卷15，《怀宗端皇帝》15，江苏国学图书馆传钞影印本，第10页。）因疑马进宝原为廖应登部将，参加兵变后被安插在太湖者。记此备考。

② 许新堂：《乘余集》，《郊垒诸军录》。

③ 张楷：康熙《安庆府志》卷6，《民事志》，《兵氛》。并见李英民国《太湖县志》卷14，《武备志》，《兵事》。《崇祯实录》卷15、《明史纪事本末》卷77所记张献忠克太湖时间皆误。

④ 戴名世：《戴南山集》卷14，《子遗录》。

⑤ 张楷：康熙《安庆府志》卷6，《民事志》，《兵氛》。

⑥ 《江南提督马进宝残奏本》，载《明清史料》丁编，第2本，第148页，谓"蒙（英）王即加总兵职衔，随委湖口任事"。又洪宗训等：嘉庆《湖口县志》卷2，《建置志》，《兵防》，谓崇祯末"以湖口当江湖冲，增副总兵，驻城中"。"顺治二年五月，英王委弁驻守"。

剿。秋，他又参加"会剿湖头山寇""石梯山贼"。① 六年（1649）九月，他升为都督金事，充金华总兵，管辖金华、衢州、严州、处州四府地区（约为今浙江西南部）。

当时，明、清双方在闽、浙境内斗争很激烈。因此，马进宝的态度多少有点暧昧。具有讽刺意味的是，他被清廷任为金华总兵同时，又被明桂林留守瞿式耜列入对清朝统治"怀观望"的名单中。② 七年（1650）五月，他接待了亲到金华策反的钱谦益。③ 但清朝强大，他还得跟它站在一起。

从当年冬开始，他重点镇压青田东南各乡反清起义，特别是五年（1648）四月爆发的何兆龙起义。他"自秋徂冬间，探得其地形，引骑数十疾走……昏夜破四十余寨"。④ "提师从十都船寮地方入山搜剿。数月，空其巢穴。"⑤ 何兆龙被擒后，清军从何的营中搜"得伪疏稿，谓进宝与兆隆通往来，疏请明鲁王颁给敕印，又得伪示，称进宝已从鲁王"。⑥ 进宝被迫具呈自白。清廷对他进行了安抚，将这事诿为"狡贼""设诈离间"，⑦ 又于八年（1651）五月授予骑都尉世职，使他重新振作起来。

八年九月，他在浙闽总督陈锦和镶黄旗汉军都统刘之源指挥下，统台、温水陆官兵进攻监国鲁王占领的舟山，三战皆捷。张名振拥鲁王败逃三盘岛（在今浙江洞头）。"之源遣总兵马进宝等率兵追克之，焚其积聚，复败之于沙埕"⑧（在今福建福鼎）。十一月，他再往福建近海作战，追逐

---

① 崔澄寰等：光绪《续修隰州志》卷1，《古迹》，金之俊：《都督和宇马太公暨太夫人贺氏合葬墓志》。

② 瞿式耜：《瞿式耜集》卷1，《奏疏》，《留守封事》，《报中兴机会疏》，上海古籍出版社1981年版，第106页。按：此疏永历三年九月，亦即顺治六年九月具。

③ 钱谦益：《牧斋有学集》卷3，《庚寅夏五集》小序称："岁庚寅之五月，访伏波将军于婺州。"参见陈寅恪《柳如是别传》下，上海古籍出版社1980年版，第1014—1033页。陈氏铨释《庚寅夏五集》诸诗，铺叙钱谦益夫妇从事"复明运动"，"游说马进宝反清"。

④ 崔澄寰等：光绪《续修隰州志》卷1，《古迹》，金之俊：《都督和宇马太公暨太夫人贺氏合葬墓志》。

⑤ 王棻：光绪《青田县志》卷17，《杂志》，《兵寇》。参见周荣椿光绪《处州府志》卷12，《武备志》，《戎事》等。

⑥ 《清史列传》卷80，《逆臣传》，《马逢知》。

⑦ 同上。

⑧ 《清史列传》卷5，《大臣画一传档正编》2，《刘之源》。

张名振直到海坛（今福建平潭）。九年（1652）春，班师回金华。四月，清廷授予都督同知衔。

六月，因郑成功攻占福建沿海州县，围困漳州，清廷派进宝率浙兵"兼程往漳、泉"，迎着淫雨进军，初解漳围。"未几，仍围困如故。"① 他又以"孤军先入，独守危城，援兵未至，遍地凶荒，草木食尽"，② "援饷乏绝，杀所乘以济军饥，且啖死人肉，且咀嚼草木革皮之类以为粮糗"。九月，固山额真金砺等入闽，在九龙江西溪与北溪间与郑军作战。进宝率军冲越漳州南门外桥南，"乘机砍杀至江东桥"，③ 大败郑军，与金砺援军会师"恢复各邑"。④ 浙闽总督刘清泰题疏表彰他战守有功。十一年（1654）二月，福建魏福贤起义军进攻浙江衢州、处州（今丽水）二府境，进宝出兵击退。十二月，清廷以郑亲王世子济度为定远大将军，升"浙江金华总兵官、都督同知马进宝为左都督，充福建随征左路总兵官"，"征剿"郑成功。⑤ 十二年（1655）九月，济度统军进入福建，进宝似应参加过克复海澄（今龙海）和福州的战斗。清军停"驻福州，久之，乃进驻泉州。"⑥ 年底，清军可能准备夺取郑成功的基地厦门，因沔洲（在今同安）拊厦门之背，策划先取沔洲。为此，济度传谕马进宝等调查"炳州［沔洲］城壕宽窄深浅及城内贼首若干，把守者系何姓名，其城可攻耶，不可攻耶"？⑦

十三年（1656）二月，在福建的征战还没有结束，进宝又以原衔调苏松常镇提督。上任不久，户科给事中王益朋就参劾他在金华任上与郑成功

---

① 崔澄寰等：光绪《续修隰州志》卷1，《古迹》，金之俊：《都督和宇马太公暨太夫人贺氏合葬墓志》。

② 《江南提督马进宝残奏本》，载《明清史料》丁编第2本，第148页。

③ 崔澄寰等：光绪《续修隰州志》卷1，《古迹》，金之俊：《都督和宇马太公暨太夫人贺氏合葬墓志》。

④ 《福建巡抚佟国器揭帖》（顺治十二年六月十一日到），载《明清史料》丁编第2本，第112页。

⑤ 《清世祖实录》卷87，伪满影印本，第12页。参见《敕谕世子吉都征剿郑成功稿（信王平西王□□仿此）》（顺治十一年十二月），载《明清史料》丁编第2本，第108页；又《清史列传》卷2，《宗室王公传》2，《和硕郑亲王济尔哈朗》；同书卷5，《大臣画一传档正编》2，《噶达浑》；同书卷9，《大臣画一传档正编》6，《杨捷》；同书卷78，《贰臣传》甲，《马得功》。按：杨捷为此次随征右路总兵，马得功为随征中路总兵。

⑥ 《清史列传》卷2，《宗室王公传》2，《和硕郑亲王济尔哈朗》。

⑦ 《定远大将军世子致左路总兵马进宝等谕》，载《明清史料》丁编第2本，第119页。

叔芝豹"住还两月","通逆有据"。他密奏申辩，要求卸任回旗。清廷仍然给予安抚，朱批："卿心迹原明，海警方殷，著安心供职，不必以浮言介意。"① 十四年（1657）七月，他又奉旨进京陛见。当他"入觐也，珍宝二十余舫，金银数百万，他物不可胜计"②。清廷一面笼络，"赐名逢知，赐改镶黄旗下，赐朝衣朝帽、貂蟒鞍马八表里，随从銮舆七十晨夕"，一面扣下人质，"留长子之骥为侍卫"③。十月，清廷又改组江南驻防军队，削弱逢知事权，用原苏州总兵梁化凤统辖水师，"提督总兵马逢知专管陆师"④。

马进宝镇守金华时，已"杀人如草，无恶不作"⑤。他在苏松任上，每逢巡历沿海，统领马步兵数千，居民倾城到数十里外避难。"凡春、秋二信，各营纳银五百两始免巡历。"他以私通南明的罪名，"诈大户资财约数百万"⑥。他还采取更残忍的办法，"百姓殷实者械至，倒悬之，以醋灌其鼻，人不能堪，无不倾其所有，死者无算。复广占民庐，纵兵四出劫掠，官府不敢问"⑦。"苏、松两郡之民受其鱼肉侵凌、倾家绝命者指不胜屈"⑧。"千箱布帛运轺车，百货鱼盐充邸阁。将军一一数高资，下令搜牢遍墟落。非为仇家告并兼，即称盗贼通囊橐。"⑨ 所以他"奇富"⑩。

---

① 《江南提督马进宝残奏本》，载《明清史料》丁编第2本，第148页。按：此是进宝对纠参抱怨，要求"恩全回旗"后，清廷还需要他效力，所说的安抚话。据《票拟王益朋参马进宝疏旨意》（载《明清史料》丁编第2本，第147页），马进宝被参后应受"严饬"："芝豹至浙，马进宝于其职掌无涉，何得辄延接伊署？理应议处，姑念效力日久，亦从宽容罪，俱著严饬。"可见，清廷自己就不是不"介意"的。

② 董含：《三冈识略》卷3，《马镇图逆》。

③ 崔澄寰等：光绪《续修隰州志》卷1，《古迹》，金之俊：《都督和宇马太公暨太夫人贺氏合葬墓志》。

④ 《清世祖实录》卷112，伪满影印本，第15页。

⑤ 曾羽王：《乙酉日记》，载《清代日记汇抄》，上海人民出版社1982年版，第23—24页。

⑥ 同上书，第25页。

⑦ 董含：《三冈识略》卷3，《马镇图逆》。

⑧ 《清世祖实录》卷137，伪满影印本，第17页。

⑨ 吴伟业：《吴梅村先生诗集》（程穆衡等笺注）卷4，《古近体诗一百九首（起辛卯正月尽壬辰秋）》，《茸城行》。

⑩ 计六奇：《明季南略》卷16，《郎廷佐大败郑成功》，中华书局1984年版，第494页。金之俊所作墓志（崔澄寰等：光绪《续修隰州志》卷1，《古迹》，金之俊：《都督和宇马太公暨太夫人贺氏合葬墓志》），叙述马进宝参加农民起义，事情隐晦而时间明确。原文说，崇祯四年，应鲁以疾终，进宝"擗踊含殓，期年，自度力田横经均非己志，遂驰他邦，备历行间情状"。五年适有李自成等攻克隰州之役，正相符合。

他贪淫酷虐，肆行杀戮。有张姓副将买一美妓送他做侍姬。[①] 后来他宴请张副将，这个侍姬参加侑觞，因与张厮熟，不免多次注目。他大怒，就在筵间将侍姬斩首。他的姬妾很多，"羊侃后房歌按队，陈豨宾客剑成群"[②]。一妾不适，医者诊断为怀孕。"进宝以妾众，亦竟忘之矣。怒曰：'宁有此事！汝止此。如有孕，不杀汝；若非孕，当斩汝矣。'顷之，内托一儿出，乃刳妾腹而得者。医者惊悸。进宝赏五十金。"[③] 婢妾小有过失，他就让她让在大桶里，封好，倒放在房中。房间里累累叠叠，不止一个木桶。他有妾八十人，"每夜阄籤而卧"。有长辈劝他减妾。他对八十人宣布，愿离去的拈籤。许多人拈籤。他欺骗那位长辈说："今将嫁之矣。"[④] 实际上把她们都杀害了。

十六年（1659）五月，郑成功率北伐军停驻吴淞口，因进宝"以前有反正之意"，特"差监纪刘登密书通报"，约他在进围南京时"合兵征讨"。七月，进宝也同郑成功私通信息。郑成功两次遣礼都事蔡政去松江相约共攻南京。郑成功在进攻南京的问题上，过分指望进宝的合作，以致延误了战机。殊不知马进宝这时正采取骑墙观望态度。他先"以家眷在燕都未决回报"，后仍按兵不动。[⑤] 当江南总督郎廷佐檄调进宝入援以解南京

① 曾羽王：《乙酉日记》，载《清代日记汇抄》，上海人民出版社1982年版。原书称"其部下张副总"，即张姓副将。按：马进宝在金华镇标、苏松提标下均无副将。金华镇标下有三游击，中营游击张胆（沈麟趾：康熙《金华府志》卷21，《军政》）。苏松提标下先后有金山营参将陕西人张瑞祥、河间人张国俊（莫晋等：嘉庆《松江府志》卷36，《职官表》，《国朝武职表》）。从原书看，此事发生在苏松任上，疑为张瑞祥、张国俊中一人。

② 吴伟业：《吴梅村先生诗集》（程穆衡等笺注）卷4，《古近体诗一百九首（起辛卯正月尽壬辰秋）》，《茸城行》。

③ 计六奇：《明季南略》卷16，《郎廷佐大败郑成功》，中华书局1984年版，第497页。

④ 同上书，第496—497页。按：原书称，"其母劝减妾"。又据曾羽王日记（曾羽王：《乙酉日记》，载《清代日记汇抄》，上海人民出版社1982年版，第23—24页）称，"顺治十七年，朝廷知其不轨，捉之回都。进宝拥美姬数百，其母向云：'今往京师，何必携带多人？其不愿去者，不若估值出之。'进宝即以美人列之两行，愿随者从左，不愿随者从右。内三十余人俱从右立。进宝即斩以殉。"情节略异，母劝则同。但据金之俊所作墓志（崔澄寰等：光绪《续修隰州志》卷1，《古迹》，金之俊：《都督和宇马太公暨太夫人贺氏合葬墓志》），进宝母贺氏崇祯十五年（壬午）六月"忽自隰之皖"，十六年没，故疑为另一长辈。

⑤ 杨英：《先王实录》（陈碧笙校注），福建人民出版社1982年版，第191、208、212、214、218、220等页。按：刘登、阮旻锡《海上见闻录》（福建人民出版社1982年版）、《清世祖实录》（卷143，伪满影印本，第4页）均作刘澄。

围困时，他也"不奉檄"①。八月，他还和郑成功以议和通往来。郑成功败退时，他"又不追剿"②。后来，郑氏还不断向他投书，或营救被捕人员，或寻觅联系郑芝龙的门径。③

这些事实很快被揭露。从当年（1659）九月到次年六月间，兵部、户部都给事中孙光祀、镇海大将军刘之源、江南总督郎廷佐、苏松巡按马腾陞、礼科给事中成肇毅相继参劾。十七年（1660）正月，清廷将他解任调回旗下。他死到临头，还在铺张扬厉，"家属起程，封船一百余只，沿途寄顿"④。清廷经过一年的调查、审讯、取供、核实。在审讯中，他还陷害松江百姓。因郑军北伐时，他曾整修城池，并在城墙上写下保、甲长名单。清廷讯问这事，他"答以郡百姓之意，谓创新城，迎新主。其姓氏尚在，可核也"。清廷察看果有名单，即传提督梁化凤"选兵三千于日暮屠城"⑤。如不是查出马逢知关于书写保、甲长姓名的告示，百姓就全成了刀下之鬼。最后清廷决定将他处死。

马逢知当时所作所为，形同土匪恶霸，引起全民痛恨。故揭发其罪恶的行动一开始追随者纷纷，上本者络绎。看当时留传至今的记载和档案，可知朝野同心，除恶务尽，唯恐不速。他们用不着花大力气去保护一名臭名远扬的人物，此点不必怀疑。

"康熙登极，赦京师罪人，独此贼不赦。"⑥逢知生二子十一女。他"遭逢多艰，故妻为人掠卖，已他适生子。马亦别娶。及贵，故妻闻之，叩阊上谒。马内之，抱头痛哭，筑别馆以养其夫妻子女，军中称曰夫人，曰公子，与其后妻均礼焉"⑦。顺治十八年三月初三日，逢知及子之骥、之

---

① 计六奇：《明季南略》卷16，《郎廷佐大败郑成功》，中华书局1984年版，第494页。金之俊所作墓志（崔澄寰等：光绪《续修隰州志》卷1，《古迹》，金之俊：《都督和宇马太公暨太夫人贺氏合葬墓志》），叙述马进宝参加农民起义，事情隐晦而时间明确。原文说，崇祯四年，应春以疾终，进宝"擗踊含殓，期年，自度力田横经均非己志，遂驰他邦，备历行间情状"。五年适有李自成等攻克隰州之役，正相符合。

② 《清世祖实录》卷128，伪满影印本，第4页。

③ 《清世祖实录》卷137，第16—17页。

④ 同上书，第17页。

⑤ 莫晋等：嘉庆《松江府志》卷81，《拾遗志》，《拾遗》引《见闻庞记》。

⑥ 曾羽王：《乙酉日记》，载《清代日记汇抄》，上海人民出版社1982年版，第23—24页。

⑦ 阮葵生：《茶余客话》卷8，《马进宝》，中华书局1959年版，第201页。

璁被斩于西市。故妻的后夫父子牵连同死。① "妻女发配象奴"②，或说 "俱发教坊司及配满人"③。

原载《清代人物传稿》上编第 4 卷，
中华书局 1987 年版

---

① 逢知伏法时间，有十七年十二月说（朱彭寿：《旧典备征》卷 5，《大臣罹法》，中华书局 1982 年版，第 121 页），有十八年三月初三日说（曾羽王：《乙酉日记》，载《清代日记汇抄》，上海人民出版社 1982 年版，第 23—24 页）。此事《清实录》失载，或被删除。但考《清世实祖录》（卷 143，伪满影印本，第 4—5 页），顺治十七年十二月戊子（初七日），刑部疏报审讯马逢知供词，得旨仍 "著议政王贝勒大臣核议具奏"，故朱说似不确，而宁取曾说。又曾羽王日记（曾羽王：《乙酉日记》，载《清代日记汇抄》，上海人民出版社 1982 年版，第 23—24 页）称，"父子五人同斩于西市"。但逢知仅二子，董含《三冈识略》亦称逢知 "与二子伏锧东市"（董含：《三冈识略》卷 3，《马镇图逆》）。阮葵生《茶余客话》（阮葵生：《茶余客话》卷 8，《马进宝》，中华书局 1959 年版，第 201 页）称，"马后伏诛西市口，故妻与其夫皆斩"。本案妇女不斩，伏法者故妻后夫与 "公子"。称 "父子五人"，即加此二人。
② 董含：《三冈识略》卷 3，《马镇图逆》。象奴即在象房养象的人夫。
③ 曾羽王：《乙酉日记》，载《清代日记汇抄》，上海人民出版社 1982 年版，第 23—24 页。

拳术家和反清斗士甘凤池

甘凤池，江南江宁（今江苏南京市）人，约生于康熙三十年（1691）前后。① 他貌不惊人，"眇小丈夫耳"②，"而状恂雅如书生"③，却以拳勇名闻遐迩，演出许多传奇故事。

凤池从小习武。他生长于南京。南京这个地方是明朝南都，明遗民会聚之所，弘光政权崩溃时的青年人到凤池降生时就已年届古稀，社会上一定还留下许多明朝全盛和清军蹂躏的亲历回忆，民族矛盾不可能完全消失，反清思想暗流汩汩潜行。凤池受其影响，蓄积和迸发愤怒，化为激烈行动。康熙四十七年（1708），浙江嵊县大岚山一念和尚等朱三太子案发，凤池"少年无知，曾于一念和尚事内有名"。此处"少年无知"可以假设康熙四十七年凤池为 18 岁左右，再大似不便借口少年无知，再小也不大可能参加造反、打仗。作为案犯，他似因年少而没有重大罪行，但仍被严刑，"夹讯两次，经马逸姿开脱"④。当时马逸姿任江苏按察使，是会审此案的要员之一。

脱罪后，他家居无事，"乃至北方，思为行劫之计"。一天，他乘马在山东道上见镖客解银数十箱，大呼借银应用。不料镖客武艺高强，揪住凤池发辫，提离雕鞍，抛掷三丈外。凤池落地时竟直立不倒。镖客大为佩服，称赞说："汝上好工夫！"凤池回答说："那个能说我靡有工夫么？"镖客问姓名后，才知道就是大名鼎鼎的甘凤池，但认为要打劫镖行"本领

---

① 以康熙四十七年大岚山朱三太子案发时 18 岁左右推算。说见下文。

② 李桓辑：《国朝耆献类征（初编）》卷481，《方技》一，王友亮：《甘凤池》。

③ 陈作霖：《金陵通传》卷32，《章甘夏罗传》第一百四十一，《甘凤池》。

④ 李卫：《奏明拿获奸匪情形请旨差审结案折（雍正七年十二月初二日）》，载《宫中档雍正朝奏折》第 15 辑，台北故宫博物院 1979 年版，第 162 页。

尚小", 劝他投镖行挣钱, "兼可学习"。凤池信从, 在镖行数年, "又得与江湖豪客往还, 技勇益高天下"①。

他在江湖上闯荡, 并且与清朝官方往来。任何政权都不是铁板一块, 总会有让对立面挑动、分化、利用的嫌隙。康熙、雍正年间, 康熙诸子诸王贝勒为大位进行殊死斗争, 多养死士。反清者从这里看到更多机会。凤池与清朝官方交结, 有无隐秘政治意图, 并无直接证据。但他做过某王的门客。② 力士张大义 "慕其名, 自济南来见"。王命两人较艺。"大义身长八尺余, 胫力强大, 以铁裹拇, 蠚跃蛟腾, 若风雨之骤至。" 大家都为凤池捏一把汗, 但见凤池倚柱而立, 准备迎战。大义欻然猛扑, 凤池用手一接, 大义痛极, "大呼仆地, 血流满靴, 解视, 拇尽嵌铁中矣"③。

他又与山东即墨武士马玉麟在扬州一巨商家比武。马玉麟身躯高大, 腹肌肥厚, 即使良马也只能驮载他走 20 里, 否则不胜重负。但他如用帛紧束全身, 则又轻巧灵活, "缘墙升木, 捷于飞猱"。二人格斗, 终日不分胜负。次日再斗, 凤池知道遭遇劲敌, 必须智取, 乘虚蹈隙。凤池也几次得手, 但马玉麟很顽强, 只是不退, 并且向前猛扑, 企图擒拿。凤池退立柱前, 双指相并, 击中其要害。马玉麟爬起来, 含羞抱惭, 狼狈离去。事后, 凤池告诉人说: "我力不逾中人, 所以能胜人者, 善借其力以制之耳。" 又说: "我所能者玉麟皆能, 故不可骤胜。然彼用功深而未熟, 故卒胜之。"④ 可见, 凤池的武术, 不只角力, 尤重斗巧, 巧用其力。其胜人一筹在此。

凤池不但习武, 也擅 "导引之术"。导引之术应即广义的气功之一种。武术家、医人、宗教徒都采纳此术进行修炼, 运动按摩, 祛病强身, 调气养神, 克敌制胜。"甘凤池炼气精劲, 武艺高强, 各处闻名, 声气颇广。"⑤ 他有种种表现。他 "常竖二指, 以绳绕一匝, 数健儿并力两头,

① 萧穆:《敬孚类稿》补遗卷 3,《记甘凤池事》, 黄山书社 1992 年版, 第 536 页。

② 从他后来得到雍正赦免看, 他可能是雍正的门客, 至少是亲近雍正的某王门客。

③ 李桓辑:《国朝耆献类征 (初编)》卷 481,《方技》一, 王友亮:《甘凤池》。

④ 同上。

⑤ 李卫:《奏明拿获奸匪情形请旨差审结案折 (雍正七年十二月初二日)》, 载《宫中档雍正朝奏折》第 15 辑, 第 161 页。

倔强如铁，不能动半分"①。江宁驻防旗人想考验他的武艺，他就搬一块巨石，将胳膊平放石上，牛车在上碾来碾去，胳膊毫发不伤。又有一次他喝醉后与人较技，取一酒瓮倒立，自己两指持竹竿，一足站在瓮上，绳系其足，将绳另一端交众人尽力曳扯，凤池屹然不动，持竿的手指一松，曳者一齐倒地。这都是气功的运用。他也遇到过气功高手。一次在十庙看戏，一跛丐故意拥挤，凤池申斥他不听，反而口角。凤池盛怒，"挥拳奋击"，跛丐笑道："鸡肋何足当尊拳？"凤池见其"受之无所苦，乃大愕"，才知道是高人，正想请教姓名，跛丐却飘然而去。高人现身，"自是凤池乃不敢复使气矣"②。

他还用气功给人治疗。江宁巨富谭氏有少子年十九，"病瘵，医不效"。凤池选择一静室，关闭门窗，"夜与［病人］合背而坐，凡四十九日，病痊"③。谭氏很感激，以银千两酬谢。

雍正登基后，在政争失败者煽动下，社会上反清暗流掀起新波澜。雍正六年（1728），湖广永兴曾静遣徒张熙投书川陕总督岳钟琪策反，以泄"明亡之恨"④，案发。雍正八、十等年，两广、四川等处陆续发生散札聚众准备起义，"以复中原"，"底定开疆"⑤。此时在南京也有反清活动。"有张云如者以符咒惑人，谋不轨。"张云如活动的重要特点之一，是得到清朝上层地方官的掩护。两江总督范"时绎及按察使马世烆回护失察"，"又私与云如往来"⑥。江宁将军伊礼布，"信一风鉴，令伊子易衣潜往相面，从此江宁之弁兵等皆惊为灵验，其门如市"，"此人已牵连入于大逆案中矣"⑦，此风鉴者不是指张云如也是指其属下骨干。张云如谋为不轨案由浙江总督李卫缉查破获，指称"有班谋为不轨之徒，以符咒惑人，各处煽

---

①　顾公燮：《丹午笔记》，《大力教师》，江苏古籍出版社 1985 年版，第 149 页。
②　陈作霖：《金陵通传》卷 32，《章甘夏罗传》第一百四十一，《甘凤池》。
③　李桓辑：《国朝耆献类征（初编）》卷 481，《方技》一，王友亮：《甘凤池》。
④　《大义觉迷录》卷 1，载《清史资料》第 4 辑，中华书局 1983 年版，第 34 页。
⑤　《康雍乾时期城乡人民反抗斗争资料》，中华书局 1979 年版，下册，第 653、677、678 页。
⑥　《清史列传》卷 15，《大臣画一传档正编》十二，《范时绎》，标点本，册 4，第 1108 页。
⑦　《清世宗实录》卷 90，雍正八年正月壬午。

诱，江、常、镇、苏、松等属以及浙、闽皆有声气相通之辈"①。李卫"遣弁密缉"，捕获首犯张云如，"得其党甘凤池、陆同庵、蔡思济、范龙友等私相煽诱状"，以及夏林生（灵僧）、陆剑门、潘朝辅、姚秉中等秘密活动情形，地方要员交结、包庇等问题。凤池表现比较坚强，除承认名列朱三太子案，"此外拒不吐露"，"不肯首出"②。后来李卫将凤池及其子甘述分隔审讯，利用甘述幼稚，甜言蜜语，诱供套问，得到许多真情。然后又用这些真情吓诈凤池，凤池上当，惊为不坚定伙党败露内幕，被迫吐实，说出周璕（崑来）、张天球（晓夫）等人。可知凤池缺乏政治斗争经验，不免犯下大错。

现在要问：这些案犯是否属实？除甘凤池外，周璕也可以从其他史籍中得到印证。周璕，字崑来，号嵩山。李卫说：周璕、张天球"两人名字皆寓有寻王、求王之意"③。二人即使为取一名，其反清意图也昭然若揭。周璕曾"自称明朝周王之后"④，显然是以爵号改作姓氏。后又改变说法，作"原籍河南商丘人，久住江宁，本姓朱，虽称非系明代宗室，已将曾在一念和尚案内同已正法之逆犯叶伯玉往苏州，见过伪朱三，又名王士元，即江湖老人白似雪，暂认叔侄，事后再叙支派"⑤。他改变与明宗室血缘关系的说法，与政治上避重就轻有关，无血缘何必改姓？无血缘何有支派可叙？又怎么叙？他号嵩山也寄托着周王封地河南，隐寓着他的本来面目。他为周王之后，应无疑义。梅文鼎赋诗只说他是"商丘周崑来"，因其"时侨居白门"而称之为"长干寓客"⑥，不提他的明宗室身份，殊不足怪。他是一位画家、武术家，"工人物、花卉、龙马，以拳勇名，尤精峨眉枪法"⑦。他最擅长也最钟情画龙，"其画龙烘染云雾，几至百遍，浅深

---

① 李卫：《奏明拿获奸匪情形请旨差审结案折（雍正七年十二月初二日）》，载《宫中档雍正朝奏折》第15辑，第161页。

② 同上书，第161、164页。

③ 同上书，第162页。

④ 同上。

⑤ 李卫：《再陈匪案近日情形折（雍正七年十二月十一日）》，载《宫中档雍正朝奏折》第15辑，第162页。

⑥ 梅文鼎：《绩学堂诗文抄》，《诗抄》卷4，《乙未（康熙五十四年）》，《二月七日得商丘周崑来寄书（时侨居白门）》。

⑦ 李浚之：《清画家诗史》乙下，《周璕》。

远近，隐隐隆隆，诚足悦目"①。"云龙上下周遭布濩蟠……隙间目之电掣雨骤眩欲眠，俨如涛飞山立镇摧翻……"②"片鳞半爪含灵怪，咫尺纵横皆有态。当时何处见此龙，或伸或屈无定踪。……白日光寒飞霹雳，龙兮龙兮汝能通天还入地，胡为乎有欲即遭人所制。"③看来，周璕画龙，可能除了表示他出身宗室，还寄托着隐现飘忽，等候惊雷的意义。甘凤池、周璕的情况，说明张云如案内确实隐藏着一些非同一般的人物。

李卫还查知其他人的许多活动。张云如劝人"不必别寻功名，当辅助海中真王为用，且细讲《推背图》中悖谬之语，令其诱人皈依"。"江宁驻防旗员佛神，本姓阿，系苏努门下人，又赫者库本姓佟，俱与云如相交。"④张云如等的活动说明，这是一个有较深图谋的政治集团，对清朝统治构成一定的破坏性。

甘凤池在这个集团中地位重要。"甘凤池颇晓天文、兵法，因其自负本领，人人欲得以为将帅，无不与之邀结往来。奈凤池苍猾异常，止皆虚诺，彼此通声，总未实在插入。推其不肯首出之情，则毋论何人有事，即将助恶为虐可知。"⑤这种情况表明，甘凤池到雍正年间还坚持反清事业，但鉴于大岚山失事的教训，行动谨慎。假如他在朱三太子案中有名，是因少年无知误入"歧途"，就不当在十多年后重蹈覆辙，因为它是祸及身家的勾当，不是小事。不顾前科再举反旗，其为处心积虑反清可知。由于甘凤池、周璕等是朱三太子案中的漏网之鱼，是老的志同道合者，使得张云如案既是一个新要案，又是朱三太子案的继续。总之，这仍表现出明清斗争余音袅袅，是在清朝统治下继续存在且比较严重的民族矛盾的反映。

案结，"株连至一百八十五人"⑥。云如、凤池等"各拟斩如律"⑦。但雍正处理问题常有惊人的意外举措。他大概想表现自己的仁厚，"于此狱

---

① 王应奎：《柳南续笔》卷2，《周璕画龙》，中华书局1983年版，第158页。
② 陶煊：《国朝诗的（江西）》卷1，彭厚德：《云龙谣寿周崑来太母七十》。
③ 商盘：《质园诗集》卷14，《周崑来画龙歌》。
④ 李卫：《奏明拿获奸匪情形请旨差审结案折（雍正七年十二月初二日）》，载《宫中档雍正朝奏折》第15辑，第165页。
⑤ 同上书，第164页。
⑥ 邓之诚：《骨董琐记全编》卷8，《甘凤池》，三联书店1955年版，第266页。
⑦ 《清史列传》卷13，《大臣画一传档正编》十，《李卫》，册4，第971页。

从宽，未尽骈诛"①，最终把凤池等一部分案犯赦免了。凤池再次死里逃生，实在是大幸。

他仍闯荡江湖。他的妾是一位在江湖上跑马卖解的艺人，老翁领她见凤池比试武艺，凤池胜则留女为妾。结果小女子被击败，"女笑仆地，遂留不去"②。据说凤池曾被李卫"聘为军中教师"③。李卫在奏折中一再把凤池描绘成顽固、狡猾的反清分子，不大可能把这样一个人安放在军中。还有人说凤池是乾隆南巡时微服护跸者。④此说也不可信。乾隆及其侍卫官员如不知情，怎能容许微服武士紧跟在途？如知情，怎能相信一个两次死刑罪犯的善意？如完全蒙在鼓里，连有人老跟着都不知道，简直难以想象，似不可能。

王友亮说凤池"年八十余，终于家"⑤。顾公燮也说见过他，"年已八十余矣"⑥。假定凤池活到85岁左右，则应在乾隆四十年（1775）前后去世。李伯元说他"年七十余，以多啖羊肉中饱而卒"⑦，似不确。他死后葬在凤台门，"表曰勇士甘凤池之墓"⑧。他的一生，可说不愧"勇士"二字。

拳术流传久远，派系纷繁，大别之为内外二家。"少林以拳勇名天下，然主于搏人，人亦得以乘之。有所谓内家者，以静制动，犯者应手即仆，故别少林为外家。"内家拳兴起于北宋末，传到陕西，又传入浙江温州。嘉靖年间张松溪最著名。松溪传宁波叶进美（近泉）等三四人，叶进美又传"吴崑山、周云泉、单思南、陈贞石、孙继槎，皆各有授受"，"而思南之传则为王征南"。单思南为万历时人，曾参加抗倭援朝之役，从征丰臣秀吉。思南归老后尽其所能传授征南。"征南名来咸，姓王氏，征南其字也。""得传之后，绝不露圭角，非遇甚困则不发。"其武艺精通，武德

---

① 《清史稿》卷550，列传二百九十二，《艺术》四，《甘凤池》。
② 李伯元：《南亭笔记》卷3，大东书局1919年石印本，第6页。
③ 顾公燮：《丹午笔记》，《大力教师》，第149页。
④ 李伯元：《南亭笔记》卷3，第6页。
⑤ 李桓辑：《国朝耆献类征（初编）》卷481，《方技》一，王友亮：《甘凤池》。
⑥ 顾公燮：《丹午笔记》，《大力教师》，第149页。
⑦ 李伯元：《南亭笔记》卷3，第7页。
⑧ 陈作霖：《金陵通传》卷32，《章甘夏罗传》第一百四十一，《甘凤池》。

高尚。"凡搏人皆以其穴，死穴、晕穴、哑穴。""少时隶卢海道若腾"，"补临山把总"，江上抗清时，他在钱肃乐部，"以中军统营事，屡立战功，授都督金事副总兵官"①。抗清失败，诸军星散，他回乡里。黄宗羲子百家曾学习并记录征南内家拳功法。"百家之后始传至甘凤池。"②但甘凤池学习更广博，兼精外家拳法奥秘。他是全面发展的拳术家。

凤池武艺传徒多人，最著者有罗彬文。"罗彬文，上元武生，少学于甘凤池，尽其技。"他曾赤手空拳，日暮独行山谷中，被五头饿狼包围，撕裂吞噬之危，如同累卵。彬文不慌不忙，敏捷地抓住一狼后足，以此狼作兵器攻击四狼，五狼无一逃脱。他为人谦和，"不与人竞，人或有犯者，辄辞谢退避，怯然若无所能状"③。又有洪孟昭，"太仓人，江宁甘凤池高弟也"。因听说昆山李公子武艺绝伦，叩门请见。揖让之际，李公予以"一足跨其头"，孟昭见其无礼，就乘机"以两指插其裤"，撮下二碎帛，"其裤已有两小破眼"④。李公子悚然以惊，才警悟客技不凡，重整衣冠，相与定交而别。凤池子述，家学渊源，"颇有父风"，娶剑侠之女，"又经此女教法，亦成勇士"⑤。此外，凤池在镖行、禅林和其他江湖游侠中还收有门徒。即使门徒有时相逢，也如同陌路不能相识。一交手看门道，才发现"大水冲倒龙王庙，自家人不认识自家人"，"始知皆甘弟子也"⑥。可知，凤池拳术武艺后继有人，只是许多人名已湮没无闻，世代统系更是浑然不明了。

（后记：杨向奎先生读小文《关于柳敬亭的生年及其他》竟，即命把甘凤池也写一下，屈指二十有余年矣。而杨先生墓木已拱，甘凤池文仍仅积有史料，迄未成篇。每一念及，辄觉抱惭。今值良友顾诚教授七秩冥

---

① 黄宗羲：《南雷诗文集》上，《碑志类》，《王征南墓志铭》，载《黄宗羲全集》册10，浙江古籍出版社1993年版，第311—314页。

② 吴图南：《国术概论》，中国书店1984年影印商务印书馆原版，第64页。按：甘凤池少年初起，即参加浙江大岚山反清活动，也可佐证他在浙江学艺。

③ 陈作霖：《金陵通传》卷32，《章甘夏罗传》第一百四十一，《罗彬文》。

④ 李伯元：《南亭笔记》卷3，第7页。

⑤ 萧穆：《敬孚类稿》补遗卷3，《记甘凤池事》，第537、538页。

⑥ 李伯元：《南亭笔记》卷3，第7页。

诞、逝世周年祭，其高弟陈宝良教授拟出版纪念论文集，约写一文，乃抱病伏案，草成此篇，一以遵杨先生之遗命，一以表示郑重纪念顾诚兄。顾诚兄高才博学，辞世太早，纪念论文集虽稍慰其英灵于万一，后死者心中之余痛则永不能平者也。2004 年 3 月 24 日记。)

原载《顾诚先生纪念暨明清史研究文集》，

中州古籍出版社 2005 年版

"正德通宝"假钱背后的真实历史

——复明运动钩沉

　　笔者购买了一些明清钱币，[①] 笔者之涉足钱币收藏，完全是因为笔者在21世纪初搬家到了距潘家园旧货市场很近的地方，环境影响使然，选择了古钱币收藏。唯其如此，笔者在这方面也就不入流，时间短，投资少，对藏品不辨真伪，没有珍品。说老实话，笔者并不热衷学习鉴定真伪的知识和技术，害怕学会后剔除伪品，笔者的藏品更加单薄、平常，不足一观。笔者不过利用方便条件，买几枚便宜的少见钱币，暇时观赏把玩，自得其乐而已，管它真伪干什么？但笔者也有自己的优势。笔者是学习和研究明清史的专业人员，比较容易把收藏和专业结合起来。笔者觉得这样会使笔者更能从收藏中得到乐趣。

　　几年前，笔者忽然从潘家园旧货市场买到一枚"正德通宝"小钱，正面四个字清晰，背面花纹模糊，不能肯定是何物。笔者一见就知道是赝品，它是用在铜钱背面加铸花纹公开表露自己假钱身份的。这就说明它不是用于市场与真制钱鱼目混珠的私钱，应另有用途。它触动了笔者的记忆，仿佛记得某个书上讲过清人铸造大量假正德钱，不过是为什么原因、怎么记载的、什么书名，都记不起来了。笔者决定再找其他"正德通宝"钱看看。这个市场真是有趣，只要特别留意，又舍得工夫，总有收获。不久，笔者又觅得一枚"正德通宝"大钱，正面四个字笔画同样清晰，背面双龙戏珠花纹也很突出，两面花边，美观大方。笔者花了很多时间回顾笔

---

　　① 明朝年号钱严重残缺，各种《钱谱》印的拓片和市场供货也是如此。检《明史》卷81，志第五十七，《食货》五，《钱钞》，始知明朝有若干代皇帝在位时不铸钱币，嘉靖帝热衷补铸累朝未铸者，但可能数量有限，不足供传世过程中的损耗。

者获得清人造假正德钱印象的过程，结合重新翻检已读过的一些史籍，力图唤醒久已沉睡的记忆。最后笔者终于大体上弄清历史的脉络，找到往日失钞的记载。

笔者曾经留意清初一个人与明清铜钱的特殊联系。这人叫林古度，字茂之，又字（或作号）那子，福建福清（或说侯官、莆田，似误）人，后随父移居南京。他生于万历八年（1580 年），明末时不仕，能诗歌，重节概，曾序刻元初的故宋遗民郑思肖《铁函心史》。入清时他已高龄六十五岁，南京旧居原有亭榭池馆之美，至此沦为八旗马厩，林古度被迫去陋巷寻栖身之所。他贫乏困窘，但作为故明遗民诗人，他在清初诗坛上还是比较活跃的。他的与众不同之处，在于"尝纫一万历钱于衣带间"[1]。这件事特别引人注目，典籍纷纷记载，骚人墨客歌咏吟诵。他为什么要缀一枚万历钱在身？康熙乾隆年间人士王应奎强作解人，说："万历钱系臂五十余载，以己为万历时所生也。"[2] 王应奎此说，认定林古度为表示自己是万历时生人，最早在万历三十五年（1607）前后，最晚也不出万历末，就把一枚万历钱佩戴在臂上了。林古度本人似乎没有就这个问题做过说明。王应奎的解释也不是强而有力，人的大致年龄从外貌和行动就能看出来，而且并非常常要告知别人的事情。再说万历这个年号包含四十八年之多，可以稳稳当当产出三代人，因此"万历时所生也"这样的信息意义真不大。林古度无疑不会做这样蠢事。王应奎有意回避从政治上观察问题，他的推论在情理上不通，史实上也不合。扬州诗人汪楫《悔斋诗》，收有其赋赠林古度的七古《一钱行》，据诗序，[3] 此诗为康熙三年（1664）春所作，中有句云，"廿载殷勤系左臂"。自弘光元年（1645）五月清军进占南京，至康熙三年春，合计恰好就是"廿载"，则林古度佩戴万历钱的做法不是万历皇上还在位时，而是明亡后才开始的。王应奎的解释之错谬不

---

① 黄容：《明遗民录》卷 6，见《明遗民录汇辑》，《林古度》，南京大学出版社 1995 年版，上册，第 406 页。

② 王应奎：《柳南续笔》卷 3，《林茂之》，中华书局 1983 年版，第 185 页。

③ 汪楫：《悔斋诗》包括其《山闻诗（悔斋二集）》，笔者在研究苏昆生时曾向前北京图书馆借阅过，但未钞存《一钱行》。此据钱仲联《清诗纪事》，《康熙朝》卷宗，《汪楫》条转引，册 5，江苏古籍出版社 1987 年版，第 2794 页。

可信。一个人的情感表现，只有对于生死以之，须臾不可离的物事才会生出贴体佩戴、毕生珍藏的情结。它源于从当事人心底喷涌而出的深厚、火热的感情，是这种感情集中的、顽强的表现。浅薄的、无足轻重的动机不能造成这种结果。《聊斋志异》讲述一个故事，说山西霍桓曾接受道士赠送的一件工具，凿穿石壁如切豆腐，依靠这件工具的帮助，得以与一位自己最爱慕的美女结为婚姻，并维持始终，霍生因而极其宝爱这件工具，念念"勿忘媒妁"，"珍佩之恒不去身"①。这虽然是一个创作的神话故事，但却准确反映出感情的实际。与汪楫赋《一钱行》同时，林古度的另一位诗友吴嘉纪，也有同题七古一首送给他。诗云："昔游倏过五十载，江山宛然人代改。满地干戈杜老贫，囊底徒馀一钱在。""酒人一见皆垂泪，乃是先朝万历钱。"② 这就很清楚了，朝代轮替，清代明统，社稷沦亡，江山易主，给林古度带来深深的刺痛。他用佩戴一枚万历钱的方法，表示对故国旧君的无限思恋，寄托他对复明的渴求、热望。这是对真刀真枪搏杀表现无力的士人一种无奈的宣泄，是当时席卷全国的复明运动的另一种表现，是政治的象征。但它是感人的，"座客传看（此万历钱时）尽黯然"③，"酒人一见皆垂泪"，足以说明一切。

　　林古度于康熙五年（1666）去世。他死时，内地大股反清武装已被镇压下去，清朝统治基本上稳定。但人心思明思汉的情绪仍然强烈，反抗更深地转入地下。林古度表达反清复明情绪的方法得到社会认同，被仿效和推广，只为适应需要做了一些冲淡、掩饰其政治性的小修改，迅速形成风气。修改处有二：一是改佩正德钱，因为万历是清人最敌视的明朝皇帝，④容易引起其反感，招来查禁，而正德毕生好游乐，与将他渲染为游龙，正相吻合；二是公开渲染"正德为游龙，佩之渡江河，无波涛之厄"。正德钱很快化为避水保命的神物，被人们争藏，身价扶摇直上，人们"以重价

---

　　① 蒲松龄：《聊斋志异》卷7，《青娥》，上海古籍出版社三会本，册3，第929—932页。

　　② 杨积庆：《吴嘉纪诗笺校》卷2，引吴嘉纪《一钱行赠林茂之》，上海古籍出版社1980年版，第41页。

　　③ 汪楫：《一钱行》，据《清诗纪事》，册5，第2794页。

　　④ 万历在位时，努尔哈赤父、祖被明人所杀，以七大恨起兵反明，故清人敌视万历。顺治于十六年十一月出巡，驻跸昌平，遣官致祭明陵，独遗神宗定陵（《清世祖实录》卷130，顺治十六年十一月甲戌），即是其例。

购求正德钱，一二文可值一金"。以钱千文合银一两计算，每枚正德钱币值疯涨至五百倍、千倍。于是"近遂有伪为求售者，甚或钱背铸一龙，前此未闻"①。这是泰州人、翰林宫伟镠亲见亲闻康熙"十年前后"开始发生的事实，②记录下来，乾隆嘉庆年间名学者焦循又将其全文转录入自己的著作《忆书》中，传播更广。顺治、康熙年间官员、诗人王士禛见过此种假钱。留下记载说，他"于慈仁寺市见正德钱二，面幕皆有文，如蟠螭状，与今制殊异。正德又夏国伪号也。钱不知何年所造"③。蟠螭是盘绕起来的无角的龙。假钱两面都铸蟠螭纹，是另一种形制。王士禛对明武宗正德帝铸造龙纹钱一事，脑子里显然已浮起一朵疑云。但他没有想到这是不用作货币的假钱，而怀疑是历史上也用正德年号的别的政权④所铸，尤其是可能突破中原皇朝铸钱规范的少数民族所铸。王士禛的记载，虽然说明他不知道消灾保命的风气，或者说更像圆滑官僚故意装聋作哑，避开使人为难的政治话头，但也证实构成此一风气的实物的存在。焦循忆及自己"幼时尚见有以正德钱佩于腰者，近则无之矣"⑤。焦循生于乾隆二十八年（1763），则乾隆中叶此风还没有完全消歇，以后才逐渐式微以至完全断绝。到清末学者俞樾就没有亲眼见过，但"亦尝闻之故老也"⑥。无论从康熙年间佩正德钱避水保命算起，还是从顺治初林古度佩万历钱的个人行为算起，此风都持续存在百余年之久，不可谓不强劲，不可谓不酷烈。这是一个奇异的故事、一段真实的历史。

仔细分析起来，佩戴故明钱币的，应有两种人，一是完全懂得其中的政治含义，有意为之，以宣泄复明情绪的人；二是迷信正德通宝的神效，追求保命消灾的人。随着风气持续愈久，民族矛盾缓和，第一种人会逐渐减少，第二种人会日益增多。即使如此，这件事本身是对明朝皇帝的神化、对明朝统治的美化，而且每天佩戴一枚明朝钱币，动辄得见，其政治

① 宫伟镠：《春雨草堂集》，《春雨草堂别集》卷6，《庭闻州世说》，《正德钱》。
② 宫氏原文只有"十年前后"四字，不著年号，根据情理，应为康熙。
③ 王士禛：《池北偶谈》卷23，《谈异》四，《正德钱》，中华书局1982年版，第557页。
④ 据荣孟源《中国历史纪年》，中国历史上有四家使用正德年号，明武宗外，还有唐李珍、夏崇宗李乾顺、南诏大理兴孝德帝。
⑤ 焦循：《忆书》四，引宫伟镠《庭闻州世说》后并记录自己的见闻。
⑥ 俞樾：《茶香室四钞》卷27，《佩正德钱》。

敏感性始终存在（"酒人一见皆垂泪"可证）。笔者认为，这种长期持续的社会风气、社会现象，具有政治的、社会的双重意义，值得加以重视。

历史有时会在有意无意中被遮盖，"正德通宝"假钱的故事便是如此。这就需要研究者格外留意，加以挖掘、揭露、清理、复原，见微知著，以小识大，使之再现于世。笔者自读俞樾《茶香室四钞》转引焦循纪事，发现这段历史的雪泥鸿爪，潘家园旧货市场售出的"正德通宝"假钱实物，与记载互证，说明记载之非虚。①于是笔者追溯载籍，得以认识和勾勒这一历史现象的来源、演变和性质。当"国亡家破"（张煌言语②）的关键时刻，张煌言以岳飞、于谦为榜样，挺身而出，力挽狂澜，百折不挠，义无反顾，直到饮恨被戮，身殉社稷。清初颇有人前仆后继，走同一条路。但牺牲者毕竟还是少数。多数人成了清朝臣民，他们是怎么做的？他们怎么熬过那些痛苦的岁月？怎么排遣胸中的愤恨、郁闷和不平之气？林古度首创的方法形成风气，并持续百余年，毕竟给出了部分答案，对人有启发。

刊于《收藏家》2009年第10期。刊出时有删节，今予恢复

---

①　或以潘家园旧货市场所售可能为清末以来人们所造相质疑，意即伪中之伪。笔者以为不需考辨。如以为有人依据焦循、俞樾的纪事铸假钱，已属匪夷所思，造假无非求利，倘无人相信正德钱能避水保命，高价收购，则造出假钱也无销路。倘仍有个别人因而收买，则遗风还在，仍能证明这一段历史。故笔者相信笔者买到的是康熙至乾隆时迄的假钱。

②　张煌言：《张苍水集》第三编，《采薇吟》，《甲辰八月辞故里》，上海古籍出版社1985年版，第176页。

史可法扬州督师期间的幕府人物

　　几年间检读黄宗羲《南雷文定》各集，见其中写道："桑海之交，士之慕义强仁者一往不顾，其姓名隐显，以俟后人之摭拾，然而泯灭者多矣，此志士之所痛也。故文丞相幕府之士，《宋史》既以之入忠义传矣，好事者又为幕府列传，附之丞相之后以张之。……顾此数行残墨，所以补造化者，可不亟欤！"[①] 又写道："余读文、陆传而叹一时忠义之士何其盛也！故邓光荐为《文丞相幕府传》，僚将宾从，牵连可书者六十余人；其散见于宋末元初各家之文集者，残山剩水之间或明或没，读者追想其风概，累嘘而不能已者，又不知凡几。盖忠义者天地之元气，当无事之日，则韬为道术，发为事功，漠然不可见；及事变之来，则郁勃迫隘，流动而四出。贤士大夫欻起而收之，甚之为碧血穷磷，次之为土室牛车，皆此气之所凭依也。"[②] 读后心绪泉涌，感慨久之。黄氏在此处所谓"忠义者天地之元气"，不可看作对一家一姓的愚忠，当民族斗争激烈的时候，当民族斗争与新旧皇朝斗争纠结一起、密不可分的时候，它是一种民族精神，是中华民族岿然屹立、凛然长存的根本。这从强行改变发式和衣冠制度所感到的屈辱、所进行的抵抗就表现出来。五千年文明如日月经天，江河行地，蓬蓬勃勃，方斯未已，不是靠它的滋润和支撑吗？

　　笔者没有读过邓光荐的《文丞相幕府传》，不了解那些历史人物的青磷碧血、土室牛车的事迹，但笔者从研究复明运动中不难想象，文天祥幕府人物也和复明运动中的许多人一样，尽管"其姓名隐显"，而其一生却

---

　　① 黄宗羲：《南雷诗文集》上，《碑志类》，《都督裴君墓志铭》，《黄宗羲全集》册10，浙江古籍出版社1993年版，第482—483页。

　　② 黄宗羲：《南雷诗文集》上，《碑志类》，《纪九峰墓志铭》，《黄宗羲全集》册10，第505—506页。

高风亮节，充满浩然正气，感天动地，令人肃然起敬。

史可法是与文天祥并称的历史伟人，扬州殉节与柴市就义是同样悲壮和辉煌的一页历史。因而《文丞相幕府传》使笔者萌发了研究史可法扬州督师幕府的想法。笔者的研究谈不上用"此数行残墨，所以补造化"，只不过觉得笔者有责任去"掇拾"那些逝者的"姓名"，整理我们民族的这一部分闪闪发光的历史遗产。

一

我们先要了解什么是幕府。幕府一词是一个历史概念，它的含义在历史上有发展、有演变。春秋时，还"未有幕府之名"，"战国之际，始谓将帅所治为幕府"，秦汉时丞相、三公、州郡属官"皆幕府之职"①，已溢出"将帅所治为幕府"的意义之外，似是借用或竟是扩充。到了明末清初，幕府是指文武大吏领兵出征时的营帐或驻镇地方时的衙署，显然是战国时将帅所治为幕府遗意的回归。在中央的阁、部、府、院、寺、司虽然位尊权重，也不见称幕府；其长官领兵在外时，他的司令部门才是幕府。②我们看当时的人使用幕府一词的例子就知道这一点：故明怀远侯常延龄七律《扬州》有句云："伤心幕府夕阳开，往事江南不尽哀。饮羽共怜黄闾子，空拳犹奋乙邦才。"③此处幕府即指史可法督师阁部府。史可法答多尔衮书云："阅贵国来书，以本朝立君为非是，幕府窃怪之。"④此处幕府同样为可法督师府。诸生胡介七律《吴梅村被征入都》有句云："幕府征书日夜催，宫开碣石待君来。"⑤此处幕府指马国柱清两江总督府。若与吴伟业七律《投赠督府马公二首》（其二）"累檄久应趋幕府，扁舟今始识君

①　《册府元龟》卷716，《幕府部》，《总序》。

②　例如史可法晋礼部尚书兼东阁大学士掌兵部事，并不建幕府。往江北督师后，"可法遂留扬州，开幕府治事。"（温睿临：《南疆逸史》卷5，《列传》第1，《史可法》，中华书局1959年版，上册，第38页。）

③　陈田辑：《明诗纪事》辛签卷26，《常延龄》，上海古籍出版社1992年版，册6，第3407页。

④　温睿临：《南疆逸史》卷5，《列传》第1，《史可法》上册，第38页。

⑤　陈田辑：《明诗纪事》辛签卷28，《胡介》册6，第3480页。

侯"① 句合读，指清两江总督府更为明显。诗人、商人朱国汉七律《皖城》也有句云："新开幕府控岩关，南北舟车判此间。"② 此处幕府指顺治七年（1650）新设的操江巡抚衙门③，显然没有疑问。吴伟业七古《楚两生行（并序）》有句云："途穷重走伏波军，短衣缚裤非吾好。抵掌聊分幕府金，褰裳自把江村钓。"④ 此处幕府指马进宝清苏松常镇提督衙署。黄宗羲《兵部左侍郎苍水张公墓志铭》述张煌言（张苍水）被害事云："幕府请公诣市，公赋绝命诗……"⑤ 此处幕府无疑是指清浙江总督府。黄宗羲《纪九峰墓志铭》述纪五昌事迹有云："忠介截江之守，君入其幕府，多所赞画。"⑥ 弘光元年（1645）闰六月，浙江士绅展开钱塘江防江之役，明刑部员外郎钱肃乐"乃建牙行事"⑦，以右佥都御史督师，画钱塘江而守。纪五昌所去的幕府即钱肃乐督师牙帐。诗人吴应箕有一诗，题为《风阳荻港集杨子仪守备幕府清音亭》⑧，则可见守御一城一堡的低级武官守备署也可以称幕府。总之，幕府与军事有关，地方上拥有兵权的长官衙署、牙帐才能称幕府⑨。

按当时的制度，幕府应包括两类人：一是额设的属官，即国家为出征或驻镇的长官配备的辅助人员，有文有武，文者司其笔札，助其赞画，筹其饷需，抚其士民；武者统其部伍，策其安全，议其将略，赴其征战，对长官说来都是必不可少的。二是额外的幕客，即长官个人延揽和聘请的辅助人员，多为文人，以司笔札、参谋议、论文学为主。这种幕客的延揽、聘请，在当时，上自中枢，下至州县，普遍存在。但凭长官赏识和财力，

---

① 吴伟业：《吴梅村全集》卷6，《诗前集》六，上海古籍出版社1990年版，上册，第176页。

② 陈由辑：《明诗纪事》辛签卷31，《朱国汉》册6，第3561页。

③ 据张楷：康熙《安庆府志》卷10，《秩官志》，《节镇》，清初沿明制，设操江都御史，驻江南，又安庐池太巡抚，驻安庆。顺治七年合并为操江巡抚，移镇安庆。

④ 吴伟业：《吴梅村全集》卷10，《诗后集》二，上册，第247页。

⑤ 黄宗羲：《南雷诗文集》上，《碑志类》，《黄宗羲全集》册10，第285页。

⑥ 同上书，第506页。

⑦ 翁洲老民：《海东逸史》卷6，《列传》第3，《钱肃乐》，浙江古籍出版社1985年版，第30页。

⑧ 吴应箕：《楼山堂集》第24卷，《五言律》。

⑨ 或云："黄徵［澂］之，字静宜，……为史可法幕府。"（［朝鲜］佚名：《皇明遗民传》卷3）则幕客或亦借称幕府，但罕见，是否一种衍变，有待研究。

没有限额、定制。如康熙十二年（1673），许三礼任浙江海宁知县，"喜延揽人才，上自贤豪名世［士］，下至地巫星客，一艺之长者，无不罗而置之幕下。故四方之客日至，北海之坐，讲道论文，不以碍其簿书，其天性然也。"① 从许三礼的县署可以看出幕客才具的芜杂和数量的庞大。所以幕客也是幕府的重要组成部分。文天祥的幕府，"僚将宾从"正包括这两类人。

明朝旧制，在外专征的文武大吏常持有许多空头割付、空名告身，可以便宜委署官职；他们又因事急权重，可以随时为得力辅佐人员请功授官。此等制度到南明时尤为泛滥。如史可法扬州督师时，"徐豫之间，数百千里，半为瓯脱。乃多署告身，授幕下士以往，随宜处置"②。又如督师钱肃乐认为幕客纪五昌在江防中赞画有功，就向监国鲁王建议为其"题授行人司行人"③。这就使一些领束修的幕客变为食俸禄的官员，改变了身份、地位。所以两类人的区分不宜绝对化。

厘清这些头绪，有助于确定本文的研究对象。

二

崇祯十七年（1644）五月，史可法议设扬州督师，统率四镇，并自请督师，获准后设置幕府。

史可法扬州督师期间的幕府人员众多。

其直属官员有印。史可法在当年九月所定从征文武官经制，"请印七颗：设督饷道印一颗，以原任副使黄铉掌之；监军道印一颗，以原任副使高岐凤掌之；行军兵部职方司郎中印一颗，以黄日芳掌之，同其官者为秦士旗、主事何刚、施凤仪等；……监纪推官印一颗，先后掌其印者为原任佥事陆逊之、原任知县应廷吉，同其官者为刘景绰、梁以樟、吕彦良等，从征立功为原任翰林院庶吉士吴尔壎、滁泗兵备石启明、开［封］府推官

①　黄宗羲：《南雷诗文集》上，《碑志类》，《兵部督捕右侍郎西山许先生墓志铭》，《黄宗羲全集》册10，第465页。

②　《归庄集》卷8，《先兄监纪君行状》，上海古籍出版社1984年版，下册，第441页。

③　黄宗羲：《南雷诗文集》上，《碑志类》，《纪九峰慕志铭》，《黄宗羲全集》册10，第506页。

李长康、赞画通判张鑻、知县殷埒、支益等，参赞等官不及备载，侯方岳后至，以为桃源知县；督师大厅副总兵印一颗，以李正春掌之；督师中军旗鼓印一颗，以马应魁掌之，同其官者为翟天葵、陶正明等；督师军前赏功参将印一颗，以汪一诚掌之"①。其直属官员中还有无印官、吏员等。其从征文武官中就有署监饷同知吴道正是无印的，以及书记顾起龙等。

　　还有非直属官员，如扬州府、两淮都转运盐使司各官等。这些衙署主管官员不归幕府直属，但也受督师管辖。因此他们经常在幕府活动，参与谋画，执行部署，事实上可以作为幕府人物看待。

　　此外就是幕客。督师幕府既立，即设专门馆舍，以广招奇才异能之士。约十一月，"卤簿所至，凡一技一能欲效用者皆投策进见，随试随收，月有廪饩。以推官应廷吉董其事，命曰礼贤馆"。希图效力者从此纷至沓来，不免鱼龙混杂，泥沙俱下。应廷吉对接受了一些庸才大不以为然，禀告可法道："是皆跃冶之士，究无实用。所捐糈糜，亦百姓脂膏也。曷不遣此辈归塾就业，另储真才以副实用乎？"可法答道："吾将以礼为罗，冀拔〔什〕一於千百，以济缓急耳。"可见可法设置礼贤馆，不只为佐理军务的需要，而且着眼于未来。他显然感觉到形势的严重，要准备能应付危机的人才。所以他对礼贤馆的幕客，满怀沙里淘金的希望，仍待遇如旧，不加改变。但"相聚数月，既无拔萃之才，亦无破格之选"。于是一些幸进之徒私下议论道："求之甚殷，遇之甚疏，吾辈其齐门之瑟也夫！"② 这些人便渐渐脱身而去。但还是有许多幕客留下来，与可法共患难，甚至同死生。

　　幕客不是定制职官，国史和地志都没有专门记录，所以"其姓名隐显"在幕府人物中为最甚。根据这种情况，本文将主要研究幕客，兼及属官，其中大都是文人、文官。其他幕府人物，特别是多数武官的研究，需待以后继续进行。

　　幕客在可法处贡献了许多谋略方策，完成了许多政务军务。有记载

---

① 应廷吉：《青磷屑》卷上。
② 同上。

说，可法"幕中设二十一社资谋议"①。二十一社之名今不可考，也不见于礼贤馆主持人应廷吉笔下。但如果真设至二十一社之多，也称得上分工细致，可使众多幕客各展其所长。幕客的重要贡献，将在各个幕客名下分述。此外，礼贤馆也有一些拙劣的谋画，比如有人"请鬻三山街大功坊以助军饷"②，也"有献策者欲决高邮湖水以当背城之借"③。这些建议都被可法拒绝。

可法扬州督师期间，有著名的答清摄政王多尔衮书，充分表现了一位民族志士临危时的气概和所承担的责任。顺治元年（1644）七月，多尔衮命南来副将韩拱薇、参将陈万春赍书致史可法④，书中引《春秋》不讨贼新君不得即位之义，指责弘光没有讨伐李自成就"自立"，诸臣"苟安旦夕，弗审事机，聊慕虚名，顿忘实害"，"拥号称尊，便是天有二日，俨为劲敌"，威胁弘光君臣"将以为天堑不能飞渡，投鞭不足断流耶"？声称"将简西行之锐转旆东征"，并用李自成等军为前导，同时又以高官厚禄诱降，总之，此书居高临下，威胁利诱，无不极致。九月，史可法接获此书，上呈朝廷，并发出答书。答书针锋相对，肯定弘光御极为必要，统系亲近，"名正言顺，天与人归"，"苟拘牵不即位之说，坐昧大一统之义，中原鼎沸，仓卒出师，将何以系属人心，号召忠义"？坚持明朝"传世十六，正统相承"，质问"贵国昔在先朝夙膺封号，载在盟府，殿下岂不闻乎"？"若乘我国运中微"，"转欲移师东下"，"是以义始而以利终"，"贵国岂其然欤"？解释自己没有从崇祯同死，"实为社稷之故"，处在此时，只有"鞠躬致命，克尽臣节"⑤。收到这样一种严正、委婉、坚定、倔强的答复，清朝承认："可法旋遣人报书，语多不屈。"⑥于是，发生此信作

---

① 查继佐：《罪惟录》，《列传》卷9上，《抗运诸臣传》，《史可法》，浙江古籍出版社1986年版，册2，第1532页。

② 应廷吉：《青磷屑》卷上。

③ 抱阳生：《甲申朝事小纪》初编卷一，《义士翟天葵》，书目文献出版社1987年版，第20页。

④ 《清世祖实录》卷6，顺治元年七月壬子。按：多尔衮此书据云"乃李舒章雯捉刀"（昭梿：《啸亭杂录》，《啸亭续录》卷3，《睿忠王致史阁部书》，中华书局1980年版，第464—465页）。

⑤ 计六奇：《明季南略》卷2，《史可法答书》，中华书局1984年版，第143、144页。

⑥ 《清世祖实录》卷6，顺治元年七月壬子。

者是谁的问题。有说是可法本人"自为"的,① 有说其作者为幕客欧阳斌元、王纲、何亮功、黄日芳、侯方域等的,将在研究各个幕客时分述。近人罗振常校补《史可法集》,在《复摄政王》篇末加按语讨论作者,结论云:"窃谓……复书……幕中或亦拟稿,而删改裁定,仍必出之于公耳。"② 罗说极是,可谓有见识。清使来致书,可法"令词臣拟议报书以答之"③。"词臣"即幕中文墨之士,但所命"词臣"作答者必不限于一人,"拟议"就有集体讨论之意。有记载明确说:"顺治元年,豫王督师南下,致书可法。可法命幕下诸名士各属答草。"④ 可见,鉴于答书在政治上的极端重要性和重大历史意义,可法当时曾布置"诸名士"多人分别起草。这里显然就含有"择优录取"和参酌众长的用意。欧阳斌元等,还有不知谁何的其他人无疑都是当日承命起草者。但最后增删、润色、定稿者仍是可法本人。"史相国在扬州,……摄政王致书史相国执事云云。……沔阳黄日芳……庚辰进士,相国俾答书,词颇峻。相国删润曰:不必口角也。"⑤ 此可以为证。因此,答书定稿应是从众多草稿中择其说理透辟、文采焕然者为底稿,并参考他稿改定,或博采众长,重行起草、改定的。采取谁的草稿,或谁是重行起草者呢?据前引记载,此人似乎是黄日芳;也可能是王纲。"纲草先就,诸名士见之,皆曰:无逾于公者。因尽焚去。"⑥ 但黄日芳的草稿就没有焚去,"日芳刻其原草"⑦,所以此说有阿好乡贤之嫌,不可靠。这个问题似可不再细究。因为根据定稿情况和署名,我们不妨认为,著作权可归史可法,但欧阳斌元等人都有起草之劳,甚至还有一些幕客"君子动口不动手",贡献过高见。归根结底,答书是集体创作的作品。

---

① 温睿临:《南疆逸史》卷5,《列传》第1,《史可法》上册,第38页。
② 《史可法集》卷3,《书牍》,《复摄政王(崇祯十七年甲申九月十五日)》,上海古籍出版社1984年版,第88页。
③ 应廷吉:《青磷屑》卷上。
④ 石景芬:同治《饶州府志》卷22,《人物志》五,《文苑》,《明》,《王纲》。按:文中"顺治元年,豫王督师南下",致书背景有误,可不论。
⑤ 谈迁:《枣林杂俎》仁集,《逸典》,《寓书史可法》)。
⑥ 石景芬:同治《饶州府志》卷22,《人物志》五,《文苑》,《明》,《王纲》。
⑦ 谈迁:《枣林杂俎》仁集,《逸典》,《寓书史可法》。

可法待幕客关怀备至，一饮之微，都不忘关照幕客。崇祯十七年除夕夜三鼓，可法军务方完，因是除夕，向军吏索酒小饮。酒还没有到，又喊军吏，嘱咐道："礼贤馆诸秀才当与共饮。顾夜已半，可赍酒资分馈之。"① 军吏去办理后，他才取酒独酌。可法对幕客的关怀，尤重在幕客的仕途进身和生命安全。他始终关心他们获得一命之荣。任命他们去徐豫之间各府、州、县当官，虽然是争夺和治理地方的需要，但也是为他们进入仕途开辟一条捷径。迟至弘光元年三月，可法还对主持礼贤馆的应廷吉说："礼贤馆诸生随军有时，兼之河防多负勤苦，今又趋泗，是重劳也。君盍品定才识，量能授官，酬其积勋乎?"② 于是在四月初二日策试诸士，评定名次，量授官职。在危急时，可法坚持与城池共存亡，却关心幕客何刚、罗伏龙、王缵爵等的安全，让他们离开。这些关怀证明史可法是一位非常贤达、高尚的幕主，这将有助于促进幕客对幕主的向心力，加深幕客对幕主的感情。

可法对幕客的另一种精神感染力量，是他对国家、民族的忠贞不二。"可法受事数月，疏凡数十上，皆中兴大故，言极愤痛。草成，辄呜咽不自胜。幕下士皆为饮泣。"③ 他亲笔定稿的复摄政王多尔衮书，"忠义之气满纸，见者称服"④。可法的悲痛和坚定是发自内心的对国家、民族的纯真感情，只有无限热爱自己国家、民族的人才会产生这种感情。它具有撼泰山超北海的感人力量。他自己也经常以忠义教育人，可法"军中自奉俭，与下卒同衣食，轻赏赉，每以忠义相激劝"⑤。许多幕客具用世之才，抱救亡之志，与可法有同心，自不必说。其他幕客只要为人正直，也不能不深受感动，激发起献身精神。

下面将就幕府诸人在政治上的表现，展述其人事迹。

① 温睿临：《南疆逸史》卷5，《列传》第1，《史可法》上册，第43页。
② 应廷吉：《青磷屑》卷下。
③ 徐秉义：《明末忠烈纪实》卷12，《殉福传》，《史可法》，浙江古籍出版社1987年版，第193页。
④ 张岱：《石匮书后集》卷24，《史可法列传》，中华书局1960年版，第169页。
⑤ 查继佐：《国寿录》卷2，《内阁大学士兵部尚书史公传》，中华书局1959年版，第32页。

三

这一部分是与史可法同时殉难的幕府人物事迹。

应廷吉说，礼贤馆幕客，"城破日，从公及于难者止一十九人"①。但应廷吉并没有列出诸人名单，而且诸人还不包括属官在内。徐鼒则总计有"同死者，文臣十二人"②，并列出名单，另有武官。因此，这一部分理应共有数十人。但实际上目前即幕客十九人姓名也还不能完全查清。

（一）韩默

韩默，字文适，号绣虎，祖籍山西临汾，生商人世家，因五世祖在扬州经商落户而为扬州府江都人，县学诸生。

他生而颖异，举止不凡，既长，尤重视气节，博学善文，精工书法，临摹锺王有成就，有得其片纸只字者莫不珍若圭璧。弘光元年，史可法为求法书最善者，"闻默贤，以礼致幕中，属以笔札"。当时，东南形势危急，"军中文书积如山，默逐一裁答，操觚立就，悉中［史］相国旨"。可法准备为他请功授官，他坚决辞谢。扬州将破，他见无可挽救，急回家向妻萧氏说："事已至此，无能为矣。吾读圣贤书，当死义，不可苟活，负吾所学。若辈宜自为计。"③于是儒冠儒服面南再拜，投井自尽，时间应为四月二十四日或二十五日。萧氏命长子彦超随父投井死，以幼子魏交老仆妇辛董氏，后归韩默好友高紫峰抚养，萧氏与女自缢死。

（二）卢渭

卢渭，又名泾材，字渭生，苏州府长洲人，长洲县学廪生，弘光元年岁贡生。

泾材在明末东南党社风气熏陶下，政治上非常活跃。复社有卢源材，

---

① 应廷吉：《青磷屑》卷下。
② 徐鼒：《小腆纪年附考》卷10，中华书局1957年版，上册，第359页。
③ 陈鼎：《留溪外传》卷1，《忠义部》上，《韩义士传》。

字河生①，当是他的兄弟。崇祯十六年（1643）秋，史可法擢南京兵部尚书，董理东南军务。泾材连上《上史大司马南都切计十策》《上史大司马东南权议四策》，论军、政方略，颇为切要。弘光立后，他又发布《杀贼誓言》檄文②；这是符合弘光政权与农民军为敌的方针的。但泾材是一个正直士人，当崇祯十七年五月，史可法准备督师淮扬，而马士英留南京辅政时，泾材与太学生陈方策等伙阙上疏，指出："淮阳［扬］门户也，京师堂奥也，门户有人而堂奥无人，可乎？可法不宜出。"③"秦桧在内，李纲在外，宋终北辕。""朝野传诵，以为名言。时人方之陈东云。"④

弘光元年，泾材充贡，赴扬州谒见可法。可法对他优礼有加。二人深谈，毫无倦色。他就留在可法幕下参赞军机。他曾应可法对幕客的考试，可法"手其文，击节叹赏"，认为"识卓议高，词采浚发"⑤。但他因"方岁贡，当得官，不受职"⑥。他曾回长洲省父，里人陈宗之赠诗云："黄河列戍控山东，指画襟喉抵掌中。白笔军书推国士，红旗都统赖裴公。尝参幕府龙韬略，归拜高堂鹤发翁。立马短衫仍独往，从教逢掖勒奇功。"⑦ 宗之很赞赏他追随史可法，并寄予厚望。清兵围城时，他"监钞关"，城破，"投河死"⑧。

（三）张涵

张涵（或作张涵⑨，不取），字凝之，苏州府嘉定人，诸生。

崇祯末，他曾主持镇压县中姚氏奴变。随后他"应聘入史可法幕，授

---

　　① 蒋逸雪：《张溥年谱》附《复社姓氏考订》，齐鲁书社1982年版，第67页。

　　② 泾材所作二书、檄文分见冯梦龙《甲申纪事》第11卷、第7卷，载《冯梦龙全集》册17，江苏古籍出版社1993年版，第212—223、141—142页。

　　③ 徐秉义：《明末忠烈纪实》卷12，《殉福传》，《史可法》，第186页。

　　④ 应廷吉：《青磷屑》卷上。

　　⑤ 应廷吉：《青磷屑》卷下。

　　⑥《明史》卷274，《列传》第162，《史可法（任民育等何刚等）》，标点本，册23，第7024页。不受职即不接受可法所授空白告身填注的官职。

　　⑦ 陈济生辑：《天启崇祯两朝遗诗》卷8，长洲陈宗之：《陈玉立诗》，《送卢渭生赴史相国幕时以觐省归里余喜其所从赋诗壮之》，中华书局1958年影印本，中册，第1134页。

　　⑧ 徐秉义：《明末忠烈纪实》卷12，《殉福传》，《史可法》，《附传》，第201页。

　　⑨ 同上。

都司。条上七事,可法用其四:一军淮上为犄角,一择禁军卫陵寝,一募勇靖海滨,一劝捐裕军饷"[1]。张涵在幕府的经历说明,礼贤馆士也可授武职都司。后又迁升内营游击行参将事,分守扬州北门。危急时,饷船在高邮遭阻厄,涵奉命引兵接应进城。城破,他拒绝屈膝投降,被害。

(四)胡如珵

胡如珵,字即公,号潜峰,安庆府桐城人,县学诸生。或有作胡如姓者,疑即其人[2]。

如珵渊雅聪颖,有器量,年少读书,兄弟五人互相学习、督促,都以能文知名。后来他从史可法学,"史可法高弟也"[3]。可法督师扬州,"辟为记室,露布封事,尽出其手,叙功授司理参军"[4]。如珵洞悉形势严重,预写书信与亲人诀别,城破后与可法一道殉难。

他有家人胡央以军功得守备职,此时也投火自焚。扬州人将如珵与央合葬,并为殉难的卢渭等十九人(包括如珵、央)表墓,供后人凭吊、祭扫。

(五)胡如瑾

胡如瑾,安庆府桐城人,如珵兄弟之一。

如瑾为"督师史可法礼贤馆士"[5],候选知县。清兵破扬州,如瑾战死。

(六)胡维宝

胡维宝,字秉珍,安庆府桐城人,庠生。同治《桐城县志》卷8胡维宝本传,与道光《桐城县续志》卷10胡如珵传,传文多雷同,而且同治

---

① 杨震福等:光绪《嘉定县志》卷17,《人物志》二,《忠节》,《张涵》。
② 江都、桐城方志有胡如珵,彭士望也提到可法幕府有此人。胡如姓见于徐秉义《明末忠烈纪实》,不见于方志,疑为史料传钞致误。
③ 五格等:乾隆《江都县志》卷19,《人物(忠节)》,《胡如珵》。
④ 金鼎寿:道光《桐城续修县志》卷10,《人物志》,《忠节》,《胡如珵》。
⑤ 王国均:同治《桐城县志》卷8,《人物志》,《忠节》,《胡如瑾》;参见李天根《爝火录》卷10,《乙酉》,浙江古籍出版社1986年版,下册,第455页。

志没有如珵传，道光续志没有维宝传，因疑此二人实即一人。但二者名、字均异，所以仍作二人处理。

维宝聪颖秀异，读书一目数行，以能文知名。他性情慷慨，每读到讲述古人大节的事迹时，常义形于色，奋袂起舞。"史阁部督师扬州，辟为记室，叙功授司理参军。"① 后来，他也随史可法死节。扬州人安葬了他的遗体，并为表墓。

（七）何临

何临，淮安府山阳人。

临，"史可法礼贤馆士"②，候选知县。清兵破扬州，临战死。

（八）归昭

归昭，字尔德，苏州府昆山人，万历三十二年（1604）闰九月初五日生，诸生。

昭为人慷慨负奇气，富权略，身在乡校，却厌弃举业，抱投笔从戎之志。其弟归庄有诗描述他："仲兄负通才，半生困蓬葆。蒿目国难殷，言念心如捣。"③ 这正是他的心境的写照。崇祯十七年六月，他响应督师史可法的招聘，慨然道："吾所以立效于国家者，其在此矣。"于是辞别家人赴军前，戎服谒可法，在马前立谈。可法很器重他，"遂留君幕下"。后来可法填注告身，授职监纪知县，派他去淮安府宿迁，"招怀流亡，日夜践冰雪，甚劳苦"。因此他视可法为知己，不愿辜负，认为："丈夫既掷儒冠，韎首韐袴，从事行间，幸而立功疆场，则着锦绣昼行而归，不然醉卧沙场，亦无悔也。"弘光元年四月十五日前，他在白洋河前线，听说扬州戒严，随即疾驰赴难。十七日，他策马回到扬州东关，可法一见，"甚喜，因共留守"，"从阁部守西门，已而城破"，可法、昭"皆死矣"④。七月，崑山陷落，昭妻陆氏被掳不屈，遭榜掠，迁延二十余日亦死。

---

① 王国均：同治《桐城县志》卷8，《人物志》，《忠节》，《胡维宝》。
② 徐秉义：《明末忠烈纪实》卷12，《殉福传》，《史可法》，《附传》，第201页。
③ 《归庄集》卷1，《诗词》，《送二兄尔德赴史阁部幕府》上册，第32页。
④ 《归庄集》卷8，《行状墓志祭文》，《先兄监纪君行状》下册，第441、442页。

（九）罗伏龙

罗伏龙，字佐才，江西余干人，崇祯三年（1630）举人。

伏龙精史学，喜谈兵，多奇计。崇祯末，选四川梓潼知县。[①] 崇祯十七年冬，梓潼被张献忠军攻占。伏龙逃走江淮间，"客维扬史阁部幕中"[②]。当时，江都知县周志畏几次遭高杰将士窘辱，要求解职。可法命伏龙代理。受任刚三天，清兵即围攻扬州。可法认为伏龙没有城守责任，催促他逃出危城。伏龙说："大丈夫岂可临难苟免！"[③] 城破，伏龙殉难。遗著有《罗氏自订文稿》《来生草》等，不传。

（十）何攀龙

何攀龙，字云甲，扬州府江都人，诸生。

攀龙父兼俊认为，扬州是军事要冲，弘光廷议却把它看作隔绝南北的鸿沟，势必不会固守，于是携家渡江，侨居金坛，但又觉得全身远祸，没有与扬州共存亡，终是憾事，每餐都为此长叹。攀龙"以计策叩可法军门献之，可法奇其言，留为赞画，置帐下"。扬州失陷，他急回家庙拜辞祖先，大恸道："不复见吾父母矣！"[④] 巷战牺牲。

（十一）施凤仪

施凤仪，字孟翔，号诚庵，苏州府嘉定人，崇祯十年（1637）进士。

崇祯末，凤仪任湖广武昌府推官，以廉能著名。任满，他进京考选。召对时，"武昌推官施凤仪对为第一"。不及选官，京师被李自成军攻占。凤仪因同乡礼科给事中申芝芳寻死，自誓"亦当相从地下"，后被"拘囚数日，志在必死，幸以留用二字得脱"[⑤]。或以为最后被大顺吏政府选为

---

① 杨曦等：咸丰《梓潼县志》卷3，《职官》，《知县》，崇祯年间无罗伏龙名，其最后两知县为郝孔彰，"崇祯十四年任，值寇变死之"，谢应禄，"崇祯末任，寇乱后任事"。但据同书卷4，《艺文》，知崇祯十二年六月谢应禄在任，实为郝孔彰前任。郝死，应系罗伏龙继任，以纷乱佚其名。

② 石景芬：同治《饶州府志》卷23，《人物志》六，《忠义》，《明》，《罗伏龙》。

③ 杨陆荣：《殷顽录》卷1，《罗伏龙》。

④ 屈大均：《皇明四朝成仁录》卷6，《扬州死事传》。

⑤ 刘尚友：《定思小纪》，载《甲申核真略（外二种）》，浙江古籍出版社1985年版，第68、71页。

县令，① 或说他为大顺"管仪仗时"，向农民军献媚说："不可用亡国之器，愿自赔千金造者。"② 大乱之际，闻见异辞，毁誉不一，褒贬任意，难以定论。但他不是对朱姓效愚忠的人，是可以断言的。

后来，他乘机南逃，"阁部史可法荐擢职方郎中，赞画军务"③。黄日芳掌幕府行军兵部职方司郎中印，他和秦士奇等同其官。弘光元年四月二十一日，"施凤仪并礼贤馆诸生俱入城守卫"。二十三日，可法派遣原守南门的应廷吉去别处公干，以凤仪代守南门。城破，凤仪走钞关，路遇可法，至钞关门，凤仪背中流矢牺牲。④

（十二）吴尔壎

吴尔壎，字介子，号以白，浙江崇德（今桐乡）人，崇祯十六年（1643）进士。

尔壎成进士，改庶吉士。从十七年正月开始，尔壎等认为"国事将败"，日夜与翰林院检讨方以智、兵部主事金铉、庶吉士史可程、举人李雯、选贡生侯方岳（及弟方岩）、廪膳生张鑽"谋奉皇子走河南，兴灵武之师"⑤。后京师临危，大学士范景文荐尔壎召对德政殿，问守御之策。尔壎建议联络土司，让他们起兵牵制李自成军以待援兵。李自成占京师后，尔壎降，"改四川保宁府苍溪县伪令"⑥。

李自成军退出京师后，尔壎南逃至扬州，"谒可法，请从赎罪，可法留参军事"⑦。当时尔壎父之屏督学福建，尔壎截断一指付故人祝渊，说："君归，语我父母，速出家财畀我饷军。他日不归，以指葬可也。"⑧ 他显然下了必死的决心，后奉派"招抚河南诸土寨"，捕杀大顺地方官，⑨ 随

---

① 冯梦龙：《甲申纪事》第4卷，陈济生：《再生纪略》上，载《冯梦龙全集》册17，第78页。
② 计六奇：《明季南略》卷2，《伪官》，第129页。
③ 杨震福等：光绪《嘉定县志》卷17，《人物志》二，《忠节》，《施凤仪》。
④ 应廷吉：《青磷屑》卷下。
⑤ 李雯：《蓼斋后集》卷5，《记魏子死事本末》。
⑥ 冯梦龙：《甲申纪事》第2卷，《绅志略》，载《冯梦龙全集》册17，第34页。
⑦ 娄东梅村野史：《鹿樵纪闻》卷上，《史可法殉扬》。
⑧ 杨陆荣：《殷顽录》卷1，《吴尔壎》。
⑨ 抱阳生：《甲申朝事小纪》第三编卷10，《吴尔壎小纪》下册，第687页。

高杰北征，抵达河南睢州。弘光元年正月高杰遇害后，尔壎流寓祥符（今开封市），遇福王妃童氏，随守臣附疏上闻。尔壎也返回扬州。四月初七日，他以童氏案牵连，在史可法营中被捕，"因效用督辅可法军前，为请得免"①。他在清兵围城时奉命坚守扬州新城，城破，投井死，或说"投缳大东门不死，掷水又不死"，"被残死"②。

遗著有《滋兰堂初集》《聂许堂遗草》，还有死臣传，"目曰《仁书》，有小序，各系以古人"。统论有云："被犀甲，操吴戈，气之雄，腾天河。骛广野，捐爱戴，志之决，头匪恤。我心赤，我血碧，长城虽坏，白虹贯日。""则先生自道也。"③ 遗著似都已佚。

（十三）何刚

何刚，字慤人，原名厚，松江府上海人，崇祯三年举人。

何刚为人孝友率直，以名节、经济自许。他早先教授生徒于嘉兴吴昌时家。崇祯元年，方岳贡任松江知府，以飓潮为民大患，发起修建长堤。何刚"佐方岳贡筑海塘，以廉勤称"④，"筑石堤二十里许，遂为永利"⑤。他多结交当世豪俊之士，著声几社、复社。在看出国家将大乱后，他着手准备救亡图存，对门人浙江东阳许都道："子所居，天下精兵处也。盍及今成一旅待用乎？"许都回乡招募、组训义师。崇祯十七年春，他不知许都已死，还向明廷上书举荐许都、杭州进士姚奇胤、桐城生员周岐、陕西生员刘湘客、山西贡生韩霖等"忠义智勇之士"，请"下诏征用"⑥。部议授给他兵部职方司主事。

五月，弘光继位后，史可法开荐何刚任"军前监纪"⑦。兵科给事中陈

---

① 李清：《南渡录》卷5，浙江古籍出版社1988年版，第261页。
② 查继佐：《罪惟录》，《列传》卷9上，《抗运诸臣传》，《史可法》册2，第1532页。
③ 顾公燮：《丹午笔记》，九二，《吴尔壎》，江苏古籍出版社1985年板，第84页；沈季友编：《槜李诗系》卷22，《吴庶常尔壎》。
④ 李林松：嘉庆《上海县志》卷13，《人物志》，《列传》，《何刚》。
⑤ 《明史》卷251，《列传》第139，《方岳贡》册21，第6504页。
⑥ 徐秉义：《明末忠烈纪实》卷12，《殉福传》，《何刚》，第197页。
⑦ 计六奇：《明季南略》卷1，《诸臣升迁推用》，第16页。

子龙进言守江之策首推水师，设置海船已刻不容缓，并"请委何刚训练"①。六月，他与松江知府陈亨以及陈子龙等合作，成立松江忠贯营。"刚才识肝胆冠绝一时，其驭兵也，恩威并用，以故兵之归之也，畏怀兼至。当训练之始，若父师之于子弟，有不可以暂离合。"他们经两个月努力，"成此劲旅"②。九月，刚受命驻防篙子港，晋职方司员外郎。他针对当时朝政茫无头绪的情况，上疏要求三年内不要顾及宫室礼乐，"惟日求天下奇士，知谋者决策，廉明者理财，勇悍者临戎"，"庙堂不以文辞取士，而以实用爵之"，"令大度之士分道四出求草泽英杰"。这篇奏疏，不仅说明在关键时刻何刚提过切实中肯的意见，而且反映出何刚治学的方向和深度。他关注解决紧迫的实际问题，举贤用才，因材而用，目光不限于庙堂，而是兼及于草泽。这是明末士人治学从陈腐空疏中挣脱出来走向实际的表现。向草泽中求英杰，具有反对用八股限资格的重大意义。徐秉义最推崇何刚的学术，说："几社之学，破除迂儒习说，讲求实用，及其成就，不过三人，刚与陈子龙、徐孚远是也。然子龙之望门投止，孚远之垂老首邱，其不及刚远矣。"③ 这就全面肯定了何刚的完满的人品、治学方向和临难不苟的气节。但是马士英把持的弘光朝廷不能采用他的方策。

何刚很失望，便驰赴可法幕下，以本部兵隶可法。他副黄日芳与秦士奇、施凤仪共掌行军兵部职方司郎中印。他多著勤劳，曾"以赞画出镇白洋河"（今江苏泗阳洋河镇），"运饷徐、泰间"④，"催趱粮饷，往来苏松，兼理忠贯营事"⑤。马士英为此深感不快，外调何刚为贵州遵义知府。史可法不舍，说："何职方真才真品，耐苦耐劳，今日宏济艰难，正是同心之助。不知主爵者何见，麾出遐方，已为特疏题留矣。"⑥ 刚也不他去。弘光元年四月，清军破徐泗，守泗州诸军移驻瓦窑铺，"何刚率忠贯营兵来

① 徐秉义：《明末忠烈纪实》卷12，《殉福传》，《何刚》，第197页。
② 《祁彪佳文稿》，《督抚疏稿》，《义兵鼓勇前来邻警正资防御》，书目文献出版社1991年影印本，册1，第827页。
③ 徐秉义：《明末忠烈纪实》卷12，《殉福传》，《何刚》，第197—198页。
④ 查继佐：《罪惟录》，《列传》卷9上，《抗运诸臣传》，《史可法》册2，第1532页。
⑤ 应廷吉：《青磷屑》卷上。
⑥ 《史可法集》卷3，《书牍》，《与钱机山辅臣》，第91页。

会"。十九日，清军逼扬州，可法"檄何刚督所部兵人城守卫"①。后来，可法又改变主意，让他出城，说："徒死无益，不如号召援兵，以为后图。"何刚说："民心瓦解，谁复应者？刚为国家死则死之，为知己死则死之。"② 城陷，他以弓弦自缢。③

（十四）任民育

任民育，字厚生，一字时泽，山东济宁州人，天启四年（1624）举人。

民育习举业而精骑射，"为乡里抒患"④，"守济宁有功"⑤。原来，崇祯十五年十月，多罗饶余贝勒阿巴泰等率清兵攻掠山东等地。十二月初，清军"攻济宁，拒却之"⑥。民育在此役中保全济宁有功。这种抗清经历对他以后的生活道路自然有影响。守真定（今河北正定）的保定巡抚徐标是其同乡，疏列他的功绩，"请于朝，用为赞画理屯事"⑦。崇祯十七年二月，徐标被杀，真定知府邱茂华等降李自成，民育南逃。弘光即位，他任凤阳府颍州知州（或说凤阳府亳州知州，疑误）。他见兵疫之后颍州户口锐减，而徵赋如故，便综"核州田计一万九千顷"，除"荒者一万一千顷"，"并八十里为四十里，止徵见户，民甚德之"⑧。

随后，他由史可法荐升扬州知府。崇祯十七年除夕，可法独酌微醉，"隐几卧"。次日元旦，天将破晓，文武将吏毕集军门外，门没有开，军吏告知："相公方隐几未寤，奈何？"民育赶紧说："相公此夕不易得也，勿惊之。"于是他命鼓吏重击四鼓。不久可法醒来，见天已亮，大惊，而听鼓声仍为四鼓，大怒道："乃敢乱我军法！"传令缚斩鼓吏。诸将士长跪诉

---

① 应廷吉：《青磷屑》卷下。
② 徐秉义：《明末忠烈纪实》卷 12，《殉福传》，《何刚》，第 198 页。
③ 此据应廷吉、徐秉义说。《明史》《县志》本传作"投井死"，查继佐说他"投缳不死"，"被残死"。
④ 徐秉义：《明末忠烈纪实》卷 12，《殉福传》，《史可法》，《附传》，第 199 页。
⑤ 查继佐：《罪惟录》，《列传》卷 9 上，《抗运诸臣传》，《史可法》册 2，第 1532 页。
⑥ 谈迁：《国榷》卷 98，壬午崇祯十五年，中华书局 1958 年版，册 6，第 5953 页。
⑦ 《明史》卷 274，《列传》第 162，《史可法（任民育等何刚等）》册 23，第 7024 页。
⑧ 徐秉义：《明末忠烈纪实》卷 12，《殉福传》，《史可法》，《附传》，第 199 页。

说："相公久劳苦，始得一夕假寐，不忍相惊，故乱鼓声以待，此知府意也。且新正刑人不祥。"可法情绪缓和下来，委婉地责备民育"奈何以私爱变长法"？民育也上前请罪，才赦免鼓吏。"可法自是竟不复隐几卧矣。"① 这件事既反映了可法伟大的献身精神，又反映了民育和将士们对可法深深爱戴的感情。清军围城时，民育戎服守镇淮门。城破前，清兵大炮弹飞至知府公堂，他知道大势已去，让眷属进入一个房间，火焚死（或说"阖家男妇尽赴井死"②）。城破，自己换穿绯红吉服抱印坐堂上，说："此吾土也，当死此。"清兵抓捕他离开公堂，不屈，遇害。③ 或说他"置印其前，以铁橛自贯两掌于案，以示不去。骑入，大骂以死"④。此说疑为传闻有误，他没有必要这样残害自己。

（十五）曲从直

曲从直，字完初，辽东广宁前屯卫（今辽宁绥中前卫）人，天启七年（1627）举人。

弘光元年初，兴平伯高杰被杀。当时从直任扬州府清军同知。二月，靖南侯黄得功（虎山）准备乘衅突袭扬州，代领高杰之众，城守戒严。可法自徐州赶回，"令同知曲从直、中军马应魁入虎山营，问所欲为"。僵持不到一个月，经加派太监持谕解兵，得功才率部退去。扬州城破，从直"并其子拔贡生某分守东门，皆死之"⑤。

（十六）王缵爵

王缵爵，字佑申，浙江鄞县人，国子监荫生。

缵爵为泰昌、天启初（1620—1622）工部尚书王佐孙，以恩荫得官。崇祯十七年春，他被任为应天府通判署溧水知县。弘光即位，他以"清介

---

① 徐秉义：《明末忠烈纪实》卷 12，《殉福传》，《史可法》，第 196 页。
② 《明史》本传，册 23，第 7024 页。《明史》此说显系据应廷吉：《青磷屑》卷下。
③ 温睿临：《南疆逸史》卷 33，《列传》第 29，《守土》，《任民育》下册，第 230 页。
④ 屈大均：《皇明四朝成仁录》卷 6，《扬州死事传》。
⑤ 应廷吉：《青磷屑》卷下。

刚直，忤上官，投劾归"①。

弘光元年，缵爵以扬州监军同知起，转"按察佥事持节"，为可法"幕府监司"②。可法对他说："君书生不知兵，奏改京职可乎？"缵爵道："下官世受国恩，岂敢避难？愿从明公死，不愿从马阮生也。""可法改容谢之。"他与同乡周志畏等一道登陴守城，城破时牺牲。③

（十七）杨时熙

杨时熙，④ 号知白，浙江临海人，万历三十四年（1606）举人。或作杨振熙，⑤ 误。

崇祯元年（1628），时熙出就浙江遂安教谕，"好学不倦，性乐易，诸生杯酒论文，蔼如也。整饬学宫与修建文昌祠，遍栽桃李，望若云锦"⑥。后来，他升任广东琼州府同知。崇祯末，时熙转两淮都转盐使司同知署运使事。⑦ 当时内地局势混乱，商船不行，盐引积滞如山。崇祯十七年冬，时熙艰难地筹措起来的饷银都被四镇截留。弘光元年四月，史可法在扬州，"刑牲誓死守，忠义感激人心，同城僚属义不忍去"。清兵围城前，时熙子诸生廷栋来省亲。城破时，父子"同时死"⑧。

（十八）黄铉

黄铉，字九玉，江西彭泽人，崇祯三年举人。

他中举后例应膺选知县等官，崇祯末升任某省按察使司副使。崇祯十

---

① 温睿临：《南疆逸史》卷33，《列传》第29，《守土》，《王缵爵》下册，第230页。
② 全祖望：《鲒埼亭集》，《鲒埼亭集外编》卷5，《碑铭》二，《明淮扬监军道佥事谥节愍鄞王公神道碑铭》。
③ 温睿临：《南疆逸史》卷33，《列传》第29，《守土》，《王缵爵》下册，第230页。
④ 杨时熙，见洪若皋等康熙《临海县志》卷上，《人物志》，《忠义》；方引彦等：乾隆《遂安县志》卷4，《官师志》，《宦绩》；张岳崧：道光《琼州府志》卷23，《职官志》一，《文职》上，《琼州府》，《同知》。
⑤ 主要见应廷吉《青磷屑》卷下。徐秉义作"杨时熙（一作振熙）"。
⑥ 方引彦等：乾隆《遂安县志》卷4，《官师志》，《宦绩》，《杨时熙》。
⑦ 洪若皋等：康熙《临海县志》卷7，《人物志》，《忠义》，《杨时熙》。姚文田等：嘉庆《扬州府志》卷37，《秩官志》三，两淮都转盐使司各官都无杨时熙名，唯卷69，《事略志》三有杨振熙。可见战火中运司档案丢失。
⑧ 洪若皋等：康熙《临海县志》卷7，《人物志》，《忠义》，《杨时熙》。

七年九月，史可法定从征文武官员经制，以"原任副使黄铉""为督饷金事"，掌"督饷道印"，"督理粮饷，往来常、镇"①。扬州破，黄铉牺牲。

（十九）吴道正

吴道正，浙江余姚人。或作吴道隆、②吴道玉，均误。

道正少年时以诗游江淮间，颇知名。弘光时，他"以知县为史可法军前监饷"③。即在督师幕府从征文武官员中，"监饷同知一员，以知县吴道玉〔正〕署之，无印"④。或作通判，疑误。清兵破扬州，道正殉节。

（二十）周志畏

周志畏，字抑畏，又字雪松，⑤浙江鄞县人，万历四十四年（1616）四月十七日生，崇祯十六年进士。

弘光即位，志畏就任扬州府江都知县。江都为扬州府附郭首县，繁剧难治。志畏年少敢任，遇事明决。其时兴平伯高杰部将士在城表现暴横，"奴官吏，蹂百姓，稍不当，横刀怒视"。志畏屡加裁抑。动乱之世，武人张狂，志畏反受他们的挫辱，愤恨难泄，百计辞职。廷论肯定志畏的正直，恐他为高部将士所害，议调徽州府歙县。史可法深知其才干，"欲倚为佐"，闻调慰留他说："敌且至，城孤立无援，度不能守，民旦夕死，我与子俱死。民所以不即死者，恃我与子在耳。子即去，如民何？"恰好罗伏龙来幕府，可法为缓和矛盾，将志畏调离，而以伏龙取代。当时，羽檄交驰，形势危急，城中食饷缺乏，志畏"往高邮区画粮数千斛入城，为坚守计"。可法因命新旧县令一同守城。志畏守小东门。他"躬率士卒，被

---

① 查继佐：《罪惟录》，《列传》卷9上，《抗运诸臣传》，《史可法》册2，第1532页；应廷吉：《青磷屑》卷上。

② 查继佐：《罪惟录》（册2，第1532页）、徐秉义《明末忠烈纪实》（第199页）均作"通判吴道隆"。

③ 孙德祖等：光绪《余姚县志》卷23，《列传》第14，《明》，《吴道正》。

④ 应廷吉：《青磷屑》卷上。

⑤ 汪懋麟：《百尺梧桐阁文集》卷5，《传》，《江都知县周公传》。但温睿临：《南疆逸史》卷33，《列传》第29，《守土》，《周志畏罗伏龙》下册，第230页，作"字一畏，号松雪"，一与抑不同，号松雪与又字雪松更不同，疑温睿临误。

介胄，严刁斗，宿敌楼上，夜不交睫"。扬州城破，志畏被俘，"不屈，拥至南郭福缘庵"，杀死在水中。一子斯言，八岁，闻听父死，哭泣不止，"殁于江都尼庵"①。或说"江都故令周志畏，城破，至南门福缘庵剃发为僧，其后被杀，是欲逃而不得者"②；这不是误传就是曲笔，如周志畏想逃，恐怕卸事后就走了。

（二十一）王志端

王志端，字彦方，或作砚方、研方，③ 浙江孝丰人，崇祯时贡生。

志端以江都县丞"从史可法分守扬州。可法遣吏屯田开封，筑垒黄河南岸，皆与其役"。可法准备擢升他为扬州府宝应知县以酬其功，未及实行，扬州破。"志端死之，妻高氏、子南峨、兄子南徽俱从死。"④

（二十二）李自明

李自明，字先修，浙江嘉兴人，岁贡生。

自明性格傲岸，诗文有奇气，"除扬州训导"，即江都县训导。扬州城破时，"自明衣朝衣，遥望孝陵再拜，自缢于学舍"。牺牲前，他"挥季子凤侣去"。凤侣慨然答道："父死忠，子独不可死孝乎？""亦自经。家人从死者十余人。"遗著有《谪仙居稿》，已埋没不传。乱后，"仲子麟友匍匐往扬州求父骨，不得，恸哭返"⑤。

（二十三）周之逵

周之逵，字孺登，松江府华亭人，崇祯时岁贡生。⑥

之逵就选"江都训导"。扬州城破，仆人说："盍去诸？"之逵道：

---

① 汪懋麟：《百尺梧桐阁文集》卷5，《传》，《江都知县周公传》。
② 徐秉义：《明末忠烈纪实》卷12，《殉福传》，《史可法》，《附传》，第202页。
③ 黄宗羲：《弘光实录钞》卷4作"砚方"。徐秉义《明末忠烈纪实》卷12作"研方"。
④ 潘宅仁等：光绪《孝丰县志》卷7，《人物志》，《忠义》，《明》，《王志端》。
⑤ 吴仰贤等：光绪《嘉兴府志》卷50，《列传》，《嘉兴县》，《明》，《李自明》。
⑥ 莫晋等：嘉庆《松江府志》卷46，《选举表》三，《华亭县学》。参考同书卷55，《古今人传》七，《明》，《周之逵》。

"我司训也，岂可为不义？"① 投明伦堂井中殉难。

（二十四）谈三杰

谈三杰，"广平人，贡生"②。

三杰"以贡生授扬州库大使"，扬州被围时"分守北门"。城破，他换穿公服，对知府任民育说："公死城，微员死库。"③ 与任民育一道死难。子生员大纲、仆天喜、人衡从死。

（二十五）刘尔郊

刘尔郊，字子野、菖公，浙江山阴（今绍兴市）人，崇祯九年举人。

尔郊与弟京仲并有文名，称大宋小宋。他"从阁部史可法守广陵［扬州］"，当时应在可法处为入幕之宾。城破，"尔郊与其难"④。

（二十六）顾起龙

（二十七）龚之厚

（二十八）陆晓

（二十九）唐经世

此四人为可法督师幕府书记，来历待考。扬州破，"文武将吏死者甚众"，"书记顾起龙、龚之厚、陆晓、唐经世等皆从可法死"⑤。另有记载云："陆某，以吏侍督师史可法，及可法遇害，陆亦自缢死。"⑥ 此陆某或

---

① 李天根：《爝火录》卷10，《乙酉》下册，第454页。
② 姚文田等：嘉庆《扬州府志》卷69，《事略志》五，《明》。按：广平为府、县名，广平府领永年（首县）、曲周、肥乡、鸡泽、广平、邯郸、成安、威、清河九县。此广平或指永年县，或指广平县，具体何县待考。
③ 五格等：乾隆《江都县志》卷14，《名宦》，《谈三杰》。
④ 俞忠孙：《越殉义传》卷2，《刘尔郊》。
⑤ 温睿临：《南疆逸史》卷5，《列传》第1，《史可法》上册，第43页。
⑥ 丘格等：乾隆《江都县志》卷19，《人物（忠节）》，《陆某》。

即陆晓。如是，则陆晓为扬州府江都人。

四

这一部分是没有死于扬州，后因从事抗清起义或复明运动殉难的史可法督师阁部幕府人物的事迹。此处所谓抗清起义，特指反清的武装斗争；所谓复明运动，则指在清朝严酷统治下，以恢复明朝统治为目标的地下活动。史可法幕府人物参加反清的武装起义或地下活动，在客观上都是继承史可法扬州抗清未竟之业。他们的牺牲，与扬州从死者具有同样的政治意义。

（三十）吴易

吴易，字日生，号惕庵，或作惕斋，苏州府吴江人，万历四十年（1612）生，崇祯十六年进士。

易生有膂力，具文武才，嗜好兵法，性情豪侠，年轻时即参加复社。成进士后，他见朝政紊乱，不愿为官，不谒选而归。弘光时，他"谒史可法于扬州，可法异其才，题授职方主事，为己监军"①。当时他并没有抗清的认识，仍以农民军为大贼，"发愤上中兴四大议"，一曰声大义以作恢复之气，二曰明大势以争恢复之机，三曰定大略以收恢复之功，四曰固根本以立恢复之基。② 廷议未加理会。弘光元年春，他"在史相幕，奉使归吴"，征取饷项，还没有完事，"而史相遇难"③。

六月，清兵继续向苏、常征进，吴易与同里崇祯九年同榜举人孙兆奎合谋起兵。吴江县丞朱国佐以城降清，捕杀反对降清的诸生吴监。吴易对此非常愤慨，起兵擒杀朱国佐，"乃以水师千余人屯长白荡，出没五湖三泖间，多所杀伤"④，其众"白布裹头为号，皆七郡贫民"⑤，号白头

---

① 《明史》卷277，《列传》第165，《杨文聪（孙临等）》册23，第7103页。
② 李聿求：《鲁之春秋》卷12，《义旅》一，《吴易》，浙江古籍出版社1984年版，第120—126页。
③ 方文：《嵞山集》卷4，《五言律》，《东湖访吴日生》。
④ 徐秉义：《明末忠烈纪实》卷16，《效死传》，《吴易》，第334页。
⑤ 顾景星：《白茅堂集》卷6，《丙戌（顺治三年）》，《吴易擒》，顾昌注。

兵。同里诸生华京、吴旦、赵汝珪、苏州府诸生张飞远等纷纷来从。当时清军不习水战,"掠民舟以济"。吴易便采取《水浒》上晁盖、阮氏三雄等对付何观察的办法,用善泅者假扮农民为清军驾船,"棹至中流,猝凿沈之,而溺死者无算,军声颇振"①。于是中书卢象观、葛麟、职方王期升、吴振远等都帅师依附。同里诸生沈自炳、沈自駧、陆世钥等也起兵与吴易密切联络,互相应援。鲁王监国,督师熊汝霖奏易斩获有功,监国授易兵部右侍郎兼右佥都御史总督江南诸军,令与平胡伯陈万良恢复东南;隆武立,兵部右侍郎兼右佥都御史提督军务杨文骢也奏易斩获多,隆武授官与鲁王所授同。白头兵南下与熊汝霖军会合,几乎克复浙江德清。清兵迎击,熊汝霖、陈万良两军退走,吴易也收兵回太湖。八月,清兵乘船与白头兵大战于吴江塘口,白头兵掳获清船二十只。次日大雨,吴易不设防,被清苏松提督吴胜兆偷袭,大败。父承绪、妻女眷属投水死,吴易等逃走。

不久,吴江人周瑞重新聚众于长白荡。清兵进战,败死八百人。周瑞迎吴易至营主持。顺治三年(1646)春,吴易率军攻吴江、浙江嘉善,"入其郭,声势渐振"。"又与苏郡兵战于汾湖,斩获过当。"兵部尚书节制七省漕务陈子龙得报,"为驰蜡帛间行入越,以捷闻监国"②。监国鲁王晋吴易兵部尚书长兴伯,隆武也封他为忠义伯。其后,鲁王连连加封他为宝应伯、娄东伯、武康伯、清河伯、奋扬将军、平朔将军等。③ 吴易于是着手恢复南京,联络舟山肃虏伯黄斌卿、江上督师熊汝霖,合作进兵,聘请吴县诸生文乘、王伯时等或入幕或为内应。六月,清嘉善知县刘肃之伪装反正,诱吴易等赴酌。吴易与主事倪抚等轻舟潜出,被刘肃之派兵捕获。清浙江巡抚张存仁诱降,吴易不屈,在杭州被磔殉节。

---

① 李聿求:《鲁之春秋》卷12,《义旅》一,《吴易》,第126页。

② 《陈子龙诗集》附录二,王沄续《陈子龙年谱》卷下,顺治三年丙戌,上海古籍出版社1983年版,下册,第712页。

③ 顾景星:《白茅堂集》卷6,《丙戌(顺治三年)》,《吴易擒》,顾昌注。

（三十一）沈自炳

（三十二）沈自駧

沈自炳，字君晦（或作晦君，显误），号闻华，万历三十年（1602）生，弟自駧，字君牧，万历三十四年（1606）生，苏州府吴江人。自炳为恩贡生，自駧为诸生。

自炳为副使沈玢子，从小有志向，重视节操。成年后，他博学工文词，"在复社号为眉目"。吴江沈氏多才，自炳与亲兄弟自然（字君复，或作君服、君硕，亦复社成员）、自徵（字君庸）、自駧、从兄弟自昌（字君克，礼部主事沈琦子）、自友（字君张，都御史沈珣子）、自继（字君善，吏部员外郎沈璟从子）、族兄弟自晋（字伯明）、自铤（字公捍）等都以诗文擅名。弘光立，诏求人才，自炳献赋，以恩贡授中书舍人。他似不愿久留南京做官，"复渡江往扬州，与弟自駧同参阁部史可法幕"。月余，可法向他询问才学之士，他推荐说："公赞画推官崇德吕愿良之子宣忠可。""宣忠为人英敏刚方，年虽少，可任大事。"可法急忙征召宣忠，应召未到而可法已失败。其后，宣忠起义抗清，被俘不屈，遇害。"人贤宣忠之节而重自炳之知人。"① 自炳兄自徵原来私计政治变乱将加剧，就预造渔船千艘②停放在太湖中。后来自徵去世，自炳兄弟也从扬州回乡。苏州失陷，自炳"走说三泖富人，藉其资举兵"③。这是弘光元年六月的事。他们与吴县生员陆世钥等合作，"遂部伍诸乡民，收其船以集兵，自炳乃更造箭艘募水卒别立营"④，与长白荡吴易为声援。八月，吴易白头兵与自炳兄弟水营遭清苏松提督吴胜兆军在长白荡环攻击溃，自炳投水死。

自駧容貌枯羸，性好任侠，结交奇杰之士。明末，四方兵起，自駧一再以救时要务向当道陈说，但其时东南官员沉溺于表面升平，不加理睬。

① 倪师孟等：乾隆《吴江县志》卷31，《人物》八，《节义》，《沈自炳》。
② 此据《县志》沈自炳本传。黄宗羲云为八百艘，见《南雷诗文集》下，《南雷文补遗》，《御史中丞冯公墓志铭》，《黄宗羲全集》册11，浙江古籍出版社1993年版，第88页。
③ 屈大均：《皇明四朝成仁录》卷6，《弘光朝（起元年二月迄五月）》，《吴江起义传》。
④ 倪师孟等：乾隆《吴江县志》卷31，《人物》八，《节义》，《沈自炳》。

不久，大灾荒发生，乱民四起。自駟在本村仿效推行朱子社仓法，赈贷贫乏。不数年，近村乡民都来归附。"其在可法幕，见可法躬［亲］细务，遇人姁姁，以为非戡乱才，故去而归里。"与吴易起事后，见吴易"不谨斥堠，日置酒高会，数谏不听，辄仰天号恸"①。兵败后，他也投水尽节。

（三十三）韩绎祖

韩绎祖，字茂贻，或作茂裔，号耻庵，浙江归安（今湖州市）军籍，②乌程（今湖州市）人，③归安县学生员。

绎祖复社名士，胸怀磊落，有大志。"阁部史可法建节淮、扬，徵入幕，多所赞画。"④崇祯十七年除夕，他在白洋河军中有七律二首呈可法，其中说："全历已同麟绝笔，孤臣空托雁传书。挥戈无计能回日，短发明朝雪满梳（时北使被羁，是日得手札）。""爆竹难惊群梦醒，灯花强慰客愁孤。""白骨载途无术起，仙人空自饮屠苏。"⑤他对形势明显抱着悲观的看法。可法准备给他奏授官职，他推辞不受。

他没有在扬州死难。弘光元年六月，清贝勒博洛帅师入浙，明归安知县某拟具全体生员列名的书启迎降。"绎祖不从，因作书上湖州知府乞除姓名。知府以其书张明伦堂上，挂冠而去。"⑥清人兵不血刃陷湖州"闰六月初三日，［诸生］王光祉与诸生韩茂贻［绎祖］等起兵，杀清推官冯复"⑦。但兵力微弱，湖州复陷。绎祖迎芜湖总兵黄蜚至太湖，长兴人金镐（字拱玉，或作金有镐、金有监，字改玉、攻玉）取乡首富王姓巨资养士数千，迎通城王宗室朱盛澂称通城王为主。十九日，金镐军复克湖州。八月，湖州再陷，镐败死。绎祖与子韩斌（字咸士）弃家外逃，流离颠

① 倪师孟等：乾隆《吴江县志》卷31，《人物》八，《节义》，《沈自炳》。

② 朱保炯等：《明清进士题名碑录索引》，《韩》，《敬》，上海古籍出版社1980年版，中册，第1500页。

③ 张熷：乾隆《乌程县志》卷6，《人物》，《明》，《韩绎祖》。

④ 胡承谋等：乾隆《湖州府志》卷21，《人物》四，《明》，《韩绎祖》。

⑤ 陆心源辑：《吴兴诗存》第四集卷17，韩绎祖：《甲申白洋河军中除夕即席呈督辅史公道邻》。

⑥ 屈大均：《皇明四朝成仁录》卷12，《生员死义传》，《韩绎组》。

⑦ 查继佐：《国寿录》卷2，《总兵金镐传》，第75页。

沛。① 他曾南下浙东求援，但是江上诸军力量薄弱，事权分散，内争频繁，战略保守，没有人响应他的请求。他的七律《越江感事》写出了他的感受："乞师痛哭有谁闻？义旅三吴若救焚。帐下绣旗多美女，阵前铁甲少将军。就汤蚍虮犹分党，临俎鸡豚尚较文。寄语六桥箫鼓客，回头莫望鄂王坟。"② 其后，他四出串联，"遍游山水，所交尽逸民隐士。"③ 顺治五年（1648），他到镇江（古京口城）访问侨居那里的吴江人潘陆，"遂登北固"，"痛哭防人觉，悲歌转自憎"④，心情的悲愤和痛苦可见。他似乎常到镇江居住，据说还曾"逃入金坛山中"⑤，又"祝发，自称后云门僧"⑥，顺治八年，他在镇江与江西南昌人、旧日幕府同僚彭士望相会，二人相持痛哭，深怀"一身九死世频更，不料重逢在此生"之感，觉得"心寒莫话年来事"。他在清朝统治下感到压抑，"私将痛哭留天地，畏发狂言累友朋。"⑦ 他们一道去扬州，"访中都王山瘲"⑧，并"哭史督辅老师墓"⑨。晚秋，他"卧病雪岩"，很痛苦、悲观，"患难投人雄气尽，笑言随众苦心违，挽回溃海真无策，流落名山亦当归"，透出一种"西风萧瑟"的刺心的苍凉。⑩ 顺治九年，他又遭祸，"陷海入狱，备尝艰险，病故镇江"⑪。

---

① 费恭庵等：《吴兴大事记》卷1，《韩绎祖起义案》。

② 陆心源辑：《吴兴诗存》第四集卷17，韩绎祖。

③ 张熷：乾隆《乌程县志》卷6，《人物》，《明》，《韩绎祖》。

④ 卓尔堪辑：《明末四百家遗民诗》卷13，韩绎祖：《访潘江如遂登北固》。按：诗中"三年羁旅仍"句，说明自顺治二年秋出逃，流离颠沛三年，此次访问在顺治五年。又诗中还有"寒潮回铁瓮，落叶掩金陵"句，说明访问在当年冬天。

⑤ 屈大均：《皇明四朝成仁录》卷12，《生员死义传》，《韩绎祖》。

⑥ 彭士望：《耻躬堂诗钞》卷16，《庚申至癸亥》，《山居感逝示弟士时士贞婿胡映日令贻稚子厚德戊戌腊廿日》。按：此首作于顺治十五年戊戌，非康熙十九年庚申至二十二年癸亥作，疑是补遗，置此末卷之末。

⑦ 彭士望：《耻躬堂诗钞》卷3，《庚寅至壬辰》，《舟次金陵答韩茂贻京口赠诗用元韵》，《附韩茂贻诗》。按：所附绎祖诗共七律二首，则均为赠士望之作。但陈田辑：《明诗纪事》辛签卷23，《韩绎祖（六首）》收此七律之二，题为《寄林确斋》。林确斋即易堂九子之一朱议霶，改名林时益，字确斋。据此，七律二首系赠易堂友，非士望一人。

⑧ 彭士望：《耻躬堂诗钞》卷3，《庚寅至壬辰》，《同韩茂贻客广陵访中都王山瘲》。

⑨ 陈田辑：《明诗纪事》辛签卷23，《韩绎祖（六首）》，《扬州哭史督辅老师墓》。

⑩ 陈田辑：《明诗纪事》辛签卷23，《韩绎祖（六首）》，《晚秋卧病雪岩寄怀诸同志》。按：诗首句"十年戎马脱重闱"，所谓"十年"亦诗中概括之词，不可作确数看。

⑪ 彭士望：《耻躬堂诗钞》卷16，《庚申至癸亥》，《山居感逝示弟士时士贞婿胡映日令贻稚子厚德戊戌腊廿日》。

记载模糊，似死狱中。时为八月。① 或说，"复至浙东，归海上，终败毙于苏州狱中"②。总之他是以通海罪被捕死，具体的案情待考。或说，"一日，遇宴会，见伶人服本朝衣冠，一恸而绝"③。此说疑为误传。其子韩斌，"熟悉海上情形，因与赵彪、孔元章俱为同盟，往来海上，广通声气"。顺治十八年，孔元章降清，首告魏耕等通海，韩斌被牵连，"亦死于杭州狱"④。

（三十四）厉韶伯

厉韶伯（或作厉绍伯，⑤ 疑误），浙江人。

韶伯来历不详。"浙江厉韶伯者尝入文忠幕，躯貌类文忠，冒文忠名，集亡命数百人破巢县，破无为州。"史可法，明隆武谥忠靖，清乾隆谥忠正，此处作"史文忠可法"⑥，文忠二字误书。可法虽死，其忠义之气不泯，感人至深。"嗣三吴兵起，咸曰可法尚在，竞借其声相慰奋。"⑦ 顺治四年九月，淮安府盐城厉豫在高作寺等处聚众，"大约不足一千"，设置宰相、都督大元帅等，署"龙［隆?］武三年"，"早晚放炮"，"人人说往淮安"，"旗号写义王，说史阁部、田军门、蔡奶子在内"⑧。次年正月二十五日，"盐城厉豫与宣城朱国材假明阁部史可法姓名领众千余，夜袭巢城，执署篆通判张公"⑨。可见厉韶伯即厉豫。后来韶伯被捕，"坚冒文忠名，众莫辨"。在史可法家属质证下，韶伯吐实，很快遭清政府杀害。稍后又有"庐州人冯弘图起兵，假可法名号，旬日间下英、霍、六安诸县，天下

---

① 傅占衡：《湘帆集》卷5，《书后》，《书韩诗后》。

② 费恭庵等：《吴兴大事记》卷1，《韩绎祖起义案》。

③ 屈大均：《皇明四朝成仁录》卷12，《生员死义传》，《韩绎祖》。

④ 费恭庵等：《吴兴大事记》卷1，《韩绎祖起义案》。参见何龄修《关于魏耕通海案的几个问题》，载《文史哲》1993年第2期。

⑤ 范锴：《华笑庼杂笔》卷4。

⑥ 俞樾：《苍蒚编》卷18，《史八夫人》，录汪有典集。参见周家楣等光绪《顺天府志》一百十，《人物志》十九，《列女》一，《明》，《八夫人》，北京古籍出版社1987年版，册13，第5228页。

⑦ 查继佐：《国寿录》卷2，《内阁大学士兵部尚书史公传》，第35页。

⑧ 《张华山称义王在山阳盐城等地谋攻淮安情形》《张华山称义王聚众抗清攻破淮安县城》，载《清代农民战争史资料选编》第1册下，中国人民大学出版社1984年版，第302、303页。

⑨ 舒梦龄：道光《巢县志》卷18，《杂志》二，《集览》。又安致远：《安静子集》，《纪城文稿》卷3，《朱文愨公墓志并铭》认为顺治五年破巢县、无为者为含山王正，待考。

欣然望之，以为可法实不死云"①。

（三十五）许龙

许龙，字云美，苏州府嘉定人。

许龙初起时的活动是镇压奴变。崇祯十七年六月，嘉定华姓激变奴仆，"各大姓奴同时起，缚主杖之，踞坐索身券，或杀或辱，所至数万人，百里内如沸"②。"嘉定县乡间人奴叛主，杀劫公行，延及接壤之上海，其祸更惨。"③许龙配合苏松巡抚祁彪佳进行镇压，"缚诛合邑叛奴"④。许龙，"有胆略，尝入阁部史可法幕，官都司"⑤。弘光元年夏，他在家乡王家宅组织、训练乡兵，"王家宅乡兵最称完整"，许龙"威名顿著"。闰六月，清将李成栋、偏裨将梁得胜等以百余兵船载步骑二千至嘉定东关，索取妇女，"大肆淫虐，妇女不胜其嬲，毙者七人"，又"城内外喧传有剃发之令，人情始惧，遂有变志"。当时，明吴淞总兵吴志葵屯兵泖湖，随"遣马军俞飞熊赍牌至"，声称"即刻统大兵入县"，与百姓们"共剿东关兵"。其后误传吴志葵兵已渡过浏河南下，进嘉定城中。许龙率王家宅乡兵"首犯清兵，舆战颇力"，"胆气甚壮，竟举火掷得胜船"。"得胜急据高冈，使兵三五作队，自上射下，皆应弦而倒。许龙亦中流矢死，乡兵大溃。"⑥

（三十六）支益

支益，苏州府嘉定人，县学诸生。

"支益曾入史阁部幕。"⑦崇祯十七年九月史可法定从征官员名单，在"从征立功"者中列有知县支益。⑧疑在此以前他曾被可法派充知县。弘

---

① 温睿临：《南疆逸史》卷5，《列传》第1，《史可法》上册，第44页。
② 王思任：《祁忠敏公年谱》，甲申六月。
③ 《祁彪佳文稿》，《督抚疏稿》，《上嘉奴变方宁地方善后宜审》册1，第816页。
④ 朱子素：《嘉定屠城纪略》。
⑤ 杨震福等：光绪《嘉定县志》卷17，《人物志》二，《忠节》，《许龙》。
⑥ 朱子素：《嘉定屠城纪略》。
⑦ 杨震福等：光绪《嘉定县志》卷32，《杂志》下，《轶事》。
⑧ 应廷吉：《青磷屑》卷上。

光元年闰六月，他在家乡鼓动乡兵抗清。乡兵溃败后，忌者认为，"虽志
葵首祸，使非支益煽动其间，不至败决如此"①。当时，嘉定义兵林立。他
"集兵石冈"，忌者"又诬以乾没阁部金"②，煽动说："益在阁部史可法标
下听用，领胖袄银五千两，南都破，悉饱私橐。""众欲取为义兵饷，竟往
攻之，势如轰雷，父子祖孙死者五人，悉斩其头。"③

（三十七）胡志学

胡志学，字熙云，常州府江阴云亭人，万历三十七年（1609）生。

志学长身伟貌，声如洪钟，家境富裕，但千余产业为结交耗尽。崇祯
七年（1634），太常少卿张国维擢应天巡抚。志学入幕，助国维在安庆抵
抗东下的农民军。

弘光立，志学"慨然杖［仗］策走金陵，居阁部史公门下"④。后来，
他辞别归里。常镇兵备道张某延请他入幕，署为军前赞画。张解任时将他
转荐给参将张宿。他拒绝同回家乡。扬州城破，清军由老鹳河渡江。率舟
师驻扎镇江防江的总兵官挂镇海将军印郑鸿逵抵敌不住，弃守东逃，道经
江阴，大掠城外。江阴知县林之骥惊慌失措，只知大喊关闭城门。志学劝
知县出城镇抚难民，晓谕骄兵，并以同乡关系见鸿逵，责以大义，必能制
止。之骥邀他一道参加，果然平息下来。闰六月初，江阴倡义守城。志学
拟去浙江见监国鲁王，去芜湖见镇南伯黄蜚，"飞请济师。久之绝无音
问"。其后江南州县纷纷揭旗举义，而海上湖口各将帅却没有领兵策应、
出奇捣虚的打算。志学往来各将帅间游说，都按兵不动。志学很愤慨。七
月，他准备去常熟见义师首领、前知州严栻求援，但只过五天，常熟就陷
落。八月初，严栻在洋尖（今江苏无锡羊尖）再起义兵，志学则仓促在河
口与清兵遭遇，"夜半接刃，众寡不敌，竟力斗而死"⑤。

---

① 朱子素：《嘉定屠城纪略》。
② 杨震福等：光绪《嘉定县志》卷 32，《杂志》下，《轶事》。
③ 朱子素：《嘉定屠城纪略》。
④ 李介：《天香阁集》，《义士胡君传》。
⑤ 同上。

（三十八）汤芬

汤芬，字芳侯（或作方侯），号刚中，浙江海盐籍，[①] 嘉善人，万历三十八年（1610）生，崇祯十六年进士。

汤芬性情孤介，选授淮安府山阳知县，因触忤漕抚路振飞被斥。

弘光立，史可法与总督王永吉疏荐，"为史可法监纪推官"[②]，后改"总河军门王永吉标下"[③]，进兵部职方司主事，督理杭嘉湖苏松常镇军饷。

南京失陷，随清军南下的明叛臣陈弘范"与芬夙好，手书招之"，汤芬"不答"[④]，归里。弘光元年闰六月，嘉兴前吏部尚书徐石麒等起义抗清。芬父诸生云章帅义兵至嘉兴，分守西门，城破，被执不屈死。海盐义兵起，奉芬为主。江上游巡参将王有虔称奉鲁王命起兵恢复，捕新署清海盐知县陈之杰。但参将周一诚伪装拥护起义而暗地降清，杀害王有虔，破坏起义，释放陈之杰。汤芬微服走福建，隆武用为监察御史，但他仍因率直敢言为郑芝龙所恶，出为福建布政使司参政分守兴泉道，守兴化。隆武二年（1646）九月，清兵至，泉州失陷。其后兴化城破，他"绯衣坐堂上，被杀"[⑤]。

汤芬之死有异说。或说郑芝龙借刀杀人，使汤芬出使浙东，与南下清军遇于福建松溪，"被执，大兵谕之降，芬抗声乞死。大兵怜而释之"。隆武二年十一月，鲁王从海上至福建，次长垣，授芬兵科给事中兼福建参政分守福兴泉三府。芬南下，途经宁德。当时南明水陆将领内讧，他进行调解，遭陆将黄际盛怀疑、杀害。还说，汤芬兴化城破为清兵所杀，"此传

---

①　朱保炯等：《明清进士题名碑录索引》，《汤芬》中册，第 1168 页。

②　《明史》卷 276，《列传》第 164，《朱继祚（汤芬等）》册 23，第 7071 页。

③　应廷吉：《青磷屑》卷上。本书误汤为杨，疑系屯民之误。李聿求以为监刘泽清军，显误，应依应廷吉说改。

④　屈大均：《皇明四朝成仁录》卷 9，《隆武朝》，《宁德死事传》。

⑤　《明史》本传。并见顾福仁等光绪《嘉善县志》卷 20，《人物志》二，《忠义》，《汤芬》。据《明史》卷 75，志第五十一，《职官》四，册 6，第 1842、1843 页，分守、分巡兴泉道均驻泉州，而诸书皆谓芬死兴化。或隆武变制，移守道至兴化，或泉州陷退守兴化，待考。

闻异辞也"，"其后流离闽越为悍将所害，夫岂害其尽忠报国之初志哉"①。

五

　　这一部分是后来当遗民的史可法督师阁部幕府人物的事迹。什么人是遗民？或以为改朝换代后仍然效忠前朝的人就是遗民。这样解释似乎不完全确切。伯夷、叔齐是遗民祖师爷。依据这两位祖师爷的历史，需要生活在周地而仍然效忠于殷商才是遗民。所以郑成功、钱肃乐、吴锺峦、郑经等虽在改朝换代后仍然效忠前明，但没有生活在清朝统治下，便无人把他们说成遗民。遗民的身份、地位也值得注意。除特定场合外，遗民一般是指士绅阶层的人；庶民中理所当然地会有效忠前朝的人，不过把他们说成遗民似乎没有多大意义。遗民的形象在历史上也有变化。伯夷、叔齐一类隐士式遗民，躲进深山，隔绝社会，采食薇蕨，不餐周粟，在后世已不多见。后世的遗民一般说在生活上要实际些，重要的是在思想上、政治上继续坚持效忠前朝的立场。所以，遗民是指改朝换代后，虽生活在新朝统治下，却拒绝应试出仕，在思想上甚至政治上仍效忠前朝的人。

（三十九）应廷吉

　　应廷吉，字棐臣，浙江慈溪（或作鄞县，误）人，天启七年（1627）举人。所作《青磷屑》，或署"慈溪应喜臣著（更名廷吉，字棐臣，戊辰进士）"，把慈溪两个姓应的混在一起，"尽由后人妄为"。《慈溪县志》据雍正《选举表》《德门应氏谱》说：应聚奎，字宋符，号霞城，万历四十三年（1615）举人，中举后改名喜臣，字元玄，号湘纯，登崇祯元年戊辰（1628）进士，历任工部主事、御史、福建巡按，得罪遣戍广东，崇祯十三年死；又据《龙山应氏谱》，应明经，天启七年举人，更名廷吉，加以订正。喜臣前死，"则不得更有《青磷屑》所纪事"，"喜臣、廷吉灼然二

---

　　①　屈大均：《皇明四朝成仁录》卷9，《隆武朝》，《宁德死事传》。并见李聿求《鲁之春秋》卷11，《寺院》三，《汤芬》，第116页。查继佐：《国寿录》卷4，《便记》，《节死杂记》以为"死晔，扈从〔监国鲁王〕而不得返也"，中华书局1959年版，第169页。

人"①。

廷吉中举后，谒选，授徐州砀山（今属安徽）知县。崇祯十年（1627），他以大计进京，其后几年间似滞留在那里。②

崇祯十七年七月，御史左光先疏荐廷吉，称赞他的学识，"有三式之学皆精，天官之微更悉，臣与久处，信而有徵，所当投大遗艰，究其底蕴等语"。部议授淮安府推官。督师史可法疏请调用廷吉，"奉旨：廷吉即以淮安府推官职衔，阁部军前效用。"他任幕府监纪推官，很得力，曾完成各种棘手的任务。十月，他曾奉命与监纪通判许鸿仪一道往兴平伯高杰营，调解靖南侯黄得功与高杰的矛盾。十一月，他去白洋河，监督师标下总兵刘肇基军，后又主持礼贤馆事。可法议屯田，"复欲应廷吉屯田邳、宿"。廷吉推辞，说："国家屯政，原有成额。小民业受，谓之恒产。焉〔有〕所谓闲旷而屯之？且屯田籽粒既入于官，有司常赋又何从出？闻之桃源县生员有愿输牛百头、小麦五百石以请县官者，断无是事。为此言者，欺公也。"可法不同意，"强之视屯田金事事"③。弘光元年初，高杰遇害。可法深恐重新激发高黄争端，"且虑高兵横轶，令兼屯田金事监纪推官应廷吉持节安抚"。三月，可法与淮扬总督卫胤文、河道总督王永吉汛地分防，决定移驻泗州（今江苏盱眙皇陵、东陵等地）防护祖陵，命廷吉监察参将刘恒祚等的船只，会合派往防河的幕客黄日芳进驻泗州。四月初，他又主持策试礼贤馆诸士，量能授官。可法因左良玉起兵"清君侧"而应召赴京，"将一应军务付棐臣〔廷吉〕令箭，便宜行事"④。

清兵南下，移泗诸军还屯扎在高邮湖。四月十八日，扬州城守戒严，廷吉帅诸军南撤，驻瓦窑铺，与何刚所率忠贯营会合，退邵伯镇（在今江苏江都县境内），"以东省未任监军道孙芝秀署督粮道事，应廷吉副之，驻邵伯镇转运粮储"。二十一日，廷吉又奉命与"礼贤馆诸生俱入城守卫"，分守南门。二十三日夜，可法对他说："移泗饷银约二十万，军器火药十万并诸粮米，俱君首尾，弃之可惜。诸将非君至，当靳不与。可赍夜出

---

① 冯可镛：光绪《慈溪县志》卷30，《列传》第7，《明》五，《应廷吉》。

② 应廷吉：《青磷屑》卷上。

③ 同上。

④ 应廷吉：《青磷屑》卷下。

城，陆续转运，以济缓急。"又说："吾自觉愦愦，已后急务，便宜行之，不必关白于我，事竣日汇报可也。"① 廷吉将南门城守移交施凤仪后，缒城而下，以此幸免于难。所著《青磷屑》，述幕府经历颇详。

（四十）周岐

周岐，字农父，或作农夫，号需庵，安庆府桐城人，贡生。

岐有声复社。复社诸人多以文章、经济自负，诗词不甚专心，岐与方以智、陈子龙、吴易、顾炎武等则诗词也很擅场，"是皆媲群雅而继国风者"②。岐诗歌雄奋，与方以智、钱秉镫相伯仲。其七古《官兵行》揭露明军贪淫残暴，结句云："痛哉良民至死不为非，无如官兵势逼民为贼。"③ 至为痛切。社友吴应箕赞他："才华天所丰，智略性辐辏。"④ 崇祯十六年，他以贡至京，上书内阁言时政得失。兵部尚书冯元飙荐其参宣大总督孙晋军务。十二月，孙晋病罢，岐转入河南开封府推官陈潜夫幕。⑤ 次年，他因"相国史公开阃淮、扬，又以佥事参军务"⑥，可知他已膺按察司佥事职。

隆武元年（1645），兵备副使杨文骢拜兵部右侍郎兼右佥都御史提督军务，驻军浙江处州，承旨恢复南京。桐城诸生孙临，为孙晋弟，被文骢招入幕，为职方主事。岐与孙临同乡同社，被援引入文骢幕参赞军务。文骢、临被害，岐脱难。⑦ 顺治五年（1648），清征南大将军谭泰征叛将原清江西提督金声桓，梅勒章京、吏部右侍郎马光辉从征。岐又应马光辉

---

① 应廷吉：《青磷屑》卷下。

② 朱彝尊：《明诗综》卷77，《周岐》。

③ 卓尔堪辑：《明末四百家遗民诗》卷12，周岐：《官兵行》。

④ 吴应箕：《楼山堂集》第22卷，《五言古》，《赠答周农夫（岐）》。

⑤ 朱彝尊：《明诗综》卷77，《周岐》称：岐"随授河南推官，参陈君玄倩军"。张楷：康熙《安庆府志》卷19，《文学》，《文学传》，《桐城》，《国朝》，《周岐》则谓参孙晋军，"以功荐授监纪推官"；卓尔堪则认为"随授河南开封府推官"。玄倩即陈潜夫。此时陈潜夫任河南开封府推官，募民兵对抗农民军，后又督汝宁西平寨副将刘洪起兵。（张岱：《石匮书后集》卷45，《余煌陈函辉陈潜夫列传》，中华书局1960年版，第256页；温睿临：《南疆逸史》卷11，《列传》第7，《陈潜夫》，第83页。）故疑周岐不当为同一推官。

⑥ 卓尔堪辑：《明末四百家遗民诗》卷12，《目录》，《周岐》。

⑦ 朱彝尊：《明诗综》卷77，《周岐》。

"幕府聘","起檄""探筹","作幕中人"。顺治九年,蔡士英巡抚江西,福建"周立流祸江界,伪总兵霍武等相为犄角"。周岐在蔡士英发兵征讨时,又"尝应聘西征"①。周岐应此两聘有无寻找策反、内应机会的想法,尚待查证。他离开蔡氏幕府时间也不详。后来他死于浙西。②或说他"鼎革归里,以所居舍旁余址筑土室终老",疑无其事。③所著有《执宜集》。

(四十一) 阎尔梅

阎尔梅,字用卿,又字调梅,号古古,又号白牟山人,徐州沛县人,万历三十一年(1603)九月生,崇祯三年(1630)举人。

尔梅为人疾恶如仇,直率敢言,慕名节,好辩难。他生当乱世,关心时政,为复社活跃人物。李自成军占领北京,尔梅向当道上书请兵北伐,自己尽散家财,结死士,愿为前驱。大顺徐淮防御使武愫到沛县,致书招请尔梅。尔梅修书拒绝,表示要"师法前人","倦念宗国,始终如一"④。崇祯十七年十月,史可法进驻白洋河。十二月,清署沛县知县胡谦光到任,尔梅"谋起义兵"⑤,胡谦光准备加害。

此时,可法以对付农民军为言,驰书聘请尔梅入幕。聘书说,自己知尔梅"不特明洁身之节,盖实能抒匡世之猷者也"⑥。于是他乘机离开沛县,"赴史可法之聘,参军事"⑦。弘光元年正月十九日,尔梅到白洋河会见可法。当时高杰被许定国杀害,河南大乱,他劝可法西行镇抚,安定高杰部众。可法没有听从,草草处理统率事宜。他又献策请渡河北征收山

① 陈名夏:《石云居诗集》卷1,《送周农父入豫章》;卷2,《周农父应马我田幕府聘送之》。又据熊文举《雪堂先生文集》卷24,《送马少宰平西还朝序》,知马我田即马光辉。以上史料为杨海英女士钞示,得补周岐此段重要经历,因特致谢。又应蔡幕见杨锺羲《雪桥诗话续集》卷1,北京古籍出版社1991年版,第46页;钱仪吉辑:《碑传集》卷61,《国初督抚》上,《蔡士英传》。
② 朱彝尊:《明诗综》卷77,《周岐》。
③ 卓尔堪辑:《明末四百家遗民诗》卷12,《目录》,《周岐》。参见张楷康熙《安庆府志》卷19,《文学》,《文学传》,《桐城》,《国朝》,《周岐》。但周岐《县志》无传,疑因客死在外之故,倘在家终老死,当不至此。
④ 阎尔梅:《阎古古全集》卷6,《杂文》,《书》,《贻伪防御使武愫书》。
⑤ 赵锡蕃:民国《沛县志》卷13,《人物志》,《行谊》,《张道生》。
⑥ 阎尔梅:《阎古古全集》卷1,《年谱》上,张相文:《白牟山人年谱》上。
⑦ 《清史稿》卷500,《列传》第287,《遗逸》一,《阎尔梅》,标点本,册45,第13820页。

东。可法仍不听，"以退保扬州为上策"。尔梅极力阻止可法南走，请开幕府于徐州，号召河南河北义勇，以成一旅，规划中原，又请携空名告身数百道，乘时布发，鼓励忠义，以集结可能涣散的农民军和明军。可法又不听。二月初九日，可法邀他一道南下。他认为可法"左右用事诸人家悉在南中"①，故出此下策，最终必然失败，留下告别书信，"托言渡河取家属，遂归［昭阳］湖上"②。

可法牺牲后，闰六月，尔梅走淮安。淮安守将东平侯刘泽清正准备降清，尔梅力陈"尚有孤军堪死战"，试图阻止其叛变，"止之不得"③。清军入淮安，尔梅曾想率领壮士进行袭击，没有成功。清漕抚赵福星以书招降，尔梅坚决拒绝，表示"丧节事人何异死"，"岂有丈夫臣异类，羞于华夏改胡装"，"我心匪石故难移"④。淮安不能居留，他散众遁海上，削发，称蹈东和尚。他的朋友举人徐州万寿祺、吏部主事山东濮州（今河南范县濮城镇）叶廷秀都与他通谋，叶廷秀参加榆园军，尔梅走山东、河南、京师等处联络四方豪杰。顺治八年（1651），榆园军失败，廷秀被害，尔梅牵连被捕下济南狱。他又逃回沛县，捕急，托死夜遁，妻妾自缢，弟侄被捕。他在外变姓名为翁深，字藏若，几经艰险挫折，前后十余年，历游南北，串联遗民大侠，企图东山再起。后来他又一度被仇家攀扯告发，捕下刑部狱，刑部尚书龚鼎孳营救出狱。他见大势已去，不再有为，才回沛县，寄情诗酒，使酒骂座，曾慨然叹道："吾先世未有仕者，国亡，破家为报仇，天下震动。事虽终不成，疾风劲草，布衣之雄足矣！"⑤ 诗人张贲曾批评他晚年不自爱，在刑部听审时"匍伏堂下乞余生"，依附龚鼎孳，"絮絮陈乞不休"⑥。康熙十八年（1679），尔梅去世。所著有《阎古古全集》。

---

① 阎尔梅：《阎古古全集》卷2，《白牟山人诗》，《七古》卷5，《惜扬州（有引）》。

② 阎尔梅：《阎古古全集》卷6，《杂文》，《书》，《上史阁部书（有引）》。

③ 阎尔梅：《阎古古全集》卷4，《南直隶集》卷9之一，《诗》，《七律》，《乞师淮上道经白洋河有感》。

④ 阎尔梅：《阎古古全集》卷4，《南直隶集》卷9之一，《诗》，《七律》，《满巡抚赵福星遣官张龙刘三奇辛金褚光铣招余余却之云云（时在淮城）》。

⑤ 《清史稿》卷500，《列传》第287，《遗逸》一，《阎尔梅》册45，第13821页。

⑥ 张贲：《白云集》卷3，《书》下，《与阎孝廉书》。

（四十二）李标

李标，字子建，号霞起，浙江嘉善人，贡生。

李标其人具"爽朗姿，实抱济时具。绝技传支离，捭阖阴符秘。少壮误儒冠，文场屡颠踬"[①]，好习兵戎，"精于戎机、战略、军律、营阵、壬遁诸书"，也深研历史，尤其熟悉辽金元史事。崇祯十七年，他被"阁部史可法辟为记室"[②]，追随可法于白洋河军中。所作七律《甲申军前作次韵》有"刁斗风高静不诈，征衫试著敢怀家？军声夜沸黄河水，扇影朝开白下花"之句。[③] 后来，他认为局势无可挽救，便托亲老辞别回家。

可法牺牲后，他渡江会葬衣冠冢。葬后，他绕家屋种梅以志哀思，赋诗三十首，比拟谢翱之于文天祥，自托于西台恸哭。[④] 他从此又号东山逸民，杜门不出，死。著《东山稿》，不传。

（四十三）刘湘客

刘湘客，字客生，一作克生、[⑤] 三生，[⑥] 别号端星，陕西宜川[⑦]（或作西安、富平、宜君，[⑧] 皆误）人，诸生。

---

① 邓之诚：《清诗纪事初编》卷2，《前编》下，《李光尧》，《寄赠如皋冒巢民先生》，上海古籍出版社1984年新一版，上册，第271页。

② 温睿临：《南疆逸史》卷44，《列传》第40，《逸士》，《李标》下册，第332页。邓之诚：《清诗纪事初编》卷2，《前编》下，《李标》（上册，第269页），小传略有失误，以为李标弘光元年应可法聘入幕，但《甲申军前作》诗说明应聘在崇祯十七年甲申。

③ 邓之诚：《清诗纪事初编》卷2，《前编》下，《李标》上册，第270页。诗中黄河指旧黄河，白洋河在白洋河镇北流入黄河，然后在今江苏滨海县附近入海。

④ 李天根：《爝火录》卷15，《丙戌》下册，第657页。

⑤ 查继佐：《国寿录》卷4，《便记》，《见闻杂记》，第177页。

⑥ 蒋逸雪：《张溥年谱》附《复社姓氏考订》，第129页。

⑦ 王弘撰：《砥斋集》卷2，《大观帖跋》。鲁可藻：《岭表纪年》卷1，浙江古籍出版社1985年版，第19页载："刘湘客，陕西宜川籍，江右人。"考吴炳：乾隆《宜川县志》卷6，《选举志》，《贡选》有湘客，《例贡（附）》有其兄广胤，知宜川籍良确。然遍检刘铎等：光绪《江西通志》各卷《列传》无二刘名，又广胤长期官赣州，就回避制度言亦无江西人官江西之理，故疑江右（西）人之说为湘客曾侨居赣州致误。吴炳《宜川县志》卷7《人物志》有湘客弟汉客，广胤妻吴，婿李大椿诸传，可证湘客籍贯合一。

⑧ 张其淦：《明代三千遗民诗咏（三编）》（祁正注）卷10，《刘湘客》作西安人。陈田辑：《明诗纪事》辛籤卷25，《刘湘客》作富平人，注引《过日集》作宜君人。

湘客知识宏富，年少时为诸生就很有名，工诗文，擅书法。他在壮年时游河北、江南，"交四方缙绅人士，谙习朝廷典故"①，著声复社。崇祯十六年冬，李自成起义军占领全陕，湘客避乱逃到江南。次年春，布衣何刚曾向明廷举荐他，请求下诏征用。

弘光元年正月，"督师大学士史可法荐刘湘客赞画"②。据云，湘客曾于四月两次到南京乞援。淮安失守后，"史可法咬指出血，写血书一纸，令参谋刘湘客星夜进京"，请兵部救援。扬州被围，湘客痛斥马、阮只顾身家，"那管国家大事"，自请再携短疏，"当击登闻鼓面奏今上"。可法依允，"连夜草成血本，刘湘客赍上南京，请救兵去"③。因此，他得以逃脱扬州之难。扬州陷落后，其兄广胤（远生）正官江西赣州府通判，湘客便倚兄居住。隆武继立，南明混乱、孱弱，颠危万状。湘客激昂慷慨，有用世救世之志，为南赣巡抚李永茂所赏识。也有久在江西任职的人"习知刘湘客行事，甚鄙之"④。永茂将他荐于朝，授福建汀州府推官，考选，擢山西道御史。隆武败后，他走广东，拥戴永历即位。永茂又"疏荐湘客为三秦人望，可大用"⑤。永历元年（1647）正月，瞿式耜重湘客才，奏改湘客翰林院编修，充日讲官，仍带陕［山？］西道御史。永历密召定蛮伯刘承胤扈卫，湘客又拜承胤为兄。三月，湘客与周鼎瀚等升左右春坊、左右谕德。四月，在周鼎瀚挑拨下，刘承胤奏湘客与给事中万六吉、御史吴德操、毛寿登号"四虎"，"把持国政，裁损功臣"⑥，各降三级调用。后仍复原官。七月，"改刘湘客右副都御史宣谕陕西"。但他不奉诏，"称疾不出，不领敕、关防"⑦。八月，刘承胤以武冈降清。十一月，清怀顺王耿仲明帅师自湖广永州（今属湖南）直扑广西全州，孤城

---

①　王夫之：《永历实录》卷17，《晏清黄奇遇二刘（远生湘客）列传》，岳麓书社1982年版，第153页。

②　谈迁：《国榷》卷140，弘光元年，册6，第6173页。

③　江左樵子：《樵史通俗演义》第三十九回，《左将军檄文讨逆，史阁部血泪誓师》，中州古籍出版社1987年版，第344、345、346页。按：此书名为小说家言，实则多录载史事，合理可信。

④　鲁可藻：《岭表纪年》卷1，第13页。

⑤　王夫之：《永历实录》卷17，《晏清黄奇遇二刘（远生湘客）列传》，第153页。

⑥　同上。

⑦　鲁可藻：《岭表纪年》卷1，第37页。

久困，乞援火急。明督师何腾蛟、南安侯郝永忠组织抵抗和救援。耿仲明等大败溃逃。此役湘客与辅臣严起恒、瞿式耜等"调停措置，备极苦心，左右赞襄，不遗余力"①。永历二年（1648）正、六月，瞿式耜两次具题湘客仍回詹坊，充经筵讲官。年底，湘客晋少詹事、经筵讲官；后又升詹事府掌府事礼部侍郎。其时永历朝政腐败、党争激烈。他与左都御史袁彭年、吏科都给事中丁时魁、户科右给事中蒙正发、工科左给事中金堡被目为"楚党""五虎"，依次为虎皮、虎头、虎尾、虎脚、虎牙。②据说他的作用是："湘客用舌，凡游说撼拨，传声递息，皆湘客任之。""彭年、时魁等每有建议，必决于湘客后行。"③他们结李成栋养子锦衣卫指挥使李元胤等为援手进行活动。在他们弹劾下，大学士王化澄、朱天麟去位。他们还弹劾永历喜爱的奸佞如内阁掌丝纶房事文安侯马吉翔、提督勇卫太监庞天寿、庆国公陈邦傅。这就惹恼了永历和慈宁皇太后。永历三年六月，袁彭年最先以丁忧去职。次年（1650）正月，湘客等四人也都辞职。户部侍郎吴贞毓等十四人还联名劾奏他们"把持朝政，罔上行私，罪当死"。"奉旨着锦衣卫拿问"。瞿式耜三疏救援无效。④二月，除袁彭年外，四人俱遭廷杖。经三法司审讯，湘客处徒刑，追赃银一千两。六月，湘客等赎配为民。湘客出狱后，暂寓广西桂林。不久，其兄远生（即广胤，以字行）奉旨抵桂林催促各勋镇出兵湖广，他又依兄以居。十一月，清定南王孔有德帅师攻陷桂林，瞿式耜等死节，丁时魁降清，"邀湘客出，湘客不应"。他与远生等躲进灵川山中，"匿缁流中，因剃须发，得免"。永历六年（1652）七月，李定国恢复桂林，"往往就远生问湘客、［金］堡甚挚"。冬，桂林再陷，远生躲进瑶峒，病死。"湘客崎岖葬远生，匿贺县山中，未几，亦卒。"⑤

　　①《瞿式耜集》卷1，《奏疏》，《飞报大捷疏》，上海古籍出版社1981年版，第78页。

　　②黄宗羲：《行朝录》，《永历纪年》。其他史籍有虎心、虎矢等名目，不赘。

　　③鲁可藻：《岭表纪年》卷4，第113页。钱澄之：《所知录》卷3，浙江古籍出版社1985年版，第205页。

　　④《瞿式耜集》卷1，《奏疏》，《救刘湘客等五臣疏》《再救五臣疏》《三救五臣疏》，第144—148页。

　　⑤王夫之：《永历实录》卷17，《晏清黄奇遇二刘（远生湘客）列传》，第154页。

（四十四）李令晳

李令晳，原名木实，字端木，后改本实，字木生，又改令晳，字霜回，晚年又号是山石媿，浙江归安人。他以长兴籍中天启四年（1624）举人，以原籍中崇祯十三年进士。

令晳少时就有文名。成进士后，他选得江阴知县，初入仕途，能以廉谨自守。弘光时内调，他贿赂宦官和左都御史李沾，求为吏部主事，① 被查出，免究，改擢礼部仪制司主事。"史阁部开府扬州，设礼贤馆，令晳与焉。"②

后来他回里，徙居湖州府城。他在宅后筑园，"名是山，所以志不忘圣安也"③。题名是山纪念弘光帝（圣安），说明他留恋故明的政治态度。因此，他保持对新朝的警惕，"平素有公事会议，默无一语，公书公启概不与名。其谨慎畏葸无过之者"④。顺治十一二年后，他瘖废不能出门，更有利于他的韬晦、规避。

但是，覆巢之下终无完卵。他的次子礽焘代他接受朱佑明、庄允城二家"纻丝、银爵，光采耀目，书一部，札一通"，为其所刊明史"作序文一篇"⑤。令晳实际上已不能握管，便央乡试同年陶铸代作。他因此陷入庄氏史案。当刑讯极酷时，"人皆嗾其指陶。令晳曰：无益于我，徒损彼耳。遂坚自认"⑥。除有两孙逃脱外，祖孙父子家人数十口全部被害。令晳所著有《福京大事略》，不传。

（四十五）欧阳斌元

欧阳斌元，字宪万，晚年更名秉元，号丽峰居士，江西新建人，万历三十四年（1606）生，县学诸生。

---

① 谈迁：《国榷》卷130，思宗崇祯十七年，册6，第6146、6154页。
② 丁宾书等：光绪《归安县志》卷49，《杂识》一。题名是山，即为不忘弘光，纪念弘光，不好理解，待考。
③ 同上。
④ 节庵：《庄氏史案本末》卷上。
⑤ 姚世锡：《前徽录》。
⑥ 黄人辑：《大狱记》，《南浔庄氏私史狱》，《又记李令晳》。

　　斌元幼慧异常，一目十行，终身不忘，又谦逊好学，投师很广，学一艺即下拜称弟子。曾路逢道士许云房，惊异于云房慨叹"河鼓星曲缩失度，朔方当失大将，天下自此乱矣"①的话，就从学易数，又师事西洋教士习铳炮、天文、日月食测量诸法，所以学识渊博，声名懋著。他也参加了复社。崇祯年间的江西提督学政蔡懋德、侯峒曾都以"国士"目之，大学士同县姜曰广、邻县杨廷麟对他尤为推崇。侯峒曾在江西时，他偕乐平王纲入室称弟子，与峒曾子玄洁共学，互相砥砺。峒曾赠欧、王两门人诗，称赞他们的志节，勉励二人提高道德修养，加强体魄，不要只是乡试告捷而已："物华丰锷识群英，表里冰霜独两生。""崇德加餐各努力，岂惟鸣鹿听秋声。"②

　　斌元笃于友谊，与浙江海宁查继佐等为挚友，与王纲、彭士望结兄弟交。许多青年投其门下，追随学习。查继佐认为，"人能闭户一日，则享受不止一日；能闭户一年，则享受不止一年。静者可以制动，理势然也"。这是一种内省功夫，称"不语之学"，通过内省静思，必有警悟。斌元略同，"亦为不语之学，与其徒入山修真，随经行处便着笔墨，有所欲言，书付其徒"③。

　　弘光立，斌元受聘入吏部侍郎吕大器幕，因习知典故，多代起草文书，又"为疏马士英二十四大罪"，"草谏寒敌胆"④。崇祯十七年六月，吕大器乞休去。斌元转入史可法幕，拟稿参谋很得力，"弘光诏令、史答北书多出欧阳子"，"从史公白洋河，曾上全盘算子，极中款要，史深叹服"⑤。"史公特疏荐推官赞画军事，士英知吕疏出宪万手，不用"⑥。斌元拂袖归隐去。

　　① 《清史列传》卷70，《文苑传》一，《欧阳斌元》，中华书局标点本，册18，第5691页。
　　② 陈济生辑：《天启崇祯两朝遗诗》卷6，嘉定侯峒曾：《侯豫瞻诗》，《壬午上元雪夕舟中示欧宪万王乾维两门人》，中华书局1958年影印本，上册，第598页。
　　③ 沈起：《查继佐年谱》附录一，刘振麟、沈骧：《东山外纪》2卷，中华书局1992年版，第106页。
　　④ 彭士望：《耻躬堂诗钞》卷2，《戊子己丑》，《哭亡友欧阳宪万》（三）。参看《明史》卷279，《列传》第167，《吕大器》册23，第7143页。
　　⑤ 彭士望：《耻躬堂诗钞》卷2，《戊子己丑》，《哭亡友欧阳宪万》（三）。
　　⑥ 吴德旋：《初月楼闻见录》卷7。

斌元回江西后，隆武、永历两朝都有人举荐他任职。他没有出山，坚持"表里冰霜"的气节，在西山躬耕养母。顺治六年冬，他因病去世，年仅四十四。彭士望有五律《哭亡友欧阳宪万》十首，极沉痛，云："世衰才先夭，人亡国亦徂。""斯人遂已矣，盘古一灯干。"① 在彭士望看来，斌元之死关联着国运和史册；可见斌元在朋辈心目中的地位。

（四十六）彭士望

彭士望，字达生、躬庵、树庐，号晦农，江西南昌人，万历三十八年（1610）生，县学诸生。

士望年少时就很自负，有志向，不屑为庸人。他年十六补生员后，与欧阳斌元等为友，互相砥砺，为有用之学。崇祯十三年，他奉父亲遗命，至京谒少詹事黄道周，准备拜道周为师。此时道周因建言触怒皇帝，已下刑部狱。士望倾身相救，而国子监生涂仲吉因疏救道周下狱，词连士望。士望走镇江，此狱词也因道周远戍广西而解决。崇祯吊死后，原兵部赞画主事杨廷麟在江西起兵勤王，士望协助在九江募兵。弘光立，阁臣马士英、姜曰广不和，马士英对曰广门人杨廷麟领兵很忌刻，便诬廷麟心怀不轨，牵连士望，所募兵一并解散。这时楚藩崇阳王华堞荐士望以兵部司务宣谕楚豫，而士望因怒斥主管部司索贿，被摒弃不用。

"阁臣史可法督师扬州，招士望"②，"寻参扬州军幕"③。当时，欧阳斌元已先在幕府。士望一到，就献奇策，力主用高杰、左良玉两军"清君侧之恶"。斌元极力附和。可法骇然道："君年少气锐，果尔，得为纯乎？"④ 在可法看来，临以军威，震惊皇上，不得为纯臣。从此，可法有些害怕二人。弘光元年四月，二人辞别回乡。

六月，清提督抚剿总兵衔金声桓率军入南昌。士望携家眷南走建昌、宁都，依魏祥（际瑞）、禧、礼兄弟居住翠微峰巅。七月，吏部右侍郎杨廷麟等起兵守赣州，后收复吉安、临江。廷麟晋阁部，强起士望为湖西

① 彭士望：《耻躬堂诗钞》卷2，《戊子己丑》，《哭亡友欧阳宪万》（五）。
② 彭士望：《耻躬堂文钞》卷首，陆麟书：《彭躬庵先生传》。
③ 孙静庵：《明遗民录》卷27，《彭士望》，浙江古籍出版社1985年版，第210页。
④ 彭士望：《耻躬堂文钞》卷首，陆麟书：《彭躬庵先生传》。

道。隆武二年，改湖东道，治临江，"居戎马间，拥羸卒数百，士卒脱文法，谨侦谍，一意殚力民事，民爱护之。数月免"①。赣州陷，廷麟自杀，托孤宁都彭锟；宁都破，彭锟自缢，杨氏遗孤遭清兵掠取。士望倾囊赎回，抚养成人，帮助成家。他自己躬耕草野，后与三魏、彭任、林时益、曾灿等结为易堂九子，讲学于翠微。他又游历南北，同复明运动诸人沈士柱、韩绎祖等广泛联络。康熙二十二年（1683），他以穷死。所著有《耻躬堂诗文钞》。

（四十七）王纲

王纲，字乾维，江西乐平人，县学廪生。

纲学识精深，文章博大弘远，诗有盛唐风味。"阁部史可法闻其名，走书聘至幕内，参预机务。"② 崇祯十七年九月，幕府草复多尔衮书，纲亦执笔。可法殉，他还故里，放弃诸生资格，自称心易山人，进入泉湖山中隐居。所著诗文集不传。

（四十八）黄师正

黄师正③（或作师先，④ 疑误），字帅先，晚年改名澂之，字波民、静宜，福建建阳人。

师正工诗，诗笔妍丽，不类其人。他以布衣"为史公可法幕府上士"⑤。可法奏授以监军兵部职方司主事。⑥ 可法死后，他着黄冠道士装回乡。隆武二年五月，他曾"进督师史可法遗表"。隆武览后谕："可法名

---

① 彭士望：《耻躬堂文钞》卷首，陆麟书：《彭躬庵先生传》。

② 石景芬：同治《饶州府志》卷22，《人物志》五，《文苑》，《明》，《王纲》。

③ 顾炎武：《顾亭林诗文集》，《亭林诗集》卷3，中华书局1983年版，第350页；佚名：《思文大纪》卷7。

④ 卓尔堪辑：《明末四百家遗民诗》卷15，《黄师先》。王宝仁：民国《建阳县志》卷10，《文苑传》，《黄澂之》。顾梦游：《顾与治诗集》卷6，《七言今体》，《送黄帅先赴史相公幕》有句云："积雪千山夜枕戈。"可见其赴史幕时间在崇祯十七年冬。

⑤ 同上。

⑥ 前举《亭林诗集》有诗题《赠黄职方师正》，《思文大纪》作监军兵部主事黄师正，合二者知其官名全称。扬州陷后师正黄冠归里，似不再出仕隆武朝，各书亦不载其再仕，《县志》本传载史曾"奏授以官"，知此即史奏授之官。

重山河，光争日月，至今儿童走卒咸知其名。方当击楫渡江，速图恢复，乃为强镇力阻，奸党横行，竟齐志以殁也，惜哉！读遗表令人愤恨。应得赠恤祭葬易名未尽事宜，行在该部即行详议具奏。闻其母妻犹陷寇穴，一子未知存亡，作何获寻，黄师正多方图之。"① 可法有遗表，并经隆武御览认定。师正进呈可法遗表的记载，可释可法个人历史上一个重要问题之疑。现存史可法遗集中没有遗表只字。可法生前尽力做纯臣，临危不应只有给亲属诸信而遗落君父。据嗣子、副将史得威后来回忆说，四月十八日扬州临危时，可法知救援无望，准备殉节，呼得威委以后事，"遂拜书遗表一道以上于朝"。另写有分别给豫王和亲属等的"遗书五封"。"因虑城破军乱，致有失误，又写六封付家人史书收藏。"② 所以遗表遗书还有副本。黎士弘的记载证实遗表的存在。屈大均也说："或曰可法临危有遗疏。"③ 后来史书死难，副本失落。而遗表不见下落，使人不能无疑。黄师正进表的记载十分珍贵。师正没有说明，遗表为什么在他手中，由他进呈。估计有两种可能，遗表或由师正携出，或在史得威交可法母太夫人后，由太夫人转请师正代呈。弘光迅速覆灭，隆武时师正终于不负所托而奏上。遗表自然是一篇血性至诚文字，惜乎佚落不传。

师正结庐武夷山最胜处名小桃源，其七律《武夷小桃源诗》有句："为爱躬耕从避世，遥遥沮溺是同心。"④ 与隐士长沮、桀溺同心，可以见其志趣。后来，他又游大江南北，"意气不少衰"，康熙二十一年（1682），"穷老无子，殁于维扬"⑤。

（四十九）王之桢

王之桢，字笃长，号青岩，淮安府盐城人，万历四十一年（1613）

---

①　佚名：《思文大纪》卷7。

②　史得威：《维扬殉节纪略》。

③　郑达辑：《野史无文》卷11，黎士弘：《阁部史公守扬州府纪事》，中华书局1960年版，第119页云："遂写遗□□□□［表付得威达？］朝廷。"屈大均：《皇明四朝成仁录》卷6，《弘光朝》，《扬州死事传》。

④　卓尔堪辑：《明末四百家遗民诗》卷15，《黄师先》。

⑤　王蘧常：《顾亭林诗集汇注》卷2，《赠黄职方师正（建阳人）》解题，上海古籍出版社1983年版，下册，第729页。

生，弘光元年贡生。

之桢博通经史，素有大志，毅然以天下为己任。明末动乱，他曾与里人结东西义社，保障乡里。"史可法开府扬州，诣军前陈十策，遂辟置幕中，掌机宜文字，军书羽檄，多出其手。"① 可法举他充选贡，所以他为可法门人。他曾整理可法奏稿，"精核其章疏可传者五十余通"。他回忆道："余在幕府，曾授奏议数十卷，命江与右、欧阳宪万分任雠校，寒河冰雪中相与共灯披读，叹为陆忠宣以后一人而已。"② 可法又给他授官，他认为事不可为，解印绶离去。扬州破，可法奏议尽失。他也"充儒冠，归隐海滨"③，教授生徒三十余年，从学者数百人。康熙十八年（1679），有人举他鸿博，他极力辞绝。四十二年（1703）卒，年九十一。所著有《青岩集》《楚辞纂注》等。

（五十）王世桢

王世桢，字础臣，后改础尘，常州府无锡人，天启六年（1626）十月生，诸生。

世桢幼慧，年十三即多读子史诸籍，著书名《史用》，后投黄淳耀、杨廷枢门下，学识更大进，补诸生。明亡，他"恸哭出门，谒督师史公可法于淮阳［安？］，进以救时之策。史公大悦，延入幕府，日加敬异"。当时他年才十九，可法"亲为之冠，行三加之礼"。忻城伯赵之龙奉旨试士，可法敦促他应试，"试上等，有旨以知县用。君视时不可为，迟迟不就选"④。

南京失陷，他寄迹寺庙三年，后归完婚。又三年，妻死。他离家，"奉父母居洞庭东山之宋湾者八年，教授生徒，藉修脯以供甘旨"。父死，他"念学期有用，必周知当世之务，遍识天下山川人物。乃辞母而北游燕赵青齐，南游江楚滇黔，逾五岭，徘徊粤闽间"。三藩乱起，他曾入川湖

---

① 陈玉树等：光绪《盐城县志》卷10，《人物》，《王之桢》。
② 《史可法集》附录王之桢：《跋史师相乞闲咏叙》，第131页。
③ 王源：《居业堂文集》卷12，《序》，《史阁部遗文序》。
④ 陈恭尹：《独漉堂集》，《文集》，《行状》，《王础尘行状》，中山大学出版社1988年版，第797—802页。

总督蔡毓荣幕一月。他原字础臣，自以为明朝柱石之臣；后来他感到"吾无复望矣"，改础尘。吴兴祚任无锡知县期间，"奇君之才，周旋其患难"，二人颇有交情。后兴祚升福建巡抚、两广总督，他都应邀去福建、广东，会见兴祚。康熙三十年（1691）冬，他又到广东，其后应聘为惠州知府王紫诠教授子弟。三十二年（1693）五月，他在广州去世。①

（五十一）黄日芳

黄日芳，字蠡源，湖广沔阳州籍，江西庐陵人，崇祯四年（1631）进士。

日芳曾任凤阳府霍丘知县，"升兵部员外郎"②。史可法至扬州督师时，日芳已在幕府，曾参加答多尔衮书起草。他在从征文武官员中掌行军兵部职方司郎中印，与监纪推官应廷吉、监饷知县吴道正、中军副将马应魁等"同驻白洋，以任防河之役"③。可法在白洋河，常独处一舟中料理公事，"后以公务冗烦，以黄蠡源老成练达，欲令与处一舟，面加商榷"。日芳推辞，并规劝说："日芳老矣，不能日侍左右。师台亦当节劳珍重，毋以食少事烦，蹈前人故辙。且发书走檄，幕僚济济，俱饶为之。徵兵问饷，胥吏有司事耳。老师但董其成，绰有余暇，何必昼夜损神，以躬亲博劳瘁乎？"可法表示："固知公等皆受用人，不堪辛苦。"日芳又说："兵者，杀机也，当以乐意行之；将者，死官也，须以生气出之。汾阳声伎满前，穷奢极欲，何尝废乃公事乎？"④可法显然不同意在这方面学郭子仪，答道："吾固知之，然此何时，敢自暇逸乎？"⑤弘光元年三月，"时蠡源防河未撤"，受命接应应廷吉、参将刘恒祚军移镇，"渡洪泽湖，向泗州进发"。四月十五，"移泗诸军尚屯高邮，黄日芳檄防河兵至"。清使者到高邮，捧三函，"职方郎中黄日芳与之辩论种种"。最后，"日芳等辞以主帅

---

①　陈恭尹：《独漉堂集》，《文集》，《行状》，《王础尘行状》，中山大学出版社1988年版，第797—802页。

②　王补：光绪《庐陵县志》卷15，《礼典志》，《选举表》，《进士》。

③　应廷吉：《青磷屑》卷上。

④　应廷吉：《青磷屑》卷下。

⑤　锁缘山人：《明亡述略》下。

不在，徐当另议"。"十六日，北氛日亟，黄日芳檄川将胡尚友、韩尚良各领本部扎营茉萸湾，以为声援。"十八日，可法"檄黄日芳驻邵伯镇，即为汛地"①。扬州破，邵伯文武星散，日芳幸免。

日芳返沔阳。他私藏多尔衮致史可法书，又刻自己的答书原草，以此为荣。卒年不详。

（五十二）姚康

姚康，字休那，原名士晋，字康伯（或作伯康），安庆府桐城人，万历六年（1578）生，诸生。

姚康有俊才高识。崇祯初，同乡何如宠任内阁大学士，招他入京助司笔札。四年（1631）八月，如宠致仕归。六年（1633）七月，如宠又被征召，邀康同行。康因"世不可为，尝题《卧猿诗》以讽之"。如宠抵淮安后"称病而反"，不再复出。姚康"后入史忠正幕中，故史公檄文多为世称。"扬州陷前，他已离幕府回里，"得免扬州之难"。弘光亡，他"屏居田野，郁抑悲伤"，于顺治十年（1653）辞世。著《忍死录》，"以记其家自曾祖以下四世事，其言最悲痛"②。诗文集藏于家，清末其裔孙刻《休那遗稿》十七卷行世。

（五十三）蒋臣

蒋臣，字一个，原名姬胤，字子卿，安庆府桐城人，监生。

蒋臣很早就见知于太仓州张溥、张采，参加复社。崇祯十六年五月，兵部右侍郎兼侍读学士倪元璐升户部尚书兼翰林学士，因过去任国子监祭酒时赏识蒋臣，"于是特举监生蒋臣为户部司务，监制钱钞"③。"六月，召见桐城诸生蒋臣于中左门。臣言钞法曰：经费之条，银、钱、钞三分用之，纳银卖钞者，以九钱七分为一金，民间不用，以违法论，不出五年，

---

① 应廷吉：《青磷屑》卷下。
② 吴德旋：《初月楼闻见录》卷4。参见金天翮《皖志列传稿》卷1，《姚康许楚汪沐日方授汪元履传（康母吴氏楚子彦宾）》。
③ 徐秉义：《明末忠烈纪实》卷11，《殉君传》，《倪元璐》，第148页。

天下之金、钱尽归内帑矣。"① "且言岁造三千万贯，一贯值一金，岁可得金三千万两。"蒋臣论钞法，纯为纸上谈兵，不懂纸钞运行规律，必然失败。结果民间不顾违法，纷纷拒用，"民虽愚，谁肯以一金买一张纸"②。钱法也失败，"民甚患之，至欲食蒋臣之肉"③。他改官户部（或说工部）主事④。李自成起义军占领北京，他"削发遁"⑤。

崇祯十七年十月，臣"间道走淮扬，依史公道邻，史公留参军务"。可法准备为他奏请授官，他推辞不受。他对设置江北四镇很不以为然，叹道："以一驵虏将五狼，其能久乎?"⑥ 于是他辞别归里。所著《谁庵集》似已佚。

（五十四）梁以樟

梁以樟，字公狄，号鹪林，锦衣卫籍，顺天府大兴人，约生于万历三十七年（1609）⑦，崇祯十二年（1639）解元，十三年进士。

以樟成进士后，就选河南太康知县，抚练士兵，同农民起义军大小百十余战。崇祯十四年，他调河南商丘知县。二月，李自成军攻围商丘。以樟与推官王世琇等坚守，相持七日，城失。以樟妻张氏及亲属、家人三十六人死。以樟被刀伤，死而复苏，脱走，被捕下狱。他还上书，"请太子抚军南畿，系属天下人心，择宗室贤才分建要地，招徕山东、河北、河南诸处保砦自固之兵"⑧。此建议未被采纳。李自成军进京，"蜂聚其家恣意掠取，与籍没无异"⑨。

---

① 计六奇：《明季北略》卷19，《蒋臣奏行钞法》，中华书局1984年版，下册，第351页。按：文中"卖钞"实"买钞"之误。

② 孙承泽：《山书》卷17，《议行钞法》，浙江古籍出版社1989年版，第460、461页。

③ 徐秉义：《明末忠烈纪实》卷11，《殉君传》，《倪元璐》，第148页。

④ 应廷吉：《青磷屑》卷上。作工部者见计六奇《明季北略》卷22，《幸免诸臣》下册，第596页。

⑤ 计六奇：《明季北略》卷22，《幸免诸臣》，《蒋臣》下册，第596页。

⑥ 朱彝尊：《静志居诗话》卷19，《蒋臣》。

⑦ 钱仪吉辑：《碑传集》卷123，《逸民》上之上，乔莱：《梁知县以樟传》谓清朝定鼎北京，几次召用明臣，以樟年才三十七，以此为顺治二年年龄，据以推算。

⑧ 闵尔昌辑：《碑传集补》卷36，《逸民》二，刘宝楠：《张斑传（朱四辅朱宣梁以樟等汤廷颂等附）》。

⑨ 计六奇：《明季北略》卷20，《廿五癸丑拷夹百官》下册，第478页。

崇祯十七年四月，以樟乘机脱身南走。他在淮浦（指今江苏淮安市）谒见史可法，"阁部史可法延致幕下"①，授监纪推官。他献议以为"守江非策"，而认为应"于山东设一大藩，经理全省以图北直，于河南设一大藩，经理全省以图山陕。择大臣才兼文武者任之，厚集兵饷，假以便宜。于济宁、归德设行在以备巡幸，示天下不忘中原，如此克复可期。若弃二省而守江北，则形势已屈，即欲偏安，不可得矣。又四镇咸跋扈，宜使分不宜使合，务别其忠顺强梗之情以懋劝之，而阁部大树兵以自强，乃可制也"。"北方所失不过幽蓟秦晋，而山东、河北、中原俱为我守，宜急招抚，设重镇，择大臣文武兼资者守之，内固藩篱，外张形势，俟根本既固，政事修，甲兵足，然后察贼虚实，再兴问罪之师"②。这些方策的出发点，完全针对农民军，但如认真实行，自然也有抗清作用。可法答应次第奏请施行，但因马士英等作梗而成泡影。弘光元年四月二十一，以樟还同应廷吉、张镰等入城守卫。城破时，他侥幸逃脱。

其后他隐居江南宝应。清廷召用明臣，以樟年方青壮，"才名倾海内，姊夫王文贞夫子〔熙〕官津要，频致书劝驾，不应"。他宁买瘠田数十亩，"栖遁于苍凉烟水之乡，由少壮及老以死，尝自比宋之谢皋羽、郑所南，亦无愧也"。他常与诸遗民阎尔梅、王世德、王猷定辈游宴，"慷慨激昂，继以涕泣"③。卒年不详。所著有诗文、理学等书。

（五十五）孙元凯

孙元凯，字若士，苏州府昆山人，诸生。

崇祯时，元凯"与太仓顾梦麟、常熟杨彝并以诸生主文柄，有声复社"。他诗宗韩愈，古文严峭近柳宗元。他虽然名闻远迩，学贯古今，明晰治乱，通晓掌故，但文战不利，转在东皋讲学，"标经榷传，务揭其微"④。

---

① 钱仪吉辑：《碑传集》卷123，《逸民》上之上，乔莱：《梁知县以樟传》。
② 娄东梅村野史：《鹿樵纪闻》卷上，《史可法殉扬》；王源：《居业堂文集》卷12，《序》，《史阁部遗序》。
③ 钱仪吉辑：《碑传集》卷123，《逸民》上之上，乔莱：《梁知县以樟传》。
④ 汪堃等：光绪《昆新两县续修合志》卷31，《文苑》二，《孙元凯》。按：黄之隽等：乾隆《江南通志》卷165，《人物志》，《文苑》一，《苏州府》，《孙元凯》称"史可法开礼贤馆，聘主其事"，疑系误传。

"史可法开府扬州，辟参其军。"① 元凯献《兵事七策》，切中时务，但因马、阮当国，不能用。可法要给他题授官职，他推辞不受。

入清后，有大学士陈名夏力荐，他固辞。自己继续隐于东皋，研究濂洛诸学，为学者推服。顾炎武给他信说："栖迟负郭，犹怀柳畔之门；历落江村，谁问芦中之士？嗟呼，追韩亡命，诣亮草庐，倘有意其为人，岂无说以处此！"② 可见元凯在遗民心目中的地位。

（五十六）张玙若

张玙若，③ 字伯玉，淮安府山阳人。

史可法开府扬州，玙若"以布衣参公军"，"自称参军门人"，"愧玙不才，曾辱异视"。可法殉难后，玙若作文祭奠，"谓公居无如何之时，值不可为之地，而极不得已之心。当夫天崩地坼，日月摧冥，不死于城头，而死于乱军，无骨可葬，无墓可封，天也人也，亦公自审于天人之际而为之也"。"长跽陈词，不禁涕泪。"慷慨悲凉，达于极点。他以遗民终其身，发誓说："山薇可采，田芜可剃，聊以卒岁，用报公义。"④ 其他不详。

（五十七）吕愿良

吕愿良，字季臣，著名学者吕留良三兄，浙江崇德（今桐乡西部）人。

愿良文誉很盛，"南都正位，为史阁部可法军前赞画推官"⑤，积极"驱驰江上"⑥。沈自炳与他曾"遇之幕府"，认为他才具平常，向可法推

---

① 汪堃等：光绪《昆新两县续修合志》卷31，《文苑》二，《孙元凯》。按：黄之隽等：乾隆《江南通志》卷165，《人物志》，《文苑》一，《苏州府》，《孙元凯》称"史可法开礼贤馆，聘主其事"，疑系误传。

② 闵尔昌辑：《碑传集补》卷36，《逸民》二，杨凤苞：《孙若士纪略》。

③ 蒋逸雪：《张溥年谱》附《复社姓氏考订》，第82页，有张玙若，字瑜公，扬州府海门人。疑即其人，以玙若二字为名似不易发生同名也，则据《五石脂》作山阳人显误。但山阳、海门相距较远，又无确证，故存疑待考。

④ 陈去病：《五石脂》，江苏古籍出版社1985年版，第310页。

⑤ 查继佐：《国寿录》卷3，《诸生挂扶义将军印吕子传》，第116页。

⑥ 吕留良：《吕晚村诗集》，《万感集》，《季臣兄卧病欲荒园》。

荐其子宣忠说："是碌碌者奚能为？乃儿可耳。"① 吕宣忠天启四年
（1624）生，七岁丧母，寡言少笑，自奉俭朴，读书不肯寻章摘句，年十
三背父偷习骑射，审究兵法，年十八入学为诸生，擅文章。沈自炳见后很
惊异、很赏识。可法细问了宣忠的情况，亟召入幕，末至而南京失陷。父
子先后被召，是史可法督师幕府仅有的例子，也是一段佳话。

愿良回乡后卧病。鲁王监国，宣忠暗中招养勇士，以备内应。监国鲁
王元年（1646）正月，他渡江到浙东，向督师熊汝霖乞师，又召对时向鲁
王提出军事建议。鲁王授以署总兵都督金事加扶义将军，在太湖帅众与吴
易呼吸应援。后吴易失败。五月，"宣忠知不可为，弃其众，削发为缁流
入山"。又因愿良病重，他出山回家侍候，以吴易部将供词牵连被捕。宣
忠坚贞不屈，大声说："大丈夫不能为国家做些事，即今死犹后。"② 监国
鲁王二年三月，宣忠含笑受刑。愿良卒年不详。

（五十八）侯方岩

侯方岩，字叔岱，河南商丘人。

方岩为明南京国子监祭酒侯恪第三子，年少即高才好学，倜傥放达，
风神散朗。明末时他见国家将乱，更学习兵机韬略，散财结客，准备为国
效力。后来他在家乡抵抗农民起义。"阁部某［史可法］闻其名，召置麾
下，署为都督，令帅一军以扼淮泗。"清军逼淮泗，方岩"知事不可为，
乃解去"③，避免了玉石俱焚。清朝却将他列为"胜朝殉节诸臣"之一，
说："泗州援将侯方岩，籍贯未详，乙酉四月，大兵下盱眙，方岩全军败
殁"，"通谥节愍"④。

方岩回商丘后，"葛巾野服，躬课农桑，暇则弹琴赋诗，斗鸡走狗，
与田夫屠沽征逐于郊原阛阓之间，倏然自忘其为贵公子、故将军也"⑤。他
与遗民黄宗羲、冒襄、诗人王士禛、陈维崧兄弟等往来。康熙《商丘县

---

① 温睿临：《南疆逸史》卷36，《列传》第32，《死事》，《吕宣忠》下册，第270页。
② 查继佐：《国寿录》卷3，《诸生挂扶义将军印吕子传》，第116—117页。
③ 叶沄：康熙《商丘县志》卷8，《名臣》，《侯恪》附子方岩。
④ 舒赫德等：《胜朝殉节诸臣录》卷6，《通谥节愍诸臣》上，录《明史》。
⑤ 叶沄：康熙《商丘县志》卷8，《名臣》，《侯恪》附子方岩。

志》、王士禛《渔洋山人感旧集》等有其遗诗。他到晚年更加纵情诗酒，自比阮籍、陶潜，反映出其志趣。卒时年七十余，卒年不详。

（五十九）张镈

张镈，字右文，河南陈州籍，太康人，廪膳生员。

镈有经国济世之才。崇祯十七年二月，大学士范景文荐其才学可用。三月初一日，他在召对中左门时献三策："首请太子监国南京，择耆臣为辅，次陈搬运通粟，次陈守城要略，又条议十八款。"这都是处在农民军威胁下明朝的急着、要着。但上谕只命留览，并召吏部议将镈以御史用。随后京师戒严，他"奉兵部咨文招练曹濮等处义勇入卫"，在途中听说京师已失，"北向伏地痛哭"①。

他过黄河，"驰赴漕督史可法，欲共图兴复"②。他以赞画通判从征。弘光元年正月，他奉可法命"往河南招抚土寇刘洪启、李际遇、杨四等"③，便道过睢州安抚许定国。四月二十一日，他还奉调与礼贤馆诸生都入扬州守卫。但城破时，他幸免于难。

他回太康，数椽茅屋，自耕而食，自号食牛先生。卒年不详。

（六十）周同谷

周同谷，字翰西，号鹤臞，苏州府常熟人，诸生。

同谷年十三即入学为诸生，后弃举子业，"福王时谒史可法于扬州，论列时事，可法称其谙练"④。于是他"入史公幕"⑤。

弘光亡，他流寓昆山知止房（因此或将他误为昆山人），与同寓昆山的长洲郭庶朝夕倡和，成莫逆交。其诗歌苍劲古朴，古文疏宕雄壮，很得名流推崇。但他穷老无家，死后因贫困不能入殓，由郭庶经纪料理。所著

---

① 姚之琅：乾隆《陈州府志》卷18，《太康县人物》下，《张镈》。参见谈迁《国榷》卷100，甲申崇祯十七年，册6，第6033页。

② 同上。

③ 应廷吉：《青磷屑》卷下。

④ 王学浩等：道光《昆新两县志》卷30，《人物》，《游寓》，《周同谷》。

⑤ 谢国桢：《增订晚明史籍考》卷24，《宫词诗话小说传奇》，《霜猨集》引曹徐沄识语，上海古籍出版社1981年版，第1038页。

有《同谷集》《霜猨集》。

（六十一）王廷宰

王廷宰，号鹿柴，浙江嘉兴籍，松江府金山卫（今上海市金山）张堰人，岁贡生。

廷宰曾参加秀水谭贞默创立的鸳水诗社，后选任庐州府六安州教谕，迁湖广沅江知县，罢官归里。崇祯十七年秋，他"度淮，参史可法军事"。后来他到南京，"见时事不可为，遂归隐，自号昆翁"①。所著有《纬萧斋诗文集》等。

（六十二）周君调

周君调，字、号都不详，疑为淮安府山阳人。②

"君调固奇士，尝参史阁部军事。"入清后他投漕运总督下为书吏。其时漕运督抚胥吏"皆凭藉威势，苞苴流行，至有杀人于途，官吏不敢究诘"。顺治十年，官民告讦，全部书吏"均奉旨严勘"。君调也被捕，"失势，为狱吏所困"。此案死者多人。君调"得减死论"。他在狱中信佛，出狱后，"遂弃家为僧"。康熙年间，他与山阳人顾荣生经常聚首，"讲性命之学"③。其他不详。

（六十三）郑与侨

郑与侨，字惠人，号确庵，又号荷泽，山东济宁州人，崇祯九年（1636）举人。

与侨为人刚方端毅，有远识。幼孤，门户中落。他便发奋读书，由诸生而举人。崇祯十年，他应礼部试，极言时政得失，以触犯忌讳被黜。回乡后，他更注意研习兵农礼乐刑政诸书，对讲述山川阸塞、古今成败兴废

---

① 黄厚本等：光绪《金山县志》卷25，《隐逸传》，《王廷宰》。参见朱彝尊《静志居诗话》卷19，《王廷宰》。

② 从周君调的好友顾荣生籍贯推测。

③ 黄宗羲：《南雷诗文集》上，《寿序类》，《顾君荣生六十寿序》，《黄宗羲全集》册10，第674页。宗羲此文当然不涉及周君调案情，案情据吴昆田等光绪《淮安府志》卷40，《杂记》。

的著作，无不旁搜博览。山东农民起义频兴，他极力抵抗，保障济宁州安全，以维持漕运畅通。崇祯十七年三四月间，大顺地方官和镇将分设于山东各地，与侨举家南徙淮、扬。

不久，与侨"入史相国幕"①，可法奏授以扬州府仪真知县，吏部"改除扬州府推官"。当时，兴平伯高杰驻扬州，"所率将弁多骄横不法，稍不当意，辄抽刀怒视"。与侨"裁之以法，不激不随"②。他在任七个月，平反滞狱一百六十余人。巡按御史何纶荐他以推官监江海军，驻通州（今江苏南通市）。他刚离扬州两个月，扬州等地相继失陷。

他携家走浙江杭州。清江南招抚洪承畴、浙闽总督张存仁想要他出仕清朝，被他拒绝。他回济宁，立社授徒。清总督白如梅、卢崇峻辈"皆慕其高风，折简招之。与侨亦乐与之游，借以遍览秦晋川蜀荆楚吴越诸胜"③。他卒时年八十四，卒年不详。所著有《确庵稿》《客途偶记》《蒙难偶记》《丹照集》等。

（六十四）秦士奇

秦士奇，字公庸、一水，山东金乡人，天启五年（1625）进士。

士奇初选苏州府昆山知县。当时造宦官魏忠贤生祠的歪风在各地劲吹，士奇托病封印半年，后还乡。崇祯二年（1629），他补真定府获鹿知县。三年二月，调顺天府固安知县。头年十二月，后金军自良乡陷固安，典史朱德殉难，知县刘伸"完库守印，家惨身伤"④。士奇请旨特旌抗清烈士七十余人，"皆明诸生，守城效死"。面对满目疮痍，他"招集残黎，掩骼埋胔"，"多方赈济，筑城凿池，不敢请粮请兵，酌地亩，编丁庄［壮］，誓与民效死"⑤。但"士奇得罪于本县大珰"，在皇帝面前进谗，⑥

---

① 徐釚：《南州草堂集》卷3，《赠济宁郑确庵孝廉》。

② 钱仪吉辑：《碑传集》卷126，《逸民》下之下，徐釚：《郑孝廉舆侨传》。

③ 许瀚等：咸丰《济宁直隶州志》卷8之一，《人物志》一，《郑子世家》。

④ 陈崇砥等：咸丰《固安县志》卷5，《官师》，《宦绩》，《刘伸》。谈迁：《国榷》卷90，思宗崇祯二年，册6，第5506页云：刘伸"遁走雄县，后遣戍"，非实。

⑤ 周家楣等：光绪《顺天府志》七十三，《官师志》二，《传》二，《明》，《秦士奇》。陈崇砥等：咸丰《固安县志》卷7上，《人物志》，《忠节》，《明》。

⑥ 杨士聪：《玉堂荟记》卷下。

借士奇执法严厉，"创枪棍执法，遂中蜚语，诬以打死多命"，罢官归里。"一时悲送者塞巷盈衢，有匹马直随至金乡者，其被冤感人如此。"①

崇祯十七年，他到督师史可法军前效力，与黄日芳、施凤仪同官兵部职方司郎中，驻白洋河任防河之役。岁暮，"朔风日劲，河防倍严，因令秦士奇等沿河筑墩，以为施放炮火之地"。应廷吉认为沙地筑墩不固，势必倾圮，可法不听。弘光元年四月十八日，城守愈紧，可法"檄黄日芳驻邵伯镇，即为汛地，秦士奇副之"②。他因不在围城中，幸免大难。

他回乡。《金乡县志》记他三任知县③，都是明末履历，知他不仕清朝。卒年不详。

（六十五）马之驯

马之驯，字君习，入清改名鲁，字习仲，保定府雄县人，万历四十二年（1614）生，诸生。

之驯为人有志气，不苟同于流俗，好结交燕赵高人奇士，对人少许可，独折服文安纪克扬，也与新城王余佑、王方谷友善，相与辨析古今，增进学识。他乡试失利，长叹道："吾欲博科名，立朝谋国事，而今不获，后此时势日迫，恐不及待也。"④ 他关心国是，"尝愤疾有司不以恤民为心，赋诗拟硕鼠讥刺时政，兄之骊数相戒不改"。崇祯十七年二月，提学御史陈纯德到易州考试诸生，当时李自成起义军已逼近。之驯脱儒巾掷地上，骂道："误天下国家，皆是物也。"⑤ 他邀同诸生中雄豪之士五十余人到易水设坛盟誓，相约入深山作避秦计。五月，他乘李自成军失败，集结宾客、子弟数百人，擒缚大顺雄县县令、教谕等官，派武举刘溶将大顺雄县铜契驰送吴三桂军前，以观察情况。刘溶带回吴三桂谕帖，令官民削发改衣冠。之驯深感震惊。

①　陈崇砥等：咸丰《固安县志》卷5，《官师》，《宦绩》，《秦士奇》。
②　应廷吉：《青磷屑》卷上、卷下。
③　李垒：同治《金乡县志》卷8，《选举》，《进士》："秦士奇（字一水，昆山、获鹿、固安知县）。"
④　刘崇本：民国《雄县新志》，《文献略》三，《人物篇》下十四，《隐逸》，《马鲁》。
⑤　李文藻等：乾隆《诸城县志》卷44，《列传》第16，《侨寓》，《马鲁》。

他偕自京师南逃的大兴梁以樟兄弟间道南行，渡淮，"谒督抚 [师] 史可法言事"。后来他离史可法幕府渡江南下，对弘光朝廷政治极为失望。可法死后，他北归保定府唐县暂住。顺治三年，他游览山东，"卜居诸城县南九仙山之阳。慕鲁仲连之义，改名鲁。黄冠道貌，授生徒以自给"①。可见其反清立场不变。平日他与诸城遗民臧允德、丁豸佳等饮酒度曲，时常大哭。康熙二十二年（1683）七月去世。所著有《东航诗集》《文集》并经学著作。

（六十六）王兆熊

王兆熊，号漫士，福建福宁卫千户籍②，岁贡生。

崇祯末，他任福建浦城教谕，笃行谊，重节义，"尝读郑所南《心史》，涕泣盈把"。明亡，他曾绝食数日，后卖掉藏书，得银留给家里，与妻子诀别。他穿着孝服出门，抵南京，条陈八事，没有门路上达，"依史阁部扬州"。可法道："公此心无所用矣，奈何！"他与可法相对饮泣，"卒缟素不茹荤"③。

可法殉国后，兆熊逃回浦城。六月，唐王聿键被拥戴，抵浦城，兆熊扈从。隆武与他密切接触后，了解其为人，称他"真忠如金石，真清如冰玉"。闰六月，他被任"为翰林院待诏，专理睿览书籍事务"。随后，他迁任吏部主事。隆武二年（1646），他仕至吏部郎中兼御史。短短一年中，他曾"出使温、台"，举荐十义士林化熙等"往富室大家倡义捐输"，"修补永安关"，至浦城"招商，疏通米船"等。④ 或说他管义饷时有过激做法，"沿门搜括，不输者榜其门为不义，于是闾里骚然"⑤。后来，他"奉使往蜀"，顺治四年夏，"道经零陵"，清兵进占零陵时，他"遁于黄溪之明月庵"，认为"义当死"。他于"是年八月二十三日绝食，逾月遂卒"。

---

① 刘崇本：民国《雄县新志》，《文献略》三，《人物篇》下十四，《隐逸》，《马鲁》。
② 李拔：乾隆《福宁府志》卷 22，《人物志》，《忠节》，《霞浦县》，《明》，《王兆熊》作"卫千户籍"。据《明史·兵志》，此卫应为福宁卫。或作建宁人，误。
③ 查继佐：《罪惟录》，《列传》卷 21，《播匿诸臣列传》，《王兆熊》册 4，第 2453—2454 页。
④ 佚名：《思文大纪》卷 1、3、5、8。
⑤ 黄宗羲：《行朝录》卷 1，《隆武纪年》。

"濒死，自题云：不辱国，不辱身，不辱祖父，吾知免夫；何愧心，何愧理，何愧中邦，夕死可矣。"① 或说他在江西广信府山寺中不食而死，恐怕是把地方弄错了。

（六十七）褚道潜

褚道潜，字休庵，苏州府常熟人。

道潜通古今，有干略，"尝谒史忠靖于军前，甚见宾礼，寻归隐"。他隐居后有诗："三年读史胸多垒，十载弢弓臂不仁。纲常自许人千古，意气聊归酒一樽。"②

（六十八）李升

李升，字东君，凤阳府盱眙人，岐阳王李文忠十七世孙。

升短小精悍，善骑射，年十四，袭官都督同知。崇祯十七年春，李自成军渡河东征，直指京师。史可法为南京兵部尚书，移檄勤王。升请领五百人为前军，说："君父之难，臣子恨不能奋飞赴救。"可法见他还是童子，没有答应。可法阅军时，升用强弓九射中的，得到可法赞许。弘光立，诚意伯刘孔昭与马、阮勾结残害正人。昇很愤慨，有一天路遇刘孔昭，手指唾骂。刘孔昭痛恨，将他劾罢。"昇乃往参可法军事"，为幕府最年轻的幕客。他后来因劳瘁咯血回家。弘光元年，南京失陷，他亡命走天台山为僧。听说弘光帝被挟北去，他赋诗云："徒闻绛帊离沘水，旋见青衣出洛阳。"鲁王监国元年（1646），浙东又失守，他心伤鲁王入海，赋诗云："天下犹悬唐日月，海中莫恃汉金汤。"痛哭发狂而死③。

（六十九）殷铭

殷铭，字警斋，苏州府嘉定人。

---

① 刘沛：光绪《零陵县志》卷9，《人物》，《流寓》，《王兆熊》。死江西说载李拔：乾隆《福宁府志》王兆熊本传。按：王兆熊最终结局为本文交稿后所查清，他实际上没有当过遗民，应列入后来因抗清复明殉难诸人内，但本文前半部分已排版校对完毕，不及更改，文末分析也保持原样不动，附此说明。

② 庞鸿文等：光绪《常昭合志稿》卷30，《人物志》九，《文学》，《褚道潜》。

③ 温睿临：《南疆逸史》附录，杨凤苞：《南疆逸史跋》下册，第470—471页。

铭早慧，"少从师入维扬忠清公幕，颇著声望"①。可法幕府士李标孙
应机说："警齐明季曾同先大父应维扬史忠靖公聘。"当时，"殷君方束
发，时亦从师至，赞画参枢机，入幕寄心膂"。可知铭是从师李标入幕。
南京失陷后，铭"遁迹从此始，飘零历楚越，悲歌感秋雨"②。他曾到浙
江嘉善等处征集时人的诗，编辑、刻印。吴人称他骚坛领袖。卒年七
十九。

（七十）史奕楠

史奕楠，号新儒，浙江会稽（今绍兴市）人，崇祯十六年拔贡生。

崇祯十三年，陈子龙出任绍兴府推官。奕楠与西泠十子陆圻等久慕其
名，入室称弟子。

奕楠为史可法从孙辈行。弘光元年，奕楠"过维扬史可法幕"。当时，
四镇因缺饷而攘争，朝夕有变。可法深怀隐忧，正缺派赴南京的使节，见
奕楠到，就派他去。他"与马士英纵谈边患情形，士英肃然，竟得所请而
归"。可法大喜，称赞说："此真吾家千里奇才也！"于是特疏举荐。他
"见时事已不可为"③，辞去。

随后他又辞谢监国鲁王的任命。康熙初，浙江衢州知府雷经④闻奕楠
名，延请入幕，曾代撰文求免通赋，衢州民困得苏，为奕楠建祠祷颂。他
著有《治衢详箸》等。卒年不详。

（七十一）陆燧

陆燧，字渭源、以时，松江府上海人，万历三十八年（1610）进士。

万历四十五年，燧任顺天府东安知县，多善政，区别丰啬，分限徵

---

① 黄容：《逸民录》卷8，《殷铭》，日本东洋文库藏钞本。烦请同事乐成显先生钞回，特谢。后
全书载于谢正光等编《明遗民录汇辑》，南京大学出版社1995年版，此条在上册，第568页。

② 邓之诚：《清诗纪事初编》卷2，《前编》下，《李应机》上册，第274页。

③ 平恕：乾隆《绍兴府志》卷60，《人物志》二十，《义行》上，《明》，《史奕楠》。

④ 平恕：乾隆《绍兴府志》史奕楠本传作"衢守雷绥山"。据杨廷望康熙《衢州府志》卷
12，《府官表》第二，明末清初雷姓知府只有雷经，康熙元年任，"井研县举人"，应即此人。吴嘉谟
等：光绪《井研县志》卷21，《选举》三及卷33，《乡贤》四，《雷起龙》均作雷瑁。必有一原名，
一改名。

赋，清除影射，施行平准，听讼仁恕，振兴学校，结果吏惮民怀，一县称治。四十七年，他以大计卓异升授顺天府涿州知州。离任时，州民又为他立"生祠、去思碑"①。以后，他长期里居。崇祯十六年，他又"起补沧州道佥事，未任"②。

史可法扬州督师幕府有陆燧。弘光元年四月初，可法命应廷吉策试礼贤馆诸生，授官，"并授唐大章、唐妍、张大武、陆燧等通判、推官、知县等官"③。此陆燧是否上海人陆燧？可法幕府多南直隶人；明亡前上海人陆燧还起补沧州道，说明他年龄、精力都还可用；此陆燧不需策试就授官，说明他是老资格官员。因此，暂定上海人陆燧与可法幕府陆燧是同一个人，确否，待进一步研究。

扬州破，燧幸免。《上海县志》不为他立传，但列出他的科举和明末仕宦状况，显然没有出仕清朝。

六

这一部分是降清的原史可法督师阁部幕府人物的历史。他们降清的情况很不相同：或在扬州被围的关键时刻叛变；或在扬州失陷后降清，与清朝合作，甚至担任清朝官职，或只是政治上怯懦，被迫出应清朝科举，没有出仕。人是很复杂的。思想、性格的矛盾，客观环境的变化、影响，常常引起同一个人的言行的不统一。有的人在环境逼迫下，或在功名心驱使下，可能违反一贯坚持的立场，出来与清朝敷衍。当然，他们一旦参加清朝科举考试，或在清朝出仕，就应列入降清一类，但他们同死心塌地的叛变、投降者还是有所不同。在研究降清幕府人物时应注意这些差别。

（七十二）侯方岳

侯方岳，字仲衡，河南商丘人，万历四十一年二月生，崇祯十七年

---

① 周家楣等：光绪《顺天府志》七十三，《官师志》二，《传》二，《明》，《陆燧》。
② 李林松：嘉庆《上海县志》卷10，《志选举》，《表》一（进士、举人）。
③ 应廷吉：《青磷屑》卷下。以后重引，不另注。

选贡。

　　方岳为明南京国子监祭酒侯恪次子，为人卓荦不凡，"家学相师，遂与其从兄方夏、兄方镇、从弟方域噪声于大江南北间"①。

　　崇祯十七年九月，史可法初定从征文武官名单，"侯方岳后至，以为［淮安府］桃源知县"②。此又为填注告身，派赴徐豫间任地方官的一个实例。不久，他以病归里。

　　入清后，他接受举荐，"方赴部，道病，未就"。顺治十一年，他"奉恩例仍复前崇祯时贡士"，也已接受。此外，他没有其他特殊政治表现，参加雪园社活动，做些修补梵宇、桥梁之类善事，应清朝府县官员之请纂修方志等。康熙八年（1669）六月，方岳病逝。③

（七十三）侯方域

　　侯方域，字朝宗，河南商丘人，万历四十六年（1618）生，府学诸生。

　　方域颖慧，"其少年才思横溢"，师事倪元璐，为文"雄骏不群"④。他与当地名士徐作霖、贾开宗、刘伯愚等结雪园社，诗文更加大进，散文推当时第一。复社名士多愿纳交。他在复社也很活跃。崇祯十二年，他到南京乡试，与复社黄宗羲、沈士柱、冒襄等"无日不接舆连席，酒酣耳热，多咀嚼［阮］大铖以为笑乐"⑤。这实际上是继承东林党，与阉党作斗争。十五年六月，方域父恂以兵部侍郎总督保定、山东、河南军务，督率左良玉军进击李自成，救援开封。方域献策说："大人受诏讨贼，庙堂议论多牵制。今宜破文法，取赐剑诛一甲科守令之不应征办者，而晋帅许定国师瓀，亟斩以徇。如此则威立，军事办，然后渡河收中原土寨团结之

----

　　① 徐作肃：《偶更堂集》，《偶更堂文集》卷下，《侯仲衡行状》。

　　② 应廷吉：《青磷屑》卷上。徐作肃《侯仲衡行状》云："明末曾一仕桃源令。"知桃源县与廷吉所记同，用"明末"二字是随手做的掩饰。

　　③ 徐作肃：《偶更堂集》，《偶更堂文集》卷下，《侯仲衡行状》。

　　④ 徐作肃：《偶更堂集》，《偶更堂文集》卷上，《侯朝宗遗稿序》。

　　⑤ 黄宗羲：《南雷诗文集》上，《碑志类》，《陈定生先生墓志铭》，《黄宗羲全集》册10，第385—386页。

众，以合左良玉于襄阳，约陕督孙传庭犄角并进，则汴围不救自解。"① 此策证明，方域能够不循成规出些主意。但侯恂叱责他跋扈，不用。于是他流连秦淮，恣情声伎。

崇祯十七年八月，阮大铖起为兵部添注右侍郎，开始报复旧怨。十月，阮大铖唆使奏劾并企图收捕复社沈寿民。方域为了免祸，"合门逃散，后依史公维扬"。但他在幕府的时间不长，就被调"署高兴平监纪推官"②。所以诸书认为，他遭马阮迫害，"依镇将高杰得免"③。有人说可法答多尔衮书为方域起草，④ 是因方域文名太盛而引起的误会。实际上他那时还在江南，没有逃到扬州幕府去。

顺治七年（1650），他应清三省总督张存仁询问，写《上三省督府剿抚议》条陈，为镇压榆园军出谋画策。八年，他又出应清朝乡试，并拉人下水，以力士劫持好友徐作肃应试，⑤ 但自己考试时敷衍应付，所以只中式副榜。他重建雪园社，继续从事诗酒活动。他为人暴横，在南京时因"膳夫忤意"，就"挝杀之，投尸秦淮水中"，人"不敢问"，居乡仍然豪强，以致清河南巡抚吴景道想要加以"案治"⑥。十一年（1654），方域卒。

（七十四）何亮功

何亮功（或作亮工），又名杲，字次德，号辨斋，安庆府桐城人。

何亮功为明大学士何如宠孙，少有逸才，文品俊秀。复社名士吴应箕誉之曰："子才秀区域，子志抱艰危。"⑦崇祯时农民军进占桐城一带后，亮功随家避居南京。那时他还是少年，意气扬扬，与聚集南京的名

---

① 《清史稿》卷484，《列传》第272，《文苑》一，《侯方域》册44，第13320页。

② 徐作肃：《偶更堂集》，《偶更堂诗稿》卷下，《哭侯朝宗四十韵》。

③ 锁绿山人：《明亡述略》下。

④ 昭梿：《啸亭杂录》，《啸亭续录》，卷3，《睿忠王致史阁部书》，中华书局1980年版，第465页。

⑤ 徐作肃：《偶更堂集》，《出版说明》，上海古籍出版社1982年影印本。

⑥ 杨锺羲：《雪桥诗话余集》卷6，北京古籍出版社1992年版，第395—396页。其时河南巡抚为吴景道。

⑦ 吴应箕：《楼山堂集》卷22，《五言古》，《赠答何次德（亮功）》。

士一道砥砺节行,唱和声气。"弘光帝立,大兴党人狱,何子依楚帅,……仅而免。"① 不久他又自楚帅左良玉处转史可法督师幕府,"时[为]史道邻幕宾"。可法答多尔衮书,或说"此书乃其手笔"②,则亮功也是起草者。

扬州破,亮功逃脱,走京师、南京等地。其好友侯方域说:"何子有管乐才,宜出为世用,然十年以来犹以布衣奔走同道。"③ 他也许对复明还有期待?但他为善不终,步兄弟何采(字第五,如宠孙,应璜子,顺治六年进士,官中允兼内国史院编修④)后尘,出应清朝科举。他家住南京武定桥,后入江南江宁籍,参加顺治十四年江南乡试,牵连入江南科场案,经复试后准做举人,罚停会试二科,又屡应进士试不第。康熙中他出任福建古田知县,死在任上。⑤

(七十五) 李本泽

李本泽,陕西富平人,崇祯十二年举人。⑥

彭士望有长诗自述生平,谈到"史督师时镇扬州","幕下多长才,竟亦何所成?"小注诸"长才"中有"李名本泽,陕西"⑦。

顺治十三年(1656),他任河南南阳知县,曾"纂修县志,仓猝未备"⑧。

---

① 侯方域:《壮悔堂文集》卷11,《古文遗稿》,《送何子归金陵序》。
② 江阴野史:《甲乙史》卷下,《史可法答书》。
③ 侯方域:《壮悔堂文集》卷11,《古文遗稿》,《送何子归金陵序》。
④ 王士禛:《古夫于亭杂录》卷5,《何采》,中华书局1988年版,第119页。参见谈迁《北游录》,《纪闻》下,《御试词臣》,中华书局1960年版,第405页。
⑤ 《顺治朝硃谕》二十三,载《清代档案史料丛编》第9辑,中华书局1983年版,第8页。又林咸吉等:乾隆《古田县志》卷5,《职官》,《国朝知县》;张楷:康熙《安庆府志》卷15,《事业》,《事业传》,《桐城》,《国朝》,《何亮功》。按:何亮功为清朝第十三任古田知县,第九任康熙十七年任,第十四任康熙二十九年任,何亮功任约康熙二十五年任,二十六年曾任福建乡试同考官。
⑥ 田兆岐等:光绪《富平县志稿》卷6,《人物志》下,《科目表》,《举人》。
⑦ 彭士望:《耻躬堂诗钞》卷16,《庚申至癸亥》,《山居感逝示弟时士贞婿胡映日令贻稚子厚德戊戌腊廿日》。以后所举"长才"出此诗者不另注。
⑧ 张嘉谋:光绪《南阳县志》卷4,《职官》,《国朝职官表》,《知县》。顺治十六年戴上遴继任。又同卷名宦《张光祖》,康熙二十九年任知县,增辑李本泽未完县志完成。

（七十六）辛广恩

辛广恩，字推子，大名府东明人，崇祯十三年进士。

中进士当年，他选任山东淄川知县。十四年，他因丁忧回籍。[①] 十七年春，李自成军东征，他"避乱南下"[②]。

彭士望所举可法幕下长才有"辛名广恩，北直"。

顺治五年（1648），山东曹县李化鲸拥明宗室子（据云为明裔朱凤鸣养子李洪基[③]）称忠义王，起兵抗清，直薄东明城下，"重围十五昼夜"。辛广恩却帮助清朝进行抵抗，与清东明知县曹良辅、邑绅董三晋、崔拱乾、陈延祚等一道，"内修捍御，外请救援"[④]，确保东明城池不为李化鲸军夺取。

（七十七）纪克明

纪克明，字尧章，别号杞庵，顺天府文安人，诸生。

纪克明少时敦厚朴诚，读书不肯出人下，为顺天督学左光斗所赏识，因此而与史可法同门相识。李自成军占京师，他在文安，"邑旷无令者越月，君固结人心，虽四野焚劫无虚日而邑赖以安"[⑤]。

以后他南下。史可法开府扬州，"……刘湘客、张镳、纪克明等并在幕府"[⑥]。

纪克明亲族多人被清军杀害。崇祯五年、九年、十一年（1632、1636、1638），满洲兵三破文安，"杀伤""烧毁"，"惨不可言"。十一年这一次，"满洲兵围文安，城破"，知县、典史都被杀害，被害士民中仅纪姓就有贡生纪克睿、生员纪克扬、纪克机、其他纪姓武举、生员等，"一

---

① 张廷寀等：乾隆《淄川县志》卷4，《官师志》，《历代秩官》。
② 储元升：乾隆《东明县志》卷6，《人物志》，《境内》，《辛广慈》。
③ 《清史列传》卷80，《逆臣传》，《刘泽清》，中华书局标点本，册20，第6699页。按：苏毓眉等：康熙《曹州志》卷20，《杂志》等仅称所拥立者为宗姓。
④ 杨日升：康熙《东明县志》卷7，《杂志》，《年纪灾祥》。
⑤ 李兰增等：民国《文安县志》卷9，《民部》，《艺文志》，《传》，王崇简：《吴堡令纪尧章传》。
⑥ 温睿临：《南疆逸史》卷5，《列传》第1，《史可法应廷吉（附）》上册，第44页。

时尸骸枕藉，河流几断"①。纪克明颇多兄弟，兄克昭、继母所生三弟（均为诸生）等。纪姓是"文安世大家"。被清军杀害的诸纪有否纪克明的亲兄弟不得而知，但至少是从兄弟、族兄弟、族人。王崇简作纪克明传，说他，"天性孝友"②，显系溢美。他忘了兄仇弟恨，成为清朝贡生，并于顺治十三年任陕西吴堡知县。据说他在任，"复杨家店渡，养驿马抵兑站银，民受其福。修志未卒业，只存其稿"③。履任二年，求致仕未成，劳瘁死。

（七十八）萧琯

萧琯，字（或号）五云，云南建水籍，湖广孝感人，崇祯八年（1635）拔贡，九年举人。

约崇祯十七年秋冬间，他"经督师史相国题授"，出任滁州（今属安徽）知州。这是奉派往守江北地方（滁州不在徐豫间）的幕下士之一。此人在"顺治二年归诚"于清朝④。

降清后，他留任滁州知州，至顺治五年升任顺天府治中⑤。或说他还"历仕杨〔扬〕州知府"⑥。所著有《遁庵集》《西湖草》。

（七十九）刘景绰

刘景绰，字练溪，四川内江人，崇祯十年（1637）进士。

他谒选得淮安府山阳知县，据说"爱民养士，大著循声"⑦。他大约在崇祯十四年（1641）前后离山阳任⑧。两三年内他升迁很快，后来他任淮

---

① 李兰增等：民国《文安县志》卷终，《志余》，《兵祸》。

② 李兰增等：民国《文安县志》卷9，《民部》，《艺文志》，《传》，王崇简：《吴堡令纪尧章传》。

③ 谭瑀：道光《吴堡县志》卷3，《人才部》，《宦迹》，《纪克明》。

④ 熊祖诰：光绪《滁州志》卷4之一，《职官志》一，《表》，《知州》。但周家楣等：光绪《顺天府志》八十一，《国朝监尹以下表》一，《治中》栏无考。

⑤ 熊祖诰：光绪《滁州志》卷4之一，《职官志》一，《表》，《知州》。

⑥ 赵节等：雍正《建水州志》卷8，《人物》，《文学列传》，《萧琯》。

⑦ 卫哲治等：乾隆《山阳县志》卷19，《守令》，《刘景绰》。

⑧ 据卫哲治等：乾隆《山阳县志》卷18，《职官》，《明》，《山阳县知县》，刘景绰后继任知县金和，崇祯"十五年任"。

安道①。

崇祯十七年九月，在史可法确定的从征文武官员中，先后掌监纪推官印者为陆逊之、应廷吉，"同其官者为刘景绰……"②

扬州陷落，刘景绰降清。弘光元年八月，常州府江阴失守，刘景绰降格任清江阴知县。顺治三年十一月，黄毓祺、徐趋等袭取江阴之役又失败，清江宁巡抚土国宝想再屠江阴城，刘景绰出面劝阻。徐趋被捕，见刘景绰长揖不拜。刘景绰问："汝诸生不当跪父母官耶？"徐趋斥责说："我方□〔虏？〕汝，胡为父母汝？汝为大明进士，位至监司。即郡守亦跪汝，汝降而为令，且跪郡守，是为□亦不善为□矣，尚欲与诸生争体统乎？"③刘景绰自讨没趣，无地自容，杀害徐趋。他又审讯黄毓祺诸子，以追捕毓祺及其余党，"其党又株杀二百余人，全家抄掠"④。刘景绰以后的情况不详。

（八十）高岐凤

高岐凤，陕西凉州卫（今甘肃武威）人，恩贡。

崇祯十年，高岐凤就选淮安府睢宁知县，抚辑孑遗，筑城练兵，亲预镇压小袁营等役，十五年去任，"仕至副使"⑤。至崇祯十七年九月，他被史可法列入"初定从征文武官员"，"监军道印一颗，以原任副使高岐凤掌之"。十一月初五，可法率部抵白洋河，命"高岐凤监李栖凤军"，合总兵刘肇基军"进取宿迁"。当时，"李栖凤为甘肃镇驻睢宁"。"遂复宿迁"⑥。扬州危急时，高岐凤、李栖凤丧心病狂到想劫持可法做降清献礼。弘光元年四月二十一日，他们帅部至扬州。"二十二日，李、高有异志，

---

①　黄宗羲：《弘光实录钞》卷4。

②　应廷吉：《青磷屑》卷上。

③　黄宗羲：《弘光实录钞》卷4。

④　祝纯嘏：《孤忠后录》。

⑤　陈哲：康熙《睢宁县志》卷3，《官师志》，《知县》，《明》，《高岐凤》。参见丁显光绪《睢宁县志稿》卷12，《宦绩传》，《明》，《高岐凤》。按：钱仪吉辑：《碑传集》卷97，《康熙朝守令》下之上，潘挹奎《高氏三传》，《高岐凤》所述，似天启年间高岐凤令睢宁，显误。又据丁显《县志稿》，《旧志纂修姓氏》，崇祯十五年高岐凤仍在主修《睢宁县志》，离任应较晚。

⑥　应廷吉：《青磷屑》卷上。

将欲劫公以应北兵。"可法揭穿、抗拒其阴谋。"李、高见公志不可夺，遂于二鼓拔营而出，并带护饷川将胡尚友、韩尚良诸兵北去。"①

高岐凤叛变后，被清豫亲王多铎委署布政使司参议池太道。顺治二年七月，清廷"准其实授"②。他在清安庐池太巡抚刘应宾指挥下，积极镇压境内反清起义。据顺治三年四月刘应宾奏报："今遣总兵张应庆、邱越、兵备道高岐凤、副将马希珍等分路招降贼首郑壁［璧］等二百余名，解散贼众数万，不服者诛之，贼渐平。"③ 三年十一月，他升任江南按察使司副使兼布政使司参议督粮道。④

七

这一部分史可法督师阁部幕府人物，还存在若干疑问，或仅有姓名而不知为何许人，或略有事迹而没有查清其结局，或其人不能完全指实，有待于进一步研究。

（八十一）陆逊之

陆逊之，字子敏，苏州府昆山人。

逊之为复社士。崇祯十年（1637）前他的仕宦经历待考。十年，他任四川绵州知州，十三年（1640）罢官。他转入四川巡抚邵捷春幕，奉命巡视诸营。当时，张献忠起义军占据湖广归州（今湖北秭归）、四川巫山一带群山，伺机西进。邵捷春扼守重庆，移总兵秦良玉石砫土司兵与重庆为犄角。逊之至秦良玉营，良玉谈四川战争形势，认为邵捷春不懂军事，决其必败。后来果然。逊之后再起，任按察使司佥事、巡道一类官职。

---

① 应廷吉：《青磷屑》卷上。郑达辑：《野史无文》卷11。黎士弘：《阁部史公守扬州府纪事》，第119页。说高、李叛变在十七日，待考。

② 《清世祖实录》卷19，顺治二年七月乙卯。

③ 《清史列传》卷79，《贰臣传》乙，《刘应宾》册20，第6549页。

④ 《清世祖实录》卷29，顺治三年十一月壬戌。按：顺治四年十月甲申，清廷"升……顺德府知府徐逢时为江南按察使司副使兼布政使司参议督理苏松常镇粮道"（《清世祖实录》卷34），则高岐凤似已被革除、取代。

崇祯十七年秋，他在史可法幕府。可法从征监纪推官掌印"为原任金事陆逊之"。当可法准备西进河南时，逊之等私问应廷吉："师相将有事于中州，君意何若？"廷吉主张北取山东，必得响应。十月，可法任命一批官员经营河南，"陆逊之为大梁屯田金事"。其屯田法，"官给牛粮籽粒，另设属员，迄无成功"①。

此后他的情况待考。

（八十二）杨遇蕃

杨遇蕃，凤阳府凤阳人。

遇蕃父为庐州府舒城教谕署县事，死于农民军。遇蕃也被刀伤，民人抢救复苏。史可法任安庐巡抚，疏奏其父死难经过，恤典优厚，"遇蕃遂依幕下"。扬州城陷，遇蕃被俘。清兵获可法，命被俘者辨识。遇蕃说："是也。"可法大骂，不降。遇蕃"劝其忍死救百姓"。可法叱说："若父一署县事教谕能死节，我今日一死外，皇恤其他！"可法遇害，"遇蕃潜遁，觅其骸不可得"②。其后遇蕃如何，待考。

（八十三）朱良谏

朱良谏，字方来，安庆府桐城人。

良谏少时读书，务求有用知识，"凡钱谷兵刑，靡不研究"。稍长，游幕四方，都不合，最后应安庆知府聘，在其幕下最久。"阁部史公闻其才，延致之，军事多与参决。"他又因曾资助军饷，经可法题请，"补授浙江杭州府游击"。但当时他仍留守安庆。弘光元年三月，宁南侯左良玉东下清君侧。四月初七日夜半（或说十三日），左良玉子梦庚率军占安庆。"良

---

① 应廷吉：《青磷屑》卷上。按：逊之任绵州、巡秦营事，《明史》卷270《秦良玉》、毛奇龄《蛮司合志》七、彭遵泗《蜀碧》卷1、伍肇龄等同治《直隶绵州志》卷35《职官表》等多书均有记载。其在可法扬州幕府先后任监纪推官、大梁屯田金事，则陈龙正《几亭全书》卷50，《文录（书牍十）》，《与陆子敏理刑（甲申）》《答陆子敏大梁道（崇祯甲申）》可证。前信举荐吴尔埙投可法幕，欲"特借数言介诸左右"，可知逊之极受可法信任。

② 王源：《居业堂文集》卷20，《书后跋题词纪事杂著》，《自书史阁部遗文序后》。

谏因公他出，还，城已破，遂发愤而卒。"① 此处所记良谏之死极可疑，其中必有隐情。因为镇守安庆主将为总兵杨镇宗，其下还有副将马进宝等，良谏职位次下，且又外出，对安庆失守不负多大责任，加上左梦庚在安庆只停留了十几天（或仅几天），没有立足，十八日或稍后即进取池州，②后又退往江西九江，安庆仍归明安庐巡抚张亮。由此看来，良谏根本不必要"发愤"，更不用说去死了。值得注意的是，不久，即五月，杨镇宗、马进宝等降清，③ 安庆落到清朝手中。这会使忠于明朝的人"发愤而卒"，或抗拒清朝接管而遭杀害。清修方志常因政治原因隐瞒、篡改这类史实。④良谏可能就是因抗拒清朝而自杀或被害。《县志》良谏本传隐瞒了这一史实。但这种推论有待证实。

（八十四）黄国琦

黄国琦，字石公，号五湖，江西新昌籍，南昌人，崇祯十年进士。

国琦初任福建建阳知县，政尚宽仁，后兼摄浦城县，单骑谕降地方起义。崇祯十五年，山东兖州府一带被清军残破，国琦调任府属滋阳知县，"兼程抵任"，"安辑流亡，修举废坠"，"治有成效"，"民庆更生"⑤。十七年二月，他在召对中就"裕饷安人"问题答道："裕饷不在搜括，在节慎；安人系于圣心，圣心安，则人亦安矣。"⑥ 称旨，特授以吏科给事中。李自成军占北京，他被用为府尹（亦作县令），或"伪吏部掌朱封者"⑦。或说"黄国琦一闻城陷，即取白绫、琴弦进入"，企图杀害崇祯或逼其自

① 金鼎寿：道光《桐城续修县志》卷10，《人物志》，《忠节》，《朱良谏》。按：左兵破安庆，作初七日者为谈迁《国榷》卷140（册6，第6202页），初八日者为戴名世《孑遗录》，李清《南渡录》卷5（第266页）则作十三日，余不一一。

② 记为十八日进取池州者有李天根：《爝火录》卷10，《乙酉》下册，第447页。李清《南渡录》卷5（第268页）则作十九日，余不一一。

③ 李天根：《爝火录》卷10，《乙酉》下册，第465页；《清史列传》卷80，《逆臣传》，《马逢知》册20，第6700页。

④ 参见何龄修《杨鹍空敕案——清初江南又一起复明运动》，载《清史论丛（1993）》，辽宁古籍出版社1993年版，第50—51页。

⑤ 黄恩彤：咸丰《滋阳县志》卷7，《宦绩传》，《黄国琦》。

⑥ 计六奇：《明季北略》卷20，《［三月］十六报贼焚十二陵》下册，第449—450页。

⑦ 计六奇：《明季南略》卷2，《伪官》，第129页。按：用为大顺府尹或县令，见《明季北略》卷22、佚名《国变难臣钞》、彭孙贻《流寇志》卷11、钱𡋖《甲申传信录》卷5等。

裁，但左谕德杨士聪加以驳斥，说"国琦一考选知县耳"，"何从有此？其为仇陷无疑也"①。

随后，他南逃投奔弘光朝廷。史可法和御史王燮交章荐于朝。十月，刘泽清也以山东旧谊而加举荐。但他的起用遭到户科给事中吴适和御史胡时亨激烈反对。原蓟辽总督王永吉迁河道总督，② 国琦在其标下任监军道，③ 很晚才被授以京官"试兵科"衔。④ "后从史可法守扬州，城破，自缢死。"⑤

王永吉汛地为"自宿迁至骆马湖"。但那里是明清军事攻防拉锯地区。王永吉显然为安全而长住扬州。⑥ 因此，国琦有可能参与督师幕府事务。但国琦结局有异说，或以为他没有在扬州殉节，"闯变，南还"，"监淮海军，寻以母病辞，终身不仕"⑦。真相待考。

（八十五）孙枝秀

孙枝秀，宣府镇（今河北宣化）人，拔贡生。此人后来任浙江巡视海道副使。⑧

崇祯末，山东地方官也有一孙枝秀。崇祯十六年二月，清军"深犯山东"已近三个月，"流毒惨不可言"。二十五日，清军"大众自东而来，蜂屯蚁聚，竟逼莱［州］城"。"莱城兵力单弱"，官民婴城固守。通判孙枝秀"守北城"，"少年英锐，志切请缨，发炮冲击，贼势披靡"，"胆壮气雄，敢撄贼锋"。莱州城池不失，清军于次日"拔营西遁"。莱州道右

---

① 杨士聪：《甲申核真略》，浙江古籍出版社1985年版，第15页。
② 谈迁：《国榷》卷140，记王永吉弘光元年四月庚午改河督淮凤庐抚，似嫌过晚。据应廷吉《青磷屑》卷上，在崇祯十七年秋冬，显然更加合理。
③ 应廷吉：《青磷屑》卷上。
④ 计六奇：《明季南略》卷3，《四月甲乙史》，第191页。
⑤ 吴山嘉：《复社姓氏传略》卷6，《瑞州府新昌》，《黄国琦》。
⑥ 应廷吉：《青磷屑》卷上、下。弘光元年二月，黄得功准备袭击扬州，城守戒严，王永吉就"深以为忧"。可法标下将士对王永吉等舆可法互分汛地不满，劝可法索性把扬州丢给王永吉等人。这些事实说明王永吉住在扬州。
⑦ 萧浚兰等：同治《瑞州府志》卷13，《人物志》，《宦绩》，《黄国琦》。
⑧ 曹秉仁：雍正《宁波府志》卷16（上），《秩官》，《巡视海道》："（顺治）孙枝秀（宣府拔贡，三年任）。"王者辅等：乾隆《宣化府志》卷26，《选举志》下，《怀安县》，《国朝》："孙枝秀（恩贡，浙江巡海道）。"张镜渊：民国《怀安县志》卷6，《人物志》一，《科第》，《清》，《恩贡》。

参议张国士请求给孙枝秀等"不次优擢"①。兵部将情况具稿题行已是崇祯十六年十一月。

史可法督师阁部幕府又有一孙芝秀。弘光元年四月十八日，因督饷道黄铉催趱粮饷还没有回扬州，可法"以［山］东省未任监军道孙芝秀署督粮道事，应廷吉副之，驻邵伯镇，转运粮储，胡、韩二将往来护送"②。此孙芝秀应即山东莱州府通判孙枝秀，自兵部具题转请不次优擢后，显被超擢山东监军道，但没有来得及履任，明朝就已灭亡。根据山东斗争形势，推测他是崇祯十七年夏大顺军、清军先后进占山东时南逃至史可法军前的。因为战争的关键时刻他不在扬州围城中，所以幸免于难。

顺治四年（1647）二月，清廷"以贡生孙枝秀为浙江按察使司副使宁绍兵备道"③。但据《宁波府志》，巡视海道（宁绍兵备道）孙枝秀"三年任"，疑为三年军前委署，四年二月实授。现在的问题是，此孙枝秀是否先为莱州府通判、继任史可法军前署督粮道（后来降清了）的孙芝［枝］秀？首先，此孙枝秀为宣府镇人，而通判孙枝秀据《续掖县志》记载为浙江余姚人，但《余姚县志》不载，是否《续掖县志》有误？④其次，此孙枝秀为顺治二年贡生（其家乡府、县二志均作恩贡，但何事蒙恩，其先人何功，亦不载），似从未出仕，但为什么一出仕就跻身正四品官？是否藉年少隐瞒历史又去出贡？这些问题不无可疑，还须研究。当顺治四年孙枝秀在海道任时，浙江定海（今镇海）人、贡生华夏等联络浙东义旅和海师，企图攻取宁波、绍兴。明兵部职方司主事屠献宸同谋策反海道中营游击陈天宠、仲谟，约定明朝海师进到宁波时为内应。二人表示："倘城下有警，吾缚兵备道。"十二月初四日，海师至宁波人船过少，兵微将寡，不敢进攻，"天宠与谟秣马犹思应之"。"孙枝秀登陴以望"，骇然了悟道：

---

① 《兵部题"兵科抄出山东巡抚王题"稿》《兵科抄出山东巡按余日新题本》，载《明清史料》辛编第 10 本，第 952、965 页。

② 应廷吉：《青磷屑》卷下。

③ 《清世祖实录》卷 30，顺治四年二月戊戌。

④ 张翙：嘉庆《续掖县志》卷 2，《职官》，《明》，《通判》列"孙枝秀（余姚人）"，入天启年间栏，具体年分则注"年未详"。年代大误，籍贯弄错也有可能。邵友濂等：光绪《余姚县志》不载其人。

"海师翘首望城上而不发一矢，望内应也。"① 随调兵预防，使内应不敢发动。浙江巡按秦世祯又亲督孙枝秀等各统标下马步官兵向城外海师进攻，"孙枝秀等连夜水陆追剿"，于初五日"统率水师"继续追杀，海师"乘潮遁去"②。顺治五年，晋州知州朱思义继孙枝秀任海道。③ 孙枝秀以后情况待考。

（八十六）王佐

弘光元年三月，"督师大学士史可法奏，王佐冒险归徐，请留营中备咨谋。从之"④。

此王佐待考。明清之际有数王佐：甲，王佐，字佐之，浙江嘉善人，崇祯四年进士，历任徽州府休宁知县、广东高州知府，后休致回乡；⑤ 乙，王佐，后改名雨谦，浙江山阴人，崇祯六年举人；⑥ 丙，王佐，字雪枢，山西翼城人，崇祯十五年举人，顺治初任湖广石首知县，擢御史，出为湖广、陕西巡按，丁父忧，归里；⑦ 丁，王佐；万历二十三年（1595）生，"山西汾州府汾阳县人，繇举人先任直隶常州府海防同知"，崇祯三年调苏州府海防同知，"自恃有才，不矜细行"，"原参赃款甚多"，奉旨革职提问追赃，拟"杖一百，徒三年"⑧；戊，王佐，盛京（奉天）人，顺治五年任江南山阳知县，后被漕督吴惟华疏劾，指其"竟将已征未解之银侵吞

---

① 李聿求：《鲁之春秋》卷17，《山寨》二，《屠献宸（董德钦）》，第161、162 页。
② 《秦世祯为黄斌卿部进攻宁波事揭帖》，载《郑成功档案史料选辑》，福建人民出版社1985 年版，第6、7 页。
③ 曹秉仁：雍正《宁波府志》卷16（上），《秩官》，《巡视海道》。但清廷任命在先年十一月，见《清世祖实录》卷35，顺治四年十一月癸亥。
④ 谈迁：《国榷》卷140，弘光元年，册6，第6197 页。
⑤ 顾福仁：光绪《嘉善县志》卷24，《人物志》六，《文苑》，《明》，《王佐》。
⑥ 平恕等：乾隆《绍兴府志》卷32，《选举志》三，《举人》上，《明》。
⑦ 吉廷彦：民国《翼城县志》卷26，《人物》，《清》，《王佐》。按：此王佐在现存档案中数见。其人有顺治九年题本存世，载《清代农民战争史资料选编》，中国人民大学出版社1984 年版，第1 册上，第118 页。又洪承畴顺治十六年揭帖也提到他，载《洪承畴章奏文册汇辑》，第178 页。
⑧ 《祁彪佳文稿》，《宜焚全稿》卷4，《题为循例举劾有司官员以肃吏治事》册1，第172—184 页。

过半，欺罔朝廷"①，七年或八年去任。这是已查得的五王佐。进入可法幕府的王佐，是此五人之一或另一王佐？五人中丙或丁均有可能，而丁的可能性尤大。但无确证，不能指实。

（八十七）唐大章

（八十八）唐妍

（八十九）张大武

弘光元年四月初，应廷吉奉命策试礼贤馆诸士，"量能授官"。"并授唐大章、唐妍、张大武、陆燧等通判、推官、知县等官。"

此数人不经策试，一道授官，说明他们是中过科举或任过官职的人。但此三人待考。在方志上曾查得唐大章、张大武二人。唐大章，江西丰城人，万历十九年（1591）举人，三十五年进士，仕至礼部尚书，崇祯七年（1634）改南京礼部尚书，归里，八年死于家，年八十②。此唐大章显然不是。张大武，字毅斋，保定府雄县人，万历三十二年进士，仕至南京户部员外郎，以病归里。其子懋勋，崇祯六年举人，顺治初降清，仕至陕西固原兵备副使、苏松督粮道参政，顺治十五年（1658）病死在南京。大武因子贵受清廷封赠苏松粮道参议［政］③。此张大武是否可法幕府中人？有可能，但不能指实。

（九十）唐时谟

彭士望列举史可法扬州督师幕下长才时，有"唐名时谟"，"南直"。

唐时谟待考。

---

① 魏象枢：《寒松堂全集》卷1，《奏疏》，《圣意恤民甚深有司奉行多弊等事疏》。参见何绍基等同治《重修山阳县志》卷6，《职官》二，《国朝》，《知县》。

② 毛辉凤等：道光《丰城县志》卷7，《人物志》二，《科目（文科）》卷13，《列传》五，《仕绩》，《明》，《唐大章》。

③ 刘崇本：民国《雄县新志》，《文献略》三，《人物篇》上十三，《仕绩》，《张大武》《张懋勋》。

（九十一）石启明

（九十二）李长康

（九十三）殷垤

（九十四）许鸿仪

（九十五）胡蕲忠

（九十六）冷时中

崇祯十七年九月，史可法拟定从征文武官员，"从征立功，为原任……滁泗兵备石启明、开［封］府推官李长康……知县殷垤……参赞等官，不及备载"。幕府还有一许鸿仪，靖南伯黄得功与高杰为争夺扬州准备兵戎相见时，可法"因命监纪通判许鸿仪、推官应廷吉往高营议和"。此次从征，"兴平伯高杰部下……监纪通判一员，以许鸿仪为之"。十月，可法至清江浦，"遂奏……胡蕲忠为睢州知州、冷时中为开封府通判、李长康为开封府推官经略中原"①。石、李、殷三人为原任官员从征立功，而许、胡、冷三人为幕府士或原任官员，被可法派往镇将处或地方供职。六人中的李长康，字迈庵，扬州府兴化人，应即嘉靖、隆庆间大学士李春芳曾孙（或曾孙辈）。春芳之后，家族华贵，科甲兴旺，长康兄弟列名《县志》者有长华（改名嗣京）、长敷、长开、长似、长科、长倩、乔等十余人，嗣京、长倩、乔为进士，其余也是举贡诸生。长康崇祯间辟荐，"由庠生任开封推官，升蓝沧道（？）转大梁道"②。可法扬州督师时，陆逊之任大梁道，李长康何时任过此职？是否清初职官，故长康结局仍待再考。

---

① 应廷吉：《青磷屑》卷上。
② 蒋钺等辑：《清诗初集》卷12，《七言绝》，李长康：《过虞姬墓》。梁园隶等：咸丰《兴化县志》卷7，《选举志》，《选举表》（一）、（二）。张可立：康熙《兴化县志》卷7，《选举》，《选举表》；卷10，《人物》，《国戚武勋封赠录荫表》。

其余也待考。

（九十七）李蘧

崇祯十七年五月十九日，"史可法荐贡士李蘧兵部职方主事……"①李蘧应是投奔可法的贡士被荐授官职者，不见在南京的活动，疑随军在扬州幕府。扬州破，他辗转投奔福建隆武朝廷。隆武二年（1646）正月，他被擢任浙江"金衢巡抚，墨衰从戎"，"以消除虏氛"。但他迁延至四月还未赴任，改调江西巡抚，后升徽宁总督。② 这些情况有待进一步落实，其结局也需要查考。

（九十八）韩诗

崇祯十七年十二月十二日，"可法荐贡士韩诗等。吏科都给事中张希夏言：督抚所荐司道推知贡监生员，巧诈毕见，无非干禄。有旨命严核参处"③。

韩诗是以贡生入可法幕府，被荐任司道推知一类官职者。其人待考。

（九十九）唐孟嘉

（一百）江与右

可法幕客王之桢回忆说：幕府军务繁忙，"安庆唐孟嘉、蒋子卿二君"曾与自己谈论可法读书和拟稿的情况，自己也将可法奏议数十卷，"命江与右、欧阳宪万分任雠较"④。

蒋子卿即幕客蒋臣，欧阳宪万即幕客欧阳斌元。依二人例，唐孟嘉、江与右也不是名而是字，唐、江二人本名待考。唐孟嘉为安庆府人，江与右籍贯不详。二人生平都待考。

---

① 谈迁：《国榷》卷110，思宗崇祯十七年，册6，第6103页。
② 佚名：《思文大纪》卷4、6、7。记载有不清楚之处，不能完全无疑。
③ 谈迁：《国榷》卷130，思宗崇祯十七年，册6，第6168页。
④ 《史可法集》附录王之桢：《跋史师相乞闲咏叙》，第131页。

八

余论：

史可法是他所处时代的一位悲剧人物。那个时代满汉民族矛盾、明顺阶级矛盾、弘光政权内部矛盾交织，十分尖锐。史可法身为大学士，当国重任，又自请去江北前线督师，实际上成为多种矛盾的焦点，其处境之艰危可知。处非常之时，居非常之地，负非常之任，就得有非常的措施、非常的解决办法。于谦就是榜样。于谦面对险恶形势，如果他没有断然走从军事上、物资上巩固和加强京师，特别是在政治上迅速拥立新君（景帝）的几步棋，则瓦剌必不退，京师必不保，上皇（英宗）必不还。当时人刘城说："世方乱，能定之者，必非绳尺迂谨之士。"[①] 然而史可法不是于谦。他是颇多"绳尺迂谨"气的。他是宋明理学纲常名教的乳汁滋养、培育起来的，实际上也受了它的毒害。他要做"纯臣"，循规蹈矩做事，始终纠缠在"先皇帝崩于贼，恭皇帝亦崩于贼，此千古以来所未有之仇也"[②] 的观念里，视农民军为主要敌人，看不清形势。他实际上是一名太平宰相的人选。他不是缺乏辅佐的人才，而是缺乏济时的胆略。所以那些能出非常主意的幕客阎尔梅、欧阳斌元、彭士望、蒋臣、梁以樟等，都不为他所重用，在他幕下一般也待不长久。

关于史可法才干的估计，不能简单化。他无疑是有才干的。崇祯四年初，他在西安府推官任时，御史吴甡奉旨赴陕西抚民赈饥，可法进谒，吴甡"一见知其精敏能任事"。吴甡眼力不误。可法承担延安以南州县抚赈，"单骑驰往"，"亲察饥口"，"救焚拯溺"[③]，明著成效。后来他连续在江南担任备兵和封疆的要职，也卓有建树。他严格律己，精诚待人，与其下共

---

① 徐世溥：《榆溪集选》，《传》，《刘徵君传》。

② 《史可法集》卷 2，《奏疏》下，《请讨贼御敌以图恢复疏》，第 38—39 页。按：先皇帝指崇祯，恭皇帝指弘光之父福恭王常洵，崇祯十四年正月，李自成军破洛阳，杀常洵，杂鹿肉食之，号"福禄酒"。

③ 吴甡：《忆记》卷 1，浙江古籍出版社 1989 年版，第 396 页。参见计六奇《明季北略》卷 7，《吴甡赈抚》上册，第 130—131 页。

甘苦，故其"兵号称强"①，保障了东南半壁的安全。但他在明亡后的政治斗争中，却显得忠荩有余，书生气十足，缺少全局性政治判断力和实现目标的手段。他曾拥戴潞王，写信给马士英指斥福王七不可立，说明他并没有出色的眼光，②只不过逐党派利益而作重大政治选择。更可悲的是他不仅未能把潞王扶登龙位，反将把柄落到政敌手里，受其挟制。在弘光朝廷，他又失去中枢权力，被排挤出外督师，陷入进退维谷、内外糜烂的绝境。他作为督师并不能控制四镇，仅凭精神多少感召其中一二人，致被讥为"老媒婆"，"走江又走淮"③，忙于撮合内部，甚至被刘泽清掳去扛木头仍只得忍气吞声。原明少詹事方拱乾说他"御众寡卓识，立己能苦辛"④，是很深刻的概括。这就说明，可法缺乏运筹帷幄的能力。

　　不妨说，可法的素质与他的时代和任务存在严重矛盾。这一矛盾导致他一事无成，连扬州也没有坚守住几天，他的悲剧的根源在此。

　　但史可法是伟大的。他的伟大表现在精神方面。尽管他对形势和斗争方向的认识有误，但他在民族斗争中的态度是坚决的。他在弘光政权中不争权夺利，而是敢于破釜沉舟，扶危定倾，吃苦耐劳，忍辱负重，充满自我牺牲精神，这与在南京只知道擅权行奸、沉湎纸醉金迷生活的人形成强烈的对照。他虽然没有守住扬州，却在扬州保卫战中被害，英灵长逝，尸骨无存。他的表现使他成了清初民族斗争的一面旗帜，影响深远，自然不能不首先影响对他的言行耳濡目染的扬州督师幕府人物。

　　彭士望说，可法"幕下多长才"。这是事实。可法幕下人才济济。韩默、秦士奇的谙练吏才，周志畏、阎尔梅的明决敢为作风，黄日芳的老成练达办事能力，何刚的实干精神，卢渭、应廷吉、欧阳斌元、彭士望、梁以樟、张镳的渊博学识，罗伏龙、侯方岩、吴易、李标的兵机战略，沈自炳兄弟、周岐、王纲、姚康、孙元凯的辞章诗文等，在当时都是出类拔萃

---

　　①　陈鼎：《东林列传》卷10，《史可法传》。
　　②　潞王并不是中兴明室的皇帝的恰当人选。大理寺卿倪胤培说过："使〔潞〕王立而钱谦益相，其不支与马士英何异？"（李清：《三垣笔记》，《附识》下，《弘光》，中华书局1982年版，第243页。）
　　③　应廷吉：《青磷屑》卷下。
　　④　《方拱乾诗集》，《何陋居集（庚子年）》，《八哀诗》，《相国史公可法》，黑龙江教育出版社1992年版，第182页。

的。但他们终究没有帮助史可法办成什么事业。原因是他们没有实现他们志愿和主张的权力。处在权力结构顶层，即真正掌握实权的弘光、马、阮以及追随马、阮的朝臣镇将，其所作所为与可法幕府诸人的志愿、主张南辕北辙。史可法并没有设法改变这种状况。在这种情况下，幕府要办成任何事情，只会感觉到处处掣肘，无能为力。可法幕府诸人的努力，在历史进程中被向着不同方向发展的力抵消，变成无所作为。从这里可以看出当权者的极端重要性和作用。

本文所列可法扬州督师幕府人物共一百人，只是整个幕府人物的一部分。武官武将基本上没有包括进来，属官尤其不完全。因此，依据此数作分析，并不完全确切，只能说明大概。

在一百人中，已查明籍贯的为八十三人，其中南直隶籍四十人，接近一半。合江浙籍共计五十六人，占三分之二。这与两种情况有关：一是江浙为当时经济发达，人文蔚起，政治上最活跃，在明末战火中还没有受大损失，力量最完整的地方，智能之士荟萃，复兴明朝愿望最强烈；二是史可法长期在这里为官，从崇祯八年春任池太兵备道（驻池州）开始，他相继任安庐兵备道（驻庐州）、安庐池太巡抚、漕运总督兼凤阳巡抚、南京兵部尚书等职，因此他与这里的士绅接触最频繁，对这里的人才最熟悉。

北方（豫、陕、北直、辽、鲁）籍十六人，在八十三人中仅占二成。因为北方士人先遭农民军打击，后又被清朝控制，南逃较少。北方籍虽只十六人，却有六人降清，占已查明降清九人的三分之二，这是与许多北方汉族地主较早依附清朝的状况相适应的。但拒降者仍有十人，接近幕府全部北方籍人士的三分之二，特别是其中还有两人为保卫扬州而牺牲；这点有力地表现出民族矛盾在整个社会生活中的制约作用。

合扬州死难与其后在复明抗清斗争中殉难两部分人计，共三十八人，占总数一百人的将近四成，占已查明结局的八十人的近一半，人数之众非常可观。这是可法幕府人物在民族斗争中最光辉的表现，说明他们中有不少人能够拿生命捍卫民族的利益、民族的尊严。他们与史可法一样是中华民族的柱石。

这两部分人再加上遗民三十三人，就是七十一人，将略超总数一百人的七成，接近已查明政治结局的八十人的九成。这个数字说明，可法扬州幕府绝大多数人反清或与清朝不合作。这里需要特别注意的是遗民。除了生活在清朝统治下却拒绝应试出仕这一遗民的共同标识外，遗民的表现绝不是一模一样的，从畏缩避祸到积极参加复明运动种种都有。这就是说，他们的态度有较为软弱、比较坚强、坚强和坚决反抗等不同，但都与清朝不合作。有的研究者关注他们做遗民的动机，根据不同的动机对许多清初遗民采取否定态度。其实除非在特定的场合，历史行为的动机从来不用强调，这方面研究再精确，意义也不很大。史学是研究事实，研究人的言行及其后果的科学。对清初的历史来说，重要的是看当时一个人在说什么做什么。如果一个人始终站在反对清朝，与清朝不合作的行列中，这就是在清初民族斗争中起正面作用，具有政治意义，对历史产生影响的事实。至于他们的动机，即他们为什么会站在反清或与清朝不合作的立场上，在事情发展过程中可能变得不重要，也可能发生变化，在一般情况下常常可以忽略不计。由此看来，遗民三十三人，占八十人的四成，是一个不小的数字。这证明可法扬州幕府毕竟是一个坚强的堡垒。

降清者九人，不到总数一百人的一成，略超已查明政治结局的八十人的一成。比例是低的。其实在这一成左右的投降者中，真正愿意为虎作伥，统治和镇压自己人民者，只有刘景绰、高岐凤等三五人。特别是高岐凤，在扬州的安危系于一发千钧的时刻，竟想劫持和出卖史可法，去投降清朝，真是丧心病狂。在任何伟大的斗争中，这种人物虽属个别，但总是有的。

幕府诸人科举状况已查明六十六人，接近总人数的三分之二。没有查明者三十四人，但其中大部分人至少应已青一衿，真正白身者大约寥寥无几。就已查明的各人说，仅举扬州死难者、其后抗清复明死难者、遗民、降清者四类计，进士依次为三、二、五、二人，举人七、零、三、二人，贡、监、诸生十二、四、十七、四人。这种分布说明，各类人都有进士、举人，也有贡、监、诸生，科举状况不是影响他们的政治品质和政治态度的因素。其中在明朝得中进士、举人的二十四人中，只有四人迷恋已得的科举，降清以博一官，其他二十人更加珍惜民族气节和精神，把进士、举人弃若敝屣，而其中十二人则将进士、举人连生命一起慷慨献出。他们在大节与名利之间作选择时，其表现是何等的坚毅、何等的明确。贡、监、诸生也是如此。韩绎祖既因反对在迎降清军书启上署名而要求革除自己的生员资格于前，又因抗清复明而被囚牺牲于后，是认为民族利益高出一切，包括高出个人名利和生命的最典型的事例。

　　史可法扬州督师期间的幕府人物，其活动时间不过当历史的一瞬，而内容则很丰富，在政治上的表现主流方面有它的辉煌。此"天地之元气"，"郁勃迫隘，流动而四出"，演为许多彪炳史册的事迹。笔者的研究还很粗浅，有关武人武将的研究有待继续，希望有更深入的作品问世。

原连载于《燕京学报》新 3、4 期，

北京大学出版社 1997 年、1998 年版

《史可法扬州督师期间的幕府人物》补正

1995 年夏，笔者曾做《史可法扬州督师期间的幕府人物》长文，就幕府中一百人的历史有所论列。[①] 自刊发数年来，笔者陆续发现原文若干脱漏、错误，又发现若干过去不知道的幕府人物。有的错误是笔者图省事失检造成的，如将梁以樟"姊夫王文贞夫子"写作王熙，实际上王熙是梁以樟的外甥，以樟姊夫为王熙之父王崇简。每见此误，如芒在背，凭想当然下笔，实在是一个深刻的教训。因将近年所得，选择较重要的事项，略加整理，写为补正，条列于后。

1. 扬州牺牲者加段振文

段振文，字云蒸，江西南昌人，诸生。

崇祯年间，振文任汝宁府推官。当时，农民军在河南流动作战。"振文至，招集流亡，召募死士，为恢复计。""会史可法督兵维扬，署振文为监军。"他"以死自誓，与士卒同甘苦。城陷，振文不屈被杀"[②]。妻及子女闻讯，在家乡殉死。

2. 扬州牺牲者加陈琅

陈琅，字子良，常州府宜兴人。

琅"与族兄所长同游督师史可法幕。可法以琅为咨议参军"。扬州失陷，"琅自刎死，所长以马革裹其尸归"[③]。

3. 将原文扬州牺牲者中（四）胡如理、（六）胡维宝合并，[④] 改为胡

---

① 《燕京学报》新 3 期（1997 年），第 171—206 页，新 4 期（1998 年 5 月），第 61—101 页。

② 魏元旷：光绪《南昌县志》卷 33《人物志》四，《列传》，《龚棻（段振文）》。按：振文出任汝宁府事，王士俊：雍正《河南通志》卷 32《职官》三，《各府推官》，《汝宁府》失载。或为战乱中档案佚失所致。

③ 宁楷等：嘉庆《重刊宜兴县旧志》卷 8《人物传》，《忠义》，《补遗》，《陈琅》。

④ 《燕京学报》新 3 期（1997 年），第 178、179 页。

如珵（胡维宝）

胡如珵，字即公，号潜峰，安庆府桐城人，县学诸生。徐秉义《明末忠烈纪实》有扬州幕府胡如甡，实即如珵，应为史料传钞中珵、甡二字形近致误。如珵兄弟辈中有胡如甡，字子兑，虽非扬州幕府士人，但亦忠鲠瑰玮①，易与如珵混同，对如珵误做如甡也有影响。

如珵渊雅聪颖，有器量，年少读书，兄弟五人互相学习、督促，都以能文知名。崇祯十年（1637）七月，史可法任安庐池太巡抚后，如珵开始追随可法，"从史相公游者八年"②，为"史可法高弟"③。可法督师扬州，"辟为记室，露布封事尽出其手，叙功授司珵参军"④。可法"昼夜筹防御之策，即公实与其谋"⑤。如珵洞悉形势危急，预写书信与亲人诀别，城破后与可法一同殉难。

他有家人胡央以军功得守备职，此时也投火自焚。扬州人将如珵、央合葬，并为殉难的卢渭等19人包括如珵、央在内表墓，供后人凭吊、祭扫。

同治《桐城县志》八有胡维宝，字秉修，桐城人，庠生。但其传文与道光《桐城县续志》卷10胡如珵传多雷同，而且同治志没有如珵传，道光续志没有维宝传。维宝聪颖秀异，读书一目数行，以能文知名。他性情慷慨，每读书至讲述古人大节的事迹时，常义形于色，奋袂起舞。"史阁部督师扬州，辟为记室，叙功授司珵参军。"⑥后来他也随可法死节。扬州人安葬了他的遗体，并为表墓。据此，维宝与如珵名字虽异，实为一人。但何以发生这样的歧异，待查。

4. 原文扬州牺牲者（十）何攀龙，⑦酌加补充小传内容

何攀龙，字云甲，扬州府江都人，天启五年（1625）生，诸生。

攀龙父兼俊认为，扬州是军事要冲，弘光廷议却把它看作隔绝南北的

---

① 潘江：《木厓集》卷4《五言古》一，《射蛟台十四子泳》，《胡子兑如珏》。
② 祝祺：《朴巢诗集（始癸未迄庚子）》，《五言古》，《挽胡即公》。
③ 五格等：乾隆《江都县志》卷19《人物（忠节）》，《胡如珵》。
④ 金鼎寿：道光《桐城续修县志》卷10《人物志》，《忠节》，《胡如珵》。
⑤ 潘江辑：《龙眠风雅》卷35《胡如珵》。
⑥ 王国均：同治《桐城县志》八《人物志》，《忠节》，《胡维宝》。
⑦ 《燕京学报》新3期（1997年），第180页。

鸿沟，势必不会固守。于是他趁未乱时携家渡江，侨居金坛，但又觉得全身远祸，没有与扬州共存亡，终是憾事，每餐都为此长叹。弘光元年四月，扬州被围，可法血疏请救，马士英不报。攀龙能承父志，"以计策叩可法军门献之。可法奇其言，留为赞画，置帐下"。扬州失陷，攀龙在幕府虽只有几天，但血战共存亡，先回家庙拜辞祖先，大恸道："不复见吾父母矣！"① 随后巷战牺牲。

其妻同县人，太平知县彭承荩女，夫殉难时怀孕三月，设誓道："得男守之，女则有死而已"。后来诞生遗腹子，祖父兼俊给命名为"来"，希望攀龙未死，"庶几或来"，日久才改名为"磻"。磻后来"能为应举文艺，师令就试"。磻请命于母，彭氏道："嘻，汝父执干戈以捍社稷，死为国殇，魂爽赫然。汝可忘先人之大义而就试耶？设不幸遂得通显，将父子分道而驰，而父不肯以而为子矣。是吾不能教汝，致陷其子于不义，吾亦何以告无罪于而父也耶？"彭氏呜咽痛楚，"磻亦泣下"。磻从此抛弃举义，"专精经史，学问充然，雅多醇儒之业"，"间出教授生徒，得馆谷以供朝夕，母子食贫茹苦，泊如也"②。一门民族气节彪炳，令人起敬。

5. 没有死于扬州战火，后因从事反清起义或复明运动殉难者加王绩

王绩，字亚绵，扬州府兴化人，县诸生。

绩兄弟三人，兄缵字伯绵，弟续字叔绵。三人都很正直，忠荩自许，见义勇为。"绩尝从事督师史公幕府，授监纪推官。"或说"绩初为高杰监纪"，于高杰被害后转为漕运总督田仰标下参军。田仰调离，③ 他回原高杰部。杰妻邢氏听信谗言，"谓其受他衔，不忠，收送史相国系讯"。缵、续闻知，赶至可法处，"侃侃明其无他"。可法感动，释绩留幕府。扬州失

---

① 屈大均：《皇明四朝成仁录》卷6《弘光朝（起元年二月迄五月）》，《扬州死事传》。

② 屈大均：《翁山文钞》卷6《墓表》，《何节母彭孺人墓表》。

③ 郑之侨等：咸丰《重修兴化县志》卷8，《人物志》，《忠烈》，王缵兄弟传以为扬州未破、可法尚在时田仰已死。此说不确。弘光元年四月庚午（十八日），田仰调离淮扬巡抚另任（谈迁：《国榷》册6，第6204页，卷140，弘光元年，中华书局1958年版）。闰六月，徽商程璧曾去田仰处乞援，以解江阴危（计六奇：《明季南略》，第241页，卷4，《江阴纪略》，中华书局1984年版）。八月，田仰从海道之浙江投鲁王，拜东阁大学士（翁洲老民：《海东逸史》，第8页，卷1，《监国纪》上，浙江古籍出版社1985年版）。可知田仰此时确未死，王绩离开田仰，是因田仰调离或即将调离。王绩在可法幕府为时很短。

陷后，当年秋，缵、绩、续兄弟与熊应明等奉新昌王起义，① 占领盐城、兴化。驻防扬州等处清军进行血腥镇压，缵、续等遇害，新昌王罹难，"惟绩率余众人于海"。十月，"绩从海上率故东平伯刘泽清部将卫某、刘某及海滨民近万人攻围［兴化］县城，军势甚张，炮火不绝，矢飞如蝟"。但城中内应因奸人告密被捕杀，起义失败。"绩蹈海死"②。唯黄宗羲《弘光实录钞》等认为绩兄弟三人死于扬州城破时，③ 疑不确；从王绩兄弟同乡李骙说，并参考《县志》。

6. 遗民加于之亮

于之亮，字隐湖，号药圃，镇江府丹阳人，县学生。

他"尝游史阁部军中，充左翼参谋"。扬州失守后，他回乡业医，"绝口不谈时事"④。

7. 遗民加吴胤侯

吴胤侯，字茂长，徽州府休宁人。

父次鲁，宗儒，有《巢云轩诗集》。父死后，家渐中落，胤侯随乡俗转业贸易，客居扬州，游于江淮，"性任侠，三致千金，倾囊结客，意豁如也"。他"自负经世才"，"陈时务策，上阁部史公"。可法"宾之礼贤馆，假知县职衔，赞军务"⑤。"参史相国军事"，"入幕是莲花"⑥。可法认为他有心计，派他渡江督饷。他差出刚五天，扬州就失陷了。

胤侯免难，"乃鹖冠芒屩，旅食吴中。遇故人，辄欷歔饮泣"。他常常撰文私祭可法，"如昔人恸哭西台故事"⑦。他与遗民学者太仓人陈瑚等

---

① 据《明史》册9，第2730页，卷120，表第三，《诸王世表》三，中华书局标点本，宁藩下有新昌王，但天顺年间即因无嗣而封除。又《明史》册10，第2932页，卷140，表第五，《诸王世表》五，徽藩下也有新昌王。兴化起义者即徽藩下新昌王。徐鼒：《小腆纪传》上册，第108页，卷9，列传二，《宗藩》，中华书局1958年版，亦以为"徽藩裔也，名不可详"。其名应为载埠或其子孙翊字、常字作名之第一字者。

② 李骙：《虬峰文集》卷16《传》，《昭阳十二烈士传（有序）》；郑之侨等：咸丰《重修兴化县志》卷8，《人物志》，《忠烈》，《王缵绩续》；并参见徐秉义《明末忠烈纪实》，第338—339页，卷16，《效死传》，《缪鼎吉》，浙江古籍出版社1987年版。

③ 黄宗羲：《弘光实录钞》卷4。

④ 徐锡麟等：光绪《丹阳县志》卷23《隐逸》，《国朝》，《于之亮》。

⑤ 陈瑚：《确庵文稿》《古文》，《吴参军传》。

⑥ 葛芝：《卧龙山人集》卷4《五言律诗》，《赠吴茂长》。

⑦ 陈瑚：《确庵文稿》《古文》，《吴参军传》。

"结为兄弟，托妻子，同患难"，顺治十一年（1654）以后去世。①

8. 遗民加唐华鄂

唐华鄂，字仲耕，号陶庵，淮安府盐城人，诸生。

华鄂自为诸生后，"淮东推其才行"。弘光初，他与王之桢等向史可法上书陈十策，被"督师史可法征至幕中，掌机宜文字"。可法授以官，"擢归德府通判"②。

扬州陷落，他回乡后，"嘉遁不出，邑人士以诗文就正者座上常满，询时事嘿然不答。当事礼聘弗往也，野服晋巾，优游自适"③。他谨慎地保持气节，终其余生，死时年83岁。

9. 遗民加陈所长

陈所长，常州府宜兴人。

他与族弟琅"同游督师史可法幕"。扬州破，"琅自刎死，所长以马革裹其尸归"④。几年后，所长去世。

10. 遗民加强惟良

强惟良，或作强维良，字真长，扬州府江都人。

惟良能诗。他在史可法扬州幕府，可法答清摄政王多尔衮书，或"谓出新建欧阳五敕及江都强维良手"⑤。

入清后，他不与试、不出仕，"盖亦明季之遗民也"⑥。"高旷称博学，士林重之"⑦。

11. 遗民加孙弘（释原志）

孙弘，字怀远，淮安府盐城人，崇祯元年（1628）生，诸生。后来他出家为僧，名原志，或作元志、愿志，字硕揆，或作硕葵，康熙三十六年

①　陈瑚：《确庵文稿》《古文》，《吴茂长小传（入新安志）》。参见《新安吴氏世谱序》，《巢云轩诗序》及卷3下《诗歌》，《娄江集（起丁酉尽戊戌）》，《寄怀吴茂长》。

②　陈玉树等：光绪《盐城县志》卷10《人物志》一，《明》，《王之桢》附唐华鄂。

③　同上。

④　宁楷等：嘉庆《重刊宜兴县旧志》卷8《人物传》，《忠义》，《补遗》，《陈琅》。

⑤　胡应庚等：民国《续修盐城县志稿》卷14《杂类志》，《拾遗》按语引会稽徐沁《借庵随笔》。

⑥　孙静庵：《明遗民录》，第144页，卷18《强惟良》，浙江古籍出版社1985年版。

⑦　五格等：乾隆《江都县志》卷25《人物（隐逸）》，《叶弥广》附强惟良。

（1697）七月十五日圆寂，世寿七十岁，僧腊四十八。

弘自幼读书，为人刚正任侠，直爽豪迈，胸怀大志。明亡，他抛弃举业，学书学剑，浪游齐豫。其父殷富，被弘叔勾结无赖，拷掠、勒索至死。弘出游淮扬间，"适逢史阁部建义帜，即谒见投用"，"史公壮其志，授以中军，命帅师剿淮北盗寇"。沿乡乌合之众，"见官军旌旗，望风而溃"。他乘势回乡里，杀叔祭父。其后，他还军，认为能"识时务者呼为俊杰，今大厦将倾，非一木所能支。眼前有兵数万，皆淮扬新集少年，无燕赵齐楚强兵，北军一至，势必瓦解。史公系明朝科第，深受国恩，骑在虎背上，其济则君之灵，不济则尽臣之节，如吾侪无官守言责，当留此身以有待。此时抱薪救火，从井救人，终属无益，深感痛切"，便向可法"叩首而辞行"，"史公亦不相强"。"不数月，史公被困"，扬州失陷。弘正在南京，有人劝他仕清。他流泪说："读书必忠孝自期，苟延性命已觉可耻，若辫发求荣，他日有何面目见祖宗父于地下？"他表示，"功名不愿为，商贾不屑为，惟剃发为僧，与草木同腐耳"①。

顺治七年（1650），他毅然投海州佛陀寺元玺长老剃发出家。其后他又诣杭州灵隐寺垂戒，从具德弘礼研究，前后13年。康熙时他相继住扬州上方、泰兴庆云、余杭径山、常熟三峰诸寺，为遗民僧以终。

12. 将原文遗民（五十六）张玙若小传末句"其他不详"②删去，改写张玙若

张玙若，字伯玉，淮安府山阳人。蒋逸雪《张溥年谱》附《复社姓氏考订》有张玙若，字瑜公，扬州府海门人③，应为另一张玙若。

史可法开府扬州，玙若"以布衣参公军"，"自称参军门人"，"愧玙不才"，"曾辱异视"。可法殉难后，玙若作文祭奠，"谓公居无如何之时，值不可为之地，而极不得已之心。当夫天崩地圮，日月摧冥，不死于城头，而死于乱军，无骨可葬，无墓可封，天也人也，亦公自审于天人之际而为

①　抱阳生：《甲申朝事小纪》（初编）上册，第23—25页，卷1《孙公怀远始末（云林硕揆和尚）》，书目文献出版社1987年版。胡应庚：民国《盐城续志校补》卷2《附录》，《净慧禅师原志传》。

②　《燕京学报》新4期（1998年5月），第70页。

③　蒋逸雪：《张溥年谱》，附《复社姓氏考订》，齐鲁书社1982年版，第82页。

之也"。"长跪陈词，不禁涕泪"，慷慨悲凉，达于极点。他以遗民终身，发誓"山薇可采，田芜可剃，聊以卒岁，用报公义"[1]。所作《江上吟》云："栗冽西旻奄艾萧，飘风习习起寒潮。""可怜无限斜阳怨，只向秋声赋沈濠。""还家江总头仍黑，作赋庾生发早华。肃肃霜风惊落羽，凄凄萝月隐悲茄。"词苦声悲，心酸泪零，"此诗亦伯玉之《哀江南赋》也"[2]。

13. 原文遗民（六十二）周君调，[3] 改周鼎新

周鼎新，字君调，浙江临海人。[4]

崇祯五年（1632），鼎新与同县陈函辉等应召修《台州府志》，因结年评诗社，时相唱和。

"君调固奇士，尝参史阁部军事。"入清后他为生活所迫，投漕运总督下为书吏。其时漕运督抚胥吏"皆凭借威势，苟且流行，至有杀人于途，官吏不敢究诘"。顺治十年，官民告讦，全部书吏"均奉旨严勘"。鼎新被捕，"失势，为狱吏所困"。此案死者多人，鼎新"得减死论"。他在狱中信佛，出狱后，"遂弃家为僧"。康熙年间，他与山阳人顾荣生经常聚首，"讲性命之学"[5]。

14. 将存疑待考者（八十一）陆逊之小传末句"此后他的情况待考"[6]删去，加写逊之后半生状况，改入遗民

陆逊之，字子敏，苏州府昆山人。

逊之为复社士。崇祯十年（1637），他任四川绵州知州，十三年（1640）罢官。[7] 他转入四川巡抚邵捷春幕，奉命巡视诸营。当时张献忠起义军占据湖广归州（今湖北秭归）、四川巫山一带群山，伺机西进。邵捷春扼守重庆，移总兵秦良玉石砫土司兵与重庆为犄角。逊之至秦良玉

---

① 陈去病：《五石脂》，第 310 页，江苏古籍出版社 1985 年版。

② 姚佺选《诗源（初集）》，《吴一之一》下卷，《张玙若（字伯玉淮安人）》并姚辱庵评语。

③ 《燕京学报》新 4 期（1998 年 5 月），第 72—73 页。

④ 陈函辉：《小寒山子集》，《年评社集（一名东园公草）》。

⑤ 黄宗羲：《南雷诗文集》上，《寿序类》，《顾君荣生六十寿序》，《黄宗羲全集》册 10，第 674 页，浙江古籍出版社 1993 年版。宗羲此文不涉及周鼎新案情，案情据吴昆田光绪《淮安府志》卷 40《杂记》。

⑥ 《燕京学报》新 4 期（1998 年 5 月），第 82 页。

⑦ 陆逊之任绵州知州，毛奇龄：《西河合集》，《蛮司合志》七，《四川》四曾提到他被罢官，但未说明罢官原因。其后诸书皆然，即伍肇龄等同治《直隶绵州志》亦同，故罢官原因不详。

营，良玉谈四川战争形势，说邵捷春不懂军事，决其必败。后来果然。逊
之再起后，曾任按察使司佥事。

崇祯十七年秋，他在史可法督师幕府。可法从征监纪推官掌印，"为
原任佥事陆逊之"。当史可法准备西进河南时，逊之等私问应廷吉道："师
相将有事于中州，君意何若？"廷吉主张北取山东，必得响应。十月，可
法任命一批官员经营河南，"陆逊之为大梁屯田佥事"。其屯田法，"官给
牛粮籽粒，另设属员，迄无成功"①。

入清后，逊之不曾出仕。晚年他与原幕友蒋臣会晤，蒋臣长叹"与子
婆娑成二老，相看硕果更谁存"。他们对年届垂暮还活着很是宽慰，生活
困苦不堪并没有使他们感觉到挫折，"身在宁嗟贫次骨，神伤翻令坐忘言。
鬓上冉冉丛新恨，虫絮凄凄泣旧恩"②。他们无疑还在积累对清朝统治的
"新恨"，心中时常感念明朝和史可法对他们的"旧恩"。

15. 将原文存疑待考者（九十）唐时谟、（九十九）唐孟嘉③撤销，遗
民加唐时谟

唐时谟，字孟嘉，安庆府桐城人，崇祯初诸生。

时谟为学不喜空疏，力求经世致用。他探究古今成败兴亡因果，条分
缕析，议论深刻。当时边关、腹地战争激烈，社会动乱。明朝政府兵、饷
两缺，补救无术。时谟渴望进用，一展抱负。但他科举不利，便先投同县
人宣大总督孙晋幕下。后来，"史相国出镇维扬，辟为记室，高文典册，
咸取资焉"。"尔时典书记，秘密许谁知？"④他与蒋臣曾对王之桢议论史
可法守父丧期间"闭户读书"，"于古文书无不领其要旨"，军中口授奏揭
书启之类，醇雅精深，"又走笔判押，运腕如飞，字字皆十七字帖也。以

---

① 应廷吉：《青磷屑》卷上。按：逊之知绵州，巡秦营事，《明史》卷270《秦良玉》、毛奇龄
《蛮司合志》七、彭遵泗《蜀碧》卷1、伍肇龄等同治《直隶绵州志》卷35《职官表》等多书均有记
载。其在可法扬州幕府先后任监纪推官、大梁屯田佥事，则陈龙正《几亭全书》卷50《文录（书牍
十）》，《与陆子敏理刑（甲申）》《答陆子敏大梁道（崇祯甲申）》可证。前信举荐吴尔壎投可法幕，
欲"特借数言介诸左右"，可知逊之极受可法信任。

② 蒋臣：《无他技堂遗稿》卷16《诗》，《赠陆逊之年兄》。

③ 《燕京学报》新4期（1998年5月），第86、87页。

④ 潘江辑《龙眠风雅》卷47《唐时谟》，小传、《客有询予维扬旧事者答之》。彭士望列举史可
法幕下长才时，有"唐时谟"，"南直"。

此知师相著述以政事掩"①。

入清后，时谟不再求仕，"闭户惟弹忧时泪"。所作五律《夏日午睡》，清楚表述出他的遗民态度："不作云霄梦，于今已有年。卧山情觉稳，嗽石志方坚。毒气蒸空际，微风到枕边。婆娑书在握，目倦渐成眠。"② 所著《贵思堂草》（《贵思堂诗集》），乾隆时禁毁。③ 时谟生卒年不详。

16. 改写原文存疑待考者（八十二）杨遇蕃小传，④ 遗民加杨遇蕃

杨遇蕃（或作继蕃，误），号括庵，凤阳府凤阳（或作扬州府江都，误）人。⑤

遇蕃父廷璧，字德舆，崇祯间由庐州府学训导调舒城教谕，署县事。崇祯十五年（1642），农民军破舒城时，廷璧与妻、子、僮仆等俱死。遇蕃为其季子，"同父被害，已而复苏"⑥。史可法任安庐巡抚，疏奏其父死难经过，恤典优厚，"遇蕃遂依幕下"。扬州城陷，遇蕃被俘。清兵获可法，命被俘者辨认。遇蕃证实："是也"。可法大骂，不降。遇蕃"劝其忍死救百姓"。可法叱说："若父一署县事教谕能死节，我今日一死外，皇恤其他！"可法死，"遇蕃潜遁，觅其骸不可得"⑦。遇蕃从清人俘虏中逃走，并寻找史可法遗体，表现了他不屈服于清朝的精神。

17. 将原文存疑待考者（九十五）胡蕲忠⑧撤销，降清者加胡蕲忠

胡蕲忠，字、号不详。苏州府长洲人文秉称之为"南中大无赖也"⑨，

---

① 《史可法集》，第131页，附录，王之桢：《射州文存》，《跋史师相乞闻咏叙》，上海古籍出版社1984年版。

② 潘江辑《龙眠风雅》卷47《唐时谟》，《舒山人为予写真》，《夏日午睡》。

③ 雷梦辰：《清代各省禁书汇考》，第145页，《安徽省》，书目文献出版社1989年版。

④ 《燕京学报》新4期（1998年5月），第82页。

⑤ 据王源《居业堂文集》卷20《书后跋题纪事杂著》，《自书史阁部遗文序后》。王源称，王之桢"为源述杨遇蕃事"。胡应庚：民国《盐城续志校补》卷2《附录》云，杨遇蕃自"以其事语之桢，之桢以告王源"。故以为据。

⑥ 江闿：《江辰六文集》卷18《诗（续刻诗）》，《杨德舆先生……》。据王源文补充杨廷璧在舒城教谕任上曾署县事。

⑦ 王源：《居业堂文集》卷20《书后跋题词纪事杂著》，《自书史阁部遗文序后》。

⑧ 《燕京学报》新4期（1998年5月），第86页。

⑨ 文秉：《甲乙事案》卷下，弘光元年三月乙巳（二十二日）。按："南中"一词，含义应即南方。长洲人心中指江南地方。史可法答多尔衮书，首句"南中向接好音"，即指江南弘光政权得知打败李自成军消息。

显系南直隶长江以南人。

　　其人"贫困无聊，以条陈于史可法，留置幕下"①。清军占领京师后，南明许多人视北路为畏途，胡荩忠挺身请往。崇祯十七年十月，可法至清江浦，"遂奏……胡荩忠为睢州知州"②。顺治二年三月，豫亲王多铎接到南征旨意，便先攻取河南。四月，清兵继续推进，攻取南直隶亳州、砀山，威胁徐州，明徐州总兵李成栋率军登舟南逃。"胡与刘姓渡河，投降于清，请速渡黄河"，乘徐州空虚进扑。多铎率清军"至河口，见水光接天，波浪汹涌，大骇。疑二人为谍，欲杀之。二人叩首，愿身监营中，先以数十骑往，若徐州果有备御，就戮未晚"③。多铎听从，果得徐州。

　　胡荩忠以此很得多铎信任。扬州陷落，多铎"破格用人"，胡荩忠"奉豫王令旨委署扬州府篆"。"乃利欲心迷，廉耻道丧"，乘乱迫害扬州城陷时牺牲的江都知县周志畏遗属，"拘周令姊于衙内多时"，"威逼周氏究问藏银所在"，"攫已故江都知县周志畏埋藏白金器皿共计八百两，致其妻、姊寄迹空门，藐孤捐躯沟壑"，甚至说他"奸淫周知县之妻、姊"。胡荩忠蹂躏旧时同僚、抗清烈士，被清地方官骂为"真衣冠禽兽"。此事由周家的"义仆奔诉"，清扬州道周亮工呈详揭露，按清朝"新律"，应该处死，但官方认为"犯在赦前，比例未减"④。胡荩忠免死，似从此也销声匿迹。

　　18. 将原文存疑待考者（九十六）冷时中⑤撤销，降清者加冷时中

　　冷时中，字心芬（或作心汾），字梅庵，有作悔庵者恐为梅、悔形近

---

　　① 文秉：《甲乙事案》卷下，弘光元年三月乙巳（二十二日）。

　　② 应廷吉：《青磷屑》卷上。文秉说，年底高杰遇害后，"徐沛遂为畏途，胡挺身请往，史大喜，即委胡署徐州事"。授官时间、服官地点皆异。文秉所记时间、地点更关键、更重要，宜有更多人注意而有更多记载。实际上至今未见其他人记载，故疑不确。应廷吉身在行间，显然更加可信，故从之。

　　③ 文秉：《甲乙事案》卷下，弘光元年三月乙巳（二十二日）。按：颇疑与胡荩忠一道降清的"刘姓"即刘景绰。曾任明淮安道，监纪推官的刘景绰，被清朝用为知县。

　　④ 《内有〈据扬州道周亮工呈详〉残题本》，载《明清史料》己编第1本，第20—21页。按：致死之"藐孤"为"周钟官"，应即周斯言，饥饿致死。

　　⑤ 《燕京学报》新4期（1998年5月），第86页。

致误，① 四川内江人。

冷时中长于诗，有《雪碗集》。他人史可法扬州幕府。崇祯十七年十月，可法以征讨扼守陕西的李自成为目标，"遂奏……冷时中为开封府通判……经略中原"②。冷时中显然在顺治二年三月多铎率清军攻掠河南时投降。多铎给以重用。"冷时中委署归德府知府"③。他在署知府任上，表现"才干优长，处事精敏，为时所诵"④。顺治三年二月，清多罗贝勒博洛受"命为征南大将军，往平浙、闽"⑤。四月，清廷同意冷时中"以知府用"，但他没有实授或"仍照原委职衔改补"⑥，归德府知府另由辽阳人徐淳接替。冷时中则似被调至博洛幕府，"奕奕征南幕，翩翩记室才"⑦。顺治四年二月，博洛还师，冷时中可能还因熟悉家乡而转至靖远大将军豪格幕下，⑧ 参加西征。豪格于顺治五年二月还师，据说其后冷时中又任过川南道。⑨ 但博洛幕府起各项经历还待考实。

19. 降清者加徐准

徐准（初名士奇，后改名），字式平，浙江会稽（今绍兴市）人，万历三十二年（1604）七月生，顺治三年七月死。

徐准本习儒术，后认为科举误国，断然抛弃。崇祯时，他在京师因人命逃往山海关，被捕至宁前（今辽宁绥中前卫）。山永巡抚冯任发现他有文才，留为幕客。后来他又曾接受督师杨嗣昌、丁启睿的邀请作幕，以"河南开封府同知赞画军前"名协助督师李建泰出师。

京师破，他拥戴弘光，"时阁部史君镇扬州，已留公幕中，而靖南侯

---

① 李调元选《蜀雅》卷 4《冷时中》。

② 应廷吉：《青磷屑》卷上。

③ 《清世祖实录》卷 25，顺治三年四月甲申。

④ 查岐昌：乾隆《归德府志》卷 21《名宦略》下，《国朝》，《冷时中》。

⑤ 《清史列传》册 1，第 81 页，卷 2《宗室王公传》二，《和硕端重亲王博洛》，中华书局标点本。

⑥ 《清世祖实录》卷 25，顺治三年四月甲申。

⑦ 宋琬：《安雅堂诗》，《五言律》，《冷心芬挽诗四首（有序）》（其一）。

⑧ 宋琬《冷心芬挽诗四首（有序）》《其二》有句云："献捷巴西日，遥传露布文。"疑指豪格镇压张献忠起义军事。露布文为冷时中作，则冷时中自在豪格幕下。

⑨ 宋琬《冷心芬挽诗四首（有序）》序中提及"故川南道梅庵冷老社翁"。朱襄虞等：光绪《内江县志》卷 6《列传》，《冷时中》据此改为"国初，从军仕永历，官至监军道"。从《清世祖实录》看，冷时中未任过永历朝官职，且宋琬亦不可能称呼其南明职衔，《县志》为妄改。

黄得功与公在宁前有交，向史君乞公。史君许之，遂题公监靖南侯军"。他曾调解高杰与两浙勤王兵、黄得功与高杰的争端。在随军移镇无为后，他又"迁庐州府同知，奉命联络西江，进工部员外"。黄得功殉难后，他随众降清。顺治三年，他受贝勒博洛委派为招抚使，去招降金华、衢州，在衢州为明守军所杀。衢州失陷后，清军"以杀公故，尽杀在城官吏之降者"①。

20. 将原文存疑待考者（九十七）李蓘、（九十八）韩诗②删去。目前还没有发现此二人进入扬州幕府的任何直接记录，原文应属阑入。存疑待考者另加王猷定

王猷定，字于一，号轸石，江西南昌人，拔贡生。

猷定天资颖悟，家学精深，擅长诗文，为文恣睢酣畅，契合理道，读者甚至分不清是今人还是古人所做。他为人胸无城府，倜傥自豪，意气昂扬，议论风发。年少时他驰骋声伎、狗马、陆博、神怪之事，不喜八股帖括之学，所以文战不利，"而以明经老"。"史可法闻其贤，征为记室。""甲申之变，史公倡大义，表迎福藩于留都，又草檄四方忠节之士，情文动一时，皆于一为之谋也。""既入国朝，遂绝意人世，日以诗文自娱"③，以遗民终身。康熙元年（1662）春，他在浙江杭州病逝。友人陆圻治其丧事，孙默抚其遗孤，情况悲惨。④ 很明显的是，猷定是史可法南京兵部尚书幕下士，但他是不是延续供事至扬州督师幕府？他何时离开史可法幕下？待考。

21. 存疑待考者加释智剑

释智剑，湖广麻城人。方文有诗《赠智剑大师》云："槁师出世大英雄（麻城梅槁木弃百万家资学道，故云），师与同乡道亦同。少学兵书三府辟，老归佛法万缘空。萧萧白发秋霜后，黯黯青灯夜雨中。回首江淮浑

---

① 毛奇龄：《西河合集》，《西河文集》，《墓表》四，《浙东招抚使故明工部员外监靖南侯军徐公墓表》。

② 《燕京学报》新4期（1998年5月），第87页。

③ 钱仪吉辑《碑传集》卷136《文学》上之上，韩程愈：《王君猷定传》。《清史列传》册18，第5721—5722页，卷70《文苑传》一，《侯方域（王猷定）》。

④ 节庵辑《庄氏史案本末》卷下，陆莘行：《老父云游始末》。周亮工：《赖古堂集》卷6《五言律》，《孙无言于王于一之没抚其幼子经纪备至叹古道之犹存也感赠》。

似梦，围城屡次建奇功（师曾为史阁部参军，屡破贼）"①。智剑为明遗民僧。他最迟在史可法任安庐巡抚时已在幕府。但他的俗姓名、在史可法扬州督师幕府供事情形等都待考。

22. 存疑待考者加张尔定

弘光即位，"史可法开府扬州，聘盐城诸生四人参军事"②。盐城四诸生应即王之桢（青岩），唐华鄂（陶庵）、孙弘（怀远）和张某（尔定）。王之桢向可法上书陈十策，"唐子陶庵、张子尔定当即同上书之二人也"③。可法将他们礼请入幕。尔定依唐陶庵例应为张某的字、号，原名待考，其他情况待考。之桢《青岩集》如仍在世，或有线索可寻。

23. 存疑待考者加汪汉

刘城有七绝《除夕前五日汪生（汉）访我山中信宿赋别》，云："岁晏风干起暮云，寒林鸥叫不堪闻。何人策马寻桥渡？重理淮南幕府勋（生言史公扬州事颇悉）"④。汪汉曾理扬州幕府事，但他是何籍贯？其前后情形又是如何？待考。

以上补正，对扬州牺牲者，扬州战后从事抗清复明活动殉难者、遗民、降清者、存疑待考者各类人物都有增补。增补的人物，与原文中没有删改的幕府人物分类相加，结果为扬州牺牲者30人、扬州战后从事抗清复明活动殉难者11人、遗民41人、降清者12人、存疑待考者16人，总计110人，比原文总人数增加10人，但原文中的幕府人物还有所合并和删除，所以实际增加14人。其中除存疑待考者人数有减少外，其余四类人都有增加。明清史资料浩繁，假以时日，即不断有新的发现。例如答多尔衮书的起草者，原以为有欧阳斌元、王纲、黄日芳、何亮功等人，现在知道还有王之桢、强惟良、黄师正等人，王之桢拟稿与最后定稿文字异同的比较还留下了记载⑤。这就更加证明多人起草、可法定稿的结论的正确

---

① 潘江辑《龙眠风雅》卷33《方文》，《赠智剑大师》。
② 陈玉树等：光绪《盐城县志》卷17《杂类志》，《拾遗》录乾隆《淮安府志》。
③ 胡应庚等：民国《续修盐城县志稿》卷14《杂类志》，《拾遗》。
④ 刘城：《峄桐诗集》卷10《七言绝》，《除夕前五日汪生（汉）访我山中信宿赋别》。
⑤ 胡应庚等：民国《续修盐城县志稿》卷14《杂类志》，《拾遗》。

性。因此，笔者确信随着史可法扬州督师幕府人物课题研究的继续，内容会更加深入和丰富。

史可法扬州督师幕府人物研究，是一个有意义的课题。史可法的伟大，不止在于他个人的表现。他的督师幕府虽然也出现极少数的败类，如刘景绰、胡蕲忠、高岐凤之流，以蹂躏烈属、屠戮本民族人民渔利求荣，但其主流方面仍然使它称得上一个坚强群体，表现出中华魂，中华民族不屈不挠的性格和精神。这里可以就杨遇蕃的归宿问题做一简单讨论。有人将杨遇蕃称为降将。但杨遇蕃不是降将。他是俘虏。战争中俘虏众多，被俘后有不屈者，有降敌者。遇蕃没有效命于清朝，最后选择机会逃走，显然不是降敌者。但他曾劝可法忍死救百姓。遇蕃在可法幕下三年，熟知可法为人，不致帮清人劝降。并且他的劝语模棱，或作"愿忍须臾死以救百姓"①，应理解为请求可法暂做敷衍姿态以使清兵停刀。但遇蕃在这里是患了幼稚病。屠城是清方既定决策，执行已久。扬州城破当日，多铎已"下令屠城"②。六月，清提督抚剿总兵衔金声桓等率军下江西九江、南康，进入南昌，没有遇到抵抗，但清军蹂躏仍及于抚州等地。次年冬，金声桓等率轻骑数万进至金溪浒湾等处，"屯兵几百里，所在屠戮，积骸盈野"③，"自黄通至石门，士民无老幼尽杀之，枕尸七十余里，妇女悉拥挟以去，邑为之空"④。显然，屠戮在金溪全县范围内进行。顺治二年八月，清军抵松江，"百姓已归顺"⑤，"王四烨……衔豫王命来安抚，业有就绪"，虽前明两广总督沈犹龙倡义守城，但"城守者一矢不及发"，并无抵抗行动，清兵"长驱而直入，备极屠戮之惨"⑥。这些情况说明，史可法的任何软弱表现，都不能拯救扬州百姓免于屠刀，杨遇蕃

① 《史可法集》，第136页，附录，李瑶《南疆绎史勘本本传附记》。
② 陆圻：《冥报录》卷下《二烈女》。
③ 王有年：《缺壶编文》上，《先考姚墓志铭》。
④ 徐世溥：《榆溪集选》，《陈烈妇墓表》。
⑤ 董含：《纯乡赘笔》上卷，《松城屠》。
⑥ 曹家驹：《说梦》一，《沈司马草率举事》。

关于救百姓的劝告只是一种幻想而已。史可法在临终前不仅表现出他的勇烈，而且表现出他的明智。杨遇蕃是善良的，也是不屈的，一时幼稚、糊涂，不应编派为降将。

原载《揖芬集（张政烺先生九十华诞纪念文集）》，
社会科学文献出版社 2002 年版

《史可法扬州督师期间的幕府人物》再补正

《〈史可法扬州督师期间的幕府人物〉补正》草成三年多来，随着有关资料搜集增多，作再补正。

1. 没有死于扬州战火，后因从事反清起义或复明运动殉难者加朱国材

朱国材，宁国府宣城人。

"朱国材者，尝为史阁部可法记室。"顺治四年，厉豫在盐城起义受挫，逃到巢县，寄寓宋氏。当时，朱国材也到巢县，"变姓名，主周氏家，敝衣草履，形容枯槁。"他宣称："我史可法也，志存恢复，已约合兵数万，刻日齐集，大事可图也。""周氏信之，厉豫时与通。"顺治五年（1648）正月二十五日，朱国材、厉豫率众千余，乘夜袭破巢县城，南下破无为州，"州人从之者渐众。"清军将起义镇压下去，俘杀朱国材、厉豫，"而州人罹于法者甚众。"①

2. 增补原文遗民（四十）周岐小传

周岐，字农父，或作农夫，号需庵，安庆府桐城人，贡生，万历三十六年（1608）生。②

岐年少伶仃，"五岁为孤儿"，宗族虎视眈眈，"准备攘夺其治"③ 岐诗歌雄奋，与方以智等相伯仲。其七古《官兵行》揭露明军贪淫残暴，结句云："痛哉良民至死不为非，无如官兵势逼民为贼。"④ 感叹至为痛切。

---

① 阮葵生：《茶余客话》卷22，《厉豫》引王介山（又朴）《杂纂》，中华书局1959年版，下册，第700页。

② 钱澄之：《田间诗集》卷4，《江上集（起丁酉止戊戌）》，《寄周农父》，有句云："子年今五十。"此诗为本卷首篇，则丁酉（顺治十四年）作，逆推得之。

③ 方以智：《方子流寓草》卷2，《五言古诗》，《与农父夜叙作此》。

④ 朱彝尊：《明诗综》卷77，《周岐》。

社友吴应箕赞他，"才华天所丰，智略性辐辏"①。他在科举途上仅以贡生止步，从青年时起因希图用世便改以游幕为业。他"赴苟侍御宾席"②疑是其幕客生涯发轫之始。苟侍御应即御史苟好善，陕西醴泉人，天启五年（1625）进士，崇祯十二年（1639）初清军进掠山东时在济南知府任上遇难。③史可法任安庐池太巡抚，岐赋闲在家。"史抚台将聘之"④，但似因崇祯十二年夏可法丁忧使岐没有应聘。崇祯十六年，岐以贡至京，上书内阁言时政得失。兵部尚书冯元飚荐其参宣大总督孙晋军务。十二月，孙晋病罢，岐转入河南开封府推官陈潜夫幕。⑤次年，他因"相国史公开阃淮、扬，又以佥事参军务"⑥，说明他已膺按察司佥事职衔。他后来因有病回乡，脱却扬州之难。

隆武元年（1945），兵备副使杨文骢拜兵部右侍郎兼右佥都御史提督军务，驻军浙江处州，承旨恢复南京。桐城诸生孙临为孙晋弟，被文骢招入幕，为职方主事。岐与孙临同乡同社，被孙临援引入幕参赞军务。文骢、临被害，岐幸脱。⑦顺治五年（1648），清征南大将军谭泰征叛将原清江西提督金声桓，梅勒章京、吏部右侍郎马光辉（我田）从征。岐"应马我田幕府聘"，"起檄""探筹"，"作幕中人"。顺治九年，蔡士英巡抚江西，福建"周立流祸江界，伪总兵霍武等相为犄角"。周岐在蔡士英发兵镇压时，"尝应聘西征。"⑧岐应此两聘有无寻找内应、策反机会的想

---

① 卓尔堪辑：《明末四百家遗民诗》卷12，周岐：《官兵行》。

② 吴应箕：《楼山堂集》第22卷，《五言古》，《赠答周农夫（岐）》。

③ 潘江辑：《龙眠风雅》卷63，《寓公》，王宣：《初春送周农父赴苟侍御宾席》。

④ 曹骧观等：民国《续修醴泉县志稿》卷7，《人物志》一，《乡贤》，《苟弥光》。参见谈迁《国榷》卷97，《己卯崇祯十二年》，中华书局1958年版，册6，第5828页。

⑤ 方以智：《方子流寓草》卷4，《五言律诗》，《与农父谈时史抚台将聘之……》。

⑥ 朱彝尊：《明诗综》卷77，《周岐》称：岐"随授河南推官，参陈君玄倩军"。张楷：康熙《安庆府志》卷19，《文学》，《文学传》，《桐城》，《国朝》，《周岐》则谓参孙晋军，"以功荐授监纪推官。"卓尔堪则认为"随授河南开封府推官"。玄倩即潜夫。此时陈潜夫正任开封府推官，募民兵对抗农民军。后又督汝宁西平寨副将刘洪起兵。（张岱：《石匮书后集》卷45，《余煌陈函辉陈潜夫列传》，中华书局1960年版，第256页；温睿临：《南疆逸史》卷11，《列传》第7，《陈潜夫》，中华书局1959年版，上册，第83页。）故疑周岐不当为同一推官，此处存疑。

⑦ 卓尔堪辑：《明末四百家遗民》卷12，《目录》，《周岐》。

⑧ 朱彝尊：《明诗综》卷77，《周岐》。

法，尚待查证。他离开蔡氏幕府时间不详。后死于浙西，[1] 死因也不详。或说他"鼎荣归里，以所居舍旁余址筑土室终老"，疑无其事[2]。所著有《执宜集》，不传。

3. 将《补正》文之 21 存疑待考者释智剑撤销，以官抚辰（释德星、智剑道人）入遗民

官抚辰，字凝之，湖广蕲水人，明太常卿官应震长子，泰昌（1620）时恩贡生，[3] 万历二十二（1594）生。[4] 清军陷扬州，抚辰披剃，法名德星，号智剑道人，又号剑叟。

抚辰读书广博，通晓阴符奇门遁甲家言。他自天启初开始，虽有种种恩荫、功绩，奉旨破格超用，但一直以资格低微难报国恩辞谢。不过，从"围城屡次建奇功"，"屡破贼"[5] 看来，他可能早在可法任安庐池太巡抚以来，就曾在可法幕府参与军务。崇祯十五年（1642），漕运总督兼凤阳巡忧史可法具《特举真才以理疲邑疏》，题授抚辰桃源知县，后来因丁忧去职。顺治二年四月，清军自河南向淮北推进，徐淮尽失。史可法说："徐虽失，扬可为也。"可法安排扬州新的抗清人事，便与兵部侍郎[6]可法不顾，资助仆马敦促启程。抚辰在清兵临扬州城下时冒险乘乱入城，表现出与史可法同生死共患难的政治态度。在这千钧一发的时刻，他由可法申题扬州知府、兴平镇监军，[7] 但入幕不及做事，也没有着手重组高杰部众，扬州即告失陷。在血流漂杵之际，他侥幸逃到东隐庵落发为僧。降清新任扬州知府胡蕲忠将他搜救出来，淮扬总督卫胤文合疏请将抚辰"改补扬州

---

① 陈名夏：《石云居诗集》卷 1，《送周农父入豫章》；卷 2，《周农父应马我田幕府聘送之》。又据熊文举：《雪堂先生文集》卷 24，《送马少宰平西还朝序》，知马我田即马光辉。以上史料为同事杨海英钞773，得补周岐此段重要经历，因特致谢。又应蔡幕见杨钟义《雪桥诗话续集》卷 1，北京古籍出版社 1991 年版，第 46 页；钱仪吉辑：《碑传集》卷 61，《国初督抚》上，《蔡士英传》。

② 朱彝尊：《明诗综》卷 77，《周岐》。

③ 卓尔堪辑：《明末四百家遗民诗》卷 12，《目录》，《周岐》。参见周楷康熙《安庆府志》卷 19，《文学》，《文学传》，《桐城》，《国朝》，《周岐》。但周岐《县志》无传，疑因客死在外之故，倘在家终老死，当不在此。

④ 官抚辰：《云鸿洞续稿》第 2 册，《贵希函》，《敬陈本末疏》。

⑤ 官抚辰：《云鸿洞续稿》第 2 册，《贵希函》，《纪梦》。

⑥ 潘江辑：《龙眠风雅》卷 36，《方文》，《赠智剑大师》。

⑦ 官抚辰：《云鸿洞续稿》第 1 册，《贵希函》，《古诗》，《髡其首二章》。

府缺"。抚辰辞不就职，"率具《救时痛语》。"先后举荐出任高邮州、泰州知州。抚辰被迫上书多铎，要求或大用或放归。他明知无功不可能大用，实际上是一种脱身之计。《随扬州贺表内名上大清豫王乞免谒选书》不是抚辰降清的标识。他落入胡茚忠掌心，被挟持出山和列名表贺，不得不随表声明，认为"勒令旅进，有丧生平"①，希望从宽得到放逐。他的本意是当遗民，许由、巢父一流，"如首阳主子，非好名高采薇，适以疗饥耳"②。随后他果如愿被放回家乡。顺治五年他开始行脚游方。八年中秋日，他受湖广黄梅普照寺曹洞宗三十五世僧智觉付托。十年九月，他在智觉逝世后住持蕲州（今湖北蕲春）孝宣寺。圆寂年月不详。

4. 将原文存疑待考者（八十四）黄国琦小传稍加修改，黄国琦改入遗民

黄国琦，字石公，号五湖，江西新昌籍，南昌人，崇祯十年进士。国琦初任福建建阳知县，政尚宽仁，后兼摄浦城县，单骑谕降地方起义。崇祯十五年，山东兖州府一带被清军残破，国琦调任府属滋阳知县，"兼程抵任"，"安辑流亡，修举废坠"，"治有成效"，"民庆更生"③。十七年二月，他在召对中就"裕饷安人"问题答道："裕饷不在搜括，在节慎；安人系于圣心，圣心安，则人亦安矣。"④ 称旨，特授以吏科给事中。李自成军占领北京，他被用为府尹（或县令），或"伪吏部掌朱封者"⑤。或说，"黄国琦一闻城陷，即取白绫、琴弦进入"，企图弑君，但左谕德杨士聪加以驳斥，说"国琦一考选知县耳"，"何从有此？其为仇陷无疑也。"⑥

随后，他南逃投奔弘光朝廷。史可法和御史王燮交章荐于朝。十月，

① 官抚辰：《云鸿洞续稿》第2册，《贵希函》，《祭督师阁部史老师文》，参见《寄别新凤泗道王雪蕉先生书》。

② 官抚辰：《云鸿洞续稿》第2册，《贵希函》《随扬州贺表内名上大清豫王乞免谒选书》。

③ 官抚辰：《云鸿洞续稿》第2册，《贵希函》，《寄别新凤泗道王雪蕉先生书》。

④ 黄恩彤：咸丰《滋阳县志》卷7，《宦绩传》，《黄国奇》。

⑤ 计六奇：《明季北略》卷20，《［三月］十六报贼焚十二陵》，中华书局1984年版，下册，第449—450页。

⑥ 计六奇：《明季南略》卷2，《伪官》，中华书局1984年版，第129页。按：用为大顺府尹或县令，见《明季北略》，卷22、佚名《国变难臣钞》、彭孙贻《流寇志》卷11、钱𫓶《甲申传信录》卷5等。

刘泽清也以山东旧谊加以举荐。但他的起用遭到户科给事中吴适和御史胡时亨激烈反对。原蓟辽总督王永吉迁河道总督，① 国琦在其军中任监军道②，很晚才被授以京官"试兵科"衔。③ 王永吉汛地为"自宿迁至骆马湖"④，虽然地段短小，但为逼近前线的危险地区。王永吉将个人安危放在社稷安危之上，不顾鞭长莫及而常住距遥远的扬州⑤因此，国琦能参预督师幕府的事务，"后从史可守扬州。"⑥ 但他在扬州没有待长久，"寻以母病辞，终身不仕。"⑦ 或说他在扬州城破时自缢死，显系误传。康熙元年（1662）春王猷定死后，国琦还曾致书周亮工，议论亮工准备梓行王猷定遗集的问题，⑧ 足证未死于扬州之难。

5. 将《补正》文之23存疑待考者汪汉删去，存疑待考者加王雪蕉

《补正》文之23原据刘城《除夕前五日汪生（汉）访我山中信宿赋别》中"重理淮南幕府勋（生言史公扬州事颇悉）"句，⑨ 疑汪汉为扬州幕府士。汪汉实际上不是入幕之宾。他是史可法督师标下赏功副将汪思诚⑩第三子。汪思诚，池州府贵池人，万历十九年（1591）生，弃文就武，积功至副将，常在可法左右，扬州城破时死难。其三子依次为兴国、兴周、兴泰，兴泰后改名汉，应是政治含义的。汪汉为贵池县庠生，因父亲的关系耳闻目睹扬州幕府许多事务，能向刘城娓娓道来，原因在此。他著有《会风堂诗集》，似已佚失不传。⑪

另有王雪蕉其人，值得存疑、研究。官抚辰称：当时自己被急征至扬

---

① 杨士聪：《甲申核真略》，浙江古籍出版社1986年版，第15页。

② 谈迁：《国榷》卷140，记王永吉弘光元年四月庚午改河督淮凤庐抚，似嫌过晚。据应廷吉《青磷屑》卷上，在崇祯十七年秋冬，显然更加合理。

③ 应廷吉：《青磷屑》卷上。

④ 计六奇：《明季南略》卷3，《四月甲乙史》，第191页。

⑤ 应廷吉：《青磷屑》卷上。

⑥ 应廷吉：《青磷屑》卷下。弘光元年二月，黄得功准备袭击扬州，城守戒严，王永吉就"深以为忧"。可本法标下将士对王永吉等与可法互分汛地不满，劝可法索性把扬州丢给王永吉等人。这些事实说明，王永吉长期赖在扬州住着，当然有时也去外地巡察。

⑦ 吴山嘉：《复社姓氏传略》卷6，《瑞州府新昌》，《黄国琦》。

⑧ 肖浚兰：同治《瑞州府志》卷13，《人物志》，《宦绩》，《黄国琦》。

⑨ 陈枚：《凭山阁留青广集》卷7，《尺牍》，《荐引类》，黄国琦（石公）：《与周栎围先生》。

⑩ 刘城：《峄桐诗集》卷10，《七言绝》。

⑪ 应廷吉：《青磷屑》卷7，作赏功参将汪一诚，至少人名有误。

州，"舟入邗水"，"辱先生大人与诸上台过循虚名，挽留监纪，兵民兼顾。"此处先生系称王雪蕉。经查雪蕉，名相业，字（或号）子亮、雪蕉，陕西三原人。① 官抚辰对王相业说的这些话，显见王相业供事督师幕府，才能参与挽留，商酌授职。但这是推论，尚待查得有关供事幕府的明确记载，才能完全落实。官抚辰又说："言念台台文擅儒大之宗，武洞甲士之髓，肝肠映雪，意气凌云，一时抱负之英，相约以为盟长。辰慨然从之，遂有此濡滞……"王相业后来降清，被授为凤泗道②。唯其幕府身份须有力证落实，才能进一步展开历史演绎和分析。

以上选择重要的数事尤其着重有关键意义的问题，作为补正。其他可以补正之处还不少，例如胡蕲忠字自纯是近来读书所得，因过于琐细，暂不涉及。经过再补正，幕府人物汇计为：

扬州殉难者三十人：韩默、卢渭、张涵、胡如理（胡维宝）、胡如瑾、段振文、何临、归昭、罗伏龙、何攀龙、施凤仪、吴尔埙、何刚、任民育、曲从直、王缵爵、杨时熙、黄铉、吴道正、周志畏、王志端、李自明、周之逵、谈三杰、刘尔郊、陈琅、顾起龙、龚之厚、陆晓、唐经世。

后来从事反清起义或复明运动殉者十二人吴易、沈自炳、沈自駧、韩绎祖、厉韶伯、朱国材、许龙、支益、胡志学、汤芬、王兆熊、王绩。

遗民四十三人：应廷吉、周岐、阎尔梅、李标、刘湘客、李令晢、欧阳斌元、彭士望、王纲、黄师正、王之桢、王世祯、黄日芳、姚康、蒋臣、梁以樟、孙元凯、张玛若、吕愿良、侯方岩、张镶、周同谷、王廷宰、周鼎新、郑与侨、秦士奇、马之驯、于之亮、褚道潜、李升、殷铭、史奕楠、陆燧、陆逊之、唐时谟、吴胤侯、唐华鄂、陈所长、孙弘（释原志）、杨遇蕃、强惟良、官抚辰（释德呈、智剑道人）、黄国琦。

降清者十二人：侯方岳、侯方城、何亮功、李本泽、辛广恩、纪克明、萧管、刘景绰、胡蕲忠、高岐凤、冷时中、徐准。

---

① 邓汉仪选：《诗观（二集）》卷1。
② 陈弘绪：《陈士业先生集》，《寒崖近稿》二，《明镇国将军都指挥周知晋秩副总兵汪公神道碑》。

　　存疑待考者十四人：王猷定、朱良谏、孙枝秀、王佐、唐大章、唐妍、张大武、石启明、李长康、殷墀、许鸿仪、江与右、张尔定、王相业。

　　总共百十一人。

　　原载《五库斋清史丛稿》，学苑出版社 2004 年版

史可法《复摄政王》的作者

顺治元年（1644）七月，清摄政王多尔衮书致明督师阁部史可法，令南来副将韩拱薇、参将陈万春赍捧送达。① 其书指斥弘光"拥号称尊"，威胁利诱，促其"削号归藩"。可法随即发出复书，"语多不屈"②。这一充满坚定倔强精神的历史文献如此受人关注，以致复书作者问题一直成为热议的话题，史籍记载聚讼纷纭：

徐秉义《明末忠烈纪实》、温睿临《南疆逸史》说可法"自为书答之"③。特用一"自"字表达画龙点睛的意义。查继佐《罪惟录》称"可法答书"④，张岱《石匮书后集》说"可法作书复之"，"忠义之气满纸，见者称服。"⑤ 用语较含糊，也可解作自己作答，但远不如徐秉义、温睿临说得明确、肯定。

多数记载认为还是另有捉刀人。

可法扬州幕府幕客彭士望就指出，幕客（本文所谓幕客，皆指史可法扬州幕府幕下士）江西新建欧阳斌元即答书捉刀人。说："弘光诏令、史答北书多出欧阳子。"⑥

---

① 近人罗振常注意到，为清廷赍送此专函到可法幕下的人，史籍有不同的记载。除《清世祖实录》所记韩、陈等人外，应廷吉《青磷屑》云，送书使者"从北方来，自称燕山卫王百户"（卷下）；计六奇《明季南略》云，遣副将唐起龙致书（卷2，《清朝移史可法书》，中华书局1984年版，第141页）。此处采《清世祖实录》说，见下注。

② 《清世祖实录》卷6，顺治元年七月壬子。

③ 徐秉义：《明末忠烈纪实》卷12，《殉福传》，《史可法》，浙江古籍出版社1987年版，第190页。温睿临：《南疆逸史》卷5，《列传》第1，《史可法》，中华书局1959年版，上册，第38页。

④ 查继佐：《罪惟录》，《列传》卷9上，《抗运诸臣传》上，《史可法》，浙江古籍出版社1986年版，册2，第1529页。

⑤ 张岱：《石匮书后集》卷24，《史可法列传》，中华书局1959年版，第167、169页。

⑥ 彭士望：《耻躬堂诗钞》卷2《戊子己丑》，《哭亡友欧阳宪万》（三）。

彭士望还指出，幕客江西乐平王纲也是答书捉刀人。有陈君戮者，在史可法《祠墓图》上题诗，自注云："史阁部复摄政睿亲王书，乃乐平王纲字乾维者代笔，见南昌彭士望《耻躬堂集》。"① 王纲乡里也有此类传说，深信答书"乃纲笔也"②。

有陈庚焕，为幕客福建建阳黄师正（晚年改名澄之）作传，传末论曰："世传史督师报我摄政睿忠亲王书为闽士所属笔，波民先生岂即其人欤？"③ 波民为黄师正改名后的表字。陈庚焕不是凭空猜想，而是根据世传答书为福建士人起草，便从节义、才略两方面推论，黄师正可能是答书作者。

在众多被作为答书作者载在史籍的名士中，同时也列举出令人信服的真凭实据，证明他此种身份的，实得二人。其中一人为幕客淮安府盐城王之桢。"王之桢入史公幕中，授军咨祭酒，掌机宜文字。其时答清摄政王书，上福王请颁讨贼诏书及与豫王书、移让吴三桂马士英诸书，皆出其手。"史籍还就文字的异同，将王之桢《青岩集外文》所收《答摄政王书》与《通鉴辑览》所收书进行校勘，指出王集本没有"凤集河清"以下九句，而有"即太祖半芑之遗谟，敷社稷有君之大庆"二语，还有其他异文④，有力地证明王之桢是答书的重要作者。

另一人是幕客、扬州府军前赞画湖广沔阳州黄日芳。史家谈迁说："史相国在扬州，清人寓书，……华亭包尔庚于沔阳黄日芳处见之。日芳庚辰进士，相国俾答书，……今日芳刻其原草。"⑤ 日芳刻答书原草行世，则其作为答书作者，也是不容置疑的。

浙江会稽徐沁《借庵随笔》，认为幕客扬州府江都强惟良是答书的作者⑥。

礼亲王昭梿《啸亭续录》记载：他听法式善说过，"忠王致书乃李舒

---

① 俞樾：《春在堂随笔》卷1。
② 石景芬：同治《饶州府志》卷22，《人物志》五，《文苑》，《明》，《王纲》。
③ 钱仪古辑：《碑传集》卷137，《文学》上之中，陈庚焕：《黄先生澄之传》。
④ 胡应庚等：民国《续修盐城县志稿》卷14，《杂类志》，《拾遗》。
⑤ 谈迁：《枣林杂俎》仁集，《逸典》，《寓书史可法》，中华书局2006年版，第125页。
⑥ 胡应庚等：民国《续修盐城县志稿》卷14，《杂类志》，《拾遗》引据徐沁《借庵随笔》。

章霁捉刀，答书为侯朝宗方域之笔也。"① 法式善是乾、嘉间人，他说"侯方域之笔"的根据不得而知。

江阴野史《甲乙史》，认定答书作者是幕客安庆府桐城何亮功。它在引述《史可法答书》后说："亮工少有逸才，时为史道邻幕宾，此书乃其手笔。"② 计六奇《明季南略》原文照抄。③《明季南略》流布广泛，因此，作者为何亮功说较其他诸说更著。

诸说竞陈，纷繁驳杂，以致云迷雾罩，使人莫知所从。俞樾即有"未知孰是"之叹。④ 后来的研究者也就各据所见主张其人，造成史事迷乱不清。也有细心、敏锐的读者看出其中的症结，一语破的地指出："疑当日史公复书，拟稿者不止一人，故各家所记互相违异也。"⑤ 近人罗振常校补《史可法集》，在《复摄政王》篇末加按语讨论该篇作者，强调："幕中或亦拟稿，而删改裁定，仍必出之于公耳。"⑥ 简短的结论，既包括先由幕客起草的说法，又增补可法整理定稿的关键情节，就使答书创作过程的表述完善起来。

其具体过程依据应廷吉回忆，史可法收到多尔衮来书后，一面上呈朝廷，一面"令词臣拟议报书以答之"⑦。"词臣"指那些擅长文墨的幕客，"拟议"即多人讨论、构思，也就是鉴于答书在政治上的极端重要性，可法曾布置多人承担撰写此答书的任务。同治《饶州府志》所收王纲小传中，保留着这种记录："顺治元年，豫王督师南下，致书可法。可法命幕

　① 昭梿：《啸亭杂录》，《啸亭续录》卷3，《睿忠王致史可法书》，中华书局1980年版，第464—465页。
　② 江阴野史：《甲乙史》卷下，《史可法答书》。按：亮工实应为亮功。又《甲乙史》为《明季南略》重要文献史料来源之一，单据前四卷看，引述即达约二十条，故《甲乙史》撰著在《明季南略》前。但《甲乙史》2卷，作者有江上外史、江阴野史之异，谢国桢疑即一人，而江上外史笪重光，明末清初人。
　③ 计六奇：《明季南略》卷2，《史可法答书》，第144页。
　④ 俞樾：《茶香室丛钞》，《茶香室三钞》卷9，《睿忠王史阁部两书》。
　⑤ 胡应庚等《续修盐城县志稿》引秉衡居士《荷香馆琐言》。秉衡居士即丁国钧，《荷香馆琐言》收入1936年编成的《丙子丛编》，其书完成当更在此前，而罗振常校补《史可法集》完稿于1937年冬。故丁国钧较罗振常更早提出幕中多人拟稿的说法。
　⑥ 《史可法集》，张纯修原编，罗振常校补，上海古籍出版社1984年版，第88页。
　⑦ 应廷吉：《青磷屑》卷上。

下诸名士各属笤草。纲草先就。诸名士见之，皆曰无逾于公者，因尽焚去。"① 这段记载有将事情搅混为起草答多铎南下所致书、诸名士尽焚自拟草而推出王纲拟稿两大失误，虽然如此，但可法幕下诸名士曾经承担草拟复清人书这一历史性神圣使命，记载却是毫不含糊的。欧阳斌元、王纲、王之桢、黄日芳、强惟良在这场尖锐、激烈的非武装的民族斗争中进行搏击，贡献了自己的大智大勇，表现了威武不能屈的抵抗强暴的精神，理直气壮、义正词严地阐述了本民族救亡图存的立场。黄师正可能曾握管参战。何亮功当时也做过这个斗争队伍一员。当然，理应还有史籍没有记录，情况不明、姓名流失的参加者。只有侯方域肯定没有成为起草者。因为他一直躲避阮大铖的迫害，藏匿南京，流亡浙江，奔窜各地，到十二月才"自京口渡扬子江，往依扬州史可法"②，错失了在这一场重大民族斗争中一显身手的机会。

各人拟稿必有完稿、未完稿，递相阅看，交互讨论，反复推敲，执笔修改。最后，史可法统一进行斟酌、比较，从诸稿中择其说理透辟、文采焕然者为底稿，并参考他稿修改、润色，或博采众长，重新组织定稿。有记载说可法曾修改黄日芳拟稿。日芳原草较激烈，"词颇峻，相国删润曰：不必口角也"③。这是史可法亲自执笔加工稿件的极可宝贵的记录，并且传达出他的坚持说理、语气平和的原则坚定性与策略灵活性紧密结合的方针。

整个著作过程说明，史可法《复摄政王》是一项集体创作，作者是史可法及其幕下诸名士，史可法定稿。根据定稿和署名情况，著作权应属史可法本人。

原载《纪念许大龄教授诞辰八十五周年学术论文集》，北京大学出版社 2007 年版

---

① 石景芬：同治《饶州府志》卷 22，《人物志》五，《文苑》，《明》，《王纲》。
② 参见王树林校笺《侯方域集校笺》上，附录二，谢桂荣等：《侯方域年谱》，中州古籍出版社 1992 年版，第 596—597 页。
③ 谈迁：《枣林杂俎》仁集，《逸典》，《寓书史可法》，第 125 页。

太子慈烺和北南两太子案

——纪念孟森先生诞生 140 周年、逝世 70 周年

　　社会大动荡大变化时期的历史发展，常常愈出愈奇，愈出愈幻，迷离诡谲，出人意表。清初，北、南两京相隔不久都出现了明崇祯太子朱慈烺，于是相继发生北、南两太子案，就是这方面的例证。两案主犯虽然都还是涉世极浅、人情生疏的小青年，但却因关系江山社稷的根本而导致过程异常激烈。北太子案不仅有许多无辜者人头落地的悲恸，而且有血洗一方的惨烈。南太子案表面上很少举起屠刀，实际上后果尤为深远、恶劣，它加剧了南明政治上的波动和分裂，成为左良玉"清君侧"变乱的借口，马士英撤北防罪恶行径的引线，加速长江抗清防线的崩坏，弘光政权的垮台。两太子案对历史进程具有不可忽视的影响，研究其案情和结果是有意义的。

　　因此，崇祯太子慈烺的命运、两太子案的案情，长期以来备受关注，成为传统课题，有较多的论著行世。这不是出于对天潢贵胄的同情，而是确认其为明清易代历史中一个环节进行的探索。在两太子案中，北太子真伪问题，经过已故明清史大师孟森先生的缜密的科学论证，得到了完满的解决，证明北太子为真，揭示清"摄政王用事"而杀害太子的用心。北太子为真，则南太子之伪不言自明，就像孟先生所说的，"今为较其踪迹，则北太子不能不信为真，即南太子自显其为伪"①。两太子案至孟先生始有可信的结论，历三百祀之久而告破。今据史籍和孟先生的研究、考证，做一概述。2008 年正值孟先生诞生 140 周年、逝世 70 周年，就以本文表示对他的纪念。

---

　　①　孟森：《明清史论著集刊》《明烈皇殉国后纪》，中华书局 1959 年版，上册，第 29—43 页。

一

崇祯帝七子，殇四人。存世者长子太子慈烺，崇祯二年二月生；三子定王慈炯，崇祯五年八月生；四子永王慈炤，次年六月生。① 事情发生在崇祯十七年即清顺治元年（1644）。三月，李自成率农民军攻克京师，崇祯帝、后自杀，太监栗宗周将太子、二王献于李自成。自成命监管于权将军刘宗敏处。② 或以为"自成以太子付旗鼓王体中管押，其永、定二王令将军刘宗敏收之"③。或以为"搜得太子、定王于内官外舍，太子送刘宗敏收视，定王送李牟收视，永王不知所在"④。后来李自成挟持三人东征。农民军战败，退还京师。随后又匆忙撤退陕西。在此前后太子的动静乃至结局有种种不同的说法：

第一，《明史》称，"京师陷，贼获太子"。并获二王。东征失败，农民军退出京师，"挟太子、二王西走"。"太子不知所终"，二王也"不知所终"⑤。这是随农民军西走后不知所终说，疑为照应清廷诬真为假，杀害崇祯太子而杜撰出来的。

第二，左懋第门人咸默说，京师失守，"太子走太监曹化淳宅中"，后被曹的门客骗走，遗弃在刑部街，遇一老宫人导入尼庵躲避，因"闻江南有主，遂欲南往"。但去外祖父周奎家求助旅资时被出卖。左懋第曾派人侦见。⑥ 这可名为潜藏尼庵说。

---

① 崇祯帝存世三子，在命名、行第、年龄上均有异说。此据孙承泽《山书》，浙江古籍出版社1989年版，第43、103、144页。

② 郑达：《野史无文》卷4《烈皇帝遗事》下，中华书局1960年版，第27页。据说内城破，慈烺等匿内监栗宗周等内舍（钱海岳：《南明史》卷26，《列传》第2，《悼皇帝》，中华书局2007年版，册5，第1410页），故被执献。

③ 查继佐：《罪惟录》《列传》卷3《皇太子列传》，浙江古籍出版社1986年版，册2，第1197页。

④ 计六奇：《明季北略》卷20《内臣献太子》，中华书局1984年版，下册，第458页。

⑤ 《明史》卷20，《列传》第8《诸王》五《庄烈帝诸子》，中华书局标点本，册12，第3657—3658页；卷309，《列传》第197《流贼》《李自成》册26，第7967页。

⑥ 谈迁：《北游录·纪邮下》，中华书局1960年版，第131页。参见佚名《鹿樵纪闻》卷上《两太子》，与《北游录》所记颇有异同。按：《鹿樵纪闻》作者，原题"娄东梅村野史"，今据冯其庸、叶君远《吴梅村年谱》附录二《吴伟业〈鹿樵纪闻〉辨伪》改题，以符实际。

三、据《甲申传信录》太子自述，"城陷之日，独出匿东厂门一日，夜出潜至东华门，投腐店中"。店主留住五日，悄悄送至崇文门外尼庵住半月，转移到常侍（即常进节）家密室中。后进节陪他到周奎家会公主时败露。① 此说可称潜藏常家密室说，也是潜藏尼庵说别本。

四、也有人说太子虽被农民军所获，农民军东征败绩，"太子得脱"，再次"被获，打马草者两月，不知其为太子"，又"走脱，养于民家"。因到外祖父周奎家访妹被出卖。② 这可谓被掳打马草后养于民家说。

五、还有人说，太子一直由农民军旗鼓王体中拘管在营，西撤时"体中挟太子随贼奔潼关"，李自成死后，"体中北归"，"十一月，体中献太子以付礼部"③。此可称被农民军拘管并献清廷说。

六、若干史籍记载，山海关石河之战刚结束，李自成就遣使同吴三桂议和，吴三桂乘机索取太子，有的甚至说已索回吴三桂军中。文秉《烈皇小识》说，山海关石河战罢"次日，令降兵部郎张若麒奉太子如三桂营请罢兵。三桂留太子而益治兵，破逆成于关内"④。彭孙贻《流寇志》记：四月二十一日，自成屯永平，"使张若麒赴三桂军议和"。吴三桂提出归还太子二王、迅速撤离京城等条件。自成应允，"旋师至京，送太子赴军前"⑤。《流寇志》引许重熙《甲乙汇略》所记稍异，称和议出自三桂，"并请太子"。"自成命张若麒奉太子赴三桂军中，请各止战。三桂约贼速离京城，即将太子即位。自成如约就盟，遂旋师……三桂弃定王于永平，专奉太子整军东行，移檄远近。"⑥ 计六奇《明季北略》也钞袭此段，并

① 钱𪐕：《甲申传信录》卷9《戾园疑迹》。《鹿樵纪闻》卷上《两太子》记太子自述逃难经历同。查继佐《国寿录》稍异，说"买（卖）腐老妪""知为太子，令匿名姓，住三月，贫不能养，因间送太子舅周皇亲家。皇亲惧，不为识"，"报闻，送刑部狱"。逃出宫后情节颇异，亦无匿藏常家情节（《国寿录·便记·崇祯太子》，中华书局1959年版，第155—156页）。

② 张岱：《石匮书后集》卷3《太子本纪》，中华书局1960年版，第45—46页。

③ 查继佐：《罪惟录》《列传》卷3《皇太子列传·皇太子慈烺》册2，第1197—1198页。按：此说迄今尚未知他书有否记载，疑为《罪惟录》孤证，亦不知传自何人，抄自何处。

④ 文秉：《烈皇小识》卷8。

⑤ 彭孙贻：《流寇志》卷12，浙江古籍出版社1983年版，第188—189页。

⑥ 彭孙贻：《流寇志》卷12，引《甲乙汇略》，第189页。按：《甲乙汇略》全名《明季甲乙两年汇编》，原题东邮八十一老人随笔，实即许重熙撰《甲乙汇纪》，彭孙贻以为作者系谈迁，实误。详情可参见谢国桢《增订晚明史籍考》，上海古籍出版社1981年版，第367—369页。

说三桂传帖至京，"言义兵不日入城，凡我臣民为先帝服丧，整备迎候东宫。"五月朔，"皇太子在三桂军中传谕，京中官民各宜整肃静俟。士民大喜相庆"①。可见"太子为吴军夺归"②的消息，在社会上的泛滥。这是吴军夺回拥立说。

七、多种史籍记太子一时未能从农民军逃离，"又有言自成西奔，见太子绯衣乘马随往山西者"③。夏允彝记李自成仓皇西撤，"二王至陕中尚无恙，吾乡人有亲见之者"④。前述农民军拘管并献清廷说曾提到农民军挟太子奔潼关，则以为太子也现身陕西。这可名为山陕露面说。

八、天宁寺僧原明太监赵璞（连城）称："先太子被胁东出师，劳惫，薨于三河。"⑤这是东征劳惫致死说。

九、崇祯十七年六月，刘泽清依据钱塘顾元龄（选广东阳春典史）从京师带到江南的消息，上奏说："皇太子卒乱军中，永、定二王于王府二条巷遇害。"⑥七月，淮扬巡按王燮依据同一消息来源，奏道："传言皇太子卒于乱军，定王、永王俱于贼走之日遇害于王府二条巷吴总兵宅内。"⑦这是死于乱军说。

十、崇祯十七年十二月，陈洪范被清廷释放南归，召对时奏道："遍访北来诸人，金谓流贼闻虏兵将至，先杀皇太子……二王随亦受害。"⑧这是农民军杀害说。

十一、当时在江南流传的，并非都是太子二王的死讯。崇祯十七年八月，礼部右侍郎管绍宁请遣北使，祭告崇祯帝后，访问东宫二王消息，"时东宫、二王流落民间，故绍宁出此疏"⑨。这可称为流落民间说，与养于民家等说相近。

---

①　计六奇：《明季北略》卷20《吴三桂请兵始末》下册，第496—497页。

②　佚名：《鹿樵纪闻》卷上《两太子》。

③　同上。

④　夏允彝：《幸存录》《流寇大略》。

⑤　谈迁：《北游录·纪闻上·赵璞》，第323页。

⑥　谈迁：《国榷》册6，卷102，崇祯十七年六月甲戌，中华书局1988年版，册6，第6120页。

⑦　顾苓：《金陵野钞》，载《南明史料（八种）》，江苏古籍出版社1997年版，第701页。

⑧　黄宗羲：《弘光实录钞》卷3，崇祯十七年十二月丙寅，《黄宗羲全集》，浙江古籍出版社1986年版，册2，第71页。"虏"字原书作空框，据《金陵野钞》补。

⑨　文秉：《甲乙事案》卷上，载《南明史料（八种）》，第459页。

十二、互联网长文《亡明太子朱慈烺隐居栾川前后》称："明朝灭亡后，太子与二皇子定王朱慈炯、永王朱慈炤三人随掌印太监王承恩（化名王冲如）来到栾川"，隐居伏牛山主峰老君山下三十余年，康熙十八年（1679）十月去世。栾川当时为河南卢氏一镇（今改为县），比较偏僻，利于藏匿。此说以传说、王冲如《重修伏魔宫并香火祀田记》等四文及遗物为据，先前已在李肖胜等《崇祯太子的下落何在》文中介绍过。① 徐宣武《明崇祯太子——朱慈烺》持论同，态度很谨慎。认为有关太子和王冲如等藏匿栾川的问题，绝非一二短文所能完全澄清，"更需考古发掘和文物研究及其他有关史料的钩沉抉微做进一步探讨"②。此说刊出前数年，朱纪敦《关于崇祯太子朱慈烺的下落》文，已持慈烺隐居深山说，但地点在广东程乡。文章认为李自成通过战败议和送交吴三桂的太子，很可能是一赝鼎。真太子由东宫讲读官、翰林院编修李士淳陪同，在李自成西奔后才逃跑，回李士淳家乡程乡（今梅县）。后来，太子在阴那山灵光寺出家，复明没有希望，就老死深山了。③ 还有一说："烈皇太子寇乱后流落衡山为僧，吴三桂反时亦不敢出。"三桂死，湖南平定，此僧被迫进京。保和殿大学士李蔚力主杀害，"疏凡七上，竟戮于菜市口"④。这位太子和尚的故事残缺而无佐证，最重要的是他怎么到的衡山，有何关系，丝毫没有说明，结局悲惨，但潜藏深山，落发为僧两点，与他种传说并无二致。这些传说总括为潜隐深山说，是很典型的。

十三、台湾徐尧辉医师著《明太子、福王亡命在日本》，⑤ 以南太子为真作前提，通过对文献、遗迹的解读、考证，认为慈烺（化名张振甫）于顺治四年（1647）从澳门出发抵日本，与弘光会合，落户名古屋说，即亡

---

① 李肖胜等：《崇祯太子的下落何在》，载《四川文史》1988年第1期。
② 互联网上论文，由同事杨海英女士印示，始知有此新说，特此致谢。
③ 朱纪敦：《关于崇祯太子朱慈烺的下落》，载《南开学报》1982年第4期。按：查继佐《国寿录·便记·赵王》，中华书局1959年版，第156页，载赵王曰（翊）铁事，与朱文所述传说虽主角不同，事迹则有同异，赵王所居长乐、兴宁，变与程乡邻县，可以比照研究。
④ 《夏完淳集笺校》（白坚笺校）卷10《续幸存录》三，《南都杂志》下，校引《续幸存录》苏州文管会藏抄本附录《皇太子》，上海古籍出版社1991年版，第502页。此书已被记录的传说。
⑤ 徐尧辉：《明太子、福王亡命在日本——化名张振甫、张寿山》，台湾中华书局1984年版。承同事孟彦弘先生及其夫人帮助，为代制本书复印本，得读徐医师此说，特此致谢。

命日本说。

传说、记载的分歧，差距悬殊如此，而这只是有代表性的一些说法，其他记载不及一一举述，可知乱世难得确信。不过，异说虽然多，有的一见即知可疑。如潜藏尼庵说，且不谈太子实际上已经落入农民军手，被挟持一道活动，为不少人亲闻亲见，记录在案，只说太子如还没有被农民军控制，他们能放任不管，不进行大搜捕吗？再说尼庵里长时间隐藏一个小伙子，尼姑们不觉得犯瓜李之嫌吗？潜藏数月，居然水波不兴，悄然无事，实在难以想象。此说最早可能出自太子自述，倘记录没有大的出入，则说明他有意回避被农民军俘获并生活其中的一段历史，那么他的自述不全可信。又如养于民家说，太子再次被掳打草两月，显系遭清军掳掠。但男子一旦被掠入旗下，即成包衣（奴仆），很难从奴隶制枷锁下挣脱出来，逃走了仍会遭追捕，岂能安稳地养于民家？其致死诸说也不可靠。因为农民军东征"败还，过通州西门，有父老涕泣进果及履于太子、二王者"①，则三人固在世。自成返京时，虽有人说"不见太子随后"②，但也有人说他"奉皇太子复入京城"③，并在西撤时挟三人同行，有人在山西、陕西见到过他们的踪影，自然不可能在此前死亡。太子被农民军拘管并献清廷说也不足信。太子落阱全是因其懵懂糊涂，自投罗网，被周奎出卖。这无疑符合情理，是当日真切的史实。

做这些分析，只是说明细节的复杂性、不确定性。要想恢复包括细节在内的历史真相，明显是不可能的。

至于传说，无疑是一种史料，是史实的一项来源，梁启超称为"传述之口碑"④，傅斯年称为"口说的史料"⑤，陆懋德称为"口传之故事古典"⑥。潜隐深山的几种传说，都是由传说而被一些人视为史实。人们注意到，在明末清初历史上，许多原明文武官员、士绅黎庶在从事反清起义或

① 查继佐：《罪惟录》《列传》卷3《皇太子列传·皇太子慈烺》册2，第1197页。
② 计六奇：《明季南略》卷3《三皇太子纪》，中华书局1984年版，第182页。
③ 戴笠等：《怀陵流寇始终录》卷18，辽沈书社1993年版，第342页。
④ 梁启超：《中国历史研究法》《梁启超史学论著四种》，岳麓书社1989年版，第147页。
⑤ 傅斯年：《史料论略及其他》，辽宁教育出版社1997年版，第38页。
⑥ 陆懋德：《史学方法大纲》，北京师范大学史学研究所资料室1980年翻印本，第26页。

复明运动失败后，往往落发为僧。所以孟孔木说："忠节之士全身禅悦，自明末始。"① 传说袭其套路，风云人物一旦失败落难，就说他已披剃隐藏起来。这成了明末清初政治传说的一种公式。隆武帝不死于汀州，李自成不死于通山，甚至顺治帝因为深爱着的一个妃子死了而反应过度，也就不让他因感染天花而在宫中晏驾，他们最后都在梵呗木鱼声中了结其余生。崇祯太子潜藏深山的几种传说，不免使人联想起这些同时代传说中统一的或近似的模式。尤其令人感觉过分巧合的是，崇祯太子在程乡阴那山五指峰出家，他还有《题阴那山五指峰二绝》诗，而隆武帝也在名五指山的深山出家，"有传言唐王未死，或云在五指山为僧"②。这是同一山峰？俗话说"一山难容二虎"，却容下两条"真龙"。这样倒好，这叔曾祖、姪曾孙二人可以结伴，③ 不致寂寞。但是，这类出家潜藏的传说④，不能不更加启人疑窦。

传说存在和流传的形式，有重大的局限性和缺陷。传说存在记忆中，存在口耳相传中，并借此流传。记忆不是完全可靠的，容易发生扭曲、移位、丢失。口耳相传也不是绝对忠实的，第一次口耳相传，都可能有意无意有所增减，将一些主客观的因素除掉或补入，多少改变传说的内容以至形式，使传说成为"层垒地造成的历史"。因此，传说的非成型、它的变动性，构成它的重大特点。一般来说，某一传说的原创形态可能是最近真的，随着这种传说存在时间愈长，口耳相传次数愈多，传播区域愈广，失真也更加剧。同一传说的地区差异，传说者个体记忆力和想象力的区别，也都会给传说带来变化。在这些情况下，传说的原始形态一律无可追寻。这必然损害传说的史料价值。于是某种传说的真诚的笃信者（但不包括别有用心利用传说的人），往往在传说以外找到一些碑碣文字、器物遗存作为旁证，将传说强化。这些碑碣文字总是以隐语暗谜的形式、推论引申的

　　① 邵廷寀：《思复堂文集》卷2《传·明侍郎格庵章公传》，文末孟孔木语，浙江古籍出版社1987年版，第132页。

　　② 邵廷寀：《东南纪事》卷2《鲁王以海》。

　　③ 隆武帝聿键，唐府世系，为太祖九世孙；慈烺，帝系，为太祖十二世孙。隆武帝较太子慈烺年长二十七岁，但就辈分说，却大三辈，构成曾祖孙关系。

　　④ 据网上文，慈烺在栾川没有出家，但其追随者"均以黄冠道人身份住庙"，与为僧略同。

方法与传说结合，解释可此可彼，听者将信将疑。潜隐深山，无论指隐于河南卢氏栾川还是广东程乡（梅县）阴那山，都有文字资料，栾川也发现了文物。传说不一定不是事实，但总存在去粗到精、去伪存真的问题，并要有不易撼动的证据，才能服人。

太子被吴三桂夺回策划拥立说，值得做一专门考察。此说的后续部分称，吴三桂挈太子进京，移檄远近，准备拥立。兵至榆河（今温榆河），榆河流经吕平洲、通州（今北京市昌平区、通州区），密迩京城。据说，这时清摄政睿亲王多尔衮出面制止吴三桂的兴灭继绝活动。拥立太子重建明朝与清兵入关夺取中原，是水火不相容的。拥立得逞，清兵入关即使不致白跑一趟，让夺取中原成为画饼，也会面对与重建的明朝的战争。因此，"清国帅檄其西行追贼。三桂请护太子入都，帅不许。三桂夜送太子于高起潜所，或支潜逸于民间，阴导之入皇姑寺"[1]。刘健将这段话浓缩为"睿王檄其追贼，请入都，不许"[2]，引人注目地完全回避太子问题[3]。这是意味深长的。吴三桂喧喧嚷嚷的拥立活动，怎么轻易地就偃旗息鼓了呢？陆圻强作解人，说："当是时，桂既借师清庭，定约王清，不敢奉太子，顾匿之行间，恐清疑其贰己，并不利于太子。"[4] 从表面看来，此说有头有尾，故事完整有趣，但实际上这是根本没有的事。彭孙贻在《流寇志》中引述《甲乙汇略》的记载后强调指出：所说李、吴议和，李自成送还定王、太子，吴三桂专拥太子回京即位，"皆谬也"。彭孙贻说，"自成枭鸷多谋"，他与明结血海深仇，"岂复有可和之道哉"。"中原无主，太子二王奇货可居"，可作重新集结明朝力量的政治旗帜。自成不会将其轻授给吴三桂，使之用以反对自己。"苟太子不归，则势不能不别有所奉或各帝一方"，激起明朝残余势力的内争，自己"徐收螳（鹬）蚌之利"[5]。

---

① 计六奇：《明季北略》，卷20《吴三桂请兵始末》下册，第496页。

② 刘健：《庭闻录》卷1《乞师逐寇》。按：本书为作者凤闻其父刘昆口传，其父当三桂叛时官云南府同知，"当时身亲其役，备尝艰险，言之祥而确然可信"（参见《庭闻录序》、魏元旷《跋》），故刘健在书中如何处理史事应非偶然。

③ 《庭闻录》将吴三桂夺得太子以入，入即嗣立，归结为"辇下喧传"。

④ 陆圻：《纤言》中《南京太子》。

⑤ 彭孙贻：《流寇志》卷12，第189页。按：彭孙贻不否定和议，但否定自成奉二王或太子议和。故仍叙述和议。

这是比较周密的政治分析，说明太子二王不会轻易被吴三桂"夺回"。从吴三桂本人说，他原是转向叛降农民军的，对太子并没有那么多恋恋难割的情愫，甘冒触犯清朝大忌，葬送自己身家富贵的危险，去扶持一个前景难测的嫩少年登基。吴三桂不会不权衡利害。尤其不可理解的是，明朝太子就在吴三桂军中，清人竟像不知道，没有着手捕捉他，或至少监控他，而吴三桂私藏敌方合法继承人，密谋重建明朝，却继续获得清廷宠信。擅长政治角逐的清朝王公贵族、谋臣悍将，当不会麻木至此，完全忘记他们入关来干什么。再退一步说，康熙时吴三桂成"逆贼"以后，仍然丝毫不见提起这一笔大逆不道的旧账。对这些矛盾"史实"，唯一的解释就是：吴三桂私携太子入京嗣立，是历史的镜花水月、海市蜃楼、虚无幻景。这种传言多半是清吴双方策划的李代桃僵之计，并广泛散布的，目的是麻痹明朝官民，减少多尔衮进京的阻力，出其不意占领明朝京师。①

综合诸说及各种记载考察，应该认为，农民军攻克京师后，迅速俘获太子二王，虽加管束，但无虐待，后挟持东征。农民军离京西走前后，三人设法逃脱，挣出农民军羁绊。这是比较可靠的史实，是崇祯太子问题发生发展过程前期、两太子案爆发前的基本历史情节，其他细节不可考，也没有必要再加追究。即使演绎、描绘出详尽的《崇祯太子二王蒙难脱险实录》，并没有多大意义，而且还靠不住。

二

接着就爆发北太子案。据钱𪿒《甲申传信录》所记：

> 冬十一月，忽有男子貌似太子，同常侍（即常进节）投嘉定侯周奎府中，曰皇太子也。周奎佯不能识。奎姪铎以侍卫引与公主见。公主抱头大哭。哭罢，奎饭之。举家行君臣礼。因讯太子向匿何所，何由得至。太子言：城陷之日，独出。匿东厂门一日。夜出，潜至东华门，投腐店中……潜送至崇文门外尼庵中……遂留居半月。而常侍偶

---

① 参见文末附录《吴三桂拥立太子的谣传是掩护多尔衮进占京师的计谋补证》。

来……恐不能终匿，常遂携归，藏予密室，以故得存无恙。今闻公主在，故来。言讫。傍晚，与公主哭别而去。数日复至，公主赠一锦袍，密戒云：前来，皇亲上下行礼进膳，顿生疑衅。可他去，慎无再至也。痛哭而别。十九日，又至，奎便留宿。二十二日，奎姪铎与奎谋曰：太子不可久留，留且陷害，不如去之。奎因语之曰：太子自言姓刘，说书生理，可免祸。否即向官府究论……太子坚不从。晚，奎令家人椎系之，逐之门外。捕营健卒遂以犯夜擒去。明晨，献之刑部曰：此假太子也。①

这一段叙述太子被捕，被诬为假太子，成为一案主犯的过程。它与佚名《鹿樵纪闻》、抱阳生《甲申朝事小纪》等比较，虽有文字详略之异，内容要点则同。②周奎出卖其外孙曾经历思想斗争，在亲情旧恩与生死利害之间摇摆，难以决策。犹豫数日后，才断然"留宿"，将其软禁。但这段记载只说周奎随后就将太子逐出，使其落入清朝法网。清朝官方则明载周奎"具疏以闻"③。有的私家记载也说："周奎不敢隐，缚太子出，献摄政王。"④"周奎度不可掩，始出首。"⑤估计周奎既决心将太子送上断头台，就不再有任何瞻前顾后、内心的自我鞭笞，不会不更图立功自保。官私记载明白揭示此点，更反映出实情。实际上周奎久在明朝官场上层周旋，自然会玩政治。他已经看透太子问题与清朝的重大关系，就赤裸裸地说出来。据钱凤览疏中揭示，"昨周奎言，即以真为伪，亦为国家除患，此语真情已露"⑥。其丧心病狂，表现无遗。

清廷有步骤地处理此案。太子在掌握，以辨别其真伪为名，检验相关的人的政治倾向。据各种记载综合，内监常进节、杨玉、曾侍卫太子的锦衣卫校尉十人、指挥李时荫等都称其真。最早奉命审理此案的刑部山东司

① 钱𰀁：《甲申传信录》卷9《戾园疑迹》。按：圆括号和其中的字是笔者所加。
② 《甲申朝事小纪》最详，《甲申传信录》次之，《鹿樵纪闻》又次之，但要点均备。
③ 《清世祖实录》卷12，顺治元年十二月辛巳。按：《清史列传》也有"奎白诸朝"等话。
④ 张岱：《石匮书后集》卷3《太子本纪》，第45页。
⑤ 谈迁：《北游录·纪邮下》，第131页。
⑥ 佚名：《鹿樵纪闻》卷上《两太子》。

主事钱凤览，上疏有力地举述其为真太子及不能假冒的理由，批驳诬其为伪的大学士谢陞。御史赵开心、赵继鼎、给事中朱徽、吏部侍郎沈惟炳等，"各言事关重大，宜加说慎"①。朱徽疏很简要，强调："初见时，公主抱持痛哭，岂陌路能动至情如此！"这确实抓住了太子为真的力证。又要求慎重处理，"草草毕事，诚恐延臣曰假而百姓疑，京师曰假而四方疑，一日曰假而后世疑，众口难防，信史可畏也"②。措辞尖锐泼辣，说理透彻有力，深中要害。这是逆耳净言。晋王求桂、大学士谢陞、冯铨、洪承畴、明皇亲周奎和另一些内监则否定其为真太子。多尔衮曾亲自主持审讯，"命旧讲官谢陞识认，陞承旨力言不足。复令宫主认之。宫主见太子泪下，周奎掌其颊，宫主惊走，亦言不是"③。这里提供了一个摄政王坐镇，用大耳刮子逼取伪证的典型。被扇耳刮子的宫主，即被父亲砍断一臂但大难不死的崇祯帝女长平公主、太子亲妹。可怜的小弱女子，残疾少女扛不住暴力和生死威胁的重压，忍着剧痛说不是。但长平公主也好，谢陞、洪承畴也好，只是清廷手中的旁证。清廷诚恐不能服人，需要一个更硬气的主证，竟然匪夷所思，起崇祯帝宠爱的袁妃于九泉，用为主证，"内院传故明贵妃袁氏及东宫官属、内监等辨视，皆不识……袁妃等皆以为伪。"④ 袁妃当崇祯帝在信王藩邸时被选入侍，⑤ 前后已约二十年，与太子母周后颇相得，⑥ 对太子自然很熟悉，作为主证是具有很高权威的。

　　但袁妃死在入清前夕，不可能出证太子的真伪。孟森先生《明烈皇殉国后纪》文第一篇《清世祖杀故明太子》，历举清国史官书关于袁妃没有入清的确证，指出袁妃未起死回生，而是天启任妃冒充，"一时假袁妃之名以欺国人"，"盖证太子之假冒者袁妃，其实袁妃乃假冒也"。"任妃为（魏）忠贤养女，入清后求媚新朝，何所不至，决不是以证太子之假冒，

---

　　① 《清世祖实录》卷12，顺治元年十二月辛巳。
　　② 钱𪹚：《甲申传信录》卷9《庚园疑迹》《朱徽等上疏》。
　　③ 张岱：《石匮书后集》卷3《太子本纪》，第45页。
　　④ 《清世祖实录》卷12，顺治元年十二月辛巳。
　　⑤ 田妃"侍庄烈帝于信邸"（《明史》卷114《田贵妃》册12，第3545页），"袁田二妃同选于朱阳馆"（抱阳生《甲申朝事小纪》第二编卷9《崇祯宫词》，书目文献出版社1987年版，上册，第424页），故云。
　　⑥ 《明史》卷114，《列传》第2《后妃》二《庄烈帝愍周皇后》，第3544页。

而其假冒袁妃则无疑也。"① 清廷如果不是被眼前政治上的困窘搅昏了头，就不会玩这样低级的把戏，混淆黑白，颠倒生死，愚弄世人，践踏历史。孟先生为破解北太子案而有这样一锤定音的发现，表现了明清史大师无比深厚的学力。

值得注意的是，清廷迅速及时、毫不掩饰地出面表达了对证言完全对立的证人的态度，操纵审讯。顺治元年十二月，清廷对指太子为伪的证人颁发重奖，"大学士冯铨、谢陛、洪承畴等各黄金二十两、白金一千两、嵌宝金钟盘二副、螺钿盒二架、玉壶一执"，礼部侍郎孙之獬等二十余人"鞍马各一匹"②。靠他们出卖无辜，指鹿为马，保卫江山。清廷对指太子为真的证人则痛下杀手，"钱凤览绞死"，另十余人包括李时荫、杨博、杨时茂、"常进节、杨玉各斩决"③。这些做法强烈地表现出清廷的政治导向性。杀害讲真话的证人，突出反映了清廷政治心态的虚弱和怯懦。

兹就袁妃之死等两个问题再做一点补充。

袁妃死于崇祯十七年三月十八日晚。京城陷落，崇祯见大势已去，因绝望而走向极端，先命酒与后妃等诀别，然后逼她们自尽。文秉《烈皇小识》载：皇上"呼酒与周后、袁妃同坐痛饮，慷慨决绝。妃先起行，上拔剑砍之，毙"④。周同谷《霜猨集》载："上入袁妃宫。妃缢死，堕地。上恐其苏，更以剑刺令死。"⑤《明史》不同，因为它是清修官书，必须呼应假袁妃对崇祯太子的诬捏，故记述为："帝又命袁贵妃自缢，系绝，久之苏。帝拔剑斫其肩……袁妃卒不殊。世祖章皇帝定鼎……赡养终其身。"⑥还有一些史籍说到袁妃自尽，崇祯剑击，但大都没有明说她已死去。赵士锦《甲申纪事》甚至断言她"未死也"⑦。陆圻《纤言》、计六奇《明季

---

① 孟森：《明清史论著集刊》《明烈皇殉国后纪》上册，第30、32、33等页。文中所举关于袁妃没有入清、任妃冒充袁妃的各种证据，本文不赘引，请自行参看。

② 《清世祖实录》卷12，顺治元年十二月甲子。

③ 抱阳生：《甲申朝事小纪》第四编卷1《庋园疑迹》下册，第706页。按：据本书，多尔衮表示：御史赵开心与钱凤览等"皆斩之"。后赵开心免死罚俸。

④ 文秉：《烈皇小识》卷8。

⑤ 周同谷：《霜猨集》《翠华西阁断君怜》诗注。

⑥ 《明史》卷114，《列传》第2《后妃》二《庄烈帝愍周皇后》册12，第3544—3545页。

⑦ 赵士锦：《甲申纪事》，中华书局1959年版，第8页。

南略》则说："袁妃……受上刃不死，寻复苏活，带伤残疾。"① 不过这不是事实。袁妃死于深宫，死于一个各人自顾不暇的混乱，仓促、紧迫、恐怖的日子里，不为多人所知，尤不为外界所知，确切的消息不易传出去，传出去也不易取信于人。这是关于此事既有传信也多传疑的主要原因。清廷的审讯，拉人顶她名做伪证的做法，影响也很大。这是一些史籍相信她"未死""复苏"的又一主要原因。事实是，袁妃即使不是被"剑砍之毙""剑刺令死"，仍然可能因剑伤创重，失血过多而致死。《清世祖实录》白纸黑字记载："以礼葬明崇祯帝后及妃袁氏……仍造陵墓如制。"② 这是袁妃死于入清以前的铁证。原明掌惜薪司太监赵璞曾说，"贵妃袁氏流落雄县民间。事露。雄县令送入京，寻寓行人司致饩"。顺治九年（1652）她才死去。③ 这怎么可能？一名重伤妇女（姑作未死），在极其紧迫的形势（农民军已破外城，进至宣武门、正阳门下）下，怎能逃离宫禁，流落民间？清廷安排她在行人司解决吃饭问题，尤为不伦。疑系误会误传。

太子慈烺是代表明朝正统的第一人。他的存在，在明朝臣民心目中，反衬出清朝统治的不合理。他是对清朝政权威胁最大的象征，与清朝不两立不并存。清廷对他的审讯极力把他说成假冒，假货自然没有那么可怕，以削弱他在官民中的影响。问题是清廷对北太子究竟作何判断？弘光帝派赴清廷的使臣左懋第，曾密奏明廷说："又闻自称皇太子者，见在刑部，虏以为假。"④ 但这不是清廷的真实看法，当时左懋第被清廷软禁在太医院，⑤ "太子亦止太医院旁署中"，恰好相邻。这是清方警戒的疏失，使左懋第有机会暗派部属去"诱问守门满卒，满卒曰：此真崇祯太子，故加防闲，供应不缺。"又说："尔太子常言，伯父今在南京，要

---

① 计六奇：《明季南略》卷2《太子杂志（以下合录）》，第117页；陆圻《纤言》略同。
② 《清世祖实录》卷5，顺治元年五月己酉。按：孟森《明烈皇殉国后纪》强调引述此项记载，但采自《东华录》，文全同，可参看。
③ 谈迁：《北游录·纪闻上·赵璞》，第324页。
④ 李清：《南渡录》卷4，载《南明史料（八种）》，第309页。虏原作卤，依理校改回为本字。
⑤ 李清：《南渡录》卷4，载《南明史料（八种）》，第308页。按：崇祯十七年十一月初左懋第等南归途中被清人追捕回京后，命住太医院，见于多种史籍，《南渡录》外，并见《国榷》《甲乙事案》《明末忠烈纪实》等。

南去。"① 这个多嘴多舌的八旗兵，忠实地反映了清廷对在押的太子身份的内部评估，说明辨认真伪的问题清廷早已解决，以辨认为名进行的审讯，只是为消灭太子造成舆论。清廷明白手中猎物是货真价实的崇祯太子，尽管制其死命轻而易举，但在前明影响严重笼罩下，仍须谨慎从事，为降低激烈抵抗，至少要选出能够服人的可杀之道。在假袁妃指证他为伪后，法司进一步推勘，"鞫实太监杨玉取刘玉子诈冒状"②。这就又将刘姓作为太子本姓强扣在他头上。至此，太子必死无疑，只剩迟早了。

北太子案在社会上引发强烈反响，展示出明朝社会的胆识和行事准则，而这不是改朝换代短时间内能够改变的。明朝士民有关注政治的传统，追求社会公平、清廉，不避艰险，不怕牺牲。这表现了明代社会辉煌的一面，明朝统治崩溃了，社会还保持着斗争的元气，不失其光彩。北太子案闹得沸沸扬扬时，"京城士庶纷纷上书，为太子辩，抑且痛詈谢陛"③。"正阳门商民各具疏请释太子，共詈谢陛悖逆无道禽畜。"④ 常进节等"共言此真太子也"，"百姓观者数千，皆应声称真太子"⑤。宛平民人杨时茂上《为逆臣无道蔽主求荣事》疏，严厉批判谢陛等"身为宰辅"，"既仕清朝，遂忌小主，此弑父弑君之徒，不足立于民上者"。又激烈批判曹化淳、周奎等人。表示："不如将茂之身肉剁为泥，骨磨为粉，以赎太子。茂得从先皇帝于地下，茂死且不朽矣。"⑥ 顺天府内民人杨博等上《为叩故明太子以续旧王嗣事》疏，指出民人对太子，"有识其面目者，识其口齿者，识其声音者，又识其行走者，更有识其腿上疤记者，种种是

---

　　① 佚名：《使臣碧血录》，载《南明史料（八种）》，第761页。太子被囚禁太医院旁署中，其他史籍亦有记载者，唯左懋第暗地向看守囚徒的满卒调查太子情况的记载则罕见，此项记载揭出清廷太子问题的真实看法，十分重要。

　　② 《清史列传》卷2《宗室王公传》二《多罗饶馀郡王阿巴泰》，中华书局标点本，册1，第90页。

　　③ 佚名：《鹿樵纪闻》卷上《两太子》。

　　④ 钱𫒒：《甲申传信录》卷9《庆园疑迹》《钱凤览上疏力诤》。参见抱阳生《甲申朝事小纪》第四编卷1《庆园疑迹》下册，第703页。

　　⑤ 钱𫒒：《甲申传信录》卷9《庆园疑迹》。

　　⑥ 钱𫒒：《甲申传信录》卷9《庆园疑迹》《宛平县民人杨时茂上疏》。按：本文所引《甲申传信录》载诸疏，并见抱阳生《甲申朝事小纪》，且甚详细，因《甲申传信录》较通行，作者又早，故引为据。

真"。"周奎、周铎、曹化淳、谢陞皆卖国求荣之辈，足见忍心害理。"反对诬太子为伪，要求全其性命。① 在京的浙江绍兴府平民钮良治、赵炳奎、刘邦宪、陈治围联名出具《为吁天存孤事》揭帖，痛斥谢陞等，"其心不过曰明清改革，留此遗孤，未知祸福，莫若泯灭其踪，且保目前身家"，要求让太子与长平公主"赴部面质，滴血对认"，"如果太子为真，加以优礼"，"诸不认者显系奸邪交结"，"伏乞皇上大奋乾刚，立正典刑"②。这种反措施建议，比谴责更具威力，大有拆穿清廷全套把戏之势。多尔衮难以容忍，"疏上，辄收系狱，而言者不已"③，没有退避的迹象。

清廷明显感到太子所代表的明朝皇统，仍有很大的政治影响力，必须及早掐断，以杜绝士民中强烈的复明愿望，不容再延误。顺治二年（1645）约二月，清廷下了毒手，"太子亦即遇害"④。或说太子改关在刑部街，"已勒死矣"⑤。北太子案草草收场。清廷甚至不敢将此案结案作为专条在《清实录》中落下一笔。清廷为镇压士民反抗，继续血腥屠杀，彻底消灭民间上疏出揭者，"先后系狱者悉斩之"⑥。又发布《摄政王告示》，肆意歪曲事实，将太子与公主相拥痛哭说成"远望未详，蒙面而哭"，说什么"袁贵妃"等与太子"皆不相认"⑦，声称"贵妃云，太子有四虎牙，牙根甚黑，今无此，非也"⑧，进行欺骗。

民心不平不服，终于激发起义。顺治二年四月，东安凤阿营（今北京

---

① 钱𩀱：《甲申传信录》卷9《戾园疑迹》《顺天府内城民人杨博等疏》。

② 《绍兴府民钮良治等揭帖（顺治元年十二月初四日到）》，载《明清史料》丙编第三本，第250页。

③ 佚名：《鹿樵纪闻》卷上《两太子》。

④ 张岱：《石匮书后集》卷3《太子本纪》，第45—46页。按：太子遇害定于约二月，因据《太子本纪》，太子"遇害后数日，谢陞……咋舌而死"。则太子在谢陞死前数日遇害。考谢陞死于顺治二年二月（《清史列传》卷79《贰臣传》乙《谢陞》册20，第6528页）。顺治二年二月二十五日戊寅，清廷派人护送其丧回籍，可知太子遇害亦在二月（参考《清世祖实录》卷14，顺治二年二月戊寅）。谈迁说四月壬戌（初十日）"清廷杀伪太子"（《国榷》卷104，册6，第6203页）。时间太晚，说伪是错。谈迁相信北太子伪，南太子真，大误。

⑤ 黄宗羲：《弘光实录钞》卷4，《黄宗羲全集》册2，第83—84页。

⑥ 佚名：《鹿樵纪闻》卷上《两太子》。按：顺治元年十二月，开始杀害上疏出揭、为太子辩白，促使保全其性命者。被害名单见《甲申朝事小纪》的《戾园疑迹》篇，可参看。

⑦ 黄宗羲：《弘光实录钞》卷4，《黄宗羲全集》册2，第83页。

⑧ 李清：《三垣笔记》下《弘光》，中华书局1982年版，第112页。

市大兴区凤河营）民人祁八聚众起义，"自称大将军"，"树旗曰灭虏扶
明"，"救太子"，以生员杨凤鸣为军师，张三为先锋。清廷迅速进行镇
压。张三踵军门索还太子，被清兵炮击死。清兵"遂屠凤阿，擒祁八、杨
凤鸣入京斩决"。"米育诸生"孙大壮聚众复仇，清兵逮大壮至京，兵部
讯问。大壮严正要求，"太子固真，可速还我太子"。清廷大恨，"遂腰斩
之"①。祁八起义举起"灭虏扶明""救太子"的旗号，把救太子与灭虏扶
明结合在一起，突出表现北太子案及祁八起义的民族斗争性质；这点很值
得注意。凤阿营的起义力量微弱，要反抗驻守畿辅的强悍的八旗劲旅，不
啻以卵击石，以致惨遭血洗。但是，人民没有逃避斗争的责任，为正义挺
身而出，因此付出沉痛代价。

三

北太子案还在余波荡漾，南明弘光政权统治下的南京也出现太子慈
烺，发生南太子案。据温睿临《南疆逸史》所记：

（弘光元年二月）癸未……鸿胪寺少卿高梦箕奏：先皇帝太子自
北来。遣内臣踪迹至杭州得之。三月甲申朔，至京，驻兴善寺。太监
李承芳，卢九德等审视还报，移至掌锦衣卫都督同知冯可宗邸舍。乙
酉，上御武英殿，命府部九卿科道及前东宫讲官中允刘正宗、李景
濂、少詹事方拱乾等审视太子，问答多不符。大学士王铎叱为假。久
之，自称为王之明，故驸马都尉王昺姪孙。奏上。丙戌，下中城兵马
司狱……壬辰，命百官会审王之明于午门外……戊戌，三法司以王之
明狱上，命再严究往来踪迹及主使之人。先是太子之至也，都人皆
喜，以为上未有子，且以为嗣。至是人情益惧，民间流言指马士英、

① 钱䴖：《甲申传信录》卷9《庚园疑迹》《祁八聚众》；谈迁：《国榷》卷104，弘光元年四月
戊午、庚申、辛酉，册6，第6202、6203页。按：凤阿营，《明季南略》作凤河（省去"营"字），
与今名略同。其附近上林土城，《国榷》《甲申传信录》作名"米育"，《甲申朝事小纪》作名"米
育"，即今北京市大兴区采育镇，《明季南略》正作采育（省去"镇"字），与今名略同。颇疑"阿"
与"河"，"米""来"与"采"因字形相近而误，两地名均以《明季南略》为确。

王铎共谋戕害太子。黄得功上疏乞保留。上命养之狱中，弗遂加刑。刘良佐上疏并言太子童氏二事，谓上为群臣所欺。因命法司颁二案谳词传示中外，以释群疑，然而流言日甚①。

这里记述的，是南太子案的梗概。案中有些问题没有交代清楚，需要引用其他史料做补充说明，并进行一些讨论。

这位自北来江南的崇祯太子，究竟具体从何处来？谈迁《国榷》载，相传他原在吴三桂军中，本要回京即位，因顾忌清人，"至榆河，阴逸之民间，使人导入皇姑寺，太监高起潜奔西山，太子自诣之，遂同至天津航海而南"②。计六奇《明季北略》《明季南略》、陆圻《纤言》等略同，并说明太子是吴三桂借议和从李自成手中夺回的。文秉《甲乙事案》认为李自成战败到永平后，太子不知下落，后来不加说明而重新露面，由鸿胪寺序班高梦箕挟之渡江南下。这些说法与吴军夺回拥立说颇相衔接。但我们做过分析，说明吴三桂夺回太子拥立登基纯属子虚。李清《南渡录》认为，太子是高梦箕仆人木（穆）虎南下途中偶遇，后才为梦箕本人所接纳。③《明季南略》记录"邑人口述"：无锡杨端甫在南京监管狱囚，听南太子说起过去经历。农民军破城时，他紧急逃离，因东、南、北三面"俱严兵堵截"，"遂西走，终日不得食"，"自此七日不食，转而南，遂止于高梦箕家"④。甫离富贵窝，就碰上七天饿饭，枵腹逃难，真难以置信。从京师失陷到止于高家半年以上时间，他似乎完全隐没在南走途中，一点不涉及落在农民军和吴三桂军手中的问题，无疑应该有许多见闻和遭遇可谈，但他一句也没有。这位"太子"显然不了解太子的历史，⑤ 所讲的与北太子的自述和许多含有在农民军中经历的记载又明显不同。看来，他与曾被挟持的生活动荡多变的太子不是同一个人。他仍然是来历不明的。

---

① 温睿临：《南疆逸史》卷1《纪略第一》《安宗》，中华书局1959年版，上册，第8—9页。
② 谈迁：《国榷》卷104，弘光元年，册6，第6190页。
③ 李清：《南渡录》卷6，载《南明史料（八种）》，第363页。
④ 计六奇：《明季南略》卷6《太子一案》，第176页。
⑤ 李清：《南渡录》卷6记载，"太子"答复审讯人员关于农民军如何对待他的讯问时说"儿我"，则并不否认自己在农民军中的一段经历，这与向杨端甫说的又截然不同。

《明季南略》记载说，高梦箕秘密奏报太子抵达杭州的消息，一并知会马士英。"于是遣内竖李继周持御札召之。"李继周在金华谒见太子，态度恭谨。太子到南京后，弘光又派张、王两小内侍去察看，"一见太子，即抱足大恸。见天寒衣薄，各解衣以进"。弘光得知盛怒，"遂掠二竖俱死，继周亦赐鸩死"①。此事主要为谈迁《国榷》《枣林杂俎》、计六奇《明季南略》、陆圻《纤言》所记载，而叙述南太子案最详尽最剀切的文秉《烈皇小识》《甲乙事案》、李清《南渡录》、顾苓《金陵野钞》等以及顾炎武、黄宗羲等人关于弘光朝史事的著作，此项纪事都付阙如。弘光在位一年，虽多秕政，但尚宽仁，不是残忍好杀的暴君，掠杀酖死可能非实。因此，左良玉、黄得功、刘泽清、刘良佐、何腾蛟、袁继咸等督镇大臣纷纷上疏，纵论南太子问题，语言肆行无忌，也从来无人提及杀害内侍，应非偶然。然则弘光用非刑制止臣民认南太子为真，以致两小内侍一见南太子"即抱足大恸"，"各解衣以进"，都是莫须有之事。

在研究北太子案时，我们注意到北太子冒险至周奎府访妹事，被《明季南略》张冠李戴，移植成永王访公主，国丈周奎府变为老中书周玄振家，补入周玄振之子娶公主情节。到周奎府访公主的是太子而非永王，这一点已为史籍普遍记录，官民救北太子诸疏多有全文或摘要传世，《绍兴府民钮良治等揭帖》且有原件留存，其中都是说太子访妹而不是其他。这些材料足证这一改动就成了篡改、捏造。但是《明季南略》似非始作俑者，始作俑者估计是陆圻。他早于计六奇，《明季南略》只是吸取了《纤言》的有关记载②。陆圻为什么要这样做？他对南太子案的认识很值得注意。陆圻是复社士，在立身行事、为人处世上表现出强烈的追随东林党的色彩。他的著作对郑妃之孙弘光十分敌视，在《纤言》中丑化弘光，描写其残忍浮恶不遗余力。在对南太子案的看法上，他预设立场，斩钉截铁地

---

① 计六奇：《明季南略》卷6《太子一案》，第174页；谈迁：《枣林杂俎》仁集《逸典·东宫》，第8页。张怡《謏闻续笔》以南太子为伪，对二内侍抱其足大哭等事，皆有论辩，以为不足证其为真，可参看。

② 陆圻于康熙初年牵连进庄氏史案，锒铛入狱。后被释放，满怀悲愤，落发为僧，《纤言》应为顺治年间作，而计六奇《明季南北略》稿成于康熙十年，以后续有增补。据汪琬《尧峰文钞》推测，陆圻可能也依据了清初邸钞某些捕风捉影记载，但已难考。

断南太子为真。要想树立起这一判断，首先要踢开北太子是真太子这只拦路虎。为此，他不惜别出心裁，篡改史实，隐没太子，让永王替死，这就是变南太子为真太子的戏法。皇亲周家地位显赫，交游广泛，篡改史实的勾当容易被识破，换上名不见经传的老中书周玄振，增添神秘感，提升掩饰作用。补充耸人听闻的情节，以示其记载不是改动流传的故事，而是别有史源，以拔高其史料价值。还有，永王的地位低于太子，公主与永王同父异母的姐弟关系疏于太子与公主同父同母的兄妹关系，永王母西宫田妃的地位又逊于太子母正宫周后，改成永王访公主可以削弱官民的关注，加强对南太子案的重视。紊乱史实，为失记载之道德。陆圻史笔的主观随意性说明，必须更加慎重地对待他的历史著作，不要不加分析就用于构建或证明史事。

　　弘光对南太子案的心态是矛盾的。矛盾心态产生的原因是复杂的：一是太子的到来撼动着他的帝位。平心而论，先年帝位未定时，他对此未必十分热衷，但如今已登帝位，再要他从接受跪拜变为跪拜于人，就不能不抵触。弘光说："太子若真，将何容朕？卿等旧讲官宜详辨之。"[1] 便是因对帝位恋栈而自然产生的忧虑。二是普天下头等权势贵族都认为自己家族血统最优越、高贵，不允许丝毫混杂，假使不能阻止血统淆乱事故发生，那是得罪祖宗的重大过恶，祖宗将不血食（拒绝祭祀）。因此，要他们承认一个远来陌生男子为本宗成员，本能地存在一种顽强的抗拒心理。弘光说："太祖之天潢，先帝之遗体，不可以异姓顽童淆乱宗祏。"[2] 正是这种心理的反映。三是他没有个人的实力做后盾，又处在群臣激烈党争的旋涡中，各种党派对他都有牵制，实际上缺乏专制君主的威权和行动能力。马士英等的利益和权势成为对他的重要制约因素。"弘光召对时，群臣俱请御北兵，弘光然之。独马士英大声斥上曰：不是这样讲，宁可失国于清云云。弘光不敢言。"[3] 这就很典型。这是一方面，是促使他对南太子采取严厉态度的诸多因素。另一方面，弘光并不是死恋帝位不放的，何况帝位授

---

① 陆圻：《纤言》中，《南京太子》。

② 顾炎武：《圣安本纪》下，弘光元年三月戊戌。

③ 计六奇：《明季南略》卷3《议御北兵》，第202页。

受还可有协调办法。最初他辞谢劝进，就不全是忸怩作态。此时他说："朕念先帝之子即朕之子，若果系真东宫，朕尚无子，即加爱养。"① "果真，即迎入宫中，仍为太子。"② 也都是真话。使他无奈的是，他的帝位使他成为诬陷和谋害太子的首要嫌疑人。新嫌加旧隙（东林、复社与郑妃、福王的历史上的结怨），却越来越将南太子塑造成真太子，而南京很难找到可以确认太子的权威，致使弘光在南太子案中始终处在被动解释的尴尬地位，成为另类的审讯对象。

应该说，弘光对南太子案的处理还是慎重的。假使他滥施淫威，像清廷收拾北太子那样强硬，毕竟不乏证据揭示南太子之伪，马士英是与他利害攸关的，史可法未必不帮助平息反对声浪，因此，强硬也不见得会搅起什么大的风波。弘光则不甚强硬，还是顺应舆情，采取一些缓和的对策：一是不轻易结案惩处，多次审讯，审讯公开，"集百官廷讯，在京士民俱得入（内旁听）"③。这是很难得的。二是减少刑讯逼供，南太子或"踞上座，南面"④，或"东向踞坐，人尚不敢以囚待之"⑤，弘光指示善待南太子，"加意护养，勿骤加刑"⑥。三月十五日审讯时，左都御史李沾喝役动刑即上拶，"太子号呼皇天上帝，声彻于内，马士英传催放拶，高倬令人扶之出"⑦。这次用刑似是唯一的一次，而且明显是违旨的。从这些情况看来，弘光在南太子案中总的表现，是胸怀比较坦荡的。他派人从金华接南太子到南京，开始时未以犯人相待，命住寺庙、大内，后发现其人有假冒之嫌，才移送中城兵马司狱监管。从此时起，继续辨认，并开始审讯。重要的辨认审讯共进行三次：弘光元年三月初六日集百官初审于大明门外，初八日仍由百官二审于午门，十五日由刑部、都察院、大理寺三法司及锦衣卫等官三审于朝。⑧ 二十日，

---

① 李清：《南渡录》卷6，第363页。

② 顾苓：《金陵野钞》，载《南明史料（八种）》，第722页。

③ 顾苓：《金陵野钞》，第722页。按：南太子案审讯公开，允许士民入观，据说，"士民观者以亿万计"（陆圻：《纤言》中，《南京太子》），是形容入观者之众也。

④ 顾苓：《金陵野钞》，第721页。

⑤ 计六奇：《明季南略》卷3《太子一案》，第176页。

⑥ 顾苓：《金陵野钞》，第722页。

⑦ 文秉：《甲乙事案》卷下，载《南明史料（八种）》，第529页。

⑧ 三次审判，辨认，各书所记时间等项间有小的参差，此据《明季南略》卷3，《太子一案》。

"命三法司覆审太子"①，此覆审不是审讯，而是再次审查案卷。初审中已得到南太子为故驸马都尉王昺姪孙王之明诈冒的成果，但南太子本人没有承认。经过几次审讯，太子为真为伪，各有证据。有些是伪证，不足为凭。比如，有人利用清廷审讯北太子时炮制出笼的，"询之西宫袁妃，太子有虎牙，脚下有痣"②，欲证其真伪必须检验的特殊标记说事，但证人袁妃只是一个幽灵，何来证词？虎牙脚痣，就是伪证。揭露伪证，判断证词证据的可信度，不是容易的事。计六奇《明季南略》引《明季遗闻》一段记载后发议论道：这段记载"与他书所载大异，据此则太子的系假冒矣。自供既明，即当如大悲弃市矣，何须屡次再审，狱久不决也？此非信史可知"③。计六奇竟将弘光对案件的慎重处理，作为史籍中对判定南太子为伪有利的记载不可信的理由，实在太荒唐了。有些理应追究的问题却没有追究。马士英所提三可疑就不应因人废言，全盘否定。其一可疑就不可不查。南太子南下应是有目的和目的地的，不是浪迹天涯，但究竟何干？他不投弘光政府，走杭州过绍兴转金华，究竟要何往？审讯中没有追问，本人也没有说明。身穿龙图案内衣，元夕张灯浩叹，很难说是藏形匿迹的表现，却更有传消递息，想惊动什么人的意味。当太子被清廷羁押，失去自由时，他就多次表达过"伯父今在南京，要南去"④的愿望，假使能恢复自由，他会堂堂正正去投奔。只有他是伪太子，实际上又企图进入南明政权，才会采取这种旁敲侧击、刻意为之的手法，等候迎请。

当时社会混乱，斗争激烈，谣诼纷纷，甚至说南太子被掉了包："或曰移入大内者是真，百官会审者非真。"⑤矛头直指弘光，显然隐指弘光在命南太子移居大内后将其谋害死，但也说明南太子在会审中已暴露其伪，

① 计六奇：《明季南略》卷3《三月甲乙史》，第171页。
② 李清：《南渡录》卷6，第364页。其《三垣笔记》载："贵妃云，太子有四虎牙，牙根甚黑，今无此，非也。"（《三垣笔记》下，《弘光》，第112页。）这都是清人捏造。
③ 计六奇：《明季南略》卷3《太子一案》，第177页。
④ 佚名：《使臣碧血录》，载《南明史料（八种）》，第761页。徐秉义《明末忠烈纪实》吸取之。
⑤ 文秉：《甲乙事案》卷下，载《南明史料（八种）》，第530页。又，佚名《鹿樵纪闻》卷上《福王》下亦云："或云下狱者已非至自金华者。有旧内臣顾浮伯尝为虞山归庄说其事，庄纪以诗曰：兵卫严防古寺中，内臣识得旧东宫，夜分送入金吾宅，玉貌明目便不同。"其意显指南太子被冯可宗害死掉了包。当然，冯可宗是奉旨行事，但诗人此点没有明说。

使人不能不承认"非真"。

综合以上的分析和怀疑，断定南太子为伪是符合历史事实的。在北太子为真太子经孟森先生定论后，南太子之伪更加不容置疑。

有人从明清易代斗争全局出发，指出：南太子"是北朝之谍也，藉以摇惑人心，俾中朝自起争端，同室互斗，起承其弊，此下庄子之术也"①。这就是说，南太子是清朝间谍，是清朝用以挑动对手内讧，动摇弘光政权，分化明朝势力的工具。清朝派间谍南下，不是不可能的。弘光派出使清的陈洪范，后来就成了清朝间谍，被派遣回江南。在清兵入关后民族矛盾上升为社会主要矛盾的条件下，民族矛盾制约着其他各种社会矛盾。清朝间谍进到南明，是民族矛盾直接介入南明政治的表现。但是，南太子是否清朝间谍，迄今尚未发现文献证明。

不过，南太子到来，在客观上确实起了推动南明内斗的作用。官民、大臣迅速分裂为两派，"当时太子一事，朝廷之上皆曰伪，草野之间皆曰非伪；在内诸臣皆曰伪，在外诸臣皆曰非伪"②。表现在南太子问题上对立观点的，是靖南侯黄得功最先出面上疏，并刊刻流布。其疏说："先帝子即皇上子，若速处治，恐东宫诸臣即识认，亦不敢出头取祸。"③ 接着，广吕伯刘良佐、湖广总督何腾蛟、江楚总督袁继咸、宁南侯左良玉等督镇大臣纷纷上疏，程度不同地将矛头指向弘光：如刘良佐"恳求曲全两朝彝伦"。何腾蛟指摘"明旨愈宣，臣下愈惑"，袁继咸敦促"勿信偏词"，而语言最愤激最放肆的是左良玉，痛批"满朝诸臣但知逢君，不惜大体"，斥责弘光待太子不如李自成待太子宽厚，"何至一家反视为仇，明知穷究并无别情，必欲展转诛求，遂使皇上忘屋乌之德，臣下绝委裘之义，普天同怨，皇上独与二三奸臣保守天下，无是理也"④。从这些失礼的甚至狂悖的奏疏言论看来，南太子案实际上也已重创弘光本人，严重削弱了皇帝权威，增加了对弘光及其亲近大臣的敌对情绪，销蚀了南明臣民的向心力。

---

① 文秉：《甲乙事案》卷下，第530页。陆圻以南太子得到豫王给予潞王同样的优礼，又与潞王一样"同饩王府，同日被诛"，而否定其为"清使作间者"（《纤言》下《杂记》）。
② 文秉：《甲乙事案》卷下，第530页。
③ 李清：《南渡录》卷6，第370页。
④ 文秉：《甲乙事案》卷下，第532、533、536页。

马士英也更厌恶东林复社，愈加与阮大铖之流站在一起。当时易代斗争的形势十分危殆，清军以破竹之势扫荡河南，不幸的是左良玉又假借"奉太子密旨"的旗号，起兵清君侧，顺江而东，真的出现"中朝自起争端"的事实。弘光政权遭到南下清军和东下左军的钳制压迫，岌岌可危。史可法等力主防清，大理寺卿姚思孝、尚宝司卿李之椿等同样"合词请备淮扬"，命刘良佐军留守江北。弘光还算明白，同意这样安排用兵方向，认为左良玉虽不该兴兵犯阙，"然看他本上意思原不曾反叛。如今还该守淮扬，不可撤江防兵"①。马士英权衡两条战线的利害，竟说："北兵至，犹可议款。若左逆至，则若辈高官，我君臣独死耳。""宁死北，无死逆。"② 竟撤刘良佐兵到江南防堵左军。这样，清军没有遇到任何像样的抵抗，一路凯歌，占淮泗，屠扬州，兵锋直指南京。五月初十日夜，弘光出逃，辗转至芜湖坂子矶依黄得功。弘光政权瓦解。

南太子案在一片混乱中不了了之。十一日天将亮时，二三士绅率市人拥至狱中，释放南太子，取弘光衣冠穿戴，在武英殿登基，群呼万岁，有的官员也跟随上殿行礼如仪。南太子封子铎、高梦箕为礼部右侍郎兼东阁大学士，开读敕文，称崇祯十八年。但文武官员大都既忌弘光挟黄得功军回京，更害怕清军不容，持观望、等待态度。王、高两大学士都不就职，迅速逃走。其时总督京营戎政忻城伯赵之龙决计降清，立斩为首拥立南太子的监生徐瑜等二三人，劝南太子退位，随后又将他投入监狱。十六日，③清兵入城，南京陷落。

清豫亲王多铎入南京皇城，即问"崇祯太子安在"。赵之龙释王之明往见。多铎指谓："此真太子也。"④ 多铎公开表态，从表面看很聪明，可以掩盖清廷杀害真太子（北太子）的暴行，可以博取以南太子为真的江南民人的欢心，赢得他们的拥戴，实际上很愚蠢，在以南太子为伪的明臣心中，这种表态很武断、多余而欲盖弥彰，民人则不满足承认其真，更希望真太子继位复明，以致更激发认清人为僭窃的情绪。清人会发现，他们树

---

① 计六奇：《明季南略》卷3《议御北兵》，第202页。
② 李清：《三垣笔记》下《弘光》，第140页。
③ 南京失陷前后，各种事件发生日期，史籍记载颇有小的出入，以无大碍，不细究。
④ 李清：《南渡录》卷6，第407页。

立伪太子，让明朝皇位第一继承人继续"活"着，完全抵消了杀害北太子得到的政治利益。此时多铎还醉心表演过度的谦卑，对南太子屈尊"离席迎之"，设座，宴请，"旋以弘光所选淑女配之"①。弘光投黄得功后不久，得功就在与叛降清朝的刘良佐作战中负伤殉国。弘光被刘良佐所俘，于二十五日被解回南京。

闰六月，多铎班师，挟弘光、南太子王之明等北去。顺治三年（1646）五月，清廷自己来纠错，先造舆论，"京师纷传故明诸王私匿印信，谋为不轨。及行查，果获鲁（潞）王、荆王、衡王世子金玉银印，鲁（潞）王等十一人伏诛"②。"同日，太子、弘光、潞王秦王等九王俱被戮于市。"③ 北、南两太子都死于清廷刀下，多少反映了满族统治者的支配地位。

孟森先生治史重视考证，辨误纠谬，阐幽发微，力求真相，并朝这个目标做了坚持不懈的艰苦的努力，阐明了许多史实。史学务求符合实际，才具有生命力。尽管孟先生逝世已届 70 年，我们今天研究某些历史问题，仍须在他的相关的研究基础上前进。研究两太子案，特别是北太子案，不能不遵循和借鉴《明烈皇殉国后纪》，就是很生动的例证。在纪念孟先生的时候，我们绝不能忘记这位前辈大师为明清史学的发展建树的卓越功勋。

附录　吴三桂拥立太子的谣传是掩护多尔衮进占京师的计谋补证

笔者在《太子慈烺和北南两太子案》文中，曾据彭孙贻的分析，否定山海关石河之战后，李自成与吴三桂有过议和的事。退一步说，即使确有过接触进行和议，那也不过是李自成麻痹敌方的缓兵之计。也就是说，太

---

① 陆圻：《纤言》中，《杂记》，《南京太子》；计六奇：《明季南略》卷 4，《三十日辛亥》，第 227 页，记载同。

② 《清世祖实录》卷 26，顺治三年五月壬戌。李清：《南渡录》卷 6，第 411 页记，清人在弘光等的住处地下埋火药将其炸死，"王之明亦伴死。"清廷不必暗杀，此说不可信。

③ 陆圻：《纤言》中，《杂记》，《南京太子》。南太子、弘光加九个王，恰为十一人伏诛。

子慈烺其时仍遭农民军控制,不在吴三桂手中。笔者接着又推论说,盛传一时的吴三桂拥太子回京嗣立的喧嚣,多半是清、吴双方策划的李代桃僵之计,以太子回京登基的名义,掩护多尔衮进京,使军民猝不及防就占领北京,因而事先即广泛散布吴三桂通过和议夺回太子进京继位的谣言,还伴以吴三桂檄、皇太子谕,热热闹闹,煞有介事,其实都不可信。后来不得不为实际上太子没有回京称帝打圆场,又抛出吴三桂在榆河释放太子的说法,一并不可信。其后,笔者查阅若干史籍,发现笔者的推论与历史实际相去并不太远。

从四月二十六日至三十日,是为多尔衮进京紧张准备的时间。二十六日,虽然李自成已"奉皇太子复入京城",但接着清、吴双方还是做了几件事:一是再造吴三桂拥太子进京的舆论,使明朝官民更加深信不疑;二是调动投降农民军诸臣,使他们脱离农民军的影响;三是让吴三桂西征追击李自成,防止京师这里发生难以预测的变故,牵制吴三桂的行动。"三桂移檄降贼诸臣,许其反正,立功自赎。""三桂传示都中士民,为先帝服丧,拥立东宫。"①

相信太子嗣立的气氛浓浓的。五月初一,"午后,传言吴三桂与大清帅力争,不令其众入城,止统领同三桂护东宫以入。士民大喜。而三桂于三十日已从芦沟桥渡河迫贼而西矣,城中犹讹传如此"②。后来,三桂旧役夏某也加入宣扬这个谎言的大合唱。他奔告原明锦衣卫千户张怡说:"大喜,我公破贼,借清兵送太子至矣!"③ 关键时刻,由属下旧役出面散布谣言,是具有极大欺骗作用的。这足以证明夏某旧主吴三桂是制造这一谣言的合谋者。不过,由于局势不明朗,士民有时也会产生一些不祥的预感,"有人窃言齐化门外张贴告示,首称大清国,不知所谓,闻者震骇"④。

初二,是清摄政睿亲王多尔衮进占北京的日子。"锦衣卫指挥使骆养

---

①　戴笠、吴殳:《怀陵流寇始终录》卷18,辽沈书社1993年版,第342页。
②　李天根:《爝火录》卷2,浙江古籍出版社1986年版,上册,第119页。
③　张怡:《谀闻续笔》卷1。
④　刘尚友:《定思小纪》,见杨士聪《甲申核真略（外二种）》,浙江古籍出版社1985年版,第74页。

性等备法驾卤簿出迎。"① 官员先往午门哭奠崇祯帝，然后齐集朝阳门外，与民人望尘伏跪，迎接太子到来。结果甲骑数万驰至，吴三桂的关宁兵前驱疾走。人们还在纷传吴将军护驾至，一人舍骑登舆，对官民宣称："我摄政王也。太子随后至。尔辈许我为主否？"② 人家一仰视，"则胡服垂辫者也。莫不心碎失色。"此时，"城上尽立白旗"，多尔衮"入宫，居武英殿"③。城上忽然尽树白旗，是表示投降，事前毫无征象，显系内奸或前驱的关宁兵所为。多尔衮进了部门，还用"太子随后至"欺骗京城官民，则吴三桂夺回拥立说不是清、吴合谋的李代桃僵之计，还能有谁？还能是别的什么？见到城上遍插白旗迎接自己，多尔衮显然很惬意。总之，没有丝毫的抵抗，兵不血刃，诈取北京，多尔衮、吴三桂合谋的狡计取得了成功。

原载《中国史研究》2008 年第 1 期

---

① 戴笠、吴殳：《怀陵流寇始终录》卷 18，第 343 页。按：多尔衮进占比京的日期，刘尚友《定思小纪》作初一，谈迁《国榷》、杨士聪《甲申核真略》、张怡《谀闻续笔》、李天根《爝火录》等作初三，此取初二，系从《清世祖实录》，彭孙贻《流寇志》和戴笠、吴殳《怀陵流寇始终录》同。

② 刘尚友：《定思小纪》，见杨士聪《甲申核真略（外二种）》，第 74 页。

③ 戴笠、吴殳：《怀陵流寇始终录》卷 18，第 343 页。

再谈明清之际北南两太子案

前不久，笔者曾作《太子慈烺和北南两太子案》文①，刊出后自觉有所不足，意犹未尽，继续探索，续成此篇，就其中的几个问题再做些分析、补充。

一

太子慈烺在什么时候被周奎叔侄出卖给清廷，因而在清朝刑部落难？也就是说，北太子案发生在什么时候？

提出这个问题，是因为史籍上记载分歧。史事都发生在一定的时间、地点，就是说它总有一定的时空环境。叙述史事必须把它放在确切的原有环境中，才能看出史事与环境的联系，环境对史事的影响。现在笔者提出北太子案发生的时间问题，并尽自己所能进行初步推测和探讨。

北太子案发生的时间，记载颇有兴味。先看备受称赞的清朝官修正史《明史》，虽有太子慈烺、外戚周奎传记，但因处理北太子案是清廷一段不光彩的历史，于是《明史》只写南太子案，而将北太子案一笔勾销，好像从来没有发生过此案，也就不存在此案发生时间的问题。《明史》的做法干脆，姑不具论。其他有具体时间的记载，可归结为几类。

第一类作顺治元年十一月。笔者在前述《两太子案》文中，引钱𫒄《甲申传信录》，即从此说。查继佐《罪惟录》②、抱阳生《甲申朝事小纪》等都持此说。佚名《鹿樵纪闻》《清史列传》、谈迁《北游录·纪邮上》

---

①　载《中国史研究》2008 年第 1 期。

②　查继佐：《罪惟录》《列传》卷 3，《皇太子列传》，《皇太子慈烺》，浙江古籍出版社 1986 年版，第 2 册，第 1198 页。但查继佐说太子是被大顺军出卖给清廷，而不是周奎叔侄。

等作较宽泛的表述，即作顺治元年冬，为简化可并入十一月说，不单列。《清世祖实录》又不同，把北太子案记在十二月辛巳（二十七日），但所记内容还包括辨认、审讯情况和结论，则十二月辛巳显然不是案发时间，案发时间还在前，为简化也可并入十一月说。附带说一下《清史稿》。作为官修大型清代历史，它似乎无法完全回避在清廷统治下发生的大事，于是删改《清世祖实录》关于北太子案的纪事，作为其《世祖本纪》同目的条文，全文不足百字，较《清世祖实录》删汰大半，云："辛巳，有刘姓者自称明太子，内监杨玉引入故明嘉定侯周奎宅，奎以闻。故明宫人及东宫旧僚辨视，皆不识。下法司勘问。杨玉及附会之内监常进节、指挥李时荫等十五人皆弃市。仍谕中外，有以故明太子来告者给赏，太子仍加恩养。"①

这段文字与《清实录》原纪事比较有一些大的不同：甲，删去公主与太子"相见掩面泣，奎跪献酒食"等文字，以加强太子为伪的印象；乙，发现袁妃已死，省略"明贵妃袁氏"字样，改为笼统的"故明宫人"，以堵塞清廷弄虚作假的漏洞；丙，《清实录》原文"以真太子来告者，太子必加恩养"②，是表示真太子尚未被清廷获得，北太子为伪，故未必"恩养"，改为"太子仍加恩养"（虽保留以故明太子来告字样），使其模糊化，似乎北太子还继续被"恩养"。可知，《清史稿》有关撰著者没有照抄《清实录》原文，而是从维护清朝出发做了一些修改。但关于北太子案发时间的判定，应比照《清世祖实录》作出。

第二类作同年九月。谈迁《国榷》将北太子案记于崇祯十七年（即顺治元年）九月庚戌（二十五日），可名为九月说。但《国榷》所记有简略的辨认等内容，似九月庚戌不是案发时间，案发在此以前。陆圻《纤言》、计六奇《明季南略》虽将太子换成永王，周奎府换成老中书周玄振家，但案发时间同属九月说。

第三类不记载太子犯案的具体时间。张岱《石匮书后集》、查继佐《国寿录》、戴名世《弘光朝伪东宫伪后及党祸纪略》等，记的都是糊

---

① 《清史稿》卷4，本纪四，《世祖本纪》一，中华书局1977年版，第2册，第92—93页。
② 《清世祖实录》卷12，顺治元年十二月辛巳。

涂账。

笔者写《两太子案》文时，虽采十一月说，但进一步研究后，对此说的正确性日益怀疑。思想动摇是从研究十二月甲子（初十日）清廷重奖内院三汉官一事引起的。笔者检查了多尔衮进京后顺治元年内清廷颁发赏赐的情况，发现清廷对诬太子为伪的降清高官颁发赏赐，从八月起赏赐次数变得频繁，赏赐也更加贵重，并且这些赏赐都不记载给赏的原因，而查看顺治元年开始历次赏赐的记录，一般是说明为什么给赏的。① 现将从八月开始的三个月内的赏赐按时间先后列举在下面：

八月庚申（初五日），"赏大学士冯铨……内监曹化淳、车应奎、王德化、王之俊等貂褂各一袭。"

八月壬戌（初七日），"赏故明周后父嘉定侯周奎缎百匹、银百两，晋王朱审煊及妃嫔范氏等银两有差。"

八月甲申（二十九日），"给大学士谢陛貂裘、靴帽、白金百两。"

九月癸巳（初八日），"给大学士洪承畴貂皮朝衣、貂褂、缎匹、银两、庄园、奴婢及牛马等物。"

九月戊戌（十三日），"赏故明晋王朱审煊貂褂一领，貂蟒袍一袭。"

十月"初九日，内院咨文：冯阁臣、谢阁臣各赏缝面貂皮沿边皮袄一。次日，又各赏此二人及洪军门蟒缎面貂皮里镶边披领一，赏洪军门缎而羊皮袍一。命笔帖式将赏品送往内院"②。

这些原因不明不白的赏赐，深深地启人疑窦。明朝皇室人口繁衍至盛，瓜瓞绵绵，嫁娶频频，外戚众多，爵职相传，世代延续，到明末显然是一个庞大的群体，经过大顺、清朝相继发生的两大政治变革，外戚有抵抗的，有投降的，虽已寥落减员，但清廷何爱于周奎，唯独他蒙重赏？唯一可能的答案，就是周奎叔侄出卖太子慈烺的事实。这是一。其二，晋王审煊在山海关石河之战中，从阵前逃离李自成军羁绊，投到吴三桂军中，从而又成为清军掌中物。先后落入清人虎口的明朝皇族，还有秦王存枢、

---

① 例如顺治元年三月甲寅赏赐希福等，四月戊午赏赐谭泰等，五月辛丑分别赏赐冯铨、孔希贵等，为什么颁发赏赐，其原因都说得很明白，分见《清世祖实录》卷3、4、5。

② 以上赏赐记录，分见《清世祖实录》卷7、8；《清初内国史院满文档案译编》，光明日报出版社1989年版，中册，第52页。

襄陵王遑梡等人，清廷何爱于审煊，① 此时让他独蒙重赏？唯一可能的答案，就是晋王审煊在北太子案中做伪证，诬太子为伪，为此他饱受官民詈骂，却在清廷得到鼓励。第三是除谢陛于八月间才到清廷供职外，冯、洪在八月前并不获赏（冯于五月间应召积极，闻命即赴，获衣帽鞍马银币之赐。这是安置和慰问之礼，又当别论），从八月起三个月内，冯、谢各领赏三次，洪领赏两次，而且所值甚重，再加上三人十二月的大赏，可能的答案使人不能不联想到与北太子案有关。由于主张太子为真的降清者都不赏，所有领赏的明朝宗室、官员、外戚、内监几类人唯一的共同点，就是他们在北太子案中的表现，赢得了清廷的欢心。这真是有趣的事情。

因此，笔者认为太子在清朝刑部落难，最晚在顺治元年八月初。也就是说，北太子案最晚在那时发生。谈迁《国榷》将其系于九月，不是草率从事。谈迁是严肃的历史家，他重撰《国榷》时，距北太子案只有几年时间，他到京师收集文献，咨访旧绅，所带再次完稿的《国榷》还是个"征求意见本"。他放着可能一直在社会上流行的十一月说、元年冬说不采用，而要别树一帜，显然拥有不同的信息。笔者推测清廷捕获太子慈烺后，先将他秘密囚禁，暗地辨认，评估真伪，在确定其真实身份，准备杀害后，延至冬天才举行以辨认为名的审讯，于是人们误认为此案发生在冬天。但这是否符合事实，还需要进一步验证。

二

笔者在《两太子案》文中，曾指出清廷为操纵北太子案的审讯，做了政治导向工作，对倡言太子为伪的证人颁发重奖，杀害讲真话的证人。杀害刑部主事钱凤览、指挥李时荫、太监常时节、杨玉等以及上书为太子辩

---

① 恰恰相反，据已故南明史专家钱海岳说，顺治三年五月，晋王"与宗室同遇害"（《南明史》卷27，《列传》第3，《诸王》一，中华书局2007年版，第5册，第1433页），清廷竟将他给收拾了。但不知此说何据。又钱书晋王名求桂，本文晋王名审煊，从《清世祖实录》。求桂为审煊父辈，虽全名符合明室规定，但仍有疑问。现存档案《摄政郑王吉儿哈朗贺表》说，"有明朝晋王朱新宣，原被贼挟带随营，亦为我兵所获。"（载《明清史料（甲编）》第1本，第65页）则晋王归清时其名新宣，实满汉文转译时之误译，音近字异，小有出入，而作求桂则完全不正确。

护的一些民人，史籍的记载很明确，不存在异议。颁赐重奖一事，笔者举顺治元年十二月甲子（初十日），"赐大学士冯铨、谢陞、洪承畴等各黄金二十两、白金一千两，嵌宝金钟盘二副、螺钿盒二架、玉壶一执"①，作为证据。但史籍只记载给他们的赏赐，并没有说明为什么。笔者把这次赏赐与出卖、杀害太子慈烺的阴谋活动联系起来，确定它的强烈政治导向性，其实除了知道谢陞是诬太子为伪的要角外，并不掌握更多资料，主要通过推理得出结论。推理的前提，首先是赏赐的时机。这次赏赐恰好在北太子案发生已一段时间，以辨认真伪为名的审讯进行得如火如荼，却还没有取得清廷满意、官民认可的结论，反而显出民情激愤、形势恶化动向的时候，迅速消除认定太子为真的议论，催生一齐诬陷太子为伪的政治局面，已成为清廷的迫切需要，这就不能不借助于一些别的手段。其次，为实现某种目标，奖、惩从来是互用并济、相辅相成的两种方法、同一政策的两个方面。持太子为真论的官民、主张慎重处理此案的官员，大都遭到清廷严惩，甚至人头落地，不出现在受赏名单中。有惩就有奖，则力主太子为伪论的人必然得到奖励，两者结合构成完整的政策。正是十二月甲子清廷决定杀害钱凤览等人②，同一天给冯、谢、洪等颁发重赏，这不是巧合，不是偶然，而是体现清廷此项政策的全貌。选择同一天也是有目的的政治行为，为的是更加强调这些措施的针对性。最后，谢陞是名声昭著的诬太子为伪的高官，分量很重，冯、洪当是同类型人物。笔者是从这些前提出发得到结论的。

　　推理是一种重要的思维逻辑，是从已知的事实出发推衍出新结论，深化认识的一种科学方法。在前提正确、推理（逻辑）严密的条件下，由推理获得的新结论，就是可以成立的科学认识。对史事记述者，史籍编撰者来说，阶级斗争、政治斗争的影响，他们所遇到的主观认识的局限和客观条件的限制，带到他们的笔下，使史事的记述和史籍的编撰多存在隐瞒、遗漏、歪曲、捏造，给对历史问题等分析、研究造成困难。于是推理既成

　　① 《清世祖实录》卷12，顺治元年十二月甲子。
　　② 抱阳生：《甲申朝事小纪》第四编卷1，《庚园疑迹》，书目文献出版社1987年版，下册，第706页。

为一种补偏救弊的有效手段，也是深入探索的重要方法之一。陈寅恪先生著《柳如是别传》，多用此法以寻求突破，是史学研究应用和依靠推理的生动例证。

　　但史学毕竟是重实证的学术，能举出实证，由推理取得的新认识就更加牢固可靠。笔者注意到，宛平县民杨时茂上疏曾指出："夫内院冯、洪不识太子者，实未在朝也。谢陞身为〔前明〕宰辅，入侍经筵，……既仕我〔清〕朝，遂忘小主，此无父无君之徒，不足立于民上者也。"① 杨时茂在这里评论了内院三汉官在北太子案审理中的表现，对谢陞判语严厉，对冯、洪表示谅解。冯铨在明天启六年（1626）被罢免大学士，崇祯初又黜为民，直至明亡没有机会东山再起。洪承畴则于明末一直在西北、东北领兵作战，直到被俘降清。两人都不在朝供职，就被善良的民人理解为他们不是蓄意逢迎新主，"既仕我朝，遂忘小主"的"无父无君之徒"。但这仍然透露出，冯铨和洪承畴至少没有站出来支持太子为真，处理宜慎的主张，说不好也与谢陞沆瀣一气，同诬太子为伪。据钱海岳著《南明史》，刑部主事钱风览曾就太子真伪是非，与晋王"求桂、谢陞、冯铨廷质，求桂终不言是，谢陞力辩其非，执为刘应统假冒"②。冯铨的表现与谢陞并无异致。不过笔者不知道钱海岳先生何所据而云然。从文字上看，与佚名《鹿樵纪闻》卷上《两太子》相关段落近似，将周奎倖周铎误为周绎也与《鹿樵纪闻》同，但《鹿樵纪闻》没有说冯铨也出面廷质。此事有待考实。

　　更为扑朔迷离的是洪承畴。我们不妨考察一下洪承畴在清初崛起的历史。洪承畴自崇祯十五年（1642）五月降清至顺治元年（1644）五月整两年时间，没有得到清廷任用，始终只是白身。顺治元年六月初一日，清摄政王多尔衮"令洪承畴仍以太子太保兵部尚书兼都察院右副都御史同内院官佐理机务"③。这是洪承畴首次在清朝任职，就入阁办事，但清廷授予他的，是他早在崇祯九年（1636）明三边总督任上时已获得的荣衔、坐

　　① 抱阳生：《甲申朝事小纪》第四编卷1，《庚园疑迹》下册，第704页。
　　② 钱海岳：《南明史》卷226，《列传》第2，《悼皇帝慈烺》第5册，第1417页，求桂应为审煊。
　　③ 《清世祖实录》卷5，顺治元年六月丁巳。

衔、兼衔，他当的是大学士佐理机务的差，却只是"仍以"明朝旧衔（当然已转换成清朝的）当清朝新差的"同内院官"①，即同知、行走之类，有时候他也可挂大学士衔，或与冯、谢并称，应该说这样自称不算僭妄，人称不算错误，他有此实际，只不过上任时无此名分而已。② 到十月初九日，清廷给内院他们三人赏赐，咨文上称冯、谢为"阁臣"，而仍称洪为"军门"，亦即洪任明总督时的尊称，洪所得赏赐也略逊冯、谢二人，除三人均得貂皮披领外，冯、谢各得貂皮袄而洪得羊皮袍（称呼、赏品均见第一节引原文）。此前，八月初一日，降清后颇受青睐、任职山西招抚的原明恭顺侯吴惟华，曾向多尔衮献征西五策，其第二策强调吴三桂与李自成"有不共戴天之仇"，"洪承畴素为三秦将吏所服，乞专命二臣统旅西征，则三秦军民畏威怀德，扑灭贼焰可计时而待。"有趣的是多尔衮的反应，对五策不置可否，却说"大兵西征，今将抵晋，吴惟华其益尽心剿贼，共建奇勋。"③ 说直白一点，多尔衮告诉吴惟华，不用吴三桂、洪承畴专征，八旗西征军很快就到山西，你吴惟华还是做好分内的事，闭起嘴来，少管些闲事。多尔衮显然不放心让洪承畴居高位，拥重权，独当一面。这种种情况，完全是作为明蓟辽总督的洪承畴与清军刻骨铭心的对立所铸成的不信任的表现。

　　这一切在顺治二年（1645）闰六月发生了变化，洪承畴的地位和待遇有明显的提升。闰六月十三日，清廷"命内院大学士太子太保兵部尚书兼都察院右副都御史洪承畴以原官总督军务招抚江南各省地方"④。至此，洪

---

　　① 内院并不设如此名称的官员，此前没有见过，此后也不再用，似乎只是为着贬低一下洪承畴特创的。这可是清朝官制史上的一个小趣闻。

　　② 洪承畴有机会在顺治元年七月与冯铨连名，十一月与冯、谢连名上疏，二年三月行文咨吏部，统称大学士，都是自称之例（《内院大学士冯铨洪承畴等启本》《内院大学士冯铨等题本》，载《明清史料》甲编第 1 本，第 71、94 页；《内院大学士冯铨谢陞洪承畴等题本》《内院大学士洪承畴咨吏部问》，载《明清史料》丙编第 2 本，第 101、102 页）。在前述咨文内，洪自述清廷给祖、父赠官，均限兵部尚书兼都察院右副都御史而无大学士。一般赠某人先世官，都赠如某人本官，其被眷顾深厚者，本人晋升，其祖、父亦获加赠。可参看魏裔介、吴琠等人先世蒙受赠官情况（魏荔彤：《魏贞庵先生年谱》；《吴琠文集》第二《碑传资料》，山西人民出版社 1990 年版）。故洪祖、父赠官缺大学士，也是洪当时未被予大学士职衔的佐证。

　　③ 《清世祖实录》卷 7，顺治元年八月丙辰。

　　④ 《清世祖实录》卷 18，顺治二年闰六月癸巳。

承畴终于得到招抚江南的重要任命，虽然还有钦命平南大将军贝勒勒克德浑、固山额真叶臣统率满洲大兵同行，[①] 行动受到牵制。[②] 但是总算有了较大的空间，可以运筹帷幄，应用自己在前朝十余年中积累的经验、教训，漂漂亮亮为新主做一番事业。因此，他甘冒号为秋老虎的烈日炙烤，欣然就道。洪承畴得到的新宠，反映出清廷对他的信任度有提高。

但这种信任不是唾手可得的。洪承畴必须表现出对清朝的耿耿忠心，才有可能赢得。事实是，在随清兵入关后一年有余，形势的发展给那些在《贰臣传》上声名显赫的人物创造的机遇是不同的，对洪承畴一类只在京城做官的人说，就难得有令人印象深刻的表露忠贞的机会。在此时间内也没有见到他有什么明显的立功表现。考察这一年多激烈的斗争，只有审理北太子案是摆在他面前的良机。清廷为杀害太子，对伪证有如同旱苗望雨的需要。如能尽力送太子赴死，将被清廷视为与明朝恩断义绝，死心塌地为清朝服务。在这个问题上的立场、态度，其标志性是极其突出的。

当时，审讯因清廷操纵，降清旧绅渐渐一边倒，"除常内侍、旧锦衣外，无复敢言［太子］似［真］者。"旧司礼监王德化等原说太子为真者也改变证言，"皆言不似。"在众多伪证者中，有一"尚书某公"赤膊上阵。"尚书某公问云：'尔的系何人，来冒太子？自何人主使？'"[③] 这个尚书某公是谁？这样略带轻蔑地称呼他，说明他是一名汉人高官。顺治元年无汉尚书，因此排除六部实职汉尚书的可能性。从六月开始在内院佐理机务的洪承畴，没有大学士名分，却有尚书头衔。"尚书某公"无疑就是洪承畴。这样，洪承畴在北太子问题上的所作所为，终究留下了一点记载。

由此可见，顺治元年十二月甲子清廷重赏内院冯、谢、洪三汉官，是为了操控北太子案的审讯，奖励伪证，体现其政治导向性工作的结论，不

---

① 洪承畴上任数月，共事的满族亲贵、八旗将领中又增加镇守江宁将军巴山。

② 清廷在颁给洪承畴的敕书中，向他开放了部分人事权，"其山林隐逸及故明废绅、才德堪用者"，允许他"军前先委署事"，上闻核实后再实授。但实际上此项授权并没有得到切实贯彻。洪承畴上任途经沧州时，曾想收用一名陕西旧部杨彤庭，当"面陈"勒克德浑、叶臣时，二人"皆有其难其慎之意"，经过争辩仍不获首肯，还是"令"他"请明旨遵行"。洪承畴看来很恼火，遵"令"请旨时高调申明敕书给他授权，内院也协议支持，有权"军前随宜委用"。（《洪承畴章奏文册汇辑》，《江南各省事凡办理必须用人谨举所知仰祈圣裁事揭帖（顺治二年七月十三日）》）似希望敕书不成具文。

③ 抱阳生：《甲申朝事小纪》第四编卷1，《戾园疑迹》下册，第702页。

仅由推理获得，而且存在旁证。

三

两太子案是什么社会矛盾的反映？是什么性质的斗争？

由北太子案激发的凤河营祁八、杨凤鸣、张三起义，高举"灭虏扶明"大旗，提出"救太子"的强烈要求。"灭虏扶明"是民族矛盾和民族斗争的口号，而"救太子"是社会政治矛盾和易代斗争的口号。这次起义把"灭虏扶明"和"救太子"两个不同的口号一并提出，突出表现了民族斗争与易代斗争的紧密结合，反映出北太子案和其后起义的民族斗争性质。

我们不妨再回顾一下北太子案发生以来的情况。从太子落入清廷掌握之中起，清廷就处心积虑想把他消灭。其时，太子慈烺并没有步入社会，没有为非作歹，得罪社会，他与清廷也没有结下深仇大恨，不应屈死。然而易代斗争就是一场你死我活的斗争，民族斗争与易代斗争结合起来就更加激烈、更加残酷。慈烺是清廷取代前明，立足中原，统治全国的巨大障碍，需要毫不容情加以铲除。为达此目的，清廷不惜采取任何手段。起袁妃于九泉，出场做证，是最典型的表现。对持对立证词的证人，最大程度地动用行政资源，加以重赏和屠杀，是又一形式的奋力搏击。民族斗争的另一方也不含糊，官员抗争至死，毫不后悔，人民奋不顾身，从上疏争辩到武装起义，及时进行，没有退缩。这是斗争双方的利益决定的。

可见，北太子案的性质是始终一贯的、鲜明的。

问题是南太子案。文秉《甲乙事案》曾指摘南太子是清朝间谍。他说：南太子"是北朝之谍也，藉以摇惑人心，俾中朝自起争端，同室互斗，起承其弊，此卞庄子之术也"①卞庄子是春秋时鲁国人，勇力绝伦，他虽能力刺二虎，仍先使之互相撕咬，伺其两败俱伤而后将其刺杀。②假

---

① 文秉：《甲乙事案》卷下，载《南明史料（八种）》，江苏古籍出版社1997年版，第530页。

② 在查找卞庄子故事出典时，笔者曾向同事罗琨、张永山贤伉俪请教，承赐教，特在此表示感谢。

使清廷派一间谍进到弘光政权内，无疑还是应用了卞庄子的计谋。李清《南渡录》也说，"时谓〔王〕之明之南，乃北廷所遣，以搅惑臣民也。"①持论与文秉同。看来南太子清谍说在当时可能是一种流行的舆论。但文秉、李清此说迄今不能坐实。目前还缺乏有力的证据证明南太子案是清朝间谍与南明直接的斗争，而这样的斗争无疑正是民族斗争的表现。这个问题的答案有待进一步探索。

　　在南太子清谍说还不能证实的情况下，南太子案是不是就如同其表面现象显示的那样，完全是南明内部事务呢？是南太子与弘光关于皇位继承权矛盾的爆发吗？自清兵入关以后，民族矛盾、明清间争夺全国统治权的矛盾，构成社会主要矛盾，规定、制约、影响社会其他矛盾。南太子案不是独立于社会外的。从表面看，它与北太子案似乎是不相干涉的两案，承办者是互相敌对的明清双方朝廷，案犯、干证也各有不同的人物，但南太子案仍受民族矛盾的规定、制约、影响。有一条线把两太子案联结、串通起来，这条线就是崇祯太子慈烺。两案都把辨认案犯太子身份的真伪当作审讯的主要任务，现在看清廷在北太子案中是别有用心的表演，明廷在南太子案中虽有主观意向但仍较认真，不管当时辨认的结论如何，实际上除非北南太子都是假冒，否则两太子中只有一真，必有一假。两案在这个问题上联系、统一、归并到了一起。北太子案发生在前，南太子案成了它的延伸一案，从属一案。

　　事实上南太子案起了卞庄子之术的作用，发生了对民族斗争双方朝廷的生死存亡极为重要的影响。它撕裂了南明社会，激化了弘光政权内部的党争，促进了官民的对立，加剧了中枢官员与地方督镇的冲突，积累了官民间、阶级间、党派间、个人间深刻的仇恨，导致宁南侯左良玉"以奉太子密旨诛奸臣马士英为名"②，打起"清君侧"大旗，③发兵东下犯阙。内战终于爆发。执政的马士英、阮大铖之流也更极端，一心对付来犯的左良玉军，竟然调拨史可法布防江北、准备抗清的刘良佐等军去西

---

　　① 李清：《南渡录》卷6，载《南明史料（八种）》，第407页。《南渡录》单行本较简略，亦有此语，见李清《南渡录》卷5，浙江古籍出版社1988年版，第276页。

　　② 顾炎武：《圣安皇帝本纪》下，载《南明史料（八种）》，第112页。

　　③ 黄宗羲：《弘光实录钞》卷4，《黄宗羲全集》第2册，浙江古籍出版社1986年版，第85页。

线参战。清军乘其空虚，一路凯歌行进。明守土官员、镇守将卒望风纳降。清军没有费多大力气就推翻了弘光政权。弘光政权轻易瓦解，是因为朝野官民丧失信心，离心离德。清军破扬州，摧毁南京的江北屏障，南京百官就以勋臣忻城伯赵之龙为首，集会清议堂，协商降清。① 在此前后，被视为军事要塞的江北四镇降清者居半，虽然高杰前死，黄得功殉难，而其主力部将李本深辈、马得功辈也都叛变。至于临危变节，甘当向导，反戈向明，争媚新主的人和事所在多有。但南太子案使情况更加严重，加速催化的作用却是不能否认的。这一点最突出地反映出南太子案对明清双方的关系。

　　必须强调指出，清廷是直接插手南太子案的。顺治二年五月十七日（或说十五日），清兵占据南京皇城，豫王多铎即问："崇祯太子安在？"赵之龙将王之明释放出狱，往见。多铎表现谦卑，"离席迎之"，与之并坐，指着他对南明诸降臣说："此真太子也。"还"衣以金紫"，"谕文武等官，明太子当予一县封以主先朝之祀。旋以弘光所选淑女配之。"② 我们知道，多铎不是判定南太子真伪的权威，不仅不是权威甚至是根本毫无发言权的。他凭什么强行出头表态？他凭的是权力，利用政治和军事力量资源，此时此刻他是南京的老大，他说了算。他说是白就没有人敢说黑，即使果然是黑也没有人出面说。他是南京的话语权威，也就成了判定南太子真伪的权威。但他为什么要说，这里面就有深意。李清说他想利用南太子安定新附的江南地方，"已，见内外俱定"，才对南太子王之明冷落了。笔者在《两太子案》文中做了两点解释：掩盖杀害北太子的暴行，讨好力主南太子为真的江南民人。这后一点实际上已包含在李清安定江南的意思里面。李清和笔者揭示的简单道理，似乎足以使多铎相信，就这个自己毫不熟悉的事情强行发话表态，在政治上是值得的。多铎的插手有力地说明，南太子案不是游离于民族斗争以外的，它受民族斗争的制约和影响。至于笔者说多铎此举实属多余，那又是另一个问题了。

---

① 文秉：《甲乙事案》卷下，载《南明史料（八种）》，第547页。

② 李清：《南渡录》卷6，载《南明史料（八种）》，第407页。陆圻：《纤言》中，《杂记》，《南京太子》。

四

两太子案已经过去几百年，虽然还有人对案件感兴趣，但从研究的角度说，较普遍地存在一些不足，首先是对两太子案作用和影响的忽视。更有甚者是案情和史实仍然不清。自 20 世纪改革开放以后，清断代史和南明史（包括通史的相关部分）出版了很多种，多数染患这些毛病。据笔者所见两太子案在这些著作中的地位有不同情况：

断代清史只有少数几种论述两太子案，南明通史则不能回避南太子案而都有论述，论述的学术水平不一，有的较好，有的不甚完整，甚至不大确切。如《清史编年》关于北太子案的记述就很不完全，只在顺治元年十二月二十七日载："清廷以假冒罪杀'故明太子案'有关之十五人。"① 首尾缺乏交代，使人读后一头雾水。《清史编年》关于南太子案的记述较胜一筹，条目加注释，内容较完备，虽然还有南太子下场等仍付阙如，但案情大体清楚。又如谢国桢先生《南明史略》，不仅没有对南太子案做重点论述，而只有几句话草草介绍，连这几句话还有两个人名弄错（刘正宗误为刘宗正，王之明误为王之仁）而且既标明南太子案为"伪太子案"，却又认南太子为真，对此案性质、因果、影响等问题更是轻轻放过，无一语道及。谢国老不以为意的研究态度，衬托出他的看法，显然他不认为南太子案是重要的影响历史发展的大事。南炳文、顾诚两先生都各著有《南明史》，同以南太子为伪，其主要论据都是崇祯年间东宫讲官王铎、刘正宗、李景廉的证词。南太子对前讲官所提理应对答如流的问题所表现出的无知，足证其为赝鼎。这是有说服力的。但是，治南明史的困难就在于，记载纷繁驳杂，歧异冲突，考辨不易，视南太子为真为伪的对立双方，都有自己的根据。以赦罪升官为饵，为什么不能诱导前东宫讲官方拱乾表态，并在刘正宗等认定南太子为伪的奏疏上列名，始终"漫不置一语"②？ 御

---

① 史松等：《清史编年》第 1 卷（顺治朝），中国人民大学出版社 1985 年版，第 53 页。

② 钱澄之：《藏山阁集》，《藏山阁文存》卷 6，《杂文》，《南渡三疑案》，黄山书社 2004 年版，第 430 页。

札召南太子，使张、王二内侍前去觇视并迎接进南京城。"二竖一见太子，即抱足大恸，见天寒衣薄，各解衣以进。"① 这类问题和记载，仍有可以追究的余地。说起破解南太子案，在北太子为真拥有铁证，并已为孟森先生揭破的情况下，南太子之伪即不言而喻，可以轻易结案。但如撇开北太子案，南太子案的破解，则因其记载的混乱和分歧，而构成严重的挑战。

　　至此，笔者想专门说说新出版的钱海岳先生撰《南明史》中的两太子案问题。钱书收罗宏富，但取舍、剪裁、考辨、撰述等一连串的问题，显然没有完全确定。有关太子慈烺和两太子案的论述，给人一种录筐存案，尚待斟酌的感觉。观其悼皇帝（太子慈烺）列传，一上来讲慈烺在李自成军中的经历，因李自成战败乞和而落入吴三桂掌中，以多尔衮不允而不能继立以续明统，被吴三桂挟持，亡命陕西。其后，"慈烺南下不返"，"慈烺、慈炯、慈炤后皆不知所终"②。接着分别详尽描述南、北两太子案。既已断言太子和二王"后皆不知所终"，则描述两案不过补叙与太子有关的故事而已，而两案中的太子则都应是假冒混充。其实不然，钱先生又在本卷传《赞》中表态说："余向读诸家记载诸皇子事，大抵在南者似慈烺，在北者似慈炤……"③ 措辞谨慎，使用的都是"似"字，但说明钱先生内心经过比较，倾向认南太子为真，北太子则是永王现身。值得注意的是，这仍然还不是钱先生的结论，"似"字极富伸缩性。他在全书第一卷安宗本纪弘光元年四月壬戌（初十日）条又记云："毅宗皇太子遇害于北京。"④ 这项记录表明，钱先生又以北太子为真太子，而非永王现身了。笔者原来因研究两太子案，而对钱先生的纪事感到好奇、有趣，便先读悼皇帝（慈烺）列传，后来准备有时间就读一点，慢慢来，从头起。读完安宗

① 计六奇：《明季南略》卷3，弘光元年乙酉即清朝顺治二年正月起至四月止，《太子一案》，中华书局1984年版，第174页。

② 钱海岳：《南明史》卷26，《列传》第2，《悼皇帝》第5册，第1410页。"慈烺南下不返"句疑其有为"在南者似慈烺"的看法伏笔的意思。

③ 钱海岳：《南明史》卷26，《列传》第2，《赞曰》第5册，第1423页。

④ 钱海岳：《南明史》卷1，本纪第一，《安宗》第2册，第46页。谈迁：《国榷》卷104，弘光元年四月壬戌，中华书局1988年版，第6册，第6203页载："清虏杀伪太子。"抱阳生：《甲申朝事小纪》第四编卷1《戾园疑迹》下册，第707页载："乙酉四月初十日，伪太子卒于太医院中"。此皆钱先生的依据。

本纪,尽管已产生疑惑,但仍感到关于两太子案的纪事已尽于此矣。不意又大错特错。他在绍宗本纪中隆武元年十月辛丑条又记:"北京太子薨。"① 钱先生书中年月日完整使用明大统历,辛丑为二十三日,合清时宪历为顺治二年同月同日。② 此"北京太子"为何人?钱先生既以为太子慈烺"南下不返","不知所终",又认为北太子似永王慈炤,且认为毅宗皇太子已在北京"遇害",其非北太子可知。那么有否可能为南太子呢?钱先生说南太子"后同安宗北上遇害"③,并明确记载安宗于隆武二年(1646)五月甲子即十九日,"清以弓弦勒令自尽"④。南太子之遇害自然同时,与"北京太子"薨逝年月日都不相同,显非一人。"北京太子"究系何人,毫无着落,竟成"天外来客"。

这些相互抵触的说法共存于一书中,反映出作者在面对复杂、混乱、矛盾的历史记载时的迷惘,难以着笔,而对这样一部规模宏伟的著作说来,碰上重要的史事,即使尚待落实,如果不先记入,便容易遗忘、丢失,这当然是著作家常见的困窘,是不得已采取的权宜处理方法,其中的问题定稿时必须解决。倘就此了结,当然不符合著作的法则。钱先生将耗费自己毕生心血的空前伟著命名为《南明史稿》,在原定书名后郑重地添一"稿"字,良有以也。⑤

清断代史(包括通史中的相应部分)多数对两太子案无片纸只字涉及。有的标注为《大事》的编年史,大约也将两太子案视为小事,置于其视野以外。笔者参加撰写的《中国史稿》第7册(清史),是这类清史的一种。因为笔者既是这一册编写者的召集人,又是这部分政治史的起草者,此一失误自应由笔者负完全责任。笔者在写作《中国史稿》这一部分稿件时,由于缺乏研究,一点没有想到让北太子案和南渡三疑案在历史上占据它应有的位置。学识的缺陷导致削弱科学的敏感性,损害对历史发展

---

① 钱海岳:《南明史》卷2,本纪第二,《绍宗》第2册,第92页。
② 据陈垣:《二十史朔闰表》,中华书局1978年版,第186页,并承陈智超兄赐教。
③ 钱海岳:《南明史》卷26,《列传》第2,《悼皇帝》第5册,第1416页。
④ 钱海岳:《南明史》卷1,本纪第一,《安宗》第2册,第55页。
⑤ 参见钱海岳《南明史》,《出版说明》第13页谈本书命名前后变化情况。整理者将书名中"稿"字删除时,多少有些忽略作者的苦心,将作者宣示此非定本,其中有问题尚待解决的意思抹掉了。

的全面分析和深入理解。单从这个问题看，我们编的新的断代清史，无可否认是从清史（分支）学科奠基人孟森、萧一山开始后退了。① 这个问题如此普遍，笔者集中翻检了改革开放的前二十年中出版的几种章节体清史，只有王戎笙先生主编的《清代全史》第2卷，虽没有全面研究、介绍两太子案，但毕竟说明了南太子案的重要消极作用，指出：反马阮的官僚"还借'南渡三疑案'做文章"，"最后，倾向于东林的军阀左良玉便在这些人的鼓动下，借救护北来太子为名，起兵东下'清君侧'。于是朝廷中的党争演变成内战，而弘光政权也就在这种混乱局面中灭亡了"②。

两太子案发生后，对案件的研究始终存在。在这个过程中，孟森的《明烈皇殉国后纪》代表一种突破，把对案件的认识推进到一个新阶段。但人类的认识，如果后来的人没有将已达到的认识加以继承、记录、深化，已有的认识也可能遗忘、丢失、萎缩、后退。这是智慧的损失，是值得注意的。

有的学者持一种历史潮流论，与笔者进行讨论，认为崇祯太子的复明和弘光朝廷的存在，都违反历史潮流，他们的覆灭是符合历史潮流的，不必强调两太子案的作用、影响。笔者劝他慎用"历史潮流"一类词语，因为这一词语给人一种历史必然性的错觉，而它实际上只指历史发展、变化的趋势。历史必然性的发展体现在生产力与生产关系的互动中，体现在人类社会从低级向高级、从落后向先进的轨迹中。一段时间的发展趋势则不同，可能有好、坏不同的趋势。发生两太子案的顺治元、二年间，其发展趋势如何，是好是坏，并不清楚，还是应该进行具体分析。这个问题很复杂，需要进行专门的深入的研究。笔者的粗浅的看法不见得对，请批评。

原载《清史论丛》2009年号（《清史论丛》创办三十周年、
王戎笙先生八秩华诞祝贺专号），中国广播电视出版社2008年版

---

① 孟森除有专文《明烈皇殉国后纪》研究两太子案外，并在《明清史讲义》，中华书局1980年版，上册（明史）第341页、下册（清史）第395—396页作概略论述。萧一山则在其所著《清代通史》中写一长注进行论述，见《清代通史》中华书局据台湾商务印书馆1980年版影印，第1册，第305—306页。

② 王戎笙主编：《清代全史》第2卷，辽宁人民出版社1991年版，第79页。又同书方志出版社2007年重排本，第59页。